Le Guide du CV et coaching de la recherche d'emploi

Remerciements

Ce livre n'aurait pas vu le jour sans l'aide de mon épouse, Annie Mangold Studner, dont la compétence, la ténacité et les qualités d'écrivain ont permis de mener à bien ce projet. Qu'elle soit ici remerciée de son dévouement et de son soutien.

Je tiens à remercier toute l'équipe qui a contribué à la publication de cet ouvrage, en particulier Hélène Delbor pour ses recherches et le soin apporté à la révision du manuscrit, Martine Lapouyade et Louis Delbor pour leurs recherches documentaires, Alice Choy Sperring, mon assistante, et Joyce Ouchida pour sa participation dans la préparation du manuscrit.

Je tiens aussi à exprimer ma gratitude aux nombreux cadres, chefs d'entreprise et recruteurs, en particulier Maurice Rozet, qui m'ont accompagné dans la réalisation de ce projet et m'ont apporté leurs suggestions et leurs critiques.

Enfin, ce livre n'existerait pas sans tous les candidats qui, à un moment de transition dans leur carrière, m'ont fait confiance, à moi et à mon équipe.

Pierre Studner
Annie Mangold

Votre Coach pour l'emploi

Le Guide du CV et coaching de la recherche d'emploi

Modèles de CV, de lettres et conseils pour :

- **Les différents CV (papier, Internet)**
- **La lettre de motivation (par courrier ou par mail)**
- **Les entretiens, le choix de l'entreprise...**

AVEC UN PROGRAMME D'ACTION

JAMENAIR LTD.

Après avoir été Directeur Général pour l'Europe de H.K. Porter, **Pierre Studner** a occupé plusieurs postes de direction dans des entreprises françaises, anglaises et américaines. Il a à son actif de très nombreux succès, en particulier dans le domaine du redressement d'entreprises, du marketing et de la vente à l'échelle internationale.

Le cabinet d'outplacement qu'il a ensuite créé a permis à des milliers de personnes de retrouver un emploi rapidement et à d'autres de réussir un changement de carrière. De nombreux directeurs des ressources humaines et professionnels de l'outplacement ont suivi ses cours de formation et de perfectionnement.

Auteur de plusieurs articles sur le sujet, Pierre Studner anime régulièrement des séminaires et des formations sur l'outplacement, en particulier aux Etats-Unis où sa méthode est aujourd'hui reconnue comme l'une des plus performantes.

Pierre Studner est également l'auteur de cinq livres pour enfants et d'un roman policier. Il est membre de la Société des Gens de Lettres, du Maxim's Business Club, de la Chambre Franco-Américaine de Commerce de Los Angeles et de *The Society of Authors en Grande-Bretagne*.

Pierre Studner peut être joint à son adresse postale (voir annexe C) ou aux adresses électroniques suivantes:

studner@pobox.com
http://www.SuperJobSearch.com

A David et Stella Studner

Published by: JAMENAIR LTD.
Post Office Box 241957
Los Angeles, California 90024-9757
Printed in the United States of America
310-470-6688
800-581-5953

ISBN 10: 0-938667-05-X
ISBN 13: 978-0-938667-05-6

Table des matières

AVANT-PROPOS .... **XIII**
- ► A ceux qui recherchent un emploi xiii
- ► A ceux qui souhaitent changer de métier xiii
- ► A ceux qui veulent se réinsérer dans le marché du travail xiv
- ► Note spéciale au lecteur : le retour en force de "l'outplacement" xiv

INTRODUCTION .... **XVII**
- ► Comment utiliser ce livre xvii
- ► Avant de commencer votre recherche xvii
- ► Histoire d'une réussite xx
- ► Le programme (tableau) xxiii

CHAPITRE 1, ETAPE 1 – PROJET PROFESSIONNEL **1**
- ❒ VOTRE SITUATION FINANCIERE 4
  - ► Etablir un budget 4
- ❒ CONSEILS UTILES 11
  - ► Téléphone 11
  - ► Derniers préparatifs 12
  - ► Communication écrite 13
- ❒ PROJET PROFESSIONNEL 15
  - ► Vos emplois préférés 15
  - ► Environnement professionnel 20
  - ► Analyse de vos points forts et de vos points faibles 25
  - ► Vos objectifs à court et à long terme 28
- ❒ AXES DE RECHERCHE ET STRATEGIES 33
  - ► Considérations géographiques 33
  - ► Le marché vertical de l'emploi 35
  - ► Le marché horizontal de l'emploi 35
  - ► Changement complet d'activité 36
  - ► Choisir un stage 38
  - ► Retrouver un emploi après 50 ans 39
  - ► Se mettre à son compte (en créant ou reprenant une affaire) 43
  - ► Vous avez entre 16 et 25 ans 46
  - ► Travailler à l'étranger 47

CHAPITRE 2, ETAPE 2 – VOTRE PARCOURS PROFESSIONNEL 53
❐ LISTE DE REALISATIONS 55
❐ LISTE DE VERBES D'ACTION POUR CONSTRUIRE VOTRE C.V. 67
❐ COMPETENCES 70

CHAPITRE 3, ETAPE 3 – VOTRE C.V. 79
❐ OBJECTIF ESSENTIEL DU C.V. 81
❐ AVANT LA REDACTION DU C.V. 82
► Expérience professionnelle, réalisation et formation 82
► L'organisation du C.V. 89
❐ LE STYLE DU C.V. 89
► Le C.V. fonctionnel 89
► Le C.V. chronologique 91
► Le C.V. 20-secondes 93
► Le C.V. performance 93
► Etude du C.V. performance 94
► Liste des fonctions spécifiques 97
❐ LES REGLES DU C.V. A RESPECTER 100
► Règles de forme 100
► Votre C.V. sur micro-ordinateur 101
► Règles de fond 104
► La lettre de motivation et la graphologie 106
► Histoire du C.V. de Jacques le Bon 107
❐ QUELQUES CONSEILS POUR LE C.V. D'UN DEBUTANT 116
❐ ET SI VOUS PRESENTIEZ VOS OFFRES DE SERVICE SUR DEPLIANT 121
❐ REFERENCES 126

CHAPITRE 4, ETAPE 4 – VOTRE PLAN DE PROSPECTION 129
❐ LES DIFFERENTES APPROCHES D'ACCES A L'EMPLOI 131
► Les petites annonces "offres d'emploi" 132
► Analyse des annonces 133
► Comment répondre à une annonce 134
► Le minitel 147
► Les cabinets de recrutement 147
► Les agences de travail temporaire ou intérimaire 151
► Les petites annonces de demande d'emploi dans la presse 153
► L'Agence Nationale pour l'Emploi (ANPE) 153
► L'Association pour l'Emploi des Cadres (APEC) 154
► L'Association pour l'Emploi des Cadres, Ingénieurs, Techniciens de l'Agriculture (L'APECITA) 155
► Les Chambres de Commerce et d'Industrie 156
► Les services de placement de votre école ou de votre université 156
► Les "job-conventions" 157
► Se présenter spontanément à une entreprise 158
❐ CAMPAGNE DE CANDIDATURE SPONTANEE AUPRES DE SOCIETES-CIBLES 158
► Détails sur les sociétés-cibles 162
► Comment atteindre vos sociétés-cibles 162

► Comment composer une lettre de candidature spontanée à envoyer avec C.V. à une société-cible 164
► Comment composer une lettre de candidature spontanée sans C.V. à une société-cible 167
► Règles générales pour écrire une lettre de candidature spontanée 167
► Les risques d'une campagne de candidature spontanée. 169
❒ INTERNET ET VOTRE RECHERCHE D'EMPLOI 170

CHAPITRE 5, ETAPE 5 – VOTRE RESEAU DE CONTACTS........ 175
❒ LES OBJECTIFS DU RESEAU 178
❒ LES AVANTAGES DU RESEAU. 178
❒ LES OUTILS DU TRAVAIL EN RESEAU 180
► La liste de contacts 180
► L'ordinateur 181
► Le téléphone 181
► Avertissement 182
❒ LA DYNAMIQUE DU RESEAU. 182
► Où trouver les emplois du marché caché ?. 182
► Associations et organisations professionnelles. 185
► La réaction en chaîne 185
► Pourquoi ces candidats ont-ils réussi ? 186

CHAPITRE 6, ETAPE 6 – PROSPECTION TELEPHONIQUE........ 189
❒ L'INTERMEDIAIRE. 192
► Etablir votre liste de contacts 192
► Autres sources de contacts pouvant vous mener à la personne-cible. 193
❒ OBTENIR LA PERSONNE-CIBLE AU TELEPHONE 194
► La messagerie vocale. 194
► La standardiste 194
► Vos questions éventuelles à la standardiste. 196
► La secrétaire 197
❒ LA PERSONNE-CIBLE 203
► Appel téléphonique utilisant une relation pour demande de conseils 203
► Appel téléphonique sans recommandation pour demande de conseils. 206
► Appel téléphonique sans recommandation pour recherche d'informations 209
❒ ELEMENTS D'UN APPEL TELEPHONIQUE. 212
► Objectifs 212
► Préparation avant l'appel 212
► Bien connaître votre personne-cible 213
► Au moment de votre appel 214
❒ COMMENT DIRIGER UNE CONVERSATION 216
► Le concept AFFIRMATION-QUESTION. 216
► Répondre aux questions avec d'autres questions permettant une ouverture 217
► Questions ouvertes/fermées 217
► Savoir contourner des objections. 217
► Recevoir des appels téléphoniques. 219
► Règles générales à observer. 220
► Prospecter par téléphone (tableau) 222

CHAPITRE 7, ETAPE 7

A. L'ENTRETIEN ... 223
- ❐ L'ENTRETIEN DE CONSEIL ... 225
  - ► Points importants de l'entretien de conseil ... 225
  - ► Votre minute et demie de publicité personnelle dans l'entretien ... 227
- ❐ L'ENTRETIEN DE RECHERCHE D'INFORMATION ... 232
- ❐ L'ENTRETIEN D'EMBAUCHE ... 235
  - ► Les six étapes magiques ... 235
  - ► Le suivi ... 241
- ❐ CONSEILS POUR UN ENTRETIEN PLUS EFFICACE ... 241
  - ► Avant la rencontre ... 242
  - ► Dans la salle d'attente ... 243
  - ► Pendant l'entretien ... 243
  - ► La discussion ... 244
- ❐ SI L'ON VOUS DIT... QUE FAUT-IL REPONDRE ? ... 245
- ❐ QUESTIONS QUE VOUS POURRIEZ POSER ... 255
  - ► Questions initiales ... 255
  - ► Questions à poser plus tard ... 256
  - ► Sujets à éviter ... 257
  - ► Pendant l'entretien, que faire si... ... 257
  - ► Après un entretien ... 259
- ❐ AUTRES SITUATIONS D'ENTRETIEN MOINS FREQUENTES ... 260
  - ► L'entretien de groupe ... 260
  - ► L'entretien de sélection ... 261
  - ► Le second entretien, l'entretien en profondeur ... 261
  - ► Le troisième entretien ... 261
  - ► L'entretien au restaurant ... 261
  - ► L'entretien au cours d'un voyage ... 262
  - ► L'entretien avec le conjoint ... 262
- ❐ LES CAUSES D'ECHEC D'UN ENTRETIEN ... 262

B. LA NEGOCIATION ... 264
- ❐ AVANT LA NEGOCIATION DU SALAIRE ... 264
  - ► La fourchette du salaire ... 264
  - ► La rémunération globale ... 265
  - ► La loi et le droit du travail ... 267
  - ► Vos besoins ... 269
- ❐ LA NEGOCIATION DU SALAIRE ... 270
  - ► Evaluez votre rémunération ... 270
  - ► Mesurez votre salaire potentiel en fonction des besoins de la société ... 270
  - ► La stratégie ... 271
  - ► Fin des négociations ... 274
  - ► Si vous avez plusieurs offres d'emploi ... 274
  - ► Après la négociation... mais avant votre décision ... 275
  - ► Eléments essentiels de la négociation ... 276
  - ► Conclusion ... 276
  - ► Entraînement ... 276
  - ► Pour une négociation gagnante (tableau) ... 277

CHAPITRE 8 – PLAN D'ACTION 279
❒ APRES LA LECTURE D'OBJECTIF EMPLOI 282
► Travail quotidien 282
► Recherche d'emploi à l'extérieur de votre ville 283
► Trouver votre rythme 284
► Pour éviter la déprime des lundis matin 284
► Tout ce dont vous avez besoin pour démarrer une recherche d'emploi efficace (tableau) 285
► Suivre un plan d'action 286
► Les points clés de la recherche d'emploi (tableau) 288

CHAPITRE 9 – QUEBEC/CANADA 289
❒ VOTRE RECHERCHE D'EMPLOI 294
► Votre C.V. 294
► Références 305
► Lettres de motivation 305
► Télévendez-vous 308
► Construire son réseau au Canada 309
► L'entretien 310
❒ SOURCES DOCUMENTAIRES 310

CHAPITRE 10 – COMMENT REDYNAMISER UNE RECHERCHE D'EMPLOI QUI PIETINE .. 315
❒ LES REMEDES POSSIBLES 317
► Votre objectif d'emploi 318
► Votre liste de sociétés-cibles 319
► Changer de région 320
► Votre réseau de contacts 320
► La formation continue 321
► Se grouper avec d'autres chercheurs d'emploi 321
► Vendre vos services sur un dépliant 322
► Le travail temporaire 322
► Votre C.V. 323
► Changer de carrière 323
► Bilan professionnel 324
❒ LES SECRETS DE LA REUSSITE 326
❒ VOUS AVEZ RETROUVE UN EMPLOI 328
► Maintenez votre réseau de contacts 328
❒ QUELQUES RECOMMANDATIONS SUR VOUS ET VOTRE NOUVEL EMPLOI 329
► Comment éviter d'être à nouveau licencié 329

ANNEXE A – EXEMPLES DE C.V. 333

ANNEXE B – EXEMPLES DE LETTRES 359

ANNEXE C – LES REFERENCES 377

GLOSSAIRE 387

INDEX 393

AVANT-PROPOS

► A ceux qui recherchent un emploi

Ce livre s'adresse aussi bien à ceux qui cherchent leur premier emploi qu'à ceux qui sont au chômage. Proposant une méthode dynamique, il invite le "demandeur d'emploi" à devenir "chercheur d'emploi", terme qui, volontairement, a été retenu pour désigner tout individu en quête d'une situation professionnelle conforme à ses aspirations, quelles que soient par ailleurs les raisons qui motivent sa démarche.

Il faut un certain savoir-faire et un grand sens de l'organisation pour trouver un travail intéressant et bien rémunéré. Des techniques confirmées, présentées dans cet ouvrage, vous permettront de réduire votre temps de recherche. Quelles que soient les raisons qui vous poussent à entreprendre la démarche, vous aurez besoin de toute votre créativité pour vous "vendre" sur le marché de l'emploi de la façon la plus efficace possible et obtenir ainsi le poste souhaité. Ce livre vous indique la démarche à suivre étape par étape.

La recherche d'emploi des années 1990 s'est modifiée avec le développement de l'informatique. Auparavant, une lettre de candidature adressée à une personne nommément désignée avait une certaine efficacité. Aujourd'hui, les mailings (publipostages) nous parviennent personnalisés non seulement sur l'enveloppe mais aussi dans le corps de la lettre. Envoyer son C.V. à 500 ou 1 000 sociétés, attendre d'être convoqué à un entretien, puis choisir parmi plusieurs propositions n'est plus une méthode fiable. De nos jours, le marché limité de l'emploi et une compétition sauvage pour les postes les plus intéressants exigent des techniques plus sophistiquées et mieux adaptées au changement des mentalités. Ce guide a été conçu pour vous aider à affronter les nouveaux défis du marché du travail et à faire face aux problèmes auxquels vous devez vous mesurer.

► A ceux qui souhaitent changer de métier

Votre emploi actuel ne vous procure pas de satisfaction pour plusieurs raisons : vos talents et vos intérêts professionnels ne s'accordent pas avec vos objectifs de carrière ; vous occupez un poste sans avenir dans lequel vous vous ennuyez et où vous vous sentez improductif ; votre rémunération est trop faible et votre emploi n'est pas adapté à vos compétences ; vos intérêts professionnels ont évolué ; la politique de l'entreprise et la nouvelle ligne de conduite prise par votre société vous déplaisent ; seul le chèque de fin de mois vous intéresse encore...

Si vous vous reconnaissez dans l'un de ces cas, cet ouvrage vous aidera à mener une recherche d'emploi efficace et à satisfaire à nouveau vos aspirations professionnelles.

A ceux qui veulent se réinsérer sur le marché du travail

Vous souhaitez faire à nouveau partie de la population active ? Retravailler après une longue absence exige un plan qui vous permette d'identifier vos talents, vos intérêts et les connaissances spécifiques qui vous conduiront à découvrir des opportunités. Ce n'est ni votre diplôme, ni votre expérience probablement obsolète qui vous procureront un nouvel emploi, mais bien la faculté de reprendre l'ensemble de votre expérience professionnelle et d'y déceler les lignes de force que vous adapterez aux nouvelles réalités du marché de l'emploi.

Il ne s'agit plus seulement de saisir le premier poste qui se présente. Mieux préparé, vous pourrez décider des nouvelles orientations à prendre en fonction de vos talents réels.

Note spéciale au lecteur : le retour en force de "l'outplacement"

Cet ouvrage est le fruit de 35 années d'expérience en recherche d'emploi associées aux techniques les plus récentes de la méthode dite d'"outplacement" (aide externe au reclassement).

Né dans les années 1970 aux Etats-Unis et importé en France en 1974, l'outplacement est un service offert par les entreprises à leurs cadres pour leur permettre de gérer en douceur leur départ.

Les cabinets d'outplacement ne sont ni des chasseurs de têtes, ni des conseils en recrutement. Il ne s'agit pas de placer le candidat ni de lui fournir des propositions d'emploi, mais de lui apporter tous les outils commerciaux nécessaires pour mener à bien et dans les meilleurs délais, sa recherche d'emploi.

Les deux signataires du contrat d'outplacement sont en principe le cabinet et l'employeur. Parfois, c'est la personne licenciée qui prend l'initiative et essaie de négocier son départ en demandant un service d'outplacement. Mais en fin de compte c'est l'entreprise seule qui décide d'y avoir recours en prenant en charge la totalité des frais. L'intéressé doit se trouver dans une situation qui lui laisse une certaine disponibilité et l'incite à adopter une démarche autonome et active. Bien entendu, la réussite de l'outplacement n'est possible qu'avec l'accord du candidat tant sur le principe des prestations que sur le choix du consultant.

Le candidat est pris en main par un consultant qui établit son diagnostic personnel et professionnel, l'aide à définir ses objectifs et ses stratégies de carrière et le guide tout au long de sa campagne de recherche jusqu'à ce qu'il retrouve un emploi. La relation candidat-consultant est fondamentale. Ensemble ils font équipe pour atteindre un objectif commun. Outre la formation, le candidat a libre accès au cabinet d'outplacement où il peut utiliser le téléphone, le télécopieur, le secrétariat, la documentation et les bases de données informatiques.

La première phase de l'outplacement est la phase d'évaluation qui permet de faire le point, de définir les objectifs de carrière et de révéler les talents que chaque candidat pourrait utiliser dans un nouvel emploi. La deuxième phase consiste à apprendre aux intéressés comment provoquer des entretiens et à bien "se vendre". Ils doivent savoir se montrer convaincants et brillants en face de chaque personne rencontrée et en particulier en face d'un recruteur ou d'un employeur potentiel. Le rôle du consultant en outplacement est d'aider les candidats à découvrir en quoi ils excellent, de les encourager, s'il le faut, à changer de direction et d'en faire des candidats "exceptionnels". Bien qu'un bon consultant ne prenne jamais de décision à la place des candidats, son but final est de les aider à trouver un emploi durable ou à définir un projet individuel solide. Le cabinet d'outplacement ne fait pas tout. C'est, par exemple, au candidat de collecter les informations sur le secteur où il désire travailler pour ensuite bien se placer. Au bout du compte, c'est l'intéressé seul qui fait la différence.

Les techniques d'outplacement s'appuient sur l'idée que les meilleurs postes ne sont pas automatiquement offerts aux personnes les plus qualifiées ou les plus diplômées, mais à celles qui auront su devenir de brillants candidats pendant leur recherche d'emploi. Le plus grand mérite de l'outplacement est de réussir à transformer le comportement d'un candidat "demandeur d'emploi passif" en un chercheur dynamique qui construit sa carrière, refuse de subir et prouve au monde et à lui-même qu'il peut réussir.

Pour preuve de l'efficacité de ces méthodes, les personnes bénéficiant d'un service d'outplacement retrouvent un emploi deux à trois fois plus rapidement que celles qui ne peuvent le faire. Ces techniques ont permis à des dizaines de milliers de chercheurs d'emploi d'obtenir des postes intéressants avec des rémunérations annuelles allant de quinze mille à cent cinquante mille euros et plus. L'important n'étant pas seulement de retrouver un emploi mais, autant que possible, de progresser dans sa carrière.

A l'origine, les prestations d'outplacement s'adressaient presque exclusivement à des cadres dirigeants. Aujourd'hui, tout le monde peut en bénéficier et les entreprises sont de plus en plus nombreuses à recourir à l'utiliser car il améliore l'image de marque de l'employeur.

L'outplacement n'est pas une recette miracle mais une démarche très exigeante qui ne peut réussir que par une implication totale du candidat et une somme de travail considérable. Ses méthodes sont mises dans cet ouvrage à votre portée. A vous d'en faire le meilleur usage possible.

Pierre Studner
studner@pobox.com
http://www.SuperJobSearch.com

INTRODUCTION

► Comment utiliser ce livre

Une campagne de recherche d'emploi bien menée peut réduire de moitié votre période d'inactivité... ou même davantage. Plus important encore, une recherche d'emploi bien préparée vous permettra de ne pas dévier de votre objectif, à savoir un avancement de carrière au lieu d'un poste sans avenir professionnel.

Il n'y a pas d'offre d'emploi possible sans entretien ! Cet ouvrage vous montrera comment susciter et mener à bien des entretiens qui aboutissent à des emplois intéressants.

Ce livre comporte sept phases d'entraînement et des exercices supplémentaires à faire à domicile. Pour obtenir de meilleurs résultats, il est conseillé de ne pas sauter d'exercices et de les effectuer chronologiquement. Il est recommandé de ne se rendre aux entretiens qu'après avoir complété la formation que propose cet ouvrage et s'être entraîné aux techniques qu'il décrit.

Ne vous découragez pas : chaque année, des millions de personnes changent d'emploi. Votre tâche est d'identifier l'emploi que vous souhaitez réellement, de mobiliser vos ressources personnelles et de vous "vendre" d'une manière qui corresponde à vos objectifs. Simple ? Oui—si vous suivez chaque étape de ce livre.

► Avant de commencer votre recherche

Trouver et obtenir l'emploi qui vous convient peut être une tâche plus difficile que ce que vous faisiez auparavant. Mais en adoptant une attitude positive, cette recherche peut devenir un défi passionnant.

Quel que soit leur niveau, les candidats qui se donneront les meilleures chances d'obtenir les meilleurs emplois sont ceux qui suivront les cinq règles suivantes :

Règle numéro ❶

Ayez confiance en vous. Créez-vous un support social et familial. Faites preuve d'audace.

Vous venez de perdre votre emploi, la colère vous emporte et vous vous sentez frustré. Vous ne pensez plus qu'aux problèmes ou déboires que vous venez de vivre, vous craignez de ne pas retrouver d'emploi et vous avez peur pour votre avenir. Tous ces sentiments négatifs sont parfaitement normaux quand on vient d'être licencié. Plus vite vous dépasserez cette période dépressive, plus tôt vous avancerez dans votre recherche. Il est inutile de débattre des faits ; essayez plutôt d'en tirer le meilleur parti. Le fait est que vous êtes sans emploi et que vous devez organiser toutes vos ressources pour aller de l'avant. Votre avenir (et peut-être celui de votre famille) dépend de votre aptitude à laisser de côté le passé.

Voici quelques conseils à suivre pour éviter autant que possible la dépression et le sentiment d'échec.

1. Vous ne savez pas quoi dire à votre famille et vos amis ? Dites la vérité ; vous avez été licencié : vous essayez de construire un plan d'action. Plutôt que d'entrer dans les détails, adoptez une attitude réaliste de votre situation en mettant l'accent sur la façon dont vous allez agir. Souvenez-vous que leur réaction dépendra de la vôtre.

2. Partagez vos frustrations avec un ami, un parent, une personne en qui vous avez confiance. Si vous bénéficiez d'un service d'outplacement, votre consultant vous aidera à extérioriser vos émotions. Surtout, ne restez pas silencieux et fuyez l'isolement.

3. Groupez-vous avec d'autres chercheurs d'emploi pour développer des stratégies de recherche plus originales et efficaces. Intégrer un groupe de chercheurs d'emploi permet non seulement de sortir de l'isolement et d'éviter les effets négatifs du chômage, mais aussi de créer une solidarité indispensable qui facilitera votre démarche et la rendra plus productive. Par cette initiative, vous retrouverez un rythme de fonctionnement normal, vous maintiendrez un maximum d'activités sociales régulières, vous partagerez contacts et idées et vous pourrez mesurer et mieux percevoir vos progrès.

4. Avoir une bonne image de vous-même est une nécessité absolue, particulièrement pendant la période de remise en question de vos capacités. C'est une attitude qui s'acquiert en suscitant des émotions et des pensées positives. Si vous êtes optimiste et pensez que vous allez réussir, vous transmettrez aux autres une image positive de vous-même à laquelle ils répondront favorablement. Si au contraire, vous êtes pessimiste et attendez le pire, vous transmettrez une image négative et les gens vous classeront dans la catégorie des personnes à éviter.

Attitude positive

"Je peux le faire et je vais chercher jusqu'à ce que je trouve l'emploi qui me convient".

"Je vais essayer de donner le meilleur de moi-même. Je sais que je peux faire ce travail de recherche. J'ai les qualités nécessaires".

Attitude négative

"Je ne peux pas le faire, je cherche depuis plusieurs mois sans succès. Pourquoi continuer ?"

"Cette recherche est trop difficile. Je ne suis pas qualifié".

Dans ce monde complexe, beaucoup de facteurs interviennent dans la perception de notre valeur et peuvent contribuer au développement de sentiments d'infériorité : de malheureuses expériences pendant l'enfance ; les critiques des parents, professeurs ou collègues ; un environnement social et culturel défavorable. La réussite, c'est 51% d'attitude et 49% d'aptitude. Autrement dit, ce n'est pas tant nos talents naturels qui ont de l'importance, mais plutôt ce que nous en faisons.

Règle numéro ❷

Aucun test spécial, aucune recette miracle ne peut remplacer une bonne préparation et une bonne méthode.

Le succès n'arrive pas fortuitement. L'élément chance intervient certainement tout au long de votre parcours professionnel, mais une bonne préparation est tout aussi importante et jouera davantage en votre faveur. Entreprendre une recherche d'emploi exige de l'organisation et de la ténacité.

Les candidats qui auront le plus de chances de réussir sont ceux qui prépareront et suivront un plan d'action. Si vous êtes sans emploi, prenez le temps de vous évaluer, d'établir un objectif de carrière réaliste et d'étudier les méthodes présentées dans ce manuel. Mieux vous serez préparé, meilleures seront vos chances de trouver l'emploi qui vous convient.

Règle numéro ❸

Une recherche d'emploi est un travail à temps complet, c'est-à-dire cinq jours par semaine avec un minimum de six heures par jour.

C'est un leurre que de penser y consacrer moins de temps. Un humoriste a dit : “Plus je travaille, plus la chance me favorise”. C'est une vérité absolue dans le domaine de la recherche d'emploi. L'idée est de vivre sa recherche d'emploi comme n'importe quel autre emploi.

La clé de la réussite est de consacrer la plus grande partie de votre temps à exploiter et développer le réseau de vos contacts personnels et professionnels. Les premiers contacts à prendre pour élargir votre réseau commencent avec votre carnet d'adresses. Les premières personnes approchées vont vous suggérer d'autres relations que vous contacterez à leur tour et ainsi de suite. De nombreuses années d'expérience en outplacement ont montré que c'est la méthode la plus rapide et la plus efficace pour trouver un emploi.

Règle numéro ❹

Entraînez-vous le plus souvent possible à toutes les techniques proposées dans ce manuel.

Cela peut être avec des amis, d'anciens collègues de travail ou d'autres chercheurs d'emploi. C'est une occasion pour vous d'analyser la qualité de votre message en entretien et au téléphone.

Posez-vous chaque semaine la question de savoir si vous consacrez bien 100% de votre temps à votre recherche d'emploi. Pour améliorer et perfectionner vos connaissances sur des questions particulières, n'hésitez pas à faire appel à un consultant en carrière auprès de l'Agence Nationale Pour l'Emploi (ANPE) ou de l'Agence Pour l'Emploi des Cadres (APEC).

Règle numéro ❺

Comparez vos capacités et vos désirs aux réalités du marché de l'emploi et ne cherchez pas un emploi qui n'existe pas pour vous.

Pour beaucoup de chômeurs, l'accès à l'emploi s'est effectué dans la méconnaissance profonde de la diversité des choix possibles et après une préparation professionnelle insuffisante. D'autres se sont décidés pour une filière de formation inadaptée aux besoins économiques et aux possibilités d'embauche. Aujourd'hui, et parfois après plusieurs mois de recherche, ils sont toujours dans l'ignorance des métiers d'avenir et en forte demande, des secteurs qui recrutent, des profils recherchés par les entreprises, des règles du management, des postes proposés aux débutants et des perspectives d'évolution de carrière.

Pourquoi par exemple un commercial chercherait-il un travail à l'étranger alors que l'Hexagone souffre d'une profonde pénurie de vendeurs dans tous les secteurs d'activité avec chaque année 100 000 postes offerts et seulement 25 000 candidatures.

Histoire d'une réussite

L'histoire qui suit vous montrera ce qui peut faire la différence entre une réussite et un échec:

"Paul S. était représentant dans une grande société. Au bout de 18 mois, il perdit son travail à la suite d'un licenciement collectif. C'était la première fois que cela lui arrivait et outre une sévère perte de confiance en lui, il s'inquiétait de ne pas retrouver rapidement un emploi offrant de réelles perspectives.

"Tout son département ayant été licencié, il avait pour concurrents quatre de ses collègues, tous ayant approximativement les mêmes qualifications et tous cherchant le même emploi.

"Paul S. m'expliqua ses préoccupations et discuta avec moi d'une recherche d'emploi efficace. Il se pressa d'ajouter : "Dites-moi quel programme je dois suivre et je l'appliquerai à la lettre !" Ce candidat avait vraiment envie de réussir et accepta immédiatement les règles du jeu.

"Paul S. développa ses objectifs de carrière et parla en détail de ses réalisations professionnelles. Il identifia ses points forts ainsi que ses intérêts. A la fin du troisième jour, son C.V. fut rédigé et tapé sur ordinateur. Le même jour, il recherchait et listait ses sociétés-cibles.

“A la fin du sixième jour, après la séance de formation consacrée à la prospection téléphonique, il commença à prendre des rendez-vous par téléphone et à rencontrer des personnes qui lui servirent d'intermédiaires auprès des sociétés qu'il voulait approcher.

“A la fin de la deuxième semaine, il réussit à obtenir un entretien avec deux de ses sociétés-cibles.

“Une semaine plus tard, après un important travail de prise de contact, la société-cible numéro deux lui fit une offre d'emploi. Préoccupé, il me confia : “Ce n'est pas mon premier choix. Ils veulent une réponse cette semaine. Je ne veux pas perdre cette opportunité, mais un autre entretien auprès de ma société-cible numéro un peut me procurer un meilleur emploi. Que vais-je leur dire ?” La société préférée de Paul S. (numéro un) ne semblait pas pressée.

“L'emploi offert par la société numéro deux ne comportait pas de détails précis sur les qualifications professionnelles requises. Paul S. n'en connaissait que les grandes lignes. En réalité, ils étaient en train de lui tailler un emploi sur mesure à la hauteur de ses compétences (ce qui illustre la véritable puissance du réseau). Je suggérai à Paul S. de leur proposer de les aider dans la description du poste afin de définir les responsabilités et l'autorité de chacun et d'évaluer les résultats attendus. Paul S. aurait ainsi une semaine devant lui pendant laquelle il pourrait poursuivre son choix numéro un.

“La société numéro deux fut d'accord et apprécia la proposition de Paul S. Pendant ce temps, il eut l'occasion d'avoir d'autres entretiens avec sa société préférée qui finalement lui fit une proposition : un salaire inférieur à l'autre société, mais un potentiel de développement de carrière plus prometteur.

“Paul S. accepta l'offre faite par sa société préférée quatre semaines et demie après avoir passé par toutes les étapes présentées dans ce livre. Son succès l'avait rendu heureux. La société numéro deux lui fit une excellente proposition en lui disant que si son nouveau travail ne lui convenait pas, une place l'attendait dans leur équipe. ”

Le succès de Paul S. n'est pas le fruit du hasard. Il avait beaucoup travaillé sa recherche d'emploi. Bien qu'examinant ses options et ses stratégies avec moi, ses décisions et ses actions furent personnelles. Différents scénarios ont été joués tour à tour pour préparer les difficiles questions soulevées au chapitre Entretien, Négociation. La confiance et le savoir-faire acquis à la fin de sa période d'entraînement ont permis à Paul S. de mieux vendre son produit : lui-même.

Pourquoi Paul S. a-t-il eu tant de succès ?

- Il a consacré plus de quarante heures par semaine à sa recherche d'emploi.
- Il a témoigné d'une détermination et d'une ténacité hors du commun. Son enthousiasme n'a pas faibli une seule fois durant ce parcours du combattant.
- Il s'est appliqué à faire les exercices en détail et a pris le temps de penser à ses objectifs de carrière.

- Il connaissait les points forts de sa personnalité et a su comment les mettre en valeur devant un auditoire.
- Il a pris soin de ne jamais demander un emploi à ses interlocuteurs. Il s'est efforcé d'identifier leur problème pour ensuite leur proposer des solutions. Pour ces sociétés, Paul S. devenait ainsi l'homme de la situation.
- Il s'est informé sur les sociétés et les personnes qu'il voulait rencontrer.
- Il a pris l'initiative de téléphoner pour obtenir des entretiens malgré les nombreux refus.
- A partir d'un noyau initial de 15 personnes, il a réussi à atteindre un rythme de 10 à 12 contacts par semaine. (Il a été prouvé qu'un candidat a une possibilité d'emploi pour 15 ou 16 entretiens de recherche même si l'offre ne correspond pas toujours au profil.)
- Il a répondu avec une extrême application aux petites annonces et a su mettre en avant ses résultats.
- Ses interlocuteurs ont apprécié sa capacité d'écoute et sa sensibilité.
- Il a écrit des lettres de remerciement après chaque rencontre.
- Il est resté en bonne condition physique et mentale. Il était certes anxieux, mais il a su transformer cette crainte en énergie positive.
- Il a eu l'intelligence de demander des conseils avant de prendre une décision.
- Il était immédiatement disponible.
- Il s'est entraîné régulièrement avec ses collègues également licenciés et a discuté avec eux des sociétés à approcher et des stratégies à employer.

Ce livre vous propose l'entraînement suivi par Paul S. avec quelques compléments. Tout dépend de vous. Je vous conseille de lire entièrement tous les chapitres avant de suivre les démarches recommandées. Vous comprendrez mieux ainsi l'importance de chaque étape pour atteindre votre objectif.

LE PROGRAMME

En résumé

ETAPE N° 1 **Projet professionnel :**	Apprendre à vous connaître. Définir un projet professionnel.
ETAPE N° 2 **Votre parcours professionnel :**	Définir vos points forts et vos talents.
ETAPE N° 3 **Votre C.V. :**	Etablir un document de présentation pour que l'on se souvienne de vous.
ETAPE N° 4 **Votre plan de prospection :**	Trouver et approcher les opportunités d'emploi. Etablir vos priorités.
ETAPE N° 5 **Votre réseau de contacts :**	L'art de pénétrer le marché caché de l'emploi et d'en exploiter toutes les possibilités.
ETAPE N° 6 **Prospection téléphonique :**	Savoir utiliser le téléphone pour obtenir des entretiens.
ETAPE N° 7 **Entretien, Négociation :**	Se présenter et négocier un salaire correct pour les deux parties.

CHAPITRE 1

Projet professionnel

Etape 1

Vous êtes sans emploi ! Départ volontaire, licenciement, fin d'études— quelles qu'en soient les raisons, vous avez besoin de travailler.

Le chômage est en grande partie dû aux licenciements économiques, car la réduction des effectifs est souvent une solution aux difficultés de l'entreprise. Aussi désagréables soient-elles, nous entendons parler tout le temps de ces compressions de personnel. Si vous êtes dans ce cas, consultez votre convention collective, vous y trouverez toutes les dispositions concernant en particulier les indemnités de licenciement et autres droits. Ne perdez pas vos avantages sociaux faute de vous être renseigné.

Quel que soit votre cas, la première des choses à faire est de vous rendre à l'Agence Nationale Pour l'Emploi (ANPE) ou à l'Association pour l'Emploi Dans l'Industrie et le Commerce (ASSEDIC) de votre domicile afin de percevoir les indemnités auxquelles vous avez droit.

Si vous n'êtes pas encore licencié, demandez à bénéficier de la convention de conversion qui vous assure une meilleure indemnisation et prolonge la durée de vos droits. Si vous êtes "jeune diplômé" ou si vous avez cotisé au moins un mois à une caisse de retraite cadre, vous pouvez vous inscrire à l'Association pour l'Emploi des Cadres (APEC). N'attendez pas d'être licencié pour vous inscrire. Une fois inscrit, prenez rendez-vous avec le consultant dont le nom et le numéro de téléphone figurent sur votre carte d'adhérent. Il vous aidera à monter votre dossier.

Renseignez-vous bien sur toutes les allocations et autres avantages auxquels vous pouvez prétendre. En effet, dans certaines conditions, l'ANPE rembourse une partie des frais de déplacement et des frais de séjour pour vous rendre à des entretiens d'embauche.

Dans certains cas de licenciement, les candidats font appel à un avocat. Si le dossier en vaut la peine, pourquoi pas ? Cependant, vous pouvez avoir besoin de la coopération de votre ancien employeur durant votre recherche. Que pensez-vous d'une remarque telle que : "Untel ? Savez-vous qu'il est en train de faire un procès à sa société concernant son départ..." Soyez préparé à entendre ce genre de remarque ou bien tempérez vos sentiments d'hostilité.

Il est préférable de quitter votre employeur dans les meilleurs termes possibles. Grâce à un arrangement à l'amiable, votre ancien patron peut vous servir de référence. Et il est possible qu'un employeur potentiel lui téléphone pour se renseigner sur vous.

Si vous venez juste de terminer vos études, il est nécessaire de définir un plan de carrière et de suivre un programme qui tienne compte de vos objectifs présents et futurs.

Acquérir une spécialisation vous a demandé beaucoup de temps. A présent, un vrai défi vous attend : Où allez-vous appliquer vos talents pour connaître le succès professionnel ? Les exercices présentés dans ce livre vous aideront à préciser le poste qui servira le mieux vos besoins professionnels et à établir les critères de choix de vos entreprises préférées.

Il ne s'agit pas d'accepter la première offre qui se présente, mais de choisir votre emploi. Préparer aujourd'hui un plan de carrière et le suivre fidèlement peut vous faire gagner beaucoup de temps.

VOTRE SITUATION FINANCIERE

C'est le moment de faire le point sur votre situation financière et d'utiliser certaines techniques qui vous feront économiser du temps et de l'argent.

Jusqu'à présent, vous disposiez d'argent liquide et d'un certain crédit. Sans emploi, la baisse de votre revenu vous désarme et vous prenez soudain conscience de votre dépendance à l'égard de ces rentrées régulières. Vous devez faire face à des dépenses précédemment couvertes par l'employeur, telles que les frais de transport ou les cotisations à des caisses complémentaires. Quand on perd son emploi, faire le point sur sa situation financière est une occasion autant qu'une nécessité.

Que vous perceviez de votre entreprise des indemnités de licenciement importantes du fait de votre niveau de salaire et de votre ancienneté ou que vous touchiez seulement les indemnités légales de chômage, ces ressources ne dureront pas indéfiniment.

Etablir un budget

Vous avez besoin d'établir votre budget. Vous devez analyser vos dépenses par mois, par trimestre et par année et calculer tous vos revenus, qu'ils proviennent de votre ancien emploi, d'un travail temporaire, d'une assurance-vie, du salaire de votre conjoint, d'économies diverses ou d'investissements personnels. C'est pour vous le moment de mettre un frein à des dépenses excessives, surtout si vous aviez l'habitude de vivre au-dessus de vos moyens.

L'utilisation d'une carte de crédit vous permet de retarder vos paiements de quelques semaines, mais il vous est fortement recommandé de pouvoir financer à échéance la totalité de vos dépenses. Le taux des intérêts prélevés par les banques en cas de découvert est très élevé et constitue le prêt le plus cher qui soit. Assurez-vous donc d'avoir suffisamment d'argent sur votre compte en fin de mois pour payer le relevé de votre carte de crédit. Sinon, arrêtez de faire des achats par carte.

En cas de dettes importantes, n'achetez plus à crédit et envisagez de vendre certains de vos biens si nécessaire. Avant de prendre une décision, complétez les tableaux suivants afin de faire le meilleur choix sur l'action à entreprendre. Dans la situation nouvelle à laquelle vous êtes confronté, il importe que vous évaluiez rapidement l'incidence financière de ce changement sur votre vie quotidienne.

Le tableau "Actif et Passif" vous permet de voir la répartition de votre actif et de votre passif et vous aide à prendre des décisions si vous souhaitez les organiser différemment.

Le tableau "Revenus du ménage" détaille avec précision vos revenus. Pour plus d'efficacité, faites des prévisions, reportez les chiffres réels puis indiquez les excédents et manques à gagner. Révisez ce tableau chaque mois en changeant vos prévisions si nécessaire.

Bien qu'en France la plupart des dépenses occasionnées par une recherche d'emploi ne puissent pas être déduites des impôts, il est préférable de dresser une liste mensuelle des "Coûts de recherche d'emploi" dont le montant sera reporté dans le tableau "Dépenses du ménage". Vous devez tenir compte de ces frais supplémentaires dans le calcul de vos dépenses. Par ailleurs, l'analyse de ces dépenses de recherche d'emploi vous permettra très vite de mesurer l'efficacité de certaines "solutions" et vous aidera à organiser votre recherche dans un rapport performances/coût satisfaisant.

Le tableau "Dépenses du ménage" montre toutes vos dépenses mensuelles courantes. Une fois sur papier, vous pouvez facilement distinguer celles qui sont à payer immédiatement de celles qui peuvent être réparties ou reportées jusqu'au moment où vous retravaillerez. En cas de répartition ou de paiement différé (le règlement des relevés de cartes de crédit ne fait pas partie des paiements différés), parlez-en à l'avance à vos créanciers. Afin de protéger votre crédit, il est préférable de prendre l'initiative plutôt que d'attendre de recevoir des rappels de factures à régler.

Pour préserver vos revenus, voire les augmenter sensiblement pendant votre recherche d'emploi, il vous faudra peut-être envisager de travailler temporairement ou de prendre une hypothèque sur des biens que vous possédez. Depuis le 01.09.94, vous ne risquez plus de perdre vos droits aux allocations de chômage (même en cas de convention de conversion) si vous reprenez, dans certaines limites, une activité salariée réduite. Votre conseiller APEC ou ANPE vous renseignera.

En dernier recours, certains de vos biens mobiliers et immobiliers peuvent être mis en vente, en particulier ceux pour lesquels vous vous êtes endettés. C'est une bonne façon de réduire les dépenses. Mais vous aurez certainement retrouvé un emploi bien avant de prendre de telles mesures, à condition toutefois de travailler très sérieusement à votre recherche d'emploi.

Ce livre est destiné à vous apprendre à faire face à une épreuve. Les tableaux ci-après sont utiles dans la mesure où ils permettent au candidat d'avoir une vue globale de tous ses revenus, de ses dépenses obligatoires, des frais supplémentaires à éviter, répartir ou renégocier et de l'argent dont il peut disposer. Il est très important pour une personne sans emploi de faire un bilan de sa situation financière afin de parer aux urgences et d'éviter les mauvaises surprises.

VOTRE BILAN FINANCIER

REVENUS DU MENAGE :

- Indemnités de départ (solde de tous comptes)
- Indemnités de chômage
- Salaire du conjoint ou des enfants
- Bonus
- Intérêts de placements
- Dividendes
- Rentes

DEPENSES PRIORITAIRES :

- Loyer
- Emprunt
- Nourriture
- Impôts
- Services publics (gaz, électricité, eau)
- Coût de recherche d'emploi
- Dépenses de santé
- Assurances (voiture, vie)
- Téléphone
- Factures courantes
- Dépenses personnelles

REDUCTION DES FRAIS MENSUELS :

- Obtention de délais de remboursement des emprunts
- Achat du strict nécessaire
- Abandon des achats à crédit
- Refinancement des dettes
- Vente des biens si endettement lourd

SOURCES DE REVENUS SUPPLEMENTAIRES :

- Vente des actifs (biens meubles et immeubles)
- Emprunts (sur assurance, maison,...)
- Travail temporaire

ACTIF ET PASSIF DU FOYER

ACTIF

Liquidités	€ ____________
Comptes épargne	____________
Actions	____________
Obligations	____________
Résidence principale	____________
Autres biens immobiliers	____________
Automobile(s)	____________
Effets à recevoir	____________
Assurance-vie	____________
Autres assurances	____________
Bijoux	____________
Œuvres d'art	____________
Meubles	____________
Antiquités	____________
Autres biens ____________	____________
Autres biens ____________	____________
Autres biens ____________	____________
Total de l'actif	€ ____________

PASSIF

Factures courantes à régler	€ ____________
Effets à payer	____________
Impôts	____________
Hypothèque sur résidence principale	____________
Hypothèque sur autres immeubles	____________
Soldes d'emprunt(s) automobile(s)	____________
Soldes d'autres emprunts	____________
Autres dettes ____________	____________
Autres dettes ____________	____________
Autres dettes ____________	____________
Total du passif	€ ____________

Valeur nette (Total actif – Total passif) = € ____________

REVENUS DU MENAGE

TABLEAU MENSUEL

	Projection Mois :_____	Réel Mois :_____	Excédent (Déficit)
Salaires	€ ________	€ ________	€ ________
Indemnités de départ (solde de tous comptes)	________	________	________
Indemnités de chômage (ASSEDIC)	________	________	________
Avantages en nature	________	________	________
Allocations familiales	________	________	________
Allocation logement	________	________	________
Autres allocations	________	________	________
Salaire du conjoint	________	________	________
Travail temporaire	________	________	________
Dividendes des actions	________	________	________
Intérêts des obligations	________	________	________
Revenus des rentes	________	________	________
Recouvrement de dettes	________	________	________
Emprunt sur assurance-vie	________	________	________
Salaires des enfants	________	________	________
Remboursements (sécurité sociale, mutuelle, assurances)	________	________	________
Autres revenus	________	________	________
Autres revenus	________	________	________
Autres revenus	________	________	________

Faites une liste de toutes vos sources de revenus sans compter la vente de vos biens et sans contracter de nouvelles dettes. Utilisez ce tableau pour une projection mensuelle de vos revenus, puis reportez le montant réel ainsi que l'excédent ou le déficit sur le planning du mois suivant.

COUT DE RECHERCHE D'EMPLOI

PREVISION

(Attention de ne pas intégrer deux fois ces frais dans le tableau des dépenses du ménage)

Coût d'acquisition d'un ordinateur	€ ________
Fournitures pour l'ordinateur	________
Papier	________
Cartouches	________
Encre	________
Disquettes	________
Logiciels	________
Fournitures de bureau	
(frais externes de bureau*)	________
Abonnements	________
Livres, documents, frais de bibliothèque	________
Photocopies	________
Téléphone/répondeur/fax	________
Frais de parking	________
Essence	________
Entretien et réparation d'un véhicule	________
Frais de transport	________
Autres frais de déplacement	________
Frais de timbres et d'envoi	________
Frais d'imprimerie	________
Restaurant	________
Autres ________	________
Autres ________	________
COUT TOTAL DE RECHERCHE D'EMPLOI (C)	€ ________

Ajoutez le total de ces dépenses à celles du tableau suivant ligne (C). Cela vous aidera à calculer la réserve d'argent dont vous aurez besoin pour continuer votre recherche.

* fax, Minitel, photocopies, etc. Tous services annexes achetés.

DEPENSES DU MENAGE

TABLEAU MENSUEL

	Prévision	Réel	Excédent (Déficit)
	Mois : ________	Mois : ________	________
Factures courantes à régler	€ ________	€ ________	€ ________
Remboursement des prêts			
Paiement des intérêts			
Loyer			
Chauffage			
Electricité/Gaz			
Eau			
Téléphone			
Assurances maison			
Impôts fonciers et impôts locaux			
Impôts sur le revenu			
Entretien de la maison			
Dépenses personnelles			
Prêt automobile			
Essence			
Entretien voiture			
Assurance voiture			
Assurance vie			
Nourriture			
Habillement			
Soins médicaux			
Blanchisserie, nettoyage à sec			
Frais de scolarité			
Crèche/nourrice			
Abonnements journaux et magazines			
Clubs et associations			
Cotisations diverses			
Loisirs			
Voyages (SNCF, avion, taxi, bus)			
Autres frais de voyage			
Coût de recherche d'emploi* (C)			
Cadeaux			
Divers			
Autres________________			
Autres________________			
Autres________________			
TOTAL DES DEPENSES (B)	€ ________	€ ________	€ ________

*Attention aux répétitions. Voir tableau précédent (C).
Utilisez ce tableau pour calculer vos dépenses prévisionnelles et réelles ainsi que l'excédent ou le déficit qui sera reporté sur le mois suivant. Cette liste vous aidera à choisir les dépenses à réduire.

A présent, vous pouvez chiffrer votre solde mensuel. Afin de préparer votre plan financier personnel, évaluez ce solde sur plusieurs mois.

SOLDE MENSUEL

RECAPITULATIF

	Prévision Mois :____	Réel Mois :____	Excédent (Déficit)
Somme disponible en début de recherche	€ ________	€ ________	€ ________
+ Revenus du ménage (A)	________	________	________
– Dépenses du ménage (B)	________	________	________
Solde mensuel final	€ ________	€ ________	€ ________

L'objectif de cet exercice est de garder en permanence un solde mensuel positif.

Supprimez le superflu et ne dépensez que le strict nécessaire. Retardez un départ en vacances ou un achat important jusqu'à votre prochain emploi.

Certaines dépenses de loisirs doivent être incluses dans votre budget. Vous ne pouvez pas traverser cette période sans avoir de distractions ou d'activités extérieures, mais nul besoin de dépenser une fortune.

Après avoir dressé la liste de vos revenus et de vos dépenses, l'avis d'un comptable ou d'un conseiller financier peut vous permettre d'envisager d'autres possibilités et de mieux adapter votre style de vie à cette période transitoire.

☞ CONSEILS UTILES

► Téléphone

Il est plus facile d'utiliser une télécarte que de circuler avec les poches pleines de monnaie. N'oubliez pas votre carte pendant vos déplacements. C'est l'occasion ou jamais de devenir un consommateur avisé. Téléphoner avec sa carte de crédit peut coûter plus cher qu'avec une carte de téléphone (facturation minimale). Ce qui vaut pour le téléphone vaut d'ailleurs pour toutes les prestations : faites vos calculs.

Le répondeur téléphonique est un bon outil de travail. Cet appareil donne à votre interlocuteur une meilleure réponse que celle de votre enfant de quatre ans. Absent de chez vous, un répondeur interrogeable à distance vous permet d'écouter les messages et d'y répondre sans délai.

Tous les membres de votre famille doivent comprendre son fonctionnement et vos jeunes enfants doivent éviter d'en user comme d'un jouet. Votre message doit donner l'image d'une personne sérieuse en affaires, enjouée, amicale, aux idées claires, demandant aux personnes qui appellent de laisser leur nom, leur numéro de téléphone, la date et l'heure de leur appel ainsi qu'un message bref.

Si votre conjoint et vos enfants ont besoin d'utiliser souvent le téléphone, pensez à vous abonner au signal d'appel ou à faire installer une deuxième ligne qui servira pour vos communications professionnelles et évitera d'occuper votre ligne personnelle. Vous aurez ainsi la possibilité de recevoir tous les appels importants concernant votre recherche d'emploi.

Derniers préparatifs

Achetez un agenda suffisamment grand pour y noter vos rendez-vous quotidiens ainsi que vos commentaires et notes. Ces annotations devront inclure :

a. Le nom de la personne que vous allez rencontrer et sa fonction ou son titre,

b. Son numéro de téléphone,

c. L'heure du rendez-vous,

d. L'adresse et peut-être la direction à prendre pour vous y rendre si vous n'êtes pas sûr de votre chemin,

e. Le nom de la personne qui vous a recommandé. C'est un point important !

Ce procédé est une excellente habitude à prendre, en particulier pour le cas où vous auriez besoin rapidement de certaines informations. Un bon système peut remplacer une mauvaise mémoire.

Sur un cahier, n'oubliez pas de prendre des notes pendant et après chaque entretien. Ces informations chronologiques viendront s'ajouter à votre fichier de renseignements.

Commencez à réunir toutes les offres d'emploi intéressantes. Vous trouverez ces petites annonces dans :

Les grands quotidiens nationaux tels que : *Le Figaro, France-Soir, Le Monde, Les Echos, La Croix, La Tribune, Libération...*

Les grands quotidiens de province : *La Voix du Nord, L'Alsace, Le Progrès, Midi Libre, Ouest-France, La Nouvelle République du Centre-Ouest...*

Les périodiques : *Le Figaro Magazine, L'Express, Le Point, Marianne, Le Nouvel Economiste, Le Nouvel Observateur, L'Expansion...*

La presse spécialisée par secteur d'activité : *L'Usine Nouvelle, La France Agricole, Le Monde Informatique, Le Journal du Textile, Panorama du Médecin, Courrier Cadres, Entreprendre et Défis* (si vous avez l'intention de démarrer votre propre affaire).

Les grands quotidiens internationaux : *International Herald Tribune, The Wall Street Journal, The Financial Times...*

Découpez et classez ces petites annonces au fur et à mesure, dans un cahier en les espaçant suffisamment pour pouvoir y porter des annotations. Indiquez la source et la date de chaque insertion. La façon de répondre aux annonces est expliquée en détail au Chapitre 4.

Quels que soient vos intérêts professionnels, vous trouverez un guide de tous ces journaux et magazines auprès de Tarif Média (voir Annexe C) ou dans votre centre APEC. Votre agence ANPE et votre bureau APEC, mais aussi votre cellule de reclassement ou votre groupe de chercheurs d'emploi vous proposent ces journaux et revues. Prenez l'habitude d'aller les consulter.

Si vous pensez changer de région, abonnez-vous à un journal régional pour une durée limitée ou faites-vous en envoyer par un ami ou un parent qui habite le lieu choisi. Enfin n'oubliez pas de consulter votre bibliothèque municipale.

Communication écrite

Vous aurez besoin d'un ordinateur personnel pour vos C.V. et votre correspondance. Chaque entretien devra être suivi d'une lettre de remerciement bien écrite. Ce sujet sera étudié plus loin dans ce livre.

Utiliser un service de secrétariat extérieur vous coûtera cher ; procurez-vous plutôt un micro-ordinateur soit en l'empruntant à un parent, en le louant ou en l'achetant neuf ou même d'occasion. L'informatique domestique s'est bien développée depuis le début des années 90. Les fabricants d'ordinateurs cassent leurs prix et proposent des machines à la portée de toutes les bourses. Adressez-vous également à votre école ou à votre groupe de chercheurs d'emploi.

Un expert en informatique vous aidera dans votre choix. Si vous n'avez aucune connaissance en la matière, renseignez-vous auprès de votre mairie pour des stages de formation, auprès d'une école d'informatique de votre quartier ou d'un groupe local d'utilisateurs de matériel informatique ou tout simplement dans un magasin de micro-ordinateurs. Ces personnes vous communiqueront le nom d'un consultant qui vous conseillera et vous montrera la façon la moins chère de vous organiser. Il vous indiquera les meilleures affaires à réaliser en matière d'achat et rendra vos débuts d'informaticien plus faciles. Les boutiques informatiques proposent souvent un service après-vente très utile. Si vous vous trompez ou si vous ne connaissez pas ou ne trouvez pas une manipulation, vous téléphonez au service après-vente qui vous dépanne gratuitement. Pour bien utiliser ce service, achetez une rallonge téléphonique qui vous permette de téléphoner face à votre écran. Ainsi vous pourrez effectuer les manipulations suggérées par le service après-vente en direct. Vous paierez un peu plus de téléphone, mais vous serez dépanné !

Si vous n'avez jamais eu l'occasion d'apprendre à taper à la machine, certains programmes amusants et faciles vous aideront à acquérir rapidement cette méthode de travail. Vous pourrez réaliser d'impressionnants C.V. et lettres. Les logiciels récents de traitement de textes proposent d'ailleurs des modèles de C.V. faciles à personnaliser.

Un simple ordinateur de base vous rendra la tâche plus aisée en organisant, triant et fournissant toutes les données dont vous aurez besoin aux moments opportuns. Ce ne sera plus une corvée de conserver la quantité d'informations que vous allez accumuler tout au long de votre recherche. Consultez les pages jaunes de votre annuaire téléphonique, le Minitel ou vos amis pour des adresses de boutiques informatiques.

Avant de commencer les exercices du chapitre suivant, rappelez-vous que :

- Le succès est une attitude et un état d'esprit.
- Chaque problème a une solution.
- Rien au monde ne remplace la persistance et la ténacité.
- L'échec, c'est de ne pas avoir essayé.
- Vous ne savez pas ce dont vous êtes capable tant que vous n'avez pas essayé.
- Il y a quelque part un emploi qui vous attend… à vous de le trouver.

Ce qu'il vous faut avant de commencer

A faire:

- Etre en règle avec les allocations chômage
- Trouver un endroit équipé pour travailler

A avoir:

- ❐ Répondeur téléphonique
- ❐ Micro-ordinateur
- ❐ Agenda
- ❐ Papier avec en tête
- ❐ Télécarte
- ❐ Cartes de visite personnelles
- ❐ C.V. (voir Chapitre 3)
- ❐ Abonnement journaux et périodiques
- ❐ Liste de petites annonces avec date et source
- ❐ Liste de vos amis et relations professionnelles
- ❐ Liste des associations (voir Chapitre 5)
- ❐ Liste des sociétés-cibles (voir Chapitre 5)
- ❐ Articles sur les sociétés-cibles
- ❐ Dossier courrier et factures pour contrôler vos dépenses

PROJET PROFESSIONNEL

La plupart des gens ne savent pas comment mener une recherche d'emploi parce qu'elles n'ont pas d'idées sur leur devenir professionnel et ne savent pas mettre en valeur leurs compétences.

C'est le moment de prendre certaines responsabilités concernant votre carrière. La sécurité de l'emploi n'est plus une certitude, même pour les gens dévoués à leur entreprise et qui consacrent beaucoup de temps à leur travail. Plus personne désormais ne peut envisager d'entrer dans une entreprise pour y faire toute sa carrière. Nous vivons au sein d'une économie mondiale instable. La sécurité a disparu avec l'accélération des mouvements de rachat, fusion et acquisition qui permettent aux entreprises de s'adapter aux changements rapides des technologies et des mentalités.

Malgré cette réalité, bien peu de cadres prennent le soin de gérer leur carrière et de réfléchir à leur évolution professionnelle. Aussi est-il important de faire un bilan de votre parcours et de prendre conscience de vos qualités et de votre valeur, atouts indispensables pour gagner dans la vie.

Connaissant mieux vos souhaits et vos atouts, il vous sera plus aisé de repérer les opportunités. Répondez aux questions suivantes : Avez-vous planifié votre emploi actuel et ceux du passé ou ont-ils coïncidé à d'heureuses opportunités du moment ? Avez-vous réfléchi à ce qui vous enthousiasme et à ce qui vous manque pour réussir votre carrière ? Si vous n'êtes pas content de votre emploi, savez-vous ce qu'il faut changer ?

C'est le moment de repenser votre projet professionnel ; pour prendre de bonnes décisions, vous avez besoin de connaître:

- Les emplois qui vous attirent.
- Votre niveau d'expérience et vos connaissances par rapport à vos intérêts professionnels.
- Les critères d'environnement professionnel que vous aimez.
- Ce qui vous a plu et déplu dans vos emplois précédents.
- Vos points forts et vos points faibles.
- Vos objectifs de carrière immédiats et futurs.

Vos emplois préférés

Le premier travail consiste à lister tous les emplois que vous aimeriez exercer (cette liste peut être longue et variée), puis à les classer par ordre de préférence et par catégorie d'intérêt, de connaissance et d'expérience

Emplois possibles	Intérêt	Connaissance	Expérience
Associé dans un cabinet comptable	2	1	2
Directeur financier	1	2	5
Consultant financier	3	1	3
Professeur de finances	4	2	5
Contrôleur financier	2	2	5
Directeur général	1	4	5
Directeur administratif	3	3	3
Directeur de marketing	1	5	5
Conseil en recrutement	2	2	2
Comptable indépendant	1	2	3
Propriétaire d'une entreprise commerciale	1	5	5
Commissaire aux comptes	2	4	4

Echelle des valeurs :

1= Intérêt maximal, connaissance la plus étendue, expérience prédominante
2= Intérêt au-dessus de la moyenne, bonne connaissance, bonne expérience
3= Intérêt moyen, connaissance moyenne, expérience moyenne
4= Peu d'intérêt, peu de connaissance, peu d'expérience
5= Très peu d'intérêt, aucune connaissance, aucune expérience

La liste de notre candidat comptable est variée. Ayant travaillé dans un cabinet, sa première idée fut de continuer dans la même direction avec l'objectif de devenir associé.

Toutefois, bien que possédant les connaissances et l'expérience nécessaires pour prendre des parts dans une entreprise comptable, son niveau d'intérêt pour ce poste est juste au-dessus de la moyenne ; ce n'est pas ce qu'il préfère.

Résumons ses emplois préférés :

Emplois préférés	Connaissance	Expérience
Directeur financier	2	5
Directeur général	4	5
Directeur de marketing	5	5
Propriétaire d'un cabinet comptable	2	3
Propriétaire d'une entreprise commerciale	5	5

Notre candidat est très intéressé par cinq emplois possibles, mais il devra tenir compte dans son choix final de son manque d'expérience et de connaissance qui seront des facteurs déterminants, malgré son intérêt évident pour l'une ou l'autre de ces activités.

Si cet enthousiasme pour une activité particulière se précise, il peut développer les aptitudes nécessaires en suivant une formation ou en changeant de poste dans une entreprise nouvelle jusqu'à la position convoitée. Il peut aussi retenir ces deux options simultanément.

En cas de formation prolongée, notre candidat devra tenir compte des facteurs temps et argent. Quel que soit le métier de ses rêves, notre candidat doit éviter de prendre ses désirs pour des réalités.

En examinant la première liste, nous constatons quatre changements de carrière :

Emplois possibles	Intérêt	Connaissance	Expérience
Professeur de finances	4	2	5
Directeur de marketing	1	5	5
Conseil en recrutement	2	2	2
Propriétaire d'une entreprise commerciale	1	5	5

Notre candidat comptable souhaite aussi travailler pour son propre compte, soit dans le même secteur d'activité, soit dans un autre domaine. Ce changement radical de situation lui demandera d'importantes ressources financières ainsi qu'un dynamisme permanent. Un professionnel en la matière l'informera sur les problèmes et obstacles qu'ont rencontrés d'autres personnes ayant fait le même choix. Par exemple, le candidat est-il prêt à faire des sacrifices personnels pour réussir dans sa nouvelle entreprise ?

C'est en parlant avec des personnes exerçant ces professions que notre candidat pourra choisir la meilleure orientation de carrière.

Un des avantages du réseau de relations sera pour le candidat de collecter des réactions et des informations sur ses emplois préférés. Est-il possible aujourd'hui de trouver des postes qui puissent satisfaire ses ambitions professionnelles ? Sont-ils localisés près de son domicile ou devra-t-il déménager ? C'est seulement en faisant des recherches dans l'environnement professionnel souhaité que le candidat découvrira si ses ambitions, ses compétences et ses expériences sont adaptées au secteur d'activité souhaité.

A vous de faire votre liste...

VOS EMPLOIS PREFERES

	Emplois	Intérêt	Connaissance	Expérience
1.				
2.				
3.				
4.				
5.				
6.				
7.				
8.				
9.				
10.				
11.				
12.				
13.				
14.				
15.				

Mes cinq emplois préférés sont dans l'ordre :

1. ______________________
2. ______________________
3. ______________________
4. ______________________
5. ______________________

Mon emploi préféré est (en ce moment) :

1. ______________________

1 = Intérêt maximal, connaissance la plus étendue, expérience prédominante
2 = Intérêt au-dessus de la moyenne, bonne connaissance, bonne expérience
3 = Intérêt moyen, connaissance moyenne, expérience moyenne
4 = Peu d'intérêt, peu de connaissance, peu d'expérience
5 = Très peu d'intérêt, aucune connaissance, aucune expérience

Ces enquêtes préliminaires l'empêcheront de perdre du temps et de l'énergie dans la recherche d'un emploi qui ne serait plus en adéquation avec ses compétences et l'évolution actuelle du marché du travail.

En vous référant à l'exemple du candidat comptable, établissez une liste de tous vos emplois préférés et donnez une note aux trois principaux critères. Ce procédé vous permettra de connaître l'activité que vous avez l'intention de choisir en premier lieu et d'analyser les compétences requises et celles à développer. Il vous faudra également savoir si des emplois sont disponibles dans cet environnement professionnel.

Vous pouvez également être attiré par d'autres activités de votre liste, mais vous n'êtes pas sûr de vos qualifications. Un entretien de recherche avec des personnes compétentes vous permettra de mieux étudier les différents aspects de ces nouveaux secteurs professionnels. Voici une liste de questions à poser:

- Comment êtes-vous parvenu à cet emploi ou comment avez-vous créé cette entreprise?
- Si vous pouviez recommencer, que feriez-vous différemment?
- Qu'aimez-vous le plus et le moins dans votre activité?
- Existe-t-il aujourd'hui des opportunités dans votre secteur d'activité?
- A-t-on besoin d'un diplôme pour occuper ce poste ? Si oui, quelles sont les filières?
- Voudriez-vous lire mon C.V. ? De quelle formation complémentaire ai-je besoin ? Quelle en est la durée?
- Pouvez-vous me fournir une liste d'entreprises à prospecter ou d'entreprises qui recrutent?
- Vos autres questions...

Environnement professionnel

Il est nécessaire de clarifier les valeurs professionnelles qui sont importantes dans le cadre de votre travail. Ces valeurs sont le reflet de votre personnalité, de vos actions et de vos motivations. Vous devez choisir un environnement professionnel qui corresponde à votre système actuel de valeurs. Si vous avez un conflit au sujet de l'une de ces valeurs, votre emploi ne vous procurera que des déboires personnels et professionnels. Réfléchir maintenant à cette question vous permettra plus tard d'exercer des fonctions plus enrichissantes et plus productives.

Conditions d'environnement favorables

L'entreprise

- Croissance permanente
- Possibilités de promotion interne
- Esprit d'équipe
- Qualité des produits et des services
- Lieu de travail agréable
- Installations modernes
- Politique de gestion bien définie
- Sécurité de l'emploi
- Initiatives encouragées
- Avancement de carrière
- Ambiance de travail motivante
- Politiques saines et structures solides
- Réputation de loyauté et d'honnêteté
- Avantages sociaux importants
- Politique de gestion moderne
- Direction à l'écoute des salariés
- Situation géographique agréable

Le poste

- Bon salaire
- Pouvoir bien défini
- Bonnes relations de travail
- Encouragement à la créativité
- Chances de réussir
- Voyages et déplacements
- Possibilité de promotion particulière
- Collègues de travail intéressants
- Indépendance
- Opportunité de travailler en équipe
- Possibilités de formation
- Communication interne effective
- Travail motivant et stimulant
- Possibilité de faire face à des challenges
- Travail varié
- Poste influent
- Emploi tranquille, sans stress
- Challenge physique
- Tâches précises et détaillées
- Contact avec le public

L'exemple ci-dessous nous permet de voir ce qui est important pour notre candidat:

Liste de ce que vous n'avez pas aimé dans votre emploi précédent et que vous ne voulez pas retrouver dans le prochain (classement par ordre décroissant)

1. *Pas de possibilité d'avancement (3)*	**7.**
2. *Trop de rivalités internes (2)*	**8.**
3. *Lenteur des décisions (4)*	**9.**
4. *Horaire de travail trop chargé (1)*	**10.**
5.	**11.**
6.	**12.**

Liste de ce que vous avez aimé dans votre emploi précédent (classement par ordre de préférence)

1. *Bonne renommée de la société (2)*	**7.**
2. *Organisation du travail bien définie (5)*	**8.**
3. *Bon niveau d'activité (3)*	**9.**
4. *Relations amicales avec les collègues (4)*	**10.**
5. *Développement des connaissances (1)*	**11.**
6. *Bureaux modernes (6)*	**12.**

Liste de ce que vous aimeriez trouver dans votre emploi idéal (classement par ordre d'importance)

1. *Chance d'élargir mes connaissances (2)*	**7.** *Davantage de responsabilités (3)*
2. *Bon salaire (1)*	**8.** *Grande entreprise (6)*
3. *Possibilité d'avancement (4)*	**9.**
4. *Pas de conflits internes (7)*	**10.**
5. *Lieu de travail proche du domicile (5)*	**11.**
6. *Bureaux modernes (8)*	**12.**

A vous maintenant de définir vos conditions de travail favorables et défavorables :

A vous de faire votre liste...

Liste de ce que vous n'avez pas aimé dans votre emploi précédent et que vous ne voulez pas retrouver dans le prochain (classement par ordre décroissant)

1. ______________________
2. ______________________
3. ______________________
4. ______________________
5. ______________________
6. ______________________
7. ______________________
8. ______________________
9. ______________________
10. ______________________
11. ______________________
12. ______________________

Liste de ce que vous avez aimé dans votre emploi précédent (classement par ordre de préférence)

1. ______________________
2. ______________________
3. ______________________
4. ______________________
5. ______________________
6. ______________________
7. ______________________
8. ______________________
9. ______________________
10. ______________________
11. ______________________
12. ______________________

Liste de ce que vous aimeriez trouver dans votre emploi idéal (classement par ordre d'importance)

1. ______________________
2. ______________________
3. ______________________
4. ______________________
5. ______________________
6. ______________________
7. ______________________
8. ______________________
9. ______________________
10. ______________________
11. ______________________
12. ______________________

Nous pouvons tirer plusieurs conclusions de la fiche de notre candidat :

1. Il est ambitieux. L'argent, l'évolution personnelle et les possibilités d'avancement sont ses objectifs prioritaires.

2. Il est attiré par des équipements modernes et veut échapper à tout esprit de querelle. Il se sent plus rassuré dans une grande entreprise structurée.

3. En conclusion, il semble qu'un poste de directeur financier dans une grande entreprise moderne s'accorderait le mieux avec ses préférences. Il devrait abandonner l'idée de monter sa propre affaire. Les ressources financières ne seront pas garanties et la charge de travail sera lourde. Le manque d'argent et le surcroît de travail dont il faut obligatoirement tenir compte dans tout démarrage d'entreprise sont en contradiction avec ses préférences. Notre candidat n'a pas eu de difficulté à faire son choix. Il sera directeur financier ou poursuivra sa carrière dans la comptabilité.

Grande entreprise ou PME/PMI ?

En faisant la liste de ce que vous aimez et n'aimez pas, il vous sera plus facile d'évaluer vos projets selon vos préférences personnelles. Vous pouvez également vous intéresser à d'autres critères tels que : formation continue, congés, avantages en nature, comité d'entreprise, projets de développement de la société et temps de travail.

Par exemple, il est important de déterminer si vous préférez travailler dans le cadre bien structuré d'une grande entreprise ou dans celui plus simple d'une petite ou moyenne entreprise (PME) ou industrie (PMI). Cela vous permettra de choisir des sociétés spécifiques pour votre liste-cible. Ces exercices vous aideront également à comparer les facteurs d'environnement par rapport aux opportunités d'emploi qui se présenteront. Etudiez et comparez le tableau de la page suivante:

Grande entreprise

	Avantages	Inconvénients
Rapports humains	Environnement plus stable. Nombreux contacts entre collègues.	Difficultés de mise en valeur personnelle. Peu de contacts avec la hiérarchie.
Développement de carrière	Plus grande sécurité d'emploi. Avantages sociaux. Plan de formation. Possibilités de concours et de changement de poste sans changement d'employeur.	Avancement à l'ancienneté ou sur concours plus que sur résultat personnel. Structures hiérarchisées freinant l'initiative. Prise de responsabilités plus difficile. Progression de carrière lente. Originalité et compétences pas toujours reconnues. Difficultés de recrutement et, dans certains cas, emplois à haut risque passé un certain âge.
Niveau des salaires	Salaire à l'ancienneté régulier suivant une progression par avancement.	Salaires moins élevés que dans une PME/PMI. Peu de primes de rendement ou de résultats.
Conditions de travail	Structures hiérarchisées permettant des fonctions bien définies. Fonctionnement riche en ressources et moyens.	Fonctionnement rigide freinant l'initiative. Travail souvent routinier. Beaucoup de politique à un certain niveau.

PME/PMI

	Avantages	Inconvénients
Rapports humains	Compétences immédiatement reconnues. Contacts plus étroits et plus profonds avec la direction. Pluridisciplinarité.	Concurrence très forte et constante entre les individus.
Développement de carrière	Promotion individuelle plus rapide. Meilleur prise de conscience de la nécessité d'adaptation au marché et de développement des compétences personnelles. Possibilités de responsabilités.	Emplois plus instables en raison de la forte compétition entre individus et de la possible fragilité de l'entreprise.
Niveau des salaires	Salaires plus élevés basés sur les performances.	Certains niveaux de salaire difficiles à maintenir.
Conditions de travail	Fonctionnement et structures plus flexibles. Travail moins routinier et plus créatif.	Travail étroitement surveillé. Nécessité de mise à jour constante.

Analyse de vos points forts et de vos points faibles

L'exercice suivant vous aide à faire le point sur vos points forts et sur vos lacunes. Ce check-up personnel vous servira d'argumentaire et vous mettra à l'aise pour répondre à d'éventuelles questions embarrassantes d'un recruteur ou d'un directeur du personnel.

En identifiant vos faiblesses, vous pouvez y remédier par un effort personnel, une formation particulière ou les conseils d'un spécialiste. Il est préférable de faire face à ses déficiences plutôt que de les laisser interrompre la progression de sa carrière.

Points forts :

1. *Habileté naturelle à manipuler les chiffres*
2. *Capable de mener plusieurs actions en même temps*
3. *Nature aimable et chaleureuse*
4. *Dons pour l'enseignement*
5. *Vivacité intellectuelle*
6. *Esprit inventif*
7. *Débrouillard*
8. __________
9. __________
10. __________

Points faibles :

1. *Impatient*
2. *Trop modeste*
3. *Indifférent à l'évolution de carrière*
4. *Peur du risque*
5. *Indiscipliné*
6. *Timide*
7. *Trop agressif*
8. __________
9. __________
10. __________

Vos faiblesses ne doivent pas vous décourager ; nous en avons tous. C'est déjà un progrès que de les reconnaître et ce travail vous permet d'identifier celles qui ont le plus besoin d'être corrigées.

Vous allez découvrir qu'un défaut n'est rien d'autre qu'un point fort poussé à l'excès. Contrôlez l'excès et vous supprimez le défaut. Voici quelques exemples :

POINTS FORTS	POINTS FAIBLES
• Travaille vite	• Impatient
• En quête d'excellence	• Obsédé par la perfection
• Discret	• Trop modeste
• Rapide	• Impulsif
• Leader	• Tendance à vouloir dominer
• Goût du risque	• Extravagant
• Econome	• Avare
• Tenace	• Têtu
• Bon négociateur	• Enclin à faire des compromis
• Souci du détail	• Maniaque

Réfléchissez à vos faiblesses et essayez de les transformer en points forts. Vous aurez déjà gagné une partie de la bataille.

Si pendant un entretien, un candidat se voit interrogé sur ses lacunes, il pourra prendre comme exemple son impatience et sa modestie. Ces défauts sont bien souvent une exagération de points forts. Son impatience peut signifier qu'il aime que le travail soit fait rapidement et sans délai ; sa modestie montre qu'il préfère la discrétion à la parade. L'humilité est certainement une vertu.

Cette gymnastique de l'esprit concernant vos faiblesses vous permettra d'éviter les pièges possibles tendus par certains recruteurs.

N'hésitez pas à mentionner tous vos points forts. Des comptables qui ont des facilités de formateur, qui peuvent accomplir simultanément différents travaux et sont aptes à retenir rapidement les nouvelles informations, font des collaborateurs recherchés.

Faites à présent une liste de vos qualités et de vos défauts. Pensez en termes de personnalité, caractère, intelligence, impression donnée aux autres. Essayez d'être aussi objectif et réaliste que possible.

A vous de faire votre liste…

Mes points forts :

1. ______________________________
2. ______________________________
3. ______________________________
4. ______________________________
5. ______________________________
6. ______________________________
7. ______________________________
8. ______________________________
9. ______________________________
10. ______________________________

Mes points faibles :

1. ______________________________
2. ______________________________
3. ______________________________
4. ______________________________
5. ______________________________
6. ______________________________
7. ______________________________
8. ______________________________
9. ______________________________
10. ______________________________

► Vos objectifs à court et à long terme

Définir un objectif donne le sentiment que l'on progresse vers un but en suivant une direction bien établie.

Peu de personnes prennent le temps de réfléchir à cette question : "Qu'ai-je vraiment envie de faire dans ma vie ?" Demandez à vos amis quels sont leurs objectifs à court, moyen et long terme et vous serez surpris de leurs réponses. Débutants ou professionnels, la plupart des chercheurs d'emploi n'ont pas pris le soin de planifier leur vie professionnelle.

La question importante est de savoir ce que vous voulez faire et si vous avez la volonté de parvenir au but fixé. Pour passer du rêve à la réalité, vous devez tenir compte des compétences nécessaires à la réalisation de vos objectifs. Il est bon de rêver mais en ce moment vous devez tourner vos efforts vers un projet bien précis : la réalisation de vos ambitions. Soyez avant tout réaliste !

Beaucoup de gens s'acharnent au travail pour être les meilleurs dans leur entreprise. Ils passent de longues heures à leur bureau et font de lourds sacrifices pour monter un à un les échelons jusqu'à un poste de direction. Mais était-ce vraiment le métier qu'ils désiraient accomplir ?

S'il ne fait pas de bilan, le candidat risque de se lancer dans une voie qui, quelques années plus tard, ne sera plus en adéquation avec ses souhaits véritables. Il continuera à poursuivre une route qui l'éloignera de ce qui aurait pu le rendre heureux.

Le moment est venu pour vous de penser à ce que vous voulez réaliser dans votre vie personnelle et professionnelle.

Faites une mise à jour annuelle en comparant ce que vous avez planifié avec votre situation actuelle et en tenant compte de vos nouvelles ambitions et de vos nouvelles expériences.

Votre projet professionnel doit être clair, accessible, réaliste, mesurable et établi étape par étape.

Les principaux avantages sont de vous apprendre à :

- Démarrer un projet professionnel. C'est la différence d'attitude entre rechercher n'importe quel emploi et suivre un tracé bien défini pour arriver à un but fixé.
- Clarifier et organiser vos pensées.
- Etablir des projets réalistes. Certains ont tendance à penser seulement aux objectifs à long terme. Ils rêvent de diriger un jour une société, mais ne savent pas comment y parvenir. Pensez aux étapes progressives à franchir, à leur durée, aux sociétés ou environnements professionnels qui correspondent le mieux à vos aspirations intellectuelles et morales.

- Faire des choix fondamentaux pour éviter le “touche à tout” et certains dérapages. Sans bilan professionnel, vous risquez de perdre du temps et d’être comme un missile que l’on ne contrôle plus.
- Mettre en place un système d’évaluation permanente de vos réalisations par rapport à vos objectifs (progression ou éloignement).
- Prendre conscience de l’importance de chaque minute qui passe. Il est moins facile d’être heureux quand on occupe un emploi que l’on n’aime pas.

Voici les objectifs de notre candidat comptable pour les cinq prochaines années :

Dans un an... 

Aspiration personnelle : *Mariage avec Nathalie - pas d’enfant pour le moment. Suivre des cours de perfectionnement en informatique.*

Confort matériel : *Louer un appartement plus confortable.*

Challenge intellectuel : *Dans un cabinet comptable, m’occuper de clients plus importants ou devenir directeur financier d’une PME/PMI.*

Responsabilité professionnelle : *Dans un cabinet comptable, faire de la prospection pour toucher une nouvelle clientèle. En tant que directeur financier, m’assurer de la mise à jour de tous les systèmes de comptabilité de la société.*

Sécurité financière : *Parvenir à une rémunération de 50 000 euros par an avec voiture de fonction.*

Avancement de carrière : *Dans un cabinet comptable, diriger un service comportant un petit groupe de personnes. Comme directeur financier, être responsable d’un département.*

Dans trois ans... 

Aspiration personnelle : *Un enfant. Continuer à parfaire mes connaissances en informatique.*

Confort matériel : *Acheter un logement. Faire un rallye sportif.*

Challenge intellectuel : *Toujours en cabinet comptable, me spécialiser dans les comptes clients du secteur santé. Comme directeur financier, faire partie des décideurs de la société.*

Responsabilité professionnelle : *Dans un cabinet comptable, devenir responsable du marketing. Comme directeur financier, collaborer aux stratégies de développement de la société.*

Sécurité financière : *Gagner entre 60 000 et 80 000 euros par an.*

Avancement de carrière : *Dans un cabinet comptable, prendre la direction d'un département. Comme directeur financier, faire partie du comité de direction.*

Dans cinq ans... 

Aspiration personnelle : *Deux enfants, pas davantage. Apprendre l'espagnol et suivre des cours de voile.*

Confort matériel : *Voyager en Extrême-Orient avec mes amis ou ma famille. Louer une maison à la campagne pendant les vacances. Acheter un bateau à voile.*

Challenge intellectuel : *Dans un cabinet comptable, devenir associé responsable des comptes clients du secteur santé. Comme directeur financier, participer à l'élaboration des fusions et acquisitions.*

Responsabilité professionnelle : *Dans un cabinet comptable, créer une nouvelle politique de marketing, engager et former une équipe. Comme directeur financier, continuer à prendre des responsabilités au fur et à mesure du développement de la société.*

Sécurité financière : *Arriver à 100 000 euros ou plus par an.*

Avancement de carrière : *Devenir associé principal d'un cabinet comptable. Comme directeur financier, devenir membre de la Direction Générale.*

Notre candidat n'est pas sûr de son orientation professionnelle. Il hésite entre un poste de directeur financier et un emploi dans un cabinet comptable. Ce travail sur ses objectifs lui servira le jour où il devra comparer plusieurs opportunités d'emploi.

En établissant aujourd'hui vos objectifs, vous pouvez souhaiter vous orienter vers d'autres carrières. Prenez le temps de réfléchir à chacune d'elles, cela vous permettra de vous fixer sur ce que vous avez réellement envie d'accomplir compte tenu des possibilités actuelles offertes par le marché de l'emploi dans le secteur choisi.

Maintenant, fixez vos objectifs pour chaque projet professionnel :

A vous de fixer vos objectifs...

Dans un an...

Aspiration personnelle : ______________________________

____

Confort matériel : ______________________________

____

Challenge intellectuel : ______________________________

____

Responsabilité professionnelle : ______________________________

____

Sécurité financière : ______________________________

____

Avancement de carrière : ______________________________

____

Dans trois ans...

Aspiration personnelle : ______________________________

____

Confort matériel : ______________________________

____

Challenge intellectuel : ______________________________

____

Responsabilité professionnelle : ______________________________

____

Sécurité financière : ______________________________

____

Avancement de carrière : ______________________________

____

Dans cinq ans...

Aspiration personnelle : ______________________________

____

Confort matériel : ______________________________

____

Challenge intellectuel : ______________________________

____

Responsabilité professionnelle : ______________________________

____

Sécurité financière : ______________________________

____

Avancement de carrière : ______________________________

____

Vos objectifs sont un reflet de votre système de valeurs tel qu'il se présente aujourd'hui. Attendez-vous à ce qu'il change. C'est en mettant cette liste à jour que vous vous apercevrez de cette évolution et que vous pourrez vous fixer de nouveaux objectifs. Il est naturel de changer. La prise de conscience de votre évolution vous permettra de vous concentrer sur ce qui est important pour vous.

AXES DE RECHERCHE ET STRATEGIES

En début de recherche d'emploi, vous devez tenir compte de plusieurs éléments importants que nous allons aborder successivement :

1. Les facteurs géographiques : lieu de travail et lieu d'habitation.
2. Le marché vertical de l'emploi et votre approche.
3. Le marché horizontal de l'emploi et votre approche.
4. Les possibilités de changer complètement de profession.
5. Le choix d'un stage.
6. Les problèmes auxquels font face les chercheurs d'emplois de plus de 50 ans et ceux de moins de 25 ans (si vous êtes dans l'un de ces deux cas).
7. La perspective de vous mettre à votre compte.
8. Le travail à l'étranger : ses avantages et ses inconvénients.

Considérations géographiques

Le principal obstacle à la gestion de carrière chez les cadres est leur mobilité géographique insuffisante. Pour une entreprise, faire venir un cadre de Toulouse au siège social de Paris tient du parcours du combattant. Ce manque de mobilité géographique est souvent un frein à la progression d'une carrière. Pour ceux qui jouent le jeu, elle est au contraire perçue comme un tremplin et une expérience professionnelle enrichissante.

Pour les sans emploi, changer de zone géographique permet de découvrir d'autres opportunités. Mais certaines questions doivent être prises en compte:

Quelle est la situation de votre conjoint(e) ? Dans le cas où il (elle) aurait un meilleur emploi que vous, il vous sera sans doute difficile de quitter votre région. Si, dans ce cadre régional réduit, les emplois pour lesquels vous êtes compétent sont en train de disparaître, il vous faut réfléchir aux autres projets d'emplois possibles dans lesquels vous pouvez utiliser votre formation et votre expérience.

Certains candidats saisissent une opportunité d'emploi intéressante sans trop se poser de questions. Quelle que soit la zone géographique concernée, ils sont prêts à partir dans la région où se trouve le poste proposé. C'est une attitude saine en particulier dans une période de crise où le chômage augmente et où les emplois intéressants se font de plus en plus rares.

Regardez la carte géographique de la page suivante. A une époque où les demandes d'emploi sont supérieures aux offres, il est nécessaire que le candidat à l'emploi soit conscient de la nécessité d'une certaine mobilité géographique pour certains niveaux de poste ou pour tel secteur d'activité. Pensez à l'ouverture du grand marché européen et aux entreprises françaises ayant des filiales à l'étranger. Dans les régions à économie moins dense ou moins diversifiée, les entreprises sont nombreuses à recruter à l'extérieur. Ce sont autant de nouveaux emplois se profilant à l'horizon. Ces considérations géographiques ont pour but d'élargir vos perspectives en matière de recherche d'emploi.

La tradition de rester dans la même entreprise, la même ville et le même pays tend à disparaître avec la nouvelle génération des jeunes cadres. Ils ont bien compris qu'il n'était plus suffisant d'être compétent, mais qu'il fallait aussi orienter leur recherche par rapport à un marché, autrement dit ête disponible.

1. Recherche à une ou deux heures du lieu d'habitation.
2. Recherche dans votre région.
3. Recherche en France.
4. Recherche en Europe.
5. Recherche Outre-Atlantique et Outre-Mer.

Comment allez-vous traiter chacune de ces possibilités ?
Quelle est la recherche que vous allez entreprendre ?
Quelle est votre stratégie ?

Le marché vertical de l'emploi

Le marché vertical est constitué par les emplois de niveaux supérieurs ou inférieurs à votre emploi actuel dans la même industrie ou la même activité.

VOUS ETES	DANS UNE...	VOUS VOULEZ ETRE	DANS UNE...
Attaché Commercial	Grande entreprise	Directeur des Ventes	PME-PMI
Président	PME-PMI	Directeur de Division	Grande entreprise
Ingénieur	PME-PMI	Chef des Etudes	PME-PMI
Chef d'Atelier	Grande entreprise	Chef de Production	PME-PMI
Vendeur	Grande entreprise	Directeur Commercial	PME-PMI
Acheteur	Grande entreprise	Directeur des Achats	PME-PMI
Directeur Régional	Grande entreprise	Directeur National	PME-PMI

Le marché horizontal de l'emploi

Le marché horizontal se compose de toutes les opportunités en dehors de votre secteur actuel. Par exemple, un ingénieur électronicien travaillant dans l'aérospatiale militaire souhaite orienter ses recherches à l'extérieur de cette industrie actuellement en déclin. En utilisant les compétences qu'il a développées au cours de sa carrière, il peut chercher des emplois dans l'électronique industrielle, la fabrication d'instruments, l'automobile ou l'industrie lourde. Son salaire de départ sera plus faible mais les opportunités d'avancement seront meilleures. Le marché horizontal de l'emploi est sans doute aujourd'hui la seule ressource pour beaucoup de chercheurs d'emplois. Pour changer de la sorte, il est impératif que le candidat ait une bonne connaissance de ses compétences et sache comment les appliquer à un nouveau secteur d'activité.

Voici quelques exemples :

SECTEUR D'ACTIVITE ACTUEL

Secteur hospitalier

(nouvelle orientation)	(nouvelle orientation)
Chimie	Cliniques privées
Industrie pharmaceutique	Maisons de retraite
Equipements médicaux	Assistance Publique
Fournitures hospitalières	Sécurité Sociale
Import-export	Cabinets de gestion administratifs et financiers
Formateur	Enseignement
Consultant—Etudes de marché	
Développement de produits	

Un candidat, responsable des études de marché dans un grand laboratoire pharmaceutique, a perdu son emploi à la suite d'une réorganisation de l'entreprise. Au moment de son départ, sa zone géographique d'implantation se trouvait saturée de personnes cherchant à faire des études de marché dans le domaine médical.

En examinant le marché horizontal de l'emploi, ce candidat se rendit compte que certains secteurs parallèles d'activité lui permettaient de trouver un poste intéressant. Il est devenu conseil en gestion pour l'une des dix plus grandes sociétés comptables opérant dans le secteur médical.

Rappelez-vous que dans votre emploi, vous voulez non seulement parvenir à un certain niveau mais aussi trouver des opportunités d'aancement futur.

Changement complet d'activité

Au cours de notre vie, il nous arrive parfois de penser : "Si je pouvais revenir à la case départ, aujourd'hui je serais..." De nos jours, il n'est pas rare de voir certains cadres réorienter leur carrière, soit par nécessité soit par passion. Ils sont nombreux à nourrir ces rêves d'aventure. Il n'y a rien de mal à cela. Si vous envisagez cette solution, ne pensez plus en termes de métier, mais en termes de compétences que vous pouvez valoriser ailleurs. "Que sais-je faire aujourd'hui qui pourrait servir demain ?" Voici quelques exemples de changement de carrière.

Emploi précédent	**Activité nouvelle**
Consultant en recrutement	Directeur des ventes
Consultant dans un cabinet comptable	Directeur d'une petite société d'équipement sportif
Responsable technique dans une société de haute technologie	Agent de change

Agent de change	Metteur en scène
Directeur général de société	Consultant en recrutement
Ingénieur pétrolier	Directeur de galerie
Homme d'affaires	Ecrivain
Médecin	Gestionnaire en clinique
Directeur du personnel	Consultant en outplacement
Responsable de production	Consultant en stratégie d'entreprise
Documentaliste	Agent de relations publiques
Sportif professionnel	Enseignement (écoles privées, télévision, radio)

Ne changez pas de carrière sans en avoir étudié au préalable tous les aspects positifs et négatifs. Renseignez-vous le plus possible sur le métier désiré avant d'envisager quoi que ce soit. Vos entretiens de recherche auprès de personnes compétentes dans la carrière de votre choix vous aideront à découvrir les adaptations nécessaires pour effectuer cette transition. Ces personnes vous serviront de modèles. Voici quelques questions à leur poser :

1) Quelle filière avez-vous suivie pour entreprendre cette activité ?

2) Quelle est la formation indispensable dont j'ai besoin ?

3) Si c'était à refaire, recommenceriez-vous de la même façon ?

4) De quelle formation supplémentaire ai-je besoin en dehors de ma formation actuelle et de l'expérience déjà acquise ?

5) Si j'ai la possibilité d'entrer dans ce métier, à quel niveau vais-je commencer ? Quelle rémunération puis-je espérer ? Combien de temps faut-il pour parvenir à un certain niveau ?

6) Y a-t-il des régions préférables à d'autres pour exercer cette activité ?

7) Quelles sont les principales difficultés que vous avez rencontrées ?

8) Quel est l'avenir de la profession et quels sont ses débouchés ?

9) M'est-il possible de participer à l'une de vos journées de travail pour approfondir mes connaissances ?

10) Autres questions...

Réfléchissez bien à toutes les questions que vous voulez poser. Les informations obtenues vous permettront d'effectuer cette transition en toute connaissance de cause. N'oubliez pas de vous poser certaines questions : quels seront les difficultés à affronter et les sacrifices à consentir ? Aurez-vous l'énergie et la volonté de continuer en attendant que vos gains puissent faire vivre votre famille ?

► Choisir un stage

Pensez à une formation professionnelle complémentaire

Avant de choisir un stage, faites le point sur la fonction et le secteur d'activité choisis puis recensez toutes vos expériences et vos réalisations. Un bilan professionnel sera nécessaire pour faire apparaître vos atouts et vos points faibles. A l'aide de ce bilan, vous devrez bâtir un projet professionnel en fonction de vos capacités et de vos intérêts. Si vous êtes cadre commercial, un stage sur les techniques de marketing, un stage informatique ou un stage sur l'exportation peuvent être des compléments aisément utilisables lors d'une prochaine candidature. Il conviendra alors de mettre l'accent sur le stage en rapport avec le profil de la fonction recherchée.

Sans être la solution miracle à tous les problèmes de chômage, le stage permet :

- D'acquérir un supplément de compétences pour accroître ses chances de trouver un emploi.
- D'améliorer une évolution de carrière.
- De favoriser une réinsertion ou une reconversion.

Le stage est destiné à vous initier à une nouvelle technique ou à perfectionner des connaissances acquises auparavant. Une formation professionnelle de préférence sanctionnée par un diplôme est un atout dans la chasse à l'emploi. Une récente enquête menée par l'Institut National de la Statistique et des Etudes Economiques (INSEE) a conclu que les personnes bénéficiant d'une formation continue se réinséraient plus vite dans la vie professionnelle.

Avec une forte détermination, de bons stages et beaucoup de patience, vous vous ouvrirez bien des portes. Toutefois ne perdez pas de vue que, lors d'un entretien de recrutement, un candidat qui sait se vendre peut l'emporter sur un candidat bardé de formations et de diplômes, mais moins convainquant.

L'Annexe C fournit des adresses d'organismes proposant des stages. Différentes possibilités s'offrent à vous qui dépendent de votre situation au regard de l'assurance chômage. Vous devez vous adresser à l'APEC ou à l'ANPE pour suivre une procédure d'évaluation-orientation, choisir un stage et remplir un dossier de demande d'Allocation de Formation-Reclassement (AFR).

Dans l'analyse des obstacles à la réinsertion des chômeurs, le manque de qualification n'est pas le seul critère déterminant. L'âge, dans bien des cas, pèse d'un poids égal sinon supérieur.

Retrouver un emploi après 50 ans

Selon un sondage effectué récemment auprès des cabinets de recrutement, de l'APEC et de l'ANPE, les chercheurs d'emploi âgés de plus de 50 ans sont sujets au moment de l'embauche à une discrimination du fait de leur âge. Commentaire d'un conseil en recrutement : "Il est très rare qu'un de nos clients nous demande de faire une recherche pour un candidat âgé de plus de 50 ans". Les C.V. des candidats de cette tranche d'âge ne sont le plus souvent même pas pris en considération par les entreprises. Cette mise à l'écart de toute une population contribue à aggraver le problème du chômage. Bien que les pouvoirs publics essayent de mettre en place des mesures préventives, celles-ci sont encore bien timides. A l'heure actuelle, ces laissés-pour-compte se retrouvent bien souvent dans des situations très précaires ; d'une part les entreprises les ignorent, et d'autre part ils n'ont pas encore atteint l'âge requis pour bénéficier de la préretraite.

Si vous avez 50 ans et plus, continuez d'envoyer votre C.V. aux recruteurs et de répondre aux annonces qui correspondent à votre expérience et à votre expertise, mais sachez simplement que vos chances d'obtenir une réponse positive sont très faibles. Dans cette perspective, passez la majeure partie de votre temps à développer votre réseau de contacts.

Quel que soit votre cas, ne vous sentez pas rejeté. Soyez actif, sachez choisir et ne restez pas indécis. Les chercheurs d'emplois qui adoptent une bonne attitude peuvent arriver à se "vendre" à n'importe quel âge. La confiance en soi, le dynamisme et la volonté de réussir sont des qualités que l'on peut avoir à tout âge !

Cherchez des situations dans lesquelles votre expérience fera la différence par rapport à d'autres personnes beaucoup plus jeunes que vous. 50 ans et plus est l'âge de la maturité où l'on peut se targuer d'une carrière riche d'expériences. Certains commerces de détail et PME ont de plus en plus tendance à recruter des personnes d'un certain âge en raison de leur expérience, de leur crédibilité et de leur réputation de travailler sans compter les heures. En outre, si elles embauchent des salariés de plus de 50 ans, elles bénéficient d'une exonération des charges sociales. Ces PME n'ont ni le temps, ni les ressources financières, ni la possibilité de former des personnes qui n'ont pas les aptitudes nécessaires. Elles préfèrent recruter des cadres déjà formés. Leurs offres d'emploi passent rarement par les annonces, mais beaucoup par le bouche à oreille. C'est à vous de découvrir les entreprises où vous avez envie de travailler et où vous sentez que vous pourrez réussir. Assurez-vous que votre liste de sociétés-cibles comporte beaucoup de petites entreprises.

A 50 ans et au-delà qu'avez-vous à offrir ?

- Votre expérience
- Votre stabilité
- Votre savoir-faire
- Vos réalisations et la confirmation de vos résultats
- Votre disponibilité immédiate que ce soit pour une période courte ou pour une période plus longue

- Votre mobilité
- Vos références
- Votre volonté de travailler

Votre C.V. doit comporter un grand nombre de réalisations et être envoyé à des PME qui ne sont pas préoccupées par l'âge des candidats, mais cherchent des personnes dignes de confiance possédant une solide expérience.

Ne vous présentez pas comme chercheur d'emploi, mais plutôt comme quelqu'un pouvant apporter la solution à un problème. Pour ce genre de présentation, il sera préférable d'utiliser un C.V. fonctionnel (voir chapitre 3) ou une lettre personnalisée sans indication d'âge.

Pendant les entretiens, ne mentionnez pas votre âge si personne n'en parle et mettez en avant vos réalisations. Il est également inutile de mentionner que vous disposez d'une certaine indépendance financière (si c'est le cas). Vous ferez meilleure impression en montrant que votre recherche d'emploi est votre principale priorité. Soyez ouvert à toute proposition et ne rejetez jamais les occasions qui peuvent se présenter. Commencez par obtenir des offres, vous ferez votre choix plus tard.

Vendre son expérience exige d'employer certaines techniques que vous trouverez tout au long de ce manuel. Seules les stratégies à employer pourront varier. En attendant, voici quelques recommandations :

- Pensez à joindre un groupe de chercheurs d'emploi. Les membres de ces associations sont souvent regroupés par fonction, par âge ou par niveau d'expérience. Le Comité de Liaison des Associations pour l'Emploi des Cadres (CLAEC) fournit des listes d'associations de chercheurs d'emploi.

- Cherchez toujours des problèmes à résoudre. Une société en difficulté sera d'autant plus séduite par votre habileté à trouver des solutions que vous leur éviterez de faire appel à des spécialistes qui demanderont des honoraires plus élevés que votre salaire.

- N'ayez pas peur d'accepter un travail sous contrat à durée déterminée (CDD) ou un travail intérimaire et n'axez pas vos recherches seulement sur des emplois à durée indéterminée. Les avantages immédiats sont un dépannage financier non négligeable et un banc d'essai dans le cas d'une orientation nouvelle. En outre, beaucoup de chercheurs d'emploi se sont vu proposer un contrat à durée indéterminée après avoir fait leurs preuves pendant un emploi à durée déterminée.

- Dans la mesure du possible, ne demandez pas un salaire fixe mais une rémunération basée sur vos résultats. Il est difficile pour un employeur potentiel de refuser ce type d'offre et vous vous donnerez ainsi toutes les chances de montrer votre valeur.

- Si vous avez travaillé dans un département ou une division dont la spécialisation pourrait intéresser d'autres sociétés, offrez votre savoir-faire. Vous pouvez peut-être aussi proposer d'amener certains membres de votre ancienne équipe actuellement au chômage comme vous. Faites une liste des concurrents ou des entreprises qui pourraient bénéficier de vos connaissances et de vos contacts.

- Si vous avez un talent particulier dans le secteur de la vente ou du marketing, proposez vos services pour lancer un nouveau produit ou couvrir une nouvelle région.
- Réaliser une étude spécifique sur un secteur d'activité particulier, sur un marché ou sur un produit est une autre méthode à employer pour montrer votre savoir-faire. Si ce mémoire contient des informations nouvelles et valables, vous pourrez envisager de le vendre. Vos entretiens de recherche d'informations vous aideront à trouver un thème à développer, de préférence dans le secteur où vous aimeriez évoluer et qui offre le plus de débouchés. Ces travaux ne sont pas seulement enrichissants mais ils peuvent être un sésame efficace pour obtenir un entretien auprès de certaines sociétés favorablement impressionnées par vos connaissances. Quel chef d'entreprise n'aurait pas le désir de rencontrer l'auteur d'une étude réalisée sur son domaine d'activité ?
- Vous pouvez vendre vos années d'expérience et de savoir-faire en envisageant de devenir consultant indépendant et de louer vos services à une ou plusieurs entreprises pour des missions bien précises. De nombreux cadres et chefs d'entreprise choisissent cette option comme deuxième carrière, souvent en se mettant à leur compte. La conception d'une plaquette de présentation de vos services est expliquée au Chapitre 3 (le C.V.). Les consultants sont devenus les partenaires indispensables des entreprises. Les décideurs les sollicitent à tout propos.
- Si vous avez un cursus professionnel impressionnant et si la formation fait déjà partie de votre activité professionnelle, vous pouvez devenir enseignant dans certains établissements privés ou supérieurs. Pour vous faire connaître, proposez à ces établissements de concevoir et de donner un cours dans votre spécialité.
- Vous pouvez vous faire des clients ou découvrir de nouvelles opportunités par la promotion et l'animation de séminaires.
- Pensez à vos passe-temps favoris. Avez-vous une aptitude particulière dont vous n'avez jamais tiré parti auparavant ?
- Cherchez les secteurs industriels qui connaissent une évolution favorable et préparez-vous à suivre la formation complémentaire pour y découvrir un poste.
- Renseignez-vous sur les stages de reconversion, en particulier ceux animés par des professionnels en prise directe avec les réalités de l'entreprise et du marché. Essayez de rencontrer des stagiaires ayant déjà suivi le type de formation que vous envisagez. Ils vous fourniront de précieux renseignements sur les applications pratiques de l'enseignement reçu, en particulier si vous ne savez pas comment adapter vos compétences aux nouveaux besoins du marché et si vous manquez d'informations que les entreprises ne communiquent pas toujours.

- Par la technique du réseau, contactez des organismes publics ou privés (INSEE, Chambres de Commerce et d'Industrie, Chambres de Métiers, Jeunes Chambres Economiques) qui sont en relation avec des PME-PMI susceptibles d'avoir besoin de vos compétences. Soyez également sensible à l'environnement de l'entreprise pour ce qui est des fournisseurs et des clients. Lisez la presse nationale et locale, les revues spécialisées.

- Envisagez de vous associer avec quelqu'un qui vient de créer sa propre affaire et qui pourra ainsi profiter de votre expérience. Si votre spécialité est très recherchée, proposez vos services à une petite entreprise en échange d'une prise de participation dans l'affaire. Les entretiens de recherche vous ouvriront le chemin.

- Songez à faire du bénévolat auprès d'organisations professionnelles, institutions de bienfaisance ou organismes gouvernementaux. Même si vous n'êtes pas rémunéré, vous aurez l'opportunité d'y faire des rencontres intéressantes au fur et à mesure que vous prouverez votre valeur.

- Pensez à transférer vos compétences sur le marché horizontal de l'emploi.

- Tenez les personnes qui vous servent de références informées de la progression de votre recherche. Elles pourront ainsi continuer à vous faire des suggestions.

- Il vous sera peut-être difficile d'obtenir un salaire comparable à celui de votre emploi précédent. Le plus important est de pouvoir trouver une activité qui vous plaise vraiment. Offrez vos services à un prix compétitif, même si vous devez accepter au début un salaire réduit.

- Méfiez-vous des conseils mal fondés. Si vos difficultés à trouver un emploi persistent, adressez-vous à un conseiller d'orientation professionnelle ou à un consultant en outplacement et ne faites confiance à vos amis que pour leurs contacts et leur amitié.

- Ne passez pas toutes vos journées à écrire des lettres et à la lecture des petites annonces. Occupez-vous de votre courrier avant 8 heures et après 19 heures afin d'être disponible dans la journée pour rencontrer un maximum de gens. *Ce ne sont pas les C.V. et lettres qui obtiennent des emplois, ce sont les personnes.*

- Recherchez des informations spécifiques sur les sociétés, les personnes et les produits qui vous intéressent. Entraînez-vous souvent aux techniques d'entretien pour améliorer vos qualités d'interlocuteur. Commencez votre réseau en vous adressant à vos amis, puis à vos collègues de travail et enfin à toutes les personnes qu'on vous aura conseillé de contacter.

- Renseignez-vous sur les dispositions prises par le gouvernement concernant les salariés âgés. Adressez-vous à l'ANPE, l'APEC, aux associations d'anciens élèves, aux associations professionnelles et syndicales auxquelles vous appartenez et à celles du secteur d'activité qui vous intéresse.

- Il est essentiel que vous soyez ouvert à toutes les idées. Sentez-vous jeune.

Prenez soin de votre apparence physique. Ne vous rendez pas à un entretien si vous n'êtes pas soigné et correctement habillé. Si votre dossier de candidature est accompagné d'une photo, faites en sorte qu'elle soit avantageuse. Ne pensez jamais que vous êtes trop vieux pour un emploi. Votre attitude doit être en accord avec votre objectif et illustrer votre volonté de réussite. Croyez en vos chances. Quelque part, quelqu'un a un besoin urgent de vos talents.

Savoir se vendre, c'est aussi savoir faire face aux refus. Vous ne pouvez pas changer l'attitude des entreprises concernant l'âge de leurs employés mais, par contre, vous avez le pouvoir de modifier votre destinée. Des candidats, frustrés de ne pas trouver un emploi, ont créé leur propre affaire dont la réussite a dépassé même leur attente. Pourquoi pas vous ?

Se mettre à son compte (en créant ou reprenant une affaire)

Un nombre important de chercheurs d'emploi pensent à se mettre à leur compte, soit seuls, soit en s'associant avec d'autres chercheurs d'emploi ayant des compétences complémentaires. Votre habileté à trouver les fonds nécessaires vous servira de test de départ. Vous pouvez créer une entreprise, l'acheter ou vous orienter vers la franchise.

Beaucoup de cadres de plus de 50 ans, désillusionnés quant à leurs chances de retrouver un emploi, se reconvertissent dans la création ou la reprise d'entreprise. Face à ce qui est plus souvent une nécessité qu'un choix, ces entrepreneurs en herbe doivent avant tout avoir un projet solide, surtout si l'on tient compte des chiffres suivants : 80% des entreprises nouvellement créées ferment dans les trois premières années et 90% font faillite dans les cinq ans.

Les principales causes d'échec des nouvelles entreprises sont les suivantes :

1. Manque de réserves financières.

2. Equipe de gestion incompétente et manque de dynamisme et d'expérience.

3. Produits ou services non conformes aux besoins du marché.

Afin de surmonter ces carences, et si vous avez l'intention de créer ou de reprendre une entreprise, établissez un projet d'études que vous testerez d'abord auprès de vos relations d'affaires les plus expérimentées, avant de le soumettre à un organisme professionnel, une Chambre de Commerce et d'Industrie ou un club d'entreprises qui vous aidera à obtenir les aides et soutiens dont vous avez besoin.

Voulez-vous faire partie des 10% qui réussissent ? C'est possible dans la mesure où vous suivrez certaines regles essentielles à la bonne marche d'une affaire.

10 questions à vous poser avant de vous lancer

1. Le produit ou le service est-il très éloigné de celui de votre expérience professionnelle ?

2. Avez-vous rencontré des personnes qui réussissent dans le secteur d'activité choisi ?
3. Avez-vous la fibre d'un chef d'entreprise et le sens de l'organisation ? Ne préférez-vous pas les certitudes et la sécurité de votre vie de salarié ?
4. Pouvez-vous préparer un plan détaillé et réaliste pour les trois premières années (clients, concurrents, équipe de direction, prévisions) ?
5. Etes-vous prêt à faire de gros sacrifices sur votre train de vie et à réduire vos frais généraux au maximum ? Allez-vous continuer même si les temps deviennent difficiles ?
6. Où trouverez-vous les crédits nécessaires pour démarrer et continuer l'entreprise ? Vos ressources financières sont-elles suffisantes ou plus que suffisantes ?
7. Avez-vous le support immédiat de votre famille ?
8. Votre santé vous permet-elle d'affronter les tâches qui vous attendent ?
9. Vous êtes-vous entouré de gens compétents et de bons conseils (Chambre de Commerce et d'Industrie, experts-comptables, banques, cabinets spécialisés, anciens de votre école, amis de la famille) ?
10. Quelle que soit l'entreprise choisie, possédez-vous une expérience professionnelle suffisante pour la diriger ou aurez-vous besoin d'une formation complémentaire ?

10 stratégies pour gagner

1. Recueillez le maximum d'informations sur le type d'entreprise que vous voulez créer ou reprendre. Cherchez des brochures complètes sur la concurrence.
2. Identifiez un besoin en demande croissante auprès d'une catégorie de population donnée.
3. Diversifiez votre clientèle.
4. Prévoyez les ventes et bénéfices potentiels des trois premières années.
5. Acceptez le fait que démarrer une affaire demande toujours plus d'argent que prévu.
6. Etudiez avec soin les concurrents, en particulier ceux qui ont réussi.
7. Décidez de l'image que vous voulez créer au niveau du service, du produit, du prix, de la publicité, de l'emballage, du décor, du personnel et des véhicules.
8. Entourez-vous d'une équipe compétente : l'équipe idéale serait un technicien, un commercial, un gestionnaire et un financier. Cherchez un bon avocat, un bon comptable et un banquier coopératif.
9. Apprenez à gérer votre inventaire et à l'évaluer.
10. Avant de chiffrer les profits, n'omettez aucune dépense.

Avis aux repreneurs d'affaires :

Beaucoup de cadres désireux d'accéder à l'indépendance, de faire fructifier leur capital ou de relancer une carrière bloquée, se reconvertissent dans la reprise d'une entreprise. Avant de démarrer, ces personnes doivent mesurer le caractère aléatoire de la situation de repreneur.

Il est important de connaître les faits suivants :

1. La meilleure façon de dénicher une bonne affaire est d'utiliser les réseaux informels. Les meilleures affaires se découvrent de bouche à oreille. Encore une bonne raison de pratiquer le réseau !
2. Faites faire un diagnostic fiscal, juridique, commercial et de productivité par de bons spécialistes qui répondront aux questions suivantes :
    a) En se basant sur le prix et les conditions de vente, quel sera le bénéfice sur le capital investi ?
    b) Le prix de vente est-il raisonnable ? Correspond-il à une réputation solide de l'entreprise et à un chiffre d'affaires facile à vérifier ?
    c) Les recettes de la société doivent vous permettre de solder vos dettes, de rentabiliser votre capital investi et de retirer un salaire minimum de votre travail. Si l'entreprise ne peut pas vous offrir de tels revenus, pourquoi l'acheter ?
    d) Pendant combien de temps l'entreprise sera-t-elle rentable sans avoir besoin de changer ses produits, services, coûts et procédés de fabrication ?
3. A moins d'aimer les risques et les tâches difficiles, méfiez-vous des entreprises à redresser et de celles qu'il faut renflouer immédiatement. Dans ces cas-là, le milieu est hostile et le repreneur traite avec une multitude d'interlocuteurs qui ne lui donnent jamais toute l'information. Les propriétaires cherchent à se défaire de leur société quand les affaires commencent à se détériorer. Ne vous laissez pas prendre au piège faute de renseignements suffisants. Les motifs de la vente doivent être acceptables (départ à la retraite, maladie, décès, divorce).
4. Sachez être psychologue : les cédants sont souvent âgés et vendre leur affaire équivaut à se séparer pour toujours d'un être cher. Les négociations échouent le plus souvent par manque de communication.
5. Souvenez-vous que les intermédiaires sont souvent payés en fonction du prix de vente. Leur commission est d'autant plus importante que le prix est élevé. Ne comptez pas sur eux pour vous aider à obtenir le meilleur prix. Il est recommandé de choisir un conseiller financier expérimenté qui vous fera économiser temps et argent.
6. Ne pariez jamais sur l'avenir ! Ne faites pas confiance aux personnes qui vous disent ne pas avoir rentabilisé au maximum leur entreprise et pensent que

le chiffre d'affaires va doubler grâce à votre expérience et votre savoir-faire. Même si vous êtes bon en affaires, il est plus prudent d'estimer les ventes de la première année à un montant inférieur ou égal à celui de l'année en cours. Il faut un certain temps pour apprendre à bien diriger une affaire.

Le Centre d'Information et de Documentation de la Jeunesse (CIDJ) à Paris et les Centres d'Information de la Jeunesse (CIJ) régionaux possèdent des fiches sur la création d'entreprise. Il en va de même des Chambres de Métiers, des Chambres de Commerce et d'Industrie et de la plupart des organismes économiques proches des entreprises. Vous y trouverez des informations sur l'élaboration du projet, sur les organismes de soutien à la création, sur les possibilités de financement, sur les statuts juridiques et les stages de formation pour les candidats à la création d'entreprise. Une bonne préparation vous évitera de désagréables surprises. Votre agence locale ANPE vous renseignera sur les modalités à suivre pour adhérer à la convention de conversion et profiter d'un bilan d'évaluation et d'orientation vous permettant de monter votre projet de création d'entreprise.

▶ Vous avez entre 16 et 25 ans

Diplômés des universités et grandes écoles à la recherche d'un premier emploi

Le chômage vous avait jusqu'à présent épargné. Hier recherché et courtisé par les recruteurs et les directeurs de personnel, vous êtes à présent de plus en plus contraints de vous battre sur le marché de l'emploi face à une concurrence impitoyable. En outre, en raison de la crise, votre durée de recherche d'emploi s'allonge.

Sachez que les candidats diplômés à la recherche d'un premier emploi sont de moins en moins recrutés par petites annonces qui représentent seulement 10% des embauches. Les candidatures spontanées et l'approche directe ont à présent la faveur d'un grand nombre d'entreprises.

Si vous êtes dans cette catégorie, il est devenu indispensable d'acquérir une bonne connaissance des pratiques du recrutement ainsi qu'une bonne connaissance de l'entreprise pour situer votre formation par rapport à un futur poste dans ladite entreprise.

Au lieu de penser toujours grandes entreprises, sachez aussi choisir vos sociétés-cibles parmi les PME-PMI. Une chasse à l'information s'impose avant de démarrer un projet professionnel. Votre région peut receler des petites entreprises florissantes mais peu connues, et c'est à vous de les dénicher.

Il est également nécessaire de créer un réseau que vous devrez sans cesse stimuler en faisant fonctionner au maximum le bouche à oreille en particulier dans les milieux propres à votre environnement culturel, à savoir : les associations d'anciens élèves et leurs services carrières et emplois, les junior entreprises, forums, carrefours et salons de l'étudiant, les cellules-emplois créées par l'APEC dans certains établissements, les stages en entreprise. C'est le moment d'utiliser votre imagination pour concocter des formules originales permettant de provoquer les rencontres. L'important est d'établir des contacts.

Travailler à l'étranger

En général, les emplois à l'étranger ne s'adressent pas aux étudiants et très rarement aux débutants, si ce n'est dans l'enseignement ou dans le cadre du service national. Ils concernent en majorité les cadres, ingénieurs et techniciens ayant un minimum de deux à cinq ans d'expérience professionnelle. Les entreprises recherchent pour l'étranger de véritables professionnels, expérimentés et spécialisés.

Le Français qui part à l'étranger n'a pas les mêmes démarches à faire et ne trouvera pas sur place les mêmes conditions de vie selon qu'il sera salarié d'une entreprise privée française ou étrangère, fonctionnaire, volontaire international en entreprise (VIE), stagiaire ou étudiant à la recherche d'un emploi saisonnier.

1. Salarié

Le statut est celui soit du salarié d'une entreprise située à l'étranger (entreprise étrangère ou filiale étrangère d'une entreprise française), soit du salarié d'une entreprise française ou d'une filiale française d'une entreprise étrangère. Dans ce dernier cas, soit vous serez recruté pour un poste à l'étranger, soit si vous êtes déjà employé, vous partirez en détachement à l'étranger. Quel que soit le cas de figure, il faut préparer soigneusement votre décision, à savoir :

- Faites un bilan professionnel et définissez votre projet.
- Informez-vous sur le marché de l'emploi à l'étranger (environnement économique, secteurs d'activité, profils-types recherchés, documentation sur les entreprises...). Vous trouverez au Ministère des Affaires Etrangères, à l'ANPE, et à l'APEC, ainsi qu'à la Caisse Primaire d'Assurance Maladie et auprès des Associations de Français Expatriés des départements spécialisés et bien documentés.
- Montez une stratégie de recherche d'emploi en ciblant les emplois qu'il vous sera possible d'occuper et en faisant la liste des pays qui vous intéressent.
  - Sachez que bon nombre d'emplois occupés à l'étranger ont été obtenus non seulement par promotion ou mutation au sein de l'entreprise, mais surtout par candidature spontanée, sans oublier les relations personnelles et professionnelles souvent très efficaces. N'adressez pas votre lettre de candidature spontanée à la filiale, mais à la société-mère.
  - Il vous est possible de connaître et de contacter directement des entreprises en vous adressant aux Chambres de Commerce et d'Industrie françaises à l'étranger ou aux Chambres de Commerce et d'Industrie étrangères en France. Ces organismes publient un annuaire de leurs adhérents qu'ils vous enverront sur demande écrite.
  - Un responsable local peut vous donner les noms de personnes à contacter en métropole ou à l'étranger ainsi que beaucoup de détails sur l'entreprise. Essayez de vous informer sur le pays envisagé auprès de personnes qui y ont déjà travaillé.

- Les salons et foires peuvent vous apporter de précieux renseignements. Vous en obtiendrez une liste en écrivant à la Fédération Française des Salons Spécialisés.

- L'APEC traite chaque année 1 300 offres d'emploi de cadres à l'étranger. Elle dispose aussi d'un dossier complet disponible pour chaque pays et propose des réunions d'information et des entretiens sur rendez-vous. Si vous êtes inscrits à l'APEC, participez à leurs journées internationales.

- Les agences locales de lANPE sont compétentes pour proposer des offres d'emploi à l'étranger. Le Système Européen de Diffusion des Offres et Demandes d'Emploi Enregistrées en Compensation Internationale (SEDOC) est géré par l'ANPE. Il reçoit et traite les offres communiquées par les services de placement des pays de l'Union Européenne. Ces services publient leurs offres d'emploi dans un journal hebdomadaire reçu dans toutes les agences locales de l'ANPE.

• Quel que soit votre niveau professionnel, votre âge et le poste proposé, il vous est recommandé de :

  - Bien lire votre contrat de travail. Si l'entreprise qui vous envoie à l'étranger est domiciliée en France, le contrat de travail sera un contrat français et vous bénéficierez de tous les avantages sociaux français. Si vous partez à l'étranger pour le compte d'une société étrangère, le contrat de travail sera un contrat de travail local. Dans ce cas-là, les garanties ne sont pas les mêmes en ce qui concerne les conditions de travail, les congés, la couverture sociale.... Renseignez-vous sur les possibilités de bénéficier de la couverture sociale française et sur les garanties prévues par la loi.

  - Bien négocier votre départ avant de signer le contrat : salaire, logement de fonction, voiture, congés, primes, bonifications, frais de voyage, compensations diverses, fiscalité et autres avantages.

  - Songer aux possibles difficultés de réintégration en France après une longue absence et à l'impact de cet emploi sur l'avenir de votre carrière (stagnation des connaissances en raison du retard technique du pays concerné, risque de se faire oublier). Il est important qu'une clause du contrat prévoie les conditions de retour et de réintégration en France.

  - Vous renseigner sur les contraintes climatiques et les conditions de vie du pays, à savoir : sécurité, climat politique et social. Assurez-vous que vous êtes en bonne condition physique. Pour certains pays, l'assistance médicale n'est pas aussi développée qu'en France et les conditions d'hygiène sont très différentes de celles auxquelles vous êtes habitué.

  - Bien réfléchir aux conséquences de ce départ sur le plan personnel : éloignement de la famille ou adaptation plus ou moins facile pour le/la partenaire, risque de problèmes scolaires pour les enfants.

2. Fonctionnaire à l'étranger

- Ministère des Affaires Etrangères

  Les agents sont recrutés par concours externe et interne pour des postes diplomatiques et consulaires à l'étranger. Les lauréats reçoivent en général une première affectation à l'administration centrale à Paris.

- Ministère de la Coopération et du Développement

  Le recrutement se fait par concours à différents niveaux. Il s'agit surtout de postes d'enseignants et de formateurs.

- Ministère de l'Economie, des Finances et du Budget

  Le Ministère recrute pour des emplois dans les services commerciaux des ambassades françaises à l'étranger.

- Ministère de l'Industrie et de l'Aménagement du Territoire (chargé du tourisme)

  Le Ministère recrute du personnel pour des emplois de responsabilité et d'exécution dans les services du tourisme français à l'étranger.

- Organisations internationales (intergouvernementales)

  Elles offrent des postes à des candidats hautement qualifiés dans leurs spécialités, ayant une bonne pratique des langues étrangères ainsi que plusieurs années d'expérience. Le service des fonctionnaires internationaux reçoit les candidatures avec C.V. détaillé. Les postes concernent :

  – Les fonctionnaires internationaux qui servent dans les bureaux régionaux ou locaux ainsi qu'au siège des organisations internationales (ONU, UNESCO, OTAN, Union Européenne, Union de l'Europe Occidentale).

  – Les experts internationaux, pour la coopération technique des organisations internationales (développement rural, santé, coopération financière...)

  – Les jeunes professionnels (experts et techniciens supérieurs) très qualifiés dans leur métier et justifiant d'une expérience professionnelle de un ou deux ans.

En raison des contraintes budgétaires, le nombre des postes à pourvoir à l'étranger est en baisse et très inférieur à celui des candidatures. En outre, les personnels déjà en service au sein des Ministères des Affaires Etrangères ou de la Coopération et du Développement ont priorité pour occuper les postes disponibles.

Vous trouverez les adresses de tous ces organismes en Annexe C.

3. Volontaires Internationaux en Entreprise (VIE), stages en entreprise à l'étranger, emplois saisonniers

L'enrichissement culturel et sociologique qu'offre le travail à l'étranger incite de plus en plus d'étudiants à quitter la métropole. En début de carrière, chacun espère ainsi acquérir une expérience et des compétences plus larges qu'en restant en France.

- Volontariat civil international

Proche de la formule du Coopérant, le V.I. présente davantage de souplesse en termes de durée : de 6 à 24 mois, renouvelables une fois dans la limite des 24 mois. Il est désormais ouvert à tous les jeunes, filles ou garçons, ressortissants de l'Union européenne, quel que soit leur niveau de qualification.

La nature des emplois et les domaines d'activité auxquels pourront prétendre les volontaires sont extrêmement variés. On peut toutefois distinguer essentiellement trois grands types de missions :

- Le Volontariat civil International en Entreprise (V.I.E.). Offertes par les entreprises et gérées par UBIFRANCE, ces missions concernent tout ce qui contribue au développement international de l'entreprise, qu'il s'agisse d'aspects commerciaux, techniques, financiers, juridiques, fiscaux, etc..

- Le Volontariat civil International en Administration (V.I.A.). Au sein d'une Mission économique de la direction générale du Trésor et de la Politique économique (DGTPE). Comme la précédente, cette forme de volontariat relève du ministère de l'économie, des finances et de l'industrie, et, en son sein, des services du ministre délégué au Commerce extérieur.

- Les missions de V.I.A. relèvent du ministère des Affaires étrangères. Elles représentent plus de 1 500 postes. Il s'agit de missions dans les chancelleries diplomatiques, les établissements culturels - centres culturels et Alliances françaises - et dans les instituts de recherche.

Des postes sont également à pourvoir dans les filières scientifiques et techniques au titre de la coopération avec des Etats étranger. Par ailleurs, 550 jeunes chercheurs seront affectés dans les laboratoires des instituts de recherche, dont un grand nombre aux Etats-Unis.

Enfin, les ONG et les collectivités locales offrent environ 260 missions, susceptibles d'intéresser des enseignants, des techniciens, des médecins, des animateurs, des ingénieurs, etc.

- Volontaires Internationaux en Entreprise

  – Depuis plus de dix ans, la procédure du service international en entreprise permet d'offrir aux entreprises françaises la possibilité de demander l'affectation de volontaires du service national auprès de leurs filiales permanentes à l'étranger. Ce service permet aux VIE ayant une formation technique ou commerciale d'acquérir un supplément de formation professionnelle et une expérience de vie à l'étranger qui faciliteront leur insertion dans le monde du travail. Les VIE se voient parfois confier des responsabilités importantes auxquelles ils n'auraient pu prétendre en France.

- Les candidats VIE doivent posséder un BTS, un DUT ou un diplôme des Chambres de Commerce et d'Industrie. Peuvent également se porter candidats, les étudiants en dernière année des écoles de commerce ou d'ingénieurs reconnues par l'Etat ainsi que les étudiants préparant un diplôme de l'enseignement supérieur des deuxième et troisième cycles.
- La demande de dossier de candidature doit être obligatoirement faite auprès du BCSN et déposée au minimum 10 mois avant la date de départ envisagée. Il est impératif de prendre en compte les délais d'instruction en fonction des pays de destination.

• Stages en entreprise à l'étranger (destinés à acquérir une expérience professionnelle dans le cadre d'études supérieures)

- Au regard des enjeux internationaux et européens, il est recommandé à un étudiant d'effectuer un stage dans un autre pays. C'est l'étudiant qui doit se charger des recherches et des formalités. A noter toutefois que certains organismes ou l'établissement universitaire peuvent l'aider dans sa recherche. Des renseignements peuvent être obtenus également auprès du consulat du pays d'accueil. Les formalités sont plus réduites dans les pays de l'Union Européenne que dans les pays de l'Est, en Asie ou en Amérique du Nord. Pour ces derniers, c'est l'employeur éventuel qui devra obtenir un visa de travailleur temporaire pour le stagiaire.
- Comme le salarié, l'étudiant doit définir son projet professionnel, s'informer sur le marché de l'emploi à l'étranger et entreprendre des démarches personnelles, à savoir : répondre aux annonces, lancer une campagne de candidatures spontanées, passer des annonces dans les journaux ou revues et recenser salons et forums pour nouer des contacts avec des responsables d'entreprises étrangères ou d'entreprises françaises ayant des filiales à l'étranger.
- L'étudiant devra rédiger sa lettre de motivation et son C.V. dans la langue étrangère. La lettre précisera que l'étudiant cherche une mission d'une durée limitée et non pas un emploi permanent.
- Vous trouverez en Annexe C des adresses d'organismes qui mettent l'étudiant en relation avec des entreprises à la recherche de stagiaires. Renseignez-vous sur les frais de dossier et les prestations fournies.
- L'Office des Migrations Internationales (OMI) offre aux personnes de moins de 35 ans la possibilité de faire des stages à l'étranger qui leur permettent de vivre et de travailler dans le pays de leur choix pour une période déterminée. Le stagiaire perçoit un salaire correspondant à celui pratiqué dans le pays, compte tenu de son expérience et de ses qualifications. La France a signé des accords de stages professionnels avec différents pays ; c'est l'OMI qui est chargé de leur mise en œuvre. Les dossiers de candidature sont à déposer auprès de l'un des services régionaux de l'OMI. Les adresses de ces délégations régionales peuvent être obtenues à l'OMI à Paris

- Emplois saisonniers
  - Il s'agit souvent de travaux d'été pour lesquels la concurrence est grande. Si vous parlez bien la langue, vous pouvez tenter votre chance dans les secteurs de l'hôtellerie, du tourisme et de l'animation. Il peut s'agir par exemple d'un emploi d'accompagnateur d'un groupe de jeunes, d'un emploi au pair, d'un travail de chantier non rémunéré, mais pendant lequel vous serez nourri et logé en échange d'un travail journalier.

4. Conseils utiles

Quel que soit votre statut, un séjour d'études ou des vacances dans le pays qui vous intéresse est l'occasion de mieux vous renseigner sur les possibilités de travail, les lois, les coutumes et le mode de vie du pays. Informez-vous plus particulièrement sur le coût de la vie, la façon dont les étrangers sont accueillis et considérés sur le marché du travail, les possibilités d'obtention d'un permis de travail et les méthodes à suivre pour obtenir un emploi. Lisez les annonces d'emploi dans les journaux locaux.

Avant de partir, contactez l'ambassade ou le consulat du pays ciblé qui vous donnera les listes des clubs et organismes professionnels. Une fois sur place, continuez de pratiquer le réseau en rencontrant des membres de ces organisations. Ils vous indiqueront de bonnes pistes et peut-être des noms de personnes à contacter. Avant le départ, essayez aussi de prendre rendez-vous avec les attachés commerciaux, juridiques, techniques et scientifiques de l'ambassade ou du consulat du pays choisi.

Etre combatif et motivé ne suffit pas, il faut également vous initier et vous adapter aux méthodes de recrutement du pays convoité, souvent différentes de celles utilisées en France. Il est essentiel de sentir l'ambiance du marché du travail et de s'adapter à la culture du pays-cible.

5. Avertissement

Il n'est pas plus facile de trouver un travail à l'étranger qu'en France. Le chômage n'a épargné aucun pays, et dans certains, la crise de l'emploi est devenue le principal sujet de préoccupation des gouvernements. N'oubliez pas que, dans ces pays en crise, l'opinion publique est déjà très sensibilisée aux problèmes de la main-d'œuvre étrangère.

Les conditions d'immigration deviennent de plus en plus restrictives. Les permis de travail et de séjour sont presque impossibles à obtenir dans certains pays, à moins d'être détaché dans la filiale d'une entreprise de votre pays d'origine, d'être embauché par une entreprise étrangère pour vos talents particuliers (auquel cas c'est l'entreprise qui vous fournira les papiers réglementaires) ou de prouver que vos revenus personnels sont suffisants pour pouvoir vivre sans travailler.

Les propositions offertes par certaines agences de placement et les annonces d'emploi proposant des emplois à l'étranger doivent être considérées avec beaucoup de prudence. Il est recommandé de bien se renseigner sur ces agences qui profitent parfois de la naïveté de certaines personnes attirées par les pays lointains.

CHAPITRE 2

Etape 2

Votre parcours professionnel

Vous avez fait une auto-évaluation sérieuse et venez d'élaborer un plan de carrière.

Il faut à présent vous armer afin de lancer votre campagne de recherche d'emploi à la façon d'un professionnel. Vos munitions proviennent de vos réalisations professionnelles les plus marquantes. Ce chapitre a pour but de vous aider à identifier vos compétences et à les traduire en faits concrets : ce sont vos réalisations.

Ces réalisations sont les éléments les plus précieux de votre C.V. et de tous vos entretiens. Elles vous aideront plus particulièrement à réussir l'entretien d'embauche. Votre habileté à démontrer que vos réalisations passées peuvent s'appliquer aux besoins actuels d'une entreprise sera un facteur déterminant dans la décision d'un employeur de vous engager de préférence à un autre candidat. En général, nous achetons ce dont nous avons besoin et le même principe s'applique au recrutement. A vous de vous montrer indispensable.

Résoudre un problème, améliorer une situation, contribuer à la qualité d'un produit ou à la valeur d'un projet sont autant d'actions qui témoigneront de vos réalisations exceptionnelles.

LISTE DE REALISATIONS

Votre liste de réalisations ne doit pas seulement inclure vos actions de salarié mais aussi celles de lycéen et d'étudiant. Pensez à toutes les actions qui vous ont permis de vous mettre en valeur, celles dont vous êtes fier ou encore celles qui vous ont apporté la considération de vos pairs. Il se peut que votre liste soit longue, mais cela est préférable car vous pourrez ainsi l'organiser de différentes façons. Cet exercice vous permettra :

1. De mettre en valeur les compétences qui ont permis ces réalisations.
2. D'élaborer votre C.V. en choisissant les réalisations les plus importantes.
3. De créer un réservoir de réussites dont vous vous servirez pendant vos entretiens.

Commencez par faire la liste des réalisations de votre vie scolaire et universitaire (important pour les débutants), puis continuez cette recherche pour l'ensemble de votre cursus professionnel.

Si vous êtes à la recherche d'un premier emploi, utilisez les différents travaux que vous avez eu l'occasion d'effectuer pendant la durée de vos études, particulièrement ceux qui vous ont satisfait et dans lesquels vous vous êtes particulièrement distingué. Voici quelques exemples :

- Emplois saisonniers (hôtellerie, restauration, commerce, agence de voyage, colonie de vacances, centre de loisirs et de sports).
- Stages en entreprise.
- Participation à un projet ou organisation d'activités spéciales dans votre école ou dans votre université.
- Bénévolat.
- Emplois temporaires.
- Voyages d'études.
- Animation d'un séminaire dans votre université.
- Collaboration à un festival, une foire ou un salon.
- Création et formation d'une équipe sportive junior.
- Animation ou présidence d'un club de votre école ou de votre université.
- Participation à un club de votre ville.
- Activités particulières au cours du service militaire.

Une réalisation professionnelle marquante est une activité dans laquelle vous avez :

1. Résolu un problème ou fait face à une situation critique.
2. Créé ou construit quelque chose.
3. Développé une idée.
4. Relevé avec succès un défi.
5. Suivi des instructions et atteint l'objectif fixé.
6. Reconnu un besoin et su le satisfaire.
7. Contribué activement à une décision ou à un changement.
8. Augmenté les ventes, l'efficacité, la rentabilité ou le chiffre d'affaires.
9. Diminué les coûts, les délais, la durée d'une grève, le nombre des accidents de travail, l'absentéisme.
10. Aidé une personne à réaliser ses objectifs.

11. Fait gagner du temps et de l'argent.

12. Reçu une récompense ou des félicitations.

Chiffrez vos réalisations le plus précisément possible pour les rendre plus crédibles et montrer leur impact sur la vie de votre entreprise, de votre département ou de votre équipe. Si les ventes ont augmenté de 1 M€, si les coûts ont diminué de 18% ou si l'efficacité s'est améliorée de 33%, dites-le. Les chefs d'entreprise aiment parler chiffres. N'hésitez pas à utiliser leur langage pour mettre en lumière vos aptitudes.

Remplacez le plus souvent possible les formules vagues par des chiffres. Ne dites pas :

"Responsable d'une équipe de vente qui a connu un grand succès".

Mais :

"Recrutement et formation d'une équipe de vendeurs qui a atteint en un an son objectif de 1 M€".

Voici quelques exemples par spécialité :

Ventes, Commercial

J'ai :

- Obtenu deux nouveaux marchés de produits alimentaires, augmentant le chiffre d'affaires de l'entreprise de 2 M€ en 18 mois.
- Créé un réseau de 40 distributeurs dans le Sud-Ouest avec, pour résultat, une augmentation des ventes de 40%.
- Supervisé les activités de vente et proposé une politique de remise des prix sur les articles en stock. En trois mois, les réserves financières de l'entreprise ont augmenté de 20%.
- Recruté et formé une équipe de vendeurs qui a augmenté le chiffre d'affaires de 20% et la marge bénéficiaire de 15%.
- Accru la clientèle de base de l'entreprise de 80% et augmenté les ventes de 200%, soit un chiffre d'affaires de 10 M€, par une participation agressive et soutenue à de nombreux salons internationaux.
- Supervisé l'édition d'un catalogue de vente par correspondance qui a augmenté le chiffre d'affaires de 12%.
- Pris en charge le lancement d'un poulet "Coq d'Or" au niveau régional et accru le chiffre d'affaires de l'aliment poulet de 25% en neuf mois.
- Recruté et formé en un an trois vendeurs dont les résultats ont dépassé les prévisions.
- Suggéré une modification du produit qui a abaissé les coûts de fabrication de 2% et augmenté les ventes de 3%.

ANALYSE D'UNE RÉALISATION PROFESSIONNELLE

1. Quel était le problème ?
2. Qu'avez-vous fait ?
3. Quelles compétences avez-vous utilisées ?
4. Quel résultat avez-vous obtenu ?
5. Quel a été le bénéfice pour l'entreprise ?

VOS REALISATIONS PROVIENNENT DES ACTIONS SUIVANTES :

- o Performance
- o Epargne
- o Profit
- o Vente
- o Rendement
- o Nouvelles affaires
- o Crise à résoudre
- o Créativité
- o Perfection
- o Invention
- o Découverte
- o Conclusion
- o Expansion
- o Enseignement
- o Restructuration

Marketing, Publicité

J'ai :

- Lancé une nouvelle ligne de produits et pris 63 % du marché en 18 mois.
- Conçu un plan de marketing qui a permis de faire passer les ventes de 8 à 12 M€.
- Effectué des études de marché aux USA, Canada, Philippines, Caraïbes et Amérique Latine, ce qui a conduit en quatre ans à la signature de contrats à Saint-Domingue, à Porto Rico, en Argentine et au Vénézuela.
- Créé et développé des outils commerciaux pour l'équipe de marketing et de vente. Le coût de l'opération est resté dans les limites du budget imparti sans nuire à la qualité de l'outil publicitaire et à l'efficacité des équipes.
- Conçu et développé des supports publicitaires pour des campagnes télévisées. L'originalité de ce projet a contribué à ma promotion au titre de Directeur du service campagnes publicitaires.
- Participé à la création d'un département d'arts graphiques dans la succursale Lorraine d'une agence de publicité et dessiné des dépliants publicitaires pour Peugeot et Ariel.
- Organisé les études de marché et proposé des budgets pour le lancement d'un appareil médical de grande précision.
- Etudié la concurrence japonaise pour les appareils ménagers Moulinex en comparant les deux marchés.

Approvisionnements

J'ai :

- Trouvé de nouvelles sources de matières premières, ce qui a permis de réduire de 10% le montant des achats et de réaliser une économie de 1,5 M€ la première année.
- Diversifié les fournisseurs dans tout le marché commun, ce qui a permis d'abaisser le prix moyen du produit de 14%.
- Organisé la sous-traitance de la fabrication d'un produit coûteux en Afrique, abaissant les coûts de 49%.
- Développé un système informatique de contrôle des achats permettant avec le même chiffre d'affaires, de réduire les stocks.
- Introduit le concept du "just-in-time".
- Construit un nouvel entrepôt de stockage de 20 000 mètres carrés dans une zone industrielle.
- Organisé un voyage d'achats en Extrême-Orient pour trouver trois nouveaux fournisseurs de pièces détachées.

Informatique

J'ai :

- Installé un nouveau système informatique de comptabilité pour améliorer le contrôle des avoirs et factures à payer.
- Automatisé l'enregistrement de 3 000 commandes quotidiennes avec réduction de la main-d'œuvre de 34%.
- Migré d'un système informatique Bull vers un système IBM sans interruption des services.
- Réalisé le transfert d'un système mini vers un réseau de plus de 20 micro-ordinateurs.
- Négocié et fait exécuter un contrat d'achats de matériel et de prestations informatiques d'un montant supérieur à 1 M€ en restant dans les limites budgétaires.
- Réalisé des économies de 25% sur le budget informatique sans dégradation du service rendu.
- Monté et fait réaliser un plan de formation de plus de 20 jours.
- Formé 22 personnes à l'utilisation d'un logiciel pour l'enregistrement des commandes.
- Sélectionné, négocié et installé tout le matériel informatique du département y compris 15 micro-ordinateurs.
- Etabli un système quotidien de sauvegarde automatique qui n'existait pas auparavant.

Juridique et fiscal

J'ai :

- Pratiqué un audit exhaustif des contrats des futures filiales et proposé des modifications et corrections des contrats analysés (remise aux normes des baux commerciaux, normalisation des contrats et des prix intragroupes, dénonciation des baux commerciaux sans intérêt).
- Entamé une analyse du traitement fiscal du transfert de bénéfices entre les filiales étrangères du groupe.
- Créé un réseau d'interlocuteurs-fournisseurs internationaux du groupe, constitué de correspondants développant la même philosophie et capables de résoudre les problèmes locaux.
- Monté pour les juristes de l'entreprise des dossiers de contentieux commercial portant sur des litiges de règlement, des problèmes de concurrence et d'homologation.

- Evalué les avantages fiscaux du rachat de l'entreprise par les salariés.
- Ecrit et publié, sous le nom de l'entreprise, de nombreux articles dans des revues spécialisées ("Les investissements outre-mer et la défiscalisation", et "L'utilisation de la réserve spéciale en cas de fusion").

Finance et Gestion

J'ai :

- Conçu un système de prévisions et d'analyse des coûts qui a amélioré le contrôle budgétaire en le rendant plus détaillé et plus fiable.
- Mis en place un nouveau système informatique de comptabilité qui a permis de réduire de 50 % le temps et les coûts par rapport aux anciennes méthodes. Les opérations de reporting ont été réduites de trois semaines.
- Mis au point un système analytique des coûts par produit, qui permet de justifier les augmentations du prix de vente de certains produits et d'éliminer d'autres articles non rentables, réalisant ainsi une économie de 2 M€ la première année.
- Réduit les frais d'audit externe de 25 % en améliorant l'enregistrement et la conservation des dossiers.
- Créé et mis en œuvre une méthode de contrôle des stocks qui a fait gagner deux jours de travail par rapport au système précédent et a éliminé les erreurs de comptabilité.
- Conçu un système hebdomadaire d'analyse de résultat qui a contribué à une amélioration considérable de la gestion de trésorerie.
- Négocié un taux de crédit inférieur d'un point au taux précédent avec pour résultat une économie annuelle de 75 000 euros.
- Remplacé un prêt à taux fixe par un système de crédit variable qui a fait gagner 0,5 M€ à l'entreprise en un an.

Fabrication et Production

J'ai :

- Amélioré la gestion de production en réduisant les stocks en cours et les stocks dormants. Le gain a été de 18 % en un an.
- Automatisé la production et gagné en productivité 15 % par an en fonctionnement standard.
- Réduit les coûts de production de 22 % en réalisant en un an une économie de 1 M€.
- Diminué de six mois le délai de lancement d'un produit.
- Participé avec les syndicats à la négociation d'un nouvel accord conclu rapidement et correspondant aux objectifs de l'entreprise.

- Réduit les effectifs de l'usine de 12% sans grève et sans baisse de production.
- Augmenté la productivité de 22%, ce qui s'est traduit par un accroissement des ventes de 2 M€ en un an.
- Introduit une méthode FAO (fabrication assistée par ordinateur), ce qui a réduit les coûts de fabrication de 15% et le délai de réalisation des nouveaux produits de 2 mois.

Administration – Comptabilité

J'ai :

- Traité plus de 25 commandes par jour, ce qui a permis d'accroître le montant des ventes enregistrées de 15 K€ par semaine.
- Augmenté de 15 % le nombre des ventes par prospection téléphonique dans le Sud-Ouest en réorganisant le territoire couvert, ce qui s'est traduit par une hausse de 22 % du chiffre d'affaires pour le trimestre suivant.
- Réduit les coûts d'exploitation de 150 K€ en améliorant les méthodes de stockage.
- Développé un plan de stratégie pour plus de 20 cliniques, ce qui a eu pour résultat d'accroître de 12 % le retour sur investissement.
- Analysé les cahiers des charges en langue française, anglaise et allemande et mis en évidence les facteurs de risques et les aspects particuliers des projets.
- Augmenté la réception des appels téléphoniques de 25 % en installant de nouveaux équipements.
- Réussi à recouvrir d'anciennes créances pour une valeur de 1 K€
- Réduit de 6 % le montant des sommes dues par des relances personnalisées, des contacts téléphoniques courtois et un suivi méticuleux.
- Accru l'efficacité du secrétariat médical par une meilleure répartition des tâches et une mise à jour constante des circulaires d'information.

Direction générale

J'ai :

- Redressé en 13 mois une entreprise qui avait subi des pertes de 5 M€ l'année précédente.
- Négocié l'achat en Suède d'un laboratoire qui a rapporté 1 M€ de bénéfices en un an.
- Restructuré l'équipe de gestion et réalisé une économie de 23 %. Le bénéfice a augmenté de 8 % le trimestre suivant.

- Réduit d'un tiers les bureaux de la direction générale, réalisant une économie de 0,5 M€.
- Ouvert une filiale au Japon avec des partenaires japonais.
- Rentabilisé neuf filiales en huit mois, ce qui a permis de stopper les pertes dans quatre pays.
- Contribué pour 33% au profit de l'entreprise alors que les ventes de la division ne représentaient que 6% du chiffre d'affaires.
- Réussi à vendre deux filiales en difficulté avec un bénéfice net de 6 M€.
- Augmenté les ventes de 18% et accru le bénéfice de 20% sur une période de trois ans.
- Acheté deux filiales qui ont accru le profit de l'entreprise de 4 M€ la première année.
- Développé des activités en Amérique du Nord, réalisant plus de 1 M€ de chiffre d'affaires au bout de trois ans avec un taux de marge bénéficiaire supérieur à celui réalisé en France.

Personnel, Formation, Communication

J'ai :

- Actualisé le programme de communication interne d'une grande entreprise.
- Renouvelé une partie du personnel et amélioré l'esprit d'équipe, ce qui a contribué à une augmentation de 20% du chiffre d'affaires du groupe.
- Mis au point un programme de motivation des cadres qui a contribué à accroître de 12% le résultat annuel.
- Organisé pour la direction générale des conférences de presse nationales et régionales qui ont attiré un public nombreux.
- Mis en place un système informatisé d'archivage des documents permettant un contrôle plus précis avec un effectif moins nombreux.
- Initié un programme de sécurité qui a contribué à la réduction des accidents du travail de 12% en trois mois.
- Amélioré la communication entre cadres et employés, ce qui a réduit l'absentéisme de 10%.
- Suggéré un système d'évaluation des résultats et lancé une politique de primes qui a augmenté la rentabilité de l'entreprise de 10%.
- Créé et publié un bulletin d'information sur les projets de l'entreprise qui a renforcé la motivation et le moral du personnel.

- Développé et mis en vigueur un plan d'étalement des congés, évitant ainsi une perte annuelle de 0,3 M€.
- Conçu et mis en place une politique de voyages qui a réduit de 5 % le budget de déplacement de l'entreprise et représente une économie de 1 M€.
- Résolu les problèmes de l'usine de Lyon qui emploie 1000 personnes, et évité l'escalade du conflit salarial.
- Instauré un nouveau climat social favorable par la mise en place d'un programme favorisant l'expression des salariés et la valorisation des tâches et qualifications. La notion de mérite individuel a été étendue à tout le personnel.
- Optimisé le programme de formation des programmeurs et réduit ainsi de 20% le temps de formation.
- Animé des journées d'étude sur le thème de la rentabilité des exploitations agricoles par la maîtrise des coûts de production.

Recherche et développement, Bureau d'études

J'ai :

- Mené des études préliminaires sur l'informatisation des centres de Sécurité sociale.
- Comparé et évalué le développement du marché informatique aux Etats-Unis et au Japon.
- Créé un Centre de Recherche et de Formation Industrielle à l'Ile de la Réunion.
- Assisté et entièrement piloté les plus importantes opérations de rénovation et d'extension des usines.
- Développé de nouvelles unités de production pour une nouvelle gamme de vêtements.
- Mis au point des procédés nouveaux de fabrication et de contrôle de matériaux en amiante-ciment (raffinage, essais de résistance, vieillissement).
- Initié et animé un programme de recherche et de développement destiné à l'adaptation des équipements aux besoins de la clientèle.

Méthode et planification

J'ai :

- Réalisé des études sur les performances des nouveaux moteurs Renault.
- Calculé les coûts et temps nécessaires à la réalisation d'un nouveau procédé électronique.
- Dirigé une étude sur les postes de travail et la conception de machines spéciales d'assemblage et d'usinage des moteurs d'essuie-glaces.

- Défini le plan directeur de deux nouvelles usines de 15 000 mètres carrés pour la fabrication de 300 panneaux/jour et 6000 mètres carrés pour le mobilier en bois.
- Défini et mis en œuvre de nouveaux moyens de production adaptés au fort développement de l'irrigation.
- Réalisé des études techniques et des synthèses de faisabilité en vue d'importants investissements technologiques.

Réalisations Pré-Universitaires, Universitaires, Post-Universitaires

Elève de deuxième année à l'Ecole de Commerce de Paris, j'ai été :

- Chargé pendant les vacances d'été de concevoir, promouvoir et vendre un produit de grande consommation. Notre équipe formée de trois personnes a réussi à vendre sur la Côte d'Azur 2000 tee-shirts (logo créé par l'équipe) en deux mois.

Stagiaire à Unigrains SA pendant trois mois, j'ai :

- Collaboré à l'analyse financière et stratégique d'un échantillon d'entreprises du secteur des engrais.

Stagiaire au Crédit Commercial de France pendant un mois, j'ai :

- Rétabli les relations entre un client important et l'établissement financier. Je me suis spécialisé dans la gestion des lettres de change.

Trésorier du Club Informatique municipal, j'ai :

- Trouvé des sponsors qui nous ont permis de nous développer.
- Créé un bulletin de petites annonces spécialisées en informatique.

Au cours d'un séjour de deux mois aux Etats-Unis, j'ai :

- Réalisé une étude des concurrents d'Absorba sur le marché américain des vêtements pour enfants.

Dans une entreprise familiale d'outillage, j'ai été :

- Responsable des commandes pendant deux mois (négociation des prix, délai d'approvisionnement et relance des commandes).

A l'université, j'ai :

- Mis en place un programme de séminaires sur l'exportation des produits français auquel j'ai fait participer des spécialistes de renommée internationale.
- Participé à la réalisation du journal de l'université dans le département photographie.
- Tenu la trésorerie de l'association des étudiants avant d'en devenir président.

- Conseillé et aidé le Président de l'Association des Etudiants dans la résolution de conflits entre étudiants de l'université.
- Organisé des spectacles et fêtes sur le campus de l'université.

En terminale au Lycée Mistral, j'ai :

- Lancé et organisé des débats entre parents, enseignants et lycéens sur des problèmes spécifiques à l'établissement scolaire.
- Contribué à la promotion d'une foire scientifique en lançant un concours entre trois lycées pour la création et l'expérimentation de projets scientifiques.
- Animé des débats sur les problèmes internationaux et la politique européenne.

☺ Une réalisation professionnelle sera remarquée si vous avez :

☆ Amélioré une performance

☆ Diminué des coûts

☆ Augmenté des profits et/ou des ventes

☆ Gagné du temps

☆ Accru l'efficacité

☆ Développé la clientèle

☆ Assuré de meilleurs contrôles

☆ Aidé à améliorer la prise de décision

☆ Aidé l'équipe de direction dans sa gestion

☆ Contribué à l'amélioration esthétique et fonctionnelle d'un produit

☆ Fait progresser les relations avec le personnel

☆ Amélioré la fiabilité d'un produit ou d'un service

☆ Rénové des systèmes

☆ Perfectionné des stratégies

☆ Rentabilisé des opérations jusque là déficitaires

☆ Eliminé le gaspillage

☆ Amélioré les conditions de travail

☆ Identifié et résolu des problèmes

☆ Résolu des situations de crise

☆ Engagé des personnes compétentes

☆ Fourni un nouveau service aux clients

Voici une liste de verbes d'action exprimant des réalisations professionnelles et extra-professionnelles qui vous aideront à construire votre C.V.

LISTE DE VERBES D'ACTION POUR CONSTRUIRE VOTRE C.V.

Marketing, Publicité, Promotion

Améliorer	Déclencher	Fonder	Négocier
Amener	Démontrer	Générer	Perfectionner
Analyser	Dissuader	Influencer	Persuader
Assurer	Effectuer	Influer	Promouvoir
Commercialiser	Encourager	Informer	Prouver
Concevoir	Engendrer	Justifier	Provoquer
Conseiller	Entraîner	Lancer	Recommander
Convaincre	Faire changer	Mettre en avant	Représenter
Coordonner	Faire progresser	Modifier	Stimuler
Créer	Favoriser	Motiver	Suggérer

Vente, Commercial

Agrandir	Equiper	Mettre en place	Reconstituer
Analyser	Etablir	Modifier	Recruter
Appliquer	Etendre	Motiver	Regrouper
Assumer	Exploiter	Organiser	Réorganiser
Assurer	Former	Ouvrir un marché	Restructurer
Confier	Installer	Prendre en main	Stimuler
Constituer	Introduire	Promouvoir	Superviser
Définir	Lancer sur le marché	Prospecter	Vendre
Développer		Réaliser	

Personnel, Formation, Communication

Aider	Desservir	Grouper	Piloter
Approuver	Diriger	Guider	Présenter
Appuyer	Eclairer	Informer	Réaliser
Assister	Ecrire	Inspirer	Recruter
Collaborer	Editer	Instruire	Rédiger
Communiquer	Employer	Interviewer	Regrouper
Concevoir	Encadrer	Mettre en place	Relier
Conduire	Engager	Mobiliser	Renforcer
Conseiller	Enseigner	Modérer	Renouveler
Consulter	Evoluer	Orienter	Restructurer
Coordonner	Faciliter	Parrainer	Servir
Démontrer	Former	Participer	

Méthode et planification

Analyser
Anticiper
Apprécier
Calculer
Chiffrer
Concevoir
Construire
Définir
Déterminer
Deviner
Diversifier
Elaborer des plans
Eliminer
Entrevoir
Estimer
Etablir
Etudier
Evaluer
Faire des projets
Juger
Mesurer
Orchestrer
Organiser
Participer
Planifier
Préparer
Présager
Prévoir
Projeter
Pronostiquer
Proposer
Réaliser
Sélectionner

Recherche et développement

Affiner
Améliorer
Amplifier
Changer
Compléter
Composer
Concevoir
Créer
Déceler
Découvrir
Démarrer
Dessiner
Détecter
Développer
Différencier
Distinguer
Echafauder
Elaborer
Etendre
Expérimenter
Expliquer
Exposer
Forger
Formuler
Imaginer
Improviser
Innover
Introduire
Inventer
Lancer
Mettre au point
Moderniser
Modifier
Perfectionner
Préparer
Progresser
Rechercher
Renouveler
Rentabiliser
Séparer
Trouver

Finance

Analyser
Augmenter
Budgeter
Contrôler
Coordonner
Diminuer
Equilibrer
Estimer
Etablir
Examiner
Faire des prévisions
Gérer
Harmoniser
Négocier
Optimiser
Planifier
Récupérer
Redéfinir
Redresser
Réduire
Rentabiliser
Réorganiser
Restructurer
Supporter
Supputer
Systématiser

Production, Fabrication

Acheter
Agencer
Ajuster
Améliorer
Aménager
Assembler
Associer
Combiner
Composer
Concevoir
Confectionner
Conformer
Constituer
Couler
Dresser
Elaborer
Etablir
Exécuter
Fabriquer
Façonner
Fixer
Former
Fournir
Implanter
Incorporer
Introduire
Jeter les bases
Manufacturer
Mettre en œuvre
Mettre en place
Modeler
Monter
Préparer
Produire
Réaliser
Réduire
Régler
Sortir

Informatique

Adapter
Affecter
Afficher
Assembler
Assortir
Automatiser
Brancher
Calculer
Coder
Compiler
Composer
Concevoir
Condenser
Contrôler
Convertir
Corriger
Démarrer
Détecter
Effacer
Evaluer
Eliminer
Enregistrer
Explorer
Exécuter
Fusionner
Générer
Identifier
Imprimer
Inclure
Informatiser
Interconnecter
Interpréter
Interroger un terminal
Lister
Mettre à jour
Normaliser
Numériser
Planifier
Programmer
Raccorder
Réallouer
Rechercher
Restituer
Sauvegarder
Transférer
Trier
Ventiler
Totaliser
Traiter
Visualiser

Direction générale, Gestion

Acheter
Administrer
Agir
Aiguiller
Atteindre
Censurer
Commander
Conduire
Consulter
Contracter
Contrôler
Coordonner
Créer
Déléguer
Diriger
Enclencher
Engager
Entreprendre
Etablir
Gérer
Générer
Gouverner
Incorporer
Initier
Instituer
Maintenir
Maîtriser
Manœuvrer
Mener
Négocier
Organiser
Orienter
Piloter
Planifier
Poursuivre
Prendre l'initiative
Prévoir
Produire
Réduire
Réglementer
Remanier
Renforcer
Repositionner
Retourner
Structurer
Superviser
Susciter la confiance
Tenter
Vaincre
Viser

Comptabilité, Administration

Affecter
Aligner
Arranger
Assurer
Calculer
Cataloguer
Classer
Comparer
Compiler
Compléter
Corriger
Disposer
Dresser
Effacer
Eliminer
Etiqueter
Examiner
Identifier
Indexer
Mesurer
Mettre à jour
Organiser
Payer
Rechercher
Recouvrir
Rectifier
Récupérer
Restaurer
Réviser
Revoir
Séparer
Supprimer
Surveiller
Tirer
Totaliser
Tracer
Trier
Ventiler
Vérifier
Viser

Achats

Acquérir	Elaborer	Intégrer	Prospecter
Analyser	Encadrer	Livrer	Rechercher
Animer	Etablir	Mettre en place	Réduire
Appliquer	Evaluer	Négocier	Résoudre
Approvisionner	Fournir	Optimiser	Sélectionner
Assurer	Généraliser	Organiser	Sous-traiter
Choisir	Gérer les stocks	Prendre en charge	Superviser
Contrôler	Guider	Prendre en compte	Traiter
Développer	Initier		

Vos réalisations professionnelles doivent comporter le plus de détails possibles que vous éliminerez par la suite dans votre C.V. pour ne garder que les plus frappants et éviter le verbiage. Pour l'instant votre travail consiste à trouver toutes vos réalisations et à en établir la liste.

COMPETENCES

Une compétence est l'aptitude naturelle ou acquise à accomplir une tâche.

Chaque réalisation professionnelle est le fruit d'au moins une compétence. En mettant l'accent sur des réalisations marquantes, vous montrez à un futur employeur comment vos compétences peuvent lui être utiles. Par exemple, c'est votre habileté à négocier et à persuader qui le convaincra de vous choisir.

La liste des verbes d'action vous servira de référence pour trouver des réalisations professionnelles. Notez les compétences que vous avez utilisées pour chacune de ces réalisations.

Dans le tableau suivant, les compétences sont classées en trois catégories : vous pouvez avoir le sens de, l'aptitude à ou être doué pour :

Communication (relations sociales)

Autorité	Formation	Négociation
Communication	Initiative	Persuasion
Conciliation	Intuition	Recrutement
Conseil	Liaison	Sélection
Délégation	Médiation	Supervision
Direction	Meneur d'hommes	Vente
Enseignement	Motivation	

Information (traitement)

Adaptation	Coordination	Organisation
Analyse	Création	Recherche
Calcul	Critique	Reproduction
Communication	Enregistrement	Stockage
Comparaison	Evaluation	Synthèse
Compilation	Informatisation	

Technique (utilisation des systèmes)

Amélioration	Direction	Pilotage
Conduite	Elaboration	Production
Contrôle	Exploitation	Réalisation
Correction	Maintenance	Réparation
Création	Manipulation	Résolution
Dessin	Mise en place	Restauration

Vous avez réussi telle ou telle chose parce que vous avez le sens de l'initiative, l'esprit de synthèse, le goût de l'organisation, l'esprit d'analyse....

N'oubliez pas les compétences que vous avez acquises en dehors de l'école ou de votre profession. Avez-vous une disposition naturelle à construire quelque chose, écrire, parler en public, trouver des fonds pour une association, peindre (pour n'en citer que quelques-unes) ? En général, nous faisons bien ce que nous aimons. Beaucoup de gens ont eu une carrière extraordinaire en exploitant leurs talents naturels.

Il n'est pas suffisant d'être doué, encore faut-il avoir le désir et la volonté de mettre ses talents en pratique. C'est la raison pour laquelle beaucoup de gens naturellement doués ne réussissent jamais. Réussir à identifier, mettre en pratique et développer ses compétences est un pas important dans la construction d'une carrière.

Plus larges seront vos compétences, plus votre valeur sur le marché de l'emploi sera appréciée. Les débutants devront puiser dans leur expérience scolaire, leurs loisirs, leurs emplois saisonniers et les stages qu'ils ont effectués. Ils doivent choisir des opportunités de carrière basées sur leurs compétences.

Un conseiller d'orientation scolaire peut les aider à identifier les traits les plus caractéristiques de leur personnalité afin de choisir l'orientation professionnelle qui leur convient le mieux.

La fonction commerciale exige une bonne sociabilité, de la combativité et du dynamisme ainsi que le goût de la vente.

Les fonctions administratives et comptables exigent une aptitude au calcul, de la rigueur, de la précision et de la méthode.

Les fonctions techniques et de production demandent le goût des sciences, le sens pratique, le goût du travail en équipe.

La fonction informatique nécessite un esprit logique et une ouverture aux changements, car c'est une fonction qui oblige à un recyclage permanent.

Dans l'exercice suivant, essayez d'associer les compétences mises en œuvre à chacune de vos réalisations professionnelles :

Exemple :

Réalisation : *J'ai recruté et formé une nouvelle équipe de vendeurs qui a atteint en un an son objectif de vente de 1 M€.*

Quel problème avez-vous résolu ? *L'actuelle équipe de vendeurs ne parvenait pas à atteindre ses objectifs et la société était déficitaire.*

Quelles compétences avez-vous utilisées ? *J'ai su choisir des personnes qui avaient envie de réussir et développer leur habileté à vendre en créant un programme de formation. J'ai pu identifier et résoudre les problèmes et j'ai démontré mes qualités de meneur d'hommes.*

A vous de faire votre liste…

A présent, utilisez le même schéma pour toutes vos réalisations

1. Réalisation :

Quel problème avez-vous résolu ?

Quelles compétences avez-vous utilisées ?

2. Réalisation :

Quel problème avez-vous résolu ?

Quelles compétences avez-vous utilisées ?

3. Réalisation :

Quel problème avez-vous résolu ?

Quelles compétences avez-vous utilisées ?

4. Réalisation :

Quel problème avez-vous résolu ?

Quelles compétences avez-vous utilisées ?

5. Réalisation :

Quel problème avez-vous résolu ? ______

Quelles compétences avez-vous utilisées ? ______

6. Réalisation : ______

Quel problème avez-vous résolu ? ______

Quelles compétences avez-vous utilisées ? ______

7. Réalisation : ______

Quel problème avez-vous résolu ? ______

Quelles compétences avez-vous utilisées ? ______

8. Réalisation : ______

Quel problème avez-vous résolu ? ______

Quelles compétences avez-vous utilisées?

9. Réalisation :

Quel problème avez-vous résolu?

Quelles compétences avez-vous utilisées?

10. Réalisation :

Quel problème avez-vous résolu?

Quelles compétences avez-vous utilisées?

11. Réalisation :

Quel problème avez-vous résolu?

Quelles compétences avez-vous utilisées ?

12. Réalisation :

Quel problème avez-vous résolu?

Quelles compétences avez-vous utilisées?

13. Réalisation :

Quel problème avez-vous résolu?

Quelles compétences avez-vous utilisées?

14. Réalisation :

Quel problème avez-vous résolu?

Quelles compétences avez-vous utilisées?

15. Réalisation :

Quel problème avez-vous résolu ?

Quelles compétences avez-vous utilisées ?

16. Réalisation :

Quel problème avez-vous résolu ?

Quelles compétences avez-vous utilisées ?

17. Réalisation :

Quel problème avez-vous résolu ?

Quelles compétences avez-vous utilisées ?

18. Réalisation :

Quel problème avez-vous résolu ?

Quelles compétences avez-vous utilisées?

19. Réalisation :

Quel problème avez-vous résolu?

Quelles compétences avez-vous utilisées?

20. Réalisation :

Quel problème avez-vous résolu?

Quelles compétences avez-vous utilisées?

CHAPITRE 3

Etape 3

Votre C.V.

Vous venez de définir votre plan de carrière et vous avez mis en évidence les compétences et réalisations qui vous serviront de support tout au long de votre recherche. A présent toutes ces informations doivent être mises en forme ; ce sera votre C.V.

Vous devez comprendre que la fonction universelle du C.V. est un mythe. Sans C.V., le chercheur d'emploi est désorienté car il n'a aucun document témoignant de son travail. Sans C.V., le recruteur se sent mal à l'aise car il ne possède aucun support écrit lui permettant de vérifier un parcours professionnel ; cela sera encore plus vrai s'il ne sait pas comment mener un entretien !

OBJECTIF ESSENTIEL DU C.V.

C'est un fait, le C.V. sert plutôt à éliminer qu'à recruter. Dans une entreprise, la première tâche des personnes chargées d'analyser ce genre de document est de réduire la pile des 300 C.V. (ou plus) reçus en réponse à une annonce parue dans un grand quotidien. A cela plusieurs raisons : premièrement, beaucoup de postulants envoient leur C.V. même si leur profil ne correspond pas aux qualifications requises, espérant ainsi attirer l'attention du lecteur. Deuxièmement, les candidats dont les compétences sont conformes aux spécifications du poste ne savent pas "se vendre" correctement sur papier. Troisièmement, la qualité de la typographie et de la reproduction sur photocopie des C.V. est médiocre et les C.V. ne sont pas accompagnés d'une lettre. Enfin, personne n'a le temps d'interroger 300 candidats. De toute façon, *ce ne sont pas les C.V. qui obtiennent des emplois, mais les personnes.*

Toutefois, l'élaboration d'un C.V. est un exercice primordial. Un bon C.V. :

- Vous permet de vous souvenir de vos compétences, de vos réalisations professionnelles, de votre parcours professionnel et de votre formation.
- Vous aide à développer votre réseau de relations et à obtenir de nouveaux contacts.
- Suscite un intérêt et par conséquent provoque des entretiens.
- Vous aide à prospecter dans d'autres régions que votre zone géographique habituelle et vous permet d'y obtenir des entretiens.

Le C.V. est avant tout une carte de visite qui aide votre interlocuteur à se souvenir de vous. Vous êtes devant un dilemme : vous devez créer un document que vous espérez n'utiliser que rarement, mais vous devez le concevoir de telle manière qu'il puisse vous aider efficacement en cas de nécessité.

Un C.V. envoyé en réponse à une annonce a environ une chance sur 300 d'être choisi même pour un simple entretien. Imaginez devoir choisir votre C.V. parmi 300 autres. Qu'allez-vous faire pour mettre le plus de chances de votre côté ?

❐ AVANT LA REDACTION DU C.V.

► Expérience professionnelle, réalisation et formation

Commencez par établir une liste chronologique de tout votre parcours professionnel dont vous vous servirez comme source d'information personnelle. Cet exercice vous évitera d'oublier un détail important dont vous pourriez avoir besoin.

Les débutants devront chercher des exemples dans leurs travaux pré- et post-universitaires (voir Chapitre 2).

Rassemblez les éléments de votre CV...

En commençant par l'emploi, le stage ou le travail le plus récent, complétez le formulaire suivant :

1. Dernier emploi : de____________________ à ____________________

Nom de la société : ____

Activité : ____________________________ CA :______ Effectif : ______

Adresse du siège social : ____________________________________

____

Adresse du lieu de travail (si différente de la précédente) : __________________

____

Votre titre :____

Nom et titre de votre supérieur hiérarchique : ________________________

Vous étiez responsable de :____________________________________

____

Vos réalisations principales ont été (reportez-vous au chapitre 2 et indiquez les valeurs de référence correspondant aux réalisations décrites) :____________________

____

Salaire d'entrée en fonction : ____________Salaire en fin de fonction : ____________

Autres avantages : ____

____

Pourquoi avez-vous choisi cet emploi ? ______________________________

____

Pourquoi l'avez-vous quitté ? ______________________________________

____

Quelles sont les personnes qui peuvent vous servir de référence pour ce poste ? _____

____

2. Emploi précédent : de ________________ à ________________

Nom de la société : ______________________________________

Activité : ____________________________ CA :________ Effectif : ________

Adresse du siège social : __________________________________

____

Adresse du lieu de travail (si différente de la précédente) : ________________

____

Votre titre :____

Nom et titre de votre supérieur hiérarchique : ______________________

Vous étiez responsable de :___________________________________

____

Vos réalisations principales ont été (reportez-vous au chapitre 2 et indiquez les valeurs de référence correspondant aux réalisations décrites) :____________________

____

Salaire d'entrée en fonction : ____________Salaire en fin de fonction : __________

Autres avantages : ____

____

Pourquoi avez-vous choisi cet emploi ? ____________________

____

Pourquoi l'avez-vous quitté ? ____________________

____

Quelles sont les personnes qui peuvent vous servir de référence pour ce poste ? ____

____

3. Emploi précédent : de ____________ à ____________

Nom de la société : ____________________

Activité : ____________________ CA :________ Effectif : ________

Adresse du siège social : ____________________

____

Adresse du lieu de travail (si différente de la précédente) : ____________

____

Votre titre :____________________

Nom et titre de votre supérieur hiérarchique : ____________

Vous étiez responsable de :____________________

____

Vos réalisations principales ont été (reportez-vous au chapitre 2 et indiquez les valeurs de référence correspondant aux réalisations décrites) :____________

____

Salaire d'entrée en fonction : ____________Salaire en fin de fonction : ____________

Autres avantages : ____________________

____

Pourquoi avez-vous choisi cet emploi ? ____________________

____

Pourquoi l'avez-vous quitté ? ______________________________

____

Quelles sont les personnes qui peuvent vous servir de référence pour ce poste ? _____

____

4. Emploi précédent : de ______________ à ______________

Nom de la société : ______________________________

Activité : ______________________ CA :________ Effectif :________

Adresse du siège social : ______________________________

____

Adresse du lieu de travail (si différente de la précédente) : ______________

____

Votre titre :______________________________

Nom et titre de votre supérieur hiérarchique : ______________

Vous étiez responsable de :______________________________

____

Vos réalisations principales ont été (reportez-vous au chapitre 2 et indiquez les valeurs de référence correspondant aux réalisations décrites) :______________

____

Salaire d'entrée en fonction : ____________Salaire en fin de fonction : __________

Autres avantages : ______________________________

____

Pourquoi avez-vous choisi cet emploi ? ______________________

____

Pourquoi l'avez-vous quitté ? ______________________________

____

Quelles sont les personnes qui peuvent vous servir de référence pour ce poste ? _____

____

5. Emploi précédent : de ____________________ à ____________________

Nom de la société : ________________________________

Activité : ________________________ CA :________ Effectif : ________

Adresse du siège social : ____________________________

____

Adresse du lieu de travail (si différente de la précédente) : ______________

____

Votre titre :______________________________________

Nom et titre de votre supérieur hiérarchique : ________________

Vous étiez responsable de :___________________________

____

Vos réalisations principales ont été (reportez-vous au chapitre 2 et indiquez les valeurs de référence correspondant aux réalisations décrites) :______________

____

Salaire d'entrée en fonction : __________Salaire en fin de fonction : __________

Autres avantages : ________________________________

____

Pourquoi avez-vous choisi cet emploi ? ____________________

____

Pourquoi l'avez-vous quitté ? ____________________________

____

Quelles sont les personnes qui peuvent vous servir de référence pour ce poste ? _____

____

Etudes secondaires :

Lieu : ____________________

Diplôme(s) ou certificat(s) : ____________________ Année : __________

Etudes supérieures ou autres études :

Lieu : ____________________ Durée : __________

Diplôme(s) ou certificat(s) : ____________________ Année : __________

Spécialités : ____________________

Formation spéciale :

Formation la plus récente : ____________________

Lieu : ____________________ Durée : __________

Certificats : ____________________ Année : __________

Avant-dernière formation : ____________________

Lieu : ____________________ Durée : __________

Certificats : ____________________ Année : __________

Formations antérieures : ____________________

Lieu : ____________________ Durée : __________

Certificats : ____________________ Année : __________

Langues :

1) __________ ❐ Parlé ❐ Compris ❐ Ecrit ❐ Lu

Diplôme, Certificat, Stage : ____________________ Date : __________

____

Séjour : ____________________ Date : __________

2) __________ ❐ Parlé ❐ Compris ❐ Ecrit ❐ Lu

Diplôme, Certificat, Stage : ____________________ Date : __________

____

Séjour : ____________________ Date : __________

3) __________ ❐ Parlé ❐ Compris ❐ Ecrit ❐ Lu

Diplôme, Certificat, Stage : __________ Date : __________

Séjour : __________ Date : __________

Qualifications particulières : informatique (traitement de texte, programmation), rédaction de livres ou d'articles de magazines

Associations :

Professionnelle : __________

Culturelle : __________

Situation militaire :

Régiment : __________ Date : __________

Lieu : __________ Grade : __________

Réalisations spéciales : __________

Activités extra-professionnelles : __________

Félicitations ! Vous venez d'accomplir un travail précieux qui rendra le reste de votre tâche plus facile.

L'organisation du C.V.

L'organisation du C.V. peut varier. La tradition veut que l'on place de préférence l'état civil et la formation du candidat au début, mais vous n'êtes pas tenu de suivre systématiquement cette formule. Le format adopté changera selon le niveau d'expérience, l'âge et la formation du candidat. Si le candidat possède un diplôme d'une grande école, il le placera évidemment tout au début du C.V. En revanche, pour un candidat issu d'une école moins prestigieuse mais qui a dans son cursus professionnel des réalisations importantes et/ou un talent particulier, il est préférable qu'il les mentionne en début du C.V. et qu'il place sa formation à la fin. Un cadre expérimenté ayant de grandes compétences avec de nombreux résultats positifs suivra la même logique. Les employeurs sont davantage intéressés par la pratique et les résultats obtenus que par le diplôme, en particulier quand ils cherchent des cadres de haut niveau. Les jeunes diplômés à la recherche d'un premier emploi mentionneront leur formation en début de C.V. Si une annonce précise une tranche d'âge particulière et que l'âge du candidat y correspond, il faudra l'indiquer au début du C.V. ; tout dépend des spécifications du poste.

Cet ouvrage présente des C.V. divers suivant cette logique. Il n'y a pas de C.V. miracle ; c'est à vous de jouer avec les formes différentes et de sentir celle qui sera la mieux adaptée au poste visé et à la politique de l'entreprise. L'idée essentielle à retenir est de faire correspondre rigoureusement votre C.V. aux spécifications requises du poste si vous les connaissez : pourquoi envoyer votre C.V. à un recruteur qui demande 10 ans d'expérience dans la vente internationale alors que vous n'avez que trois ans de pratique et aucune expérience professionnelle à l'étranger ?

LE STYLE DU C.V.

Les trois types de C.V. les plus utilisés aujourd'hui sont : le C.V. fonctionnel, le C.V. chronologique et le C.V. performance qui est un mélange des deux. Le style du C.V. choisi devra être suffisamment souple pour pouvoir être adapté aux différents emplois que vous envisagez. Le C.V. de Paul Dupont est présenté dans ce chapitre sous ces trois formes.

Le C.V. fonctionnel

Dans un C.V. fonctionnel, les réalisations et le parcours professionnel sont classés par domaine d'expérience ou par secteur d'activité indépendamment de l'ordre chronologique.

Avantages :

- Si vous avez occupé plusieurs emplois sur une courte période de temps, le C.V. fonctionnel fera ressortir vos compétences et réalisations-clés au travers de vos différentes expériences au lieu d'attirer l'attention sur vos fréquents changements. Ce C.V. est très utile pour les candidats ayant un profil de généraliste. Il vous aidera également à cerner le type de poste auquel vous pouvez prétendre et à construire un argumentaire plausible devant des recruteurs méfiants. Quoi qu'il en soit, un Directeur des Ressources Humaines (DRH) ou un recruteur sera sensible au candidat capable de mettre en avant ses capacités d'adaptation et son goût du dialogue.

Exemple d'un C.V. fonctionnel (écrit en police Galliard)

PAUL DUPONT
1, rue Edmond Rostand
75004 PARIS
Tél. : 01.45.00.00.00

DIRECTEUR COMMERCIAL : Dix ans d'expérience internationale dans la vente, le marketing, la publicité, la promotion et la gestion. Responsable du recrutement et de la formation des équipes de vente européennes et asiatiques pour des sociétés commercialisant des produits techniques.

Dans les fonctions suivantes, j'ai réussi à :

VENTE

Augmenter les ventes de 22% avec pour résultat un accroissement des bénéfices de 2 M€ en trois ans.

Lancer cinq nouveaux produits en Asie et vendre des licences de fabrication à des sociétés japonaises.

Ouvrir et pourvoir en personnel des bureaux de vente au Japon, en France et en Allemagne.

FORMATION

Recruter et former 21 vendeurs pour commercialiser une gamme de fournitures industrielles destinées à l'industrie automobile. Cette équipe a dépassé tous les résultats de vente des autres équipes de la société.

MARKETING

Effectuer des études de marché qui ont permis le lancement de nouveaux produits.

Superviser l'acquisition et l'interprétation des informations sur les méthodes les plus rentables de lancement de nouvelles gammes de produits.

Ouvrir de nouveaux réseaux de distribution en Amérique du Sud qui ont contribué à une augmentation de 12% des ventes des marchés occidentaux.

GESTION

Réaliser seul une étude du marché européen et ouvrir (sans dépassement de budget) des bureaux de vente bénéficiaires six mois après leur création.

PARCOURS PROFESSIONNEL

1994–1997 **Matra MHS, Paris**
Produits électroniques ; CA 116 M€ – 863 personnes
Directeur Commercial International

1991–1993 **Société Mécanique Etoile, Levallois-Perret**
Pièces préfabriquées auto ; CA 40 M€ – 460 personnes
Directeur de Marketing

1987–1990 **Martin Electrique S.A., Romainville**
Lampes électriques ; CA 25 M€ 37 personnes
Directeur Import-Export

1980–1987 **Vendeur** pour plusieurs sociétés de produits industriels

FORMATION

Université de Lille
Licence ès Sciences Economiques (Promotion 1980)

LANGUES

Anglais : lu, écrit, parlé
Allemand : lu, écrit, parlé
Italien : parlé, compris

ASSOCIATIONS

Membre des Chambres de Commerce Franco-Américaine et Franco-Allemande.

LOISIRS

Ski de fond et planche à voile. Syndic d'une copropriété.

- Si votre emploi le plus récent n'a pas de rapport avec le poste convoité, le style fonctionnel fera ressortir vos points forts utilisés dans des emplois antérieurs.
- Si le niveau de votre dernier emploi est inférieur aux positions précédentes, le style fonctionnel minimisera cette particularité.
- Le C.V. fonctionnel vous permet de réunir un certain nombre de réalisations dans un seul domaine d'expérience. Un employeur potentiel évaluera vos compétences par rapport aux qualifications requises sans penser aux titres ou aux anciens emplois.

Inconvénients :

- Les employeurs, les directeurs de personnel et les conseils en recrutement ont l'habitude de lire une présentation chronologique des parcours professionnels. Un format différent peut engendrer une certaine méfiance.
- Le C.V. fonctionnel n'est pas facile à préparer et il faut le transformer pour l'adapter à chaque emploi visé.
- Il faut bien formuler ce que vous souhaitez que le lecteur retienne en vous posant les deux questions suivantes : Quelles sont les spécialités à mettre en avant ? De quelle manière un employeur peut-il m'utiliser ?

Dans le cas d'un formulaire fourni par la société qui recrute, vous serez obligé de fournir des détails chronologiques.

Le C.V. chronologique

Le C.V. chronologique est en fait une liste de vos emplois du plus récent au plus ancien. Ce genre de C.V. permet de mettre l'accent sur l'expérience la plus récente et sur l'évolution progressive des niveaux de postes. Pour chaque emploi vous devez indiquer : les dates d'emploi, le nom et l'adresse de la société, le chiffre d'affaires et les effectifs, le titre du poste, les principales responsabilités et les réalisations les plus marquantes.

Avantages :

- Ce C.V. est facile à organiser.
- C'est le format standard le plus utilisé et, par conséquent, le plus connu des recruteurs.
- Il montre les progrès réalisés dans votre domaine ainsi que l'accroissement de vos responsabilités. Si vous êtes passé successivement d'un poste de chef de rayon à celui d'un chef de secteur, puis à un poste de directeur de magasin, il vaut mieux commencer par mentionner ce dernier.
- Il témoigne de votre stabilité si vous avez occupé le même emploi depuis de nombreuses années et bénéficié de plusieurs promotions.

Inconvénients :

- Si vous avez changé d'emplois fréquemment, il met l'accent sur une certaine instabilité et donnera l'impression d'un parcours disparate sans la maîtrise d'aucun métier.

Exemple d'un C.V. chronologique (écrit en police Times)

PAUL DUPONT
1, rue Edmond Rostand
75004 PARIS
Tél. : 01.45.00.00.00

Directeur Commercial : dix ans d'expérience internationale dans la vente, le marketing, la publicité, la promotion et la gestion. Responsable du recrutement et de la formation des équipes de vente européennes et asiatiques pour des sociétés commercialisant des produits techniques.

EXPERIENCE

1994–1997 **Matra MHS**, Paris (produits électroniques, CA 116 M€ – 863 personnes)

Directeur Commercial International, j'ai :

- Dirigé des bureaux de vente en Asie, Europe et Amérique du sud, réalisant un chiffre d'affaires de 8 M€.
- Supervisé une équipe de quatre attachés commerciaux.
- Ouvert et pourvu en personnel de nouveaux bureaux de vente au Japon, en France et en Allemagne.

1991–1993 **Société Mécanique Etoile**, Levallois-Perret (produits métalliques, CA 50 M€ – 460 personnes)

Directeur de Marketing, j'ai :

- Dirigé des activités de marketing pour un fabricant de fournitures destinées à l'industrie automobile.
- Recruté et formé une équipe de 21 vendeurs qui a obtenu les meilleurs résultats commerciaux de toute l'entreprise.

1987–1990 **Martin Electrique S.A.**, Romainville (produits électriques, CA 25 M€ – 37 personnes)

Directeur Import-Export, j'ai :

- Conduit des études de marché qui ont permis d'introduire de nouveaux produits.
- Supervisé l'acquisition et l'interprétation des informations sur les méthodes les plus rentables de lancement de nouvelle gammes de produit.
- Ouvert de nouveaux réseaux de distribution en Amérique du Sud qui ont permis d'augmenter les ventes des marchés occidentaux de 12%.
- Réalisé seul une étude du marché européen et ouvert des bureaux de vente sans dépasser le budget imparti. Ces bureaux ont été bénéficiaires au bout de six mois.

1985–1987 **Société Ajax S.A.**, Clichy (quincaillerie, CA 35 M€ – 210 personnes)

Attaché Commercial responsable des marchés asiatiques, j'ai :

- Lancé cinq nouveaux produits en Asie et conclu des accords de fabrication sous licence avec des sociétés japonaises.

1982–1985 **Compagnie Green**, Lille (piles électriques, CA 30 M€ – 326 personnes)

Attaché Commercial responsable du sud de la France ainsi que des exportations vers l'Amérique du Sud, j'ai :

- Augmenté les ventes de 22%, soit un accroissement des bénéfices de 1M€ en trois ans.

1980–1982 **Société Codex**, Paris (appareils ménagers, CA 50 M€ – 800 personnes)

Début de carrière dans la vente au détail. Progression jusqu'au poste de représentant commercial pour la région Nord-Pas de Calais. Meilleur vendeur de l'année 1982.

FORMATION ET ACTIVITES EXTRA-PROFESSIONNELLES

Université de Lille : Licence ès Sciences Economiques. (Promotion 1980)
LANGUES : **Anglais** ; lu, écrit, parlé. **Allemand** ; lu, écrit, parlé. **Italien** ; parlé, compris.
LOISIRS : Ski de fond et planche à voile ; Syndic d'une copropriété
ASSOCIATIONS : Membre des Chambres de Commerce Franco-Américaine et Franco-Allemande
ETAT CIVIL : Né le 24 juillet 1958, marié, un enfant

- Chaque période sans emploi est mise en évidence.
- Si vous avez changé de carrière, il peut amener des questions sur vos véritables objectifs professionnels.
- Vos réalisations les plus marquantes sont perdues parmi vos différents emplois empêchant la mise en valeur de vos vrais talents.
- C'est à votre dernière situation qu'on vous associera, même si elle n'a pas été la plus brillante.

Le C.V. chronologique traditionnel (où vous citez vos expériences chronologiquement en commençant par l'emploi le plus ancien) n'est pas mentionné dans cet ouvrage car il met en évidence votre expérience passée au lieu de vos emplois les plus récents. Le temps de lecture d'un C.V. étant très court, vos dernières réalisations les plus marquantes passeront inaperçues.

► Le C.V. 20-secondes

La plupart des personnes qui ont la charge de lire les C.V. ne les lisent pas vraiment. Ils jettent un rapide coup d'œil à l'ensemble du document pour saisir un ou deux éléments intéressants qu'ils utiliseront pour démarrer un entretien.

D'autres recherchent très vite une ou deux informations leur permettant d'éliminer votre C.V. de la pile qu'ils ont pour tâche de réduire.

Ce manque d'intérêt est dû à la qualité médiocre de la majorité des C.V. tant au niveau de la forme que du fond. La plupart des C.V. sont en effet ennuyeux et confus.

Le temps de lecture passé sur les C.V. par les personnes chargées de les trier est en moyenne de 20 secondes. C'est très court, surtout si votre C.V. contient plus de deux pages. Un bon C.V. tient autant que possible en une page et ne devrait jamais dépasser deux pages.

Un C.V. doit être un document qui donne au lecteur l'envie de vous convoquer pour mieux vous connaître et déterminer si vous êtes la personne espérée. Sa rédaction doit être conçue en fonction de cet objectif.

Un bon C.V. doit donc commencer par les paragraphes du C.V. 20-secondes et ne contenir que des informations qui vous aident à obtenir un entretien. Dans le schéma du C.V. performance présenté un peu plus loin, ces informations sont précédées du signe +.

► Le C.V. performance

Pour disposer d'un bon dossier de présentation, les candidats utiliseront de préférence un mélange des C.V. fonctionnel et chronologique. La particularité de ce C.V. performance est de contenir une première partie avec une accroche forte appelée le C.V. 20-secondes et destinée à attirer immédiatement l'attention du lecteur. Les principales réalisations professionnelles sont placées au début du document et choisies en fonction du poste visé.

Avantages :

- Il met immédiatement en valeur vos points forts.
- Il est facile à modifier.
- Vous pouvez l'adapter aux différents emplois recherchés sans nuire à sa qualité.
- Il augmente vos chances d'intéresser un lecteur par l'originalité des idées et de la présentation.
- Il vous permet de diriger l'attention du lecteur plus particulièrement sur vos compétences et sur vos réalisations.
- Il vous permet d'utiliser largement le principe ABC : Action réalisée (A) = Bénéfice (B) Converti (C) par le candidat selon les besoins de l'entreprise.
- Il montre que vous savez faire votre propre évaluation.

Inconvénients :

- La rédaction de ce C.V. demande un certain savoir-faire expliqué dans ce manuel.

Etude du C.V. performance

Voir le schéma du C.V. performance à la page suivante. Les chiffres romains ci-dessous correspondent à ceux du schéma.

I. Votre paragraphe d'ouverture résume l'ensemble de vos capacités professionnelles et conduit le lecteur vers une direction précise, à savoir votre spécialité et vos années d'expérience.

Cette première phrase doit décrire votre parcours professionnel en n'indiquant que les éléments adaptés au poste visé afin de sensibiliser favorablement le lecteur.

Exemple :

1. *Neuf ans d'expérience en gestion et conseil en planification stratégique et financière, contrôles financiers et développement des systèmes pour une des plus importantes sociétés du secteur santé.*

Ou encore,

2. *Cadre supérieur expérimenté, aux compétences variées, ayant conduit avec succès de grandes opérations dans les domaines de la direction des ventes, des études de marché, de la promotion, de la gestion des nouveaux produits et de la planification stratégique.*

Le premier exemple présente un candidat au profil de généraliste ayant travaillé comme consultant dans les organisations du secteur santé. Ses compétences relèvent du domaine financier avec une spécialisation particulière en planification stratégique.

Le schéma suivant permet de visualiser la chronologie à suivre pour la construction d'un C.V. Performance. Les points importants du C.V. 20-Secondes sont précédés du signe +.

Schéma du C.V. performance

Prénom, Nom
Adresse complète
Numéro de téléphone/télécopie

+I. Paragraphe d'ouverture fort décrivant l'ensemble de votre parcours professionnel

+II.
- **Réalisation professionnelle importante**
- **Réalisation professionnelle importante**
- **Réalisation professionnelle importante**

+III. Courte description de la façon dont vous aimez travailler et des points forts de votre personnalité et de vos compétences

IV. Parcours professionnel
(Ordre chronologique en commençant par l'emploi le plus récent)

Date
Nom de la société
Ville, Pays
Activité de la société, CA et effectif

Titre

Responsabilités et/ou réalisations supplémentaires

V. Expérience antérieure

VI. Formation (peut être placée aussi en début de C.V.)

Etablissement(s)
Ville
Diplôme(s)
Autres certificats, stages
Langues

VII. Associations (seulement si pertinentes)

VIII. Activités extra-professionnelles (seulement si pertinentes)

IX. Etat Civil (peut être placé aussi en début de C.V.)

Le deuxième exemple nous montre un candidat spécialisé dans la vente et le marketing, très expérimenté, fort de réussites exceptionnelles dont il parlera plus loin dans son C.V. Sa spécialité est de réaliser des ventes performantes grâce aux études de marché, à la publicité et à une excellente planification.

II. Deux à trois réalisations professionnelles parmi les plus marquantes

Le recruteur et le futur employeur s'intéressent d'abord à ce que vous avez réalisé et par conséquent à ce que vous pouvez apporter à l'entreprise, d'où la nécessité de citer vos réalisations les plus marquantes dès le début du C.V.

La liste des verbes d'action (voir chapitre 2) vous aide à rédiger vos réalisations. Ces verbes d'action doivent être choisis avec soin pour renforcer l'impact de vos réalisations auprès du lecteur et attirer ainsi sa curiosité.

L'objectif est de vous présenter comme une personne qui a l'habitude d'obtenir des résultats et de répondre à des besoins. Le lecteur vous percevra comme un spécialiste capable de répéter les mêmes actions.

III. Faire suivre ces réalisations d'**une phrase d'accroche donnant une courte description de la façon dont vous aimez travailler et de vos points forts**.

La personnalité du candidat étant un des critères prédominants dans le choix d'un recrutement, cette phrase devra résumer vos principales qualités.

Exemple :

1. *Cadre méthodique et créatif qui atteint ses objectifs et possède d'excellentes compétences en organisation, analyse et communication.*

Ou,

2. *Cadre possédant des qualités de leader et un réel sens de la communication. Aime travailler en équipe dans un environnement de challenge permanent et de créativité.*

La description des qualités du candidat et de son style de management rend plus humain l'énoncé rigoureux de la partie II.

Les rubriques I, II, et III constituent votre C.V. 20-secondes. En quelques lignes, le lecteur a déjà un aperçu général de votre expérience et de votre personnalité.

C'est dans la mesure où vous passerez beaucoup de temps à élaborer cette première partie que le reste du document sera plus facile à compléter et deviendra ainsi un véritable outil de vente. Votre C.V. 20-secondes constitue également la base de votre lettre de motivation et de candidature spontanée. (Voir les exemples donnés au chapitre 4 et à l'annexe B).

Les listes suivantes présentent une sélection de fonctions spécifiques qui vous servira à classer et à articuler les paragraphes si vous décidez d'utiliser ce schéma.

LISTE DES FONCTIONS SPECIFIQUES

Technique, Fabrication

Analyse des performances
Approvisionnement
Conception de produits
Contrôle de production
Contrôle de qualité
Direction des achats
Etablissement de standard
Gestion des stocks
Mise au point de prototypes
Ordonnancement
Planification des moyens et des structures
Planification et étude des coûts
Productivité
Service après-vente
Service méthodes
Service technique

Finance

Achat/vente de sociétés
Audit
Contrôle des coûts
Financement
Fusions et acquisitions
Gestion de trésorerie
Gestion du crédit
Planification stratégique
Préparation et contrôle du budget
Relations avec les banques
Service fiscal

Personnel, Formation

Communication interne
Conseiller juridique
Développement social
Formation
Gestion du personnel
Outplacement
Paie
Recrutement
Relations sociales

Gestion

Direction d'usines
Direction générale
Direction internationale
Gestion de la formation
Gestion des systèmes informatiques
Gestion des usines
Gestion du matériel
Gestion du personnel
Négociation des contrats
Planification du développement à long terme
Recherche et développement
Résolution des conflits
Techniques et contrôle de fabrication

Marketing, Vente, Publicité, Communication

Animation et formation commerciale
Développement de nouvelles sociétés
Développement de nouveaux produits
Direction commerciale
Gestion clientèle
Marketing
Préparation des catalogues
Promotion
Publicité
Relations presse et media
Relations publiques
Service après-vente
Vente

Informatique

Analyse
Bureau d'études
Bureautique
Codification
Comptabilité
Conception
Dispositifs de sécurité
Entretien
Estimation des coûts
Evaluation
Maintenance
Multiprogrammation
Multitraitement
Opération de contrôle
Programmation
Recherche opérationnelle
Robotique
Spécification et achat de matériel
Télématique

IV. Parcours professionnel

Reportez-vous à la partie consacrée à votre expérience professionnelle en début de chapitre. Cette section ne doit contenir que des informations non encore mentionnées dans le C.V. 20-secondes.

Citez le nom de la société, la ville, la date d'emploi, la spécialité, le chiffre d'affaires et l'effectif de la société. En-dessous du titre du poste, indiquez vos réalisations importantes en citant des résultats.

V. Expérience antérieure

Si vous avez eu une longue carrière et de nombreux employeurs, il faudra couper l'énoncé de votre présentation chronologique et regrouper toutes vos expériences datant de plus de 20 ans dans une rubrique appelée EXPERIENCE ANTERIEURE. Après avoir concentré votre C.V. sur les postes les plus récents, cette rubrique vous permet de compléter la description de votre trajectoire professionnelle.

Plus vous remontez dans le passé, moins vous devez donner de détails. Il est important d'attirer l'attention du lecteur sur vos réalisations les plus récentes pouvant correspondre à un besoin immédiat. Avoir été un expert en électronique en 1990 n'a plus la même valeur aujourd'hui.

Si les changements des techniques, produits et procédés de fabrication n'ont pas été nombreux dans votre secteur d'activité, votre expérience antérieure sera tout à fait à propos.

Exemples :

1. *Directeur des Ventes d'un laboratoire pharmaceutique : responsable d'une équipe de 18 représentants réalisant un chiffre des ventes de six millions de francs. Stagiaire responsable du contrôle des stocks de matériel médical dans un hôpital : a réalisé une économie de 10 000 euros.*

Ou,

2. *Directeur Commercial d'une société de moteurs électriques réalisant annuellement un chiffre de ventes de 15 M€. Contremaître dans un atelier de précision mécanique. Dessinateur industriel à temps partiel pendant la durée des études.*

Ces paragraphes sont courts mais montrent que vous étiez, dès la fin de votre formation, une personne active ayant connu une progression de carrière.

VIII. Activités extra-professionnelles, loisirs ou divers

Les activités extra-professionnelles sont de plus en plus prises en considération par les professionnels du recrutement car elles permettent de mieux cerner la personnalité de plusieurs candidats et de mieux les différencier lorsque leurs profils sont similaires. Les loisirs sont abordés en entretien pour préciser le profil psychologique d'un candidat.

Les C.V. des nouveaux diplômés des grandes écoles sont quasi identiques, même dans la rubrique loisirs. L'appartenance à la junior entreprise de leur école ou les stages à l'étranger commencent à manquer d'originalité. Restent la vie associative, les activités sportives, la culture et les activités artistiques qui peuvent faire pencher la balance.

Etre animateur d'un club d'investissement, président d'une association d'aide aux chômeurs, savoir organiser un événement ou gérer des subventions, jouer d'un instrument dans un orchestre amateur qu'on aura co-fondé, être parti dans un pays en voie de développement dans le cadre d'une opération humanitaire, travailler bénévolement pour les restaurants du cœur, faire du reportage en "free-lance", constituent des plus qu'il est bon de mentionner dans un C.V.

Ce rapport régulier avec le monde extérieur contribue à l'épanouissement professionnel d'un cadre. Avoir plusieurs cordes à son arc et assumer différentes responsabilités sont des qualités qui vous démarqueront du lot et attireront l'attention des recruteurs et des directeurs de personnel, surtout à l'heure où la compétition pour les postes intéressants est féroce et où il est très difficile de faire toute sa carrière dans une seule profession ou dans la même entreprise.

La liste de ses passe-temps n'est certes pas primordiale, mais met en valeur la personnalité du candidat.

L'esprit de gagneur qui s'exprime dans la participation à des compétitions ou la réalisation d' exploits sportifs est une qualité importante pour des postes commerciaux.

De même, les activités artistiques indiquent votre habileté à gérer en même temps plusieurs engagements différents. Avoir publié un roman ou jouer dans un orchestre deviennent des atouts. Ils sont les témoins de votre sensibilité et de votre ouverture d'esprit.

Tous ces plus ont leur importance à condition d'avoir le profil et les compétences requises.

Dans la mesure où l'évaluation d'un candidat est subjective, tout dépendra de la culture de l'entreprise intéressée. Certaines sociétés aiment les cadres dévoués à une cause associative ou collective. D'autres apprécient davantage les qualités artistiques. Le candidat devra être avant tout bien motivé et savoir mettre en avant ses activités extra-professionnelles au moment approprié. Si vos loisirs vont à l'encontre de la culture de l'entreprise visée, il est inutile d'en parler.

Rédigez plusieurs modèles de votre C.V. en vous inspirant des exemples figurant dans ce manuel. Ces documents sont de réels C.V. qui ont réussi à plaire à différents lecteurs et ont provoqué des rendez-vous : c'est l'objectif principal du C.V. Vous n'aurez que des mauvaises surprises si vous espérez obtenir un emploi à la seule vue de votre C.V. Après tout, un C.V. n'est que le rappel de vos principales réalisations passées et ne donne qu'une image limitée de votre potentiel.

LES REGLES DU C.V. A RESPECTER

Règles de forme

Un nombre important de C.V. ne sont pas pris en considération en raison de la mauvaise qualité de leur présentation.

Les phrases doivent être courtes, simples, directes et précises pour avoir plus d'impact.

A éviter : les C.V. mal rédigés, confus, illisibles, impersonnels, trop longs, trop détaillés, déséquilibrés entre les différents emplois, plein de clichés, de répétitions, avec une énumération de titres sans description d'activités. Voyez à la fin du chapitre l'exemple d'un mauvais C.V. et ce même C.V. transformé en document séduisant pour un employeur.

Votre C.V. doit être attirant et facile à lire : présentation aérée, paragraphes clairs, équilibrés et cohérents avec des résultats concrets, respect des marges et des interlignes, dactylographie de qualité, orthographe et grammaire parfaites.

Ne pas utiliser de sigles sauf si leur signification est évidente : laissez E.D.F. mais écrivez Ecole Supérieure de Commerce et non E.S.C.

Ne jamais utiliser "etc." si les informations sont trop longues ; indiquez seulement les principales et attendez l'entretien pour donner plus de détails.

Un bon C.V. doit être court et ne pas excéder deux pages. D'où l'importance de présenter un document mis en page sur ordinateur plutôt qu'un C.V. tapé à la machine.

Les pronoms personnels *je* et *nous* en début de phrase ne sont utilisés dans aucun des C.V. présentés dans cet ouvrage. En effet, le fait de commencer les paragraphes et les phrases par un participe passé ou un nom au lieu de *je* permet d'avoir un style plus percutant. Ne pas écrire :

> "J'ai lancé une nouvelle ligne de produits qui a permis de prendre 63% du marché en 18 mois".

Mais :

> "Lancement d'une nouvelle ligne de produits qui a permis de prendre 63% du marché en 18 mois".

Ou :

> "Directeur Commercial d'une société fabricant des appareils ménagers, j'ai :
>
> - Lancé une nouvelle ligne de produits permettant de prendre 63% du marché en 18 mois".

Bien qu'en français une phrase ne commence pas par un participe passé, il s'agit ici d'un document spécial qui doit avoir la particularité d'être original. Or, le pronom personnel *je* utilisé en début de phrase ne permet pas d'exprimer des réalisations fortes et persuasives. En le remplaçant par le participe passé ou le nom, votre C.V. deviendra moins ennuyeux et moins scolaire et vous présentera comme un professionnel.

A l'exception des stages de formation, il n'est pas nécessaire d'indiquer les dates complètes avec les mois de début et de fin de fonction mais seulement les années. Si vous faites toujours partie de l'effectif de l'entreprise mais n'êtes plus présent physiquement, vous pouvez écrire : 1995–à ce jour.

Il est également inutile de mentionner l'adresse des entreprises dans lesquelles vous avez travaillé. Indiquez la ville et ajoutez le pays si l'entreprise n'est pas située en France. Le recruteur se chargera de cette recherche s'il est intéressé par votre candidature.

Votre C.V. sur micro-ordinateur

L'idéal est de réaliser votre C.V. sur un micro-ordinateur, ce qui vous permettra une plus grande flexibilité.

La raison essentielle pour créer votre C.V. sur ordinateur est de pouvoir préparer différents C.V. réservés à différents emplois.

Il est généralement admis de rédiger différemment plusieurs C.V. selon les postes recherchés (Directeur Commercial, Directeur de Marketing, Directeur Régional des Ventes). Vous pouvez réaliser votre C.V. sur mesure et adapter vos réalisations aux spécifications des postes visés avec seulement quelques changements mineurs. Il n'y

Exemple d'un C.V. performance
(écrit en police Palatino)

PAUL DUPONT
1, rue Edmond Rostand
75004 PARIS
Tél. : 01. 45. 00. 00. 00

Dix ans d'expérience internationale dans la vente, le marketing, la publicité, la promotion et la gestion. Responsable du recrutement et de la formation des équipes de vente européennes et asiatiques pour de nombreuses sociétés commercialisant des produits techniques. A ce titre, j'ai :

- Augmenté les ventes de 22%, ce qui a permis d'accroître les bénéfices de 2 M€ en trois ans.
- Lancé cinq nouveaux produits en Asie et vendu des licences de fabrication à des sociétés japonaises.
- Ouvert et pourvu en personnel des bureaux de vente au Japon, en France et en Allemagne.

Directeur Commercial polyvalent, spécialisé dans la création de bureaux de vente en Extrême-Orient, depuis la promotion des produits jusqu'à l'optimisation des rendements. Vendeur professionnel confirmé qui a réalisé plusieurs millions d'euros de vente de marchandises, générant des bénéfices exceptionnels pour l'entreprise.

EXPERIENCE

1994–1997 **Société Matra MHS**, Paris (CA 116 M€ – 863 personnes)

Directeur Commercial International d'une société de produits électroniques, j'ai :

- Dirigé des bureaux de vente situés en Asie, Europe et Amérique du Sud réalisant un chiffre d'affaires de 4,8 M€.
- Supervisé une équipe de quatre attachés commerciaux.
- Préparé et réalisé des études de marché qui ont permis d'introduire de nouveaux produits. Responsable de l'acquisition et de l'interprétation des informations sur les méthodes les plus rentables de lancement de nouvelles gammes de produits.

1991–1993 **Société Mécanique Etoile**, Levallois-Perret (CA 40 M€ – 460 personnes)

Directeur de Marketing d'une société de produits métalliques préfabriqués, j'ai :

- Dirigé l'ensemble des activités de marketing pour un fabricant de fournitures destinées à l'industrie automobile.
- Recruté et formé une équipe de 21 vendeurs qui a obtenu les meilleurs résultats commerciaux de toute l'entreprise.

PAUL DUPONT **Page Deux**

1987–1990 **Martin Electrique S.A.**, Romainville (CA 25 M€ – 37 personnes)

Directeur Import-Export d'une société de produits électriques, j'ai :

- Organisé toutes les ventes outre-mer et plus particulièrement en Amérique du Sud et en Europe.
- Réalisé une étude du marché européen avec ouverture de bureaux de vente sans dépassement du budget imparti. Ces bureaux devinrent bénéficiaires six mois après leur ouverture.
- Ouvert de nouveaux réseaux de distribution en Amérique du Sud entraînant une augmentation des ventes des marchés occidentaux de 12%.

1985–1987 **Société Ajax S.A.**, Clichy (CA 35 M€ – 210 personnes)

Attaché Commercial d'une société de produits de quincaillerie, j'ai :

- Recruté une équipe de vendeurs pour ouvrir des marchés outre-mer.

1982–1985 **Compagnie Green**, Lille (CA 30 M€ – 326 personnes)

Attaché Commercial d'une société de fabrication de piles électriques, j'ai été :

- Responsable des ventes pour le Sud de la France ainsi que des exportations en Amérique du Sud.

EXPERIENCE PRECEDENTE

Début de carrière dans la vente au détail pour une société d'appareils ménagers, progressant jusqu'au poste de représentant pour la région Nord-Pas-de-Calais. Consacré meilleur vendeur de l'année 1982.

FORMATION

Université de Lille
Licence ès Sciences Economiques (promotion 1980)

Langues : Anglais – lu, écrit, parlé ; Allemand – lu, écrit, parlé ; Italien – parlé

ASSOCIATIONS

Membre des Chambres de Commerce Franco-Américaine et Franco-Allemande

LOISIRS

Ski de fond et planche à voile. Syndic d'une copropriété.

Né le 24 juillet 1958, marié, un enfant

a rien de malhonnête à posséder différents C.V. pour différents objectifs. C'est une autre façon de faire votre prospection sans vous limiter.

Selon les possibilités de votre imprimante, vous choisirez différents styles et tailles de police qui vous permettront d'inclure un maximum d'informations sur une seule page. Par exemple, la police Times est plus petite que Courier ce qui permet d'augmenter le nombre de caractères par ligne; attention à la surcharge! Etudiez les modèles de ce chapitre présentés avec différentes polices de caractères.

Les cabinets d'outplacement impriment les versions finales des C.V. soit en jet d'encre, soit au laser. Si vous ne possédez pas d'ordinateur personnel, certains magasins informatiques spécialisés rédigeront votre C.V. sur traitement de texte avec impression laser. C'est la meilleure formule.

Un professionnel d'une agence locale de l'ANPE ou de l'APEC peut également vous donner des conseils en matière de C.V.

Votre C.V. doit garder une touche personnelle : ne le faites pas écrire entièrement par quelqu'un d'autre.

Règles de fond

Il ne faut pas inclure d'informations qui ne peuvent pas être confirmées, mais plutôt tracer un portrait fidèle de vos réalisations sans exagérer. Il ne faut ni mentir, ni mentionner vos échecs et vos malheurs, ni être trop vague et négatif.

Voici quelques phrases à éviter:

Refus des déplacements à l'étranger.
Je recherche un poste où je puisse être en contact avec les gens.
Salaire de base avec primes: XXX.XXX d'euros par an.
Déplacements acceptés dans la mesure où ma famille continue de résider à Lyon.
Je recherche un poste qui corresponde à mon expérience et à mes qualifications.
Catholique, récemment séparé, deux enfants (3 ans et 18 mois).
Disponibilité à convenir.
Préavis de 90 jours après entente.
Difficultés de déplacement.
La concurrence des entreprises locales et la réduction des marchés m' ont contraint à changer d'activité.

Ne dites pas:

"J'ai raté mon bac 1989", mais "Niveau bac".
"Divorcé et remarié en 1992", mais "Marié".
"Mi 83 à fin 83", mais "1983".
"La trentaine", mais "32 ans".

D'une manière générale sont à éviter:

- Les références ou la mention "Références sur demande".
- Les violons d'ingres ou sports banals.

- Les associations qui ne sont pas en rapport avec votre recherche.
- L'état de santé, la race et la nationalité.
- Les informations sur les parents, les partis politiques, les handicaps, les problèmes juridiques et toutes autres confidences personnelles pouvant nuire à votre recrutement.

Ne mentionnez en aucun cas vos prétentions de salaire qui serviront essentiellement à vous éliminer dans le cas où elles ne correspondraient pas à la fourchette prévue par la société qui recrute. Si votre niveau de rémunération est trop élevé, on aura des scrupules à vous contacter; s'il est trop faible, on pensera que vous n'avez pas suffisamment d'expérience. Vous aborderez ces points lors de l'entretien.

Utilisez les verbes d'action donnés au chapitre 2 pour décrire chaque réalisation.

Remplacez les adjectifs, superlatifs et mots vagues par des nombres et rédigez ces nombres en chiffres. Usez et abusez de ces chiffres le plus souvent possible. Si vous ne pouvez pas mentionner de chiffres, parlez de l'amélioration d'un service, d'une performance ou d'un produit.

Ne dites pas :

“Une très grande société”, mais “Une société employant 10 000 personnes”.

“Responsable du secrétariat”, mais “Direction d'un bureau employant trois secrétaires avec mise en place d'un nouveau système de réception des messages qui a accru l'efficacité du secrétariat sans recourir à l'embauche”.

“Une importante augmentation des ventes”, mais “Une augmentation des ventes de 20% par an”.

“Un certain résultat encourageant”, mais “Ventes atteignant 2 M€”.

“Transformer une société déficitaire en société rentable”, mais “Transformer une perte de 4,5 M€ par an en profit d'un montant de 3 M€”.

“Redressement du résultat financier”, mais “Redressement du résultat financier par une réduction des pertes de 50 % et un doublement du chiffre d'affaires”, ou encore, “Redressement du résultat financier avant impôts de -5% à +10% en dépit de quatre mois de chômage technique”.

“Appréciation et sélection des candidats sur entretien”, mais “Appréciation et sélection de trente candidats sur entretien dont les deux tiers se sont révélés performants”.

“Contribuer au démarrage d'un atelier autonome”, mais “Démarrer un atelier autonome dont la production est passée de 2 500 tonnes à 5 000 tonnes par mois en un an”.

Concentrez-vous sur les réalisations, les compétences et les résultats chiffrés. Un responsable de marketing citera une campagne de mailing chiffrée à laquelle il a coopéré. Un responsable commercial décrira le développement de son équipe et la progression de son chiffre d'affaires. Un chef de publicité indiquera la taille de ses budgets et les résultats financiers obtenus. Evitez le C.V. genre fiche d'état-civil listant seulement des descriptions de poste sans faire mention des résultats obtenus.

Tout en vous référant aux exemples du livre, évitez le C.V. standard et essayez de sortir du lot en vous montrant original dans la rédaction des idées.

Evitez d'alourdir votre C.V. par des informations sans rapport avec le poste. Votre C.V. doit indiquer des résultats concrets. Un futur employeur cherchera à savoir si vous êtes l'homme de la situation: si votre C.V. ne transmet pas un certain niveau de compétence dans le domaine qui l'intéresse, vous n'obtiendrez pas d'entretien. Votre C.V. doit montrer l'image d'un professionnel.

Si vous vous donnez la peine de répondre à une annonce en envoyant un C.V. avec une lettre de motivation, assurez-vous de soigner la présentation et la rédaction de ces documents et offrez ce que vous avez de mieux. La plus petite négligence vous fera perdre votre temps et tout espoir d'être convoqué à un entretien.

La lettre de motivation et la graphologie

En France, une lettre de motivation accompagnant un C.V. en réponse à une annonce doit être manuscrite dans la majorité des cas.

Selon un article paru dans *Courrier Cadres*, la graphologie a gagné ses lettres de noblesse en matière de recrutement en France et en Belgique. 80% des entreprises y ont recours. Certaines entreprises n'y croient pas, d'autres y attachent beaucoup d'importance. Après le tri des C.V., elles effectuent une sélection des écritures à partir des lettres d'accompagnement. La graphologie leur permet d'éliminer les candidatures qui ne correspondent pas aux critères du poste proposé. Par exemple, pour un emploi dans la vente, seront éliminés ceux qui n'ont pas de qualités de négociateur, de capacités d'adaptation ou de goût des contacts. Pour les postes de haut niveau dans les grandes entreprises, la graphologie n'est que l'un des éléments d'évaluation. Certains recruteurs ne l'utilisent qu'en dernière minute pour départager deux candidats. D'une manière générale, les entreprises et les recruteurs ne l'utilisent pas lors du premier tri en raison de son coût élevé.

Si la graphologie est si souvent utilisée, c'est d'abord pour réduire l'anxiété du recruteur qui a peur de se tromper. Sachant l'importance accordée à la graphologie, il vous est recommandé de faire faire une analyse de votre écriture. Dans la mesure où vous connaissez à l'avance les conclusions sur votre personnalité, il vous est plus facile de construire des arguments face à d'éventuelles critiques et de mettre l'accent sur vos principales compétences. Le graphologue vous donnera probablement des conseils sur la présentation de votre lettre de façon à ce qu'elle soit perçue plus favorablement par le lecteur. Il y a sans doute certaines règles de forme à éviter et d'autres à respecter. Quoi qu'il en soit, tout cadre en recherche d'emploi a intérêt à connaître les conclusions qu'un graphologue peut tirer de l'étude de son écriture... Mieux vaut savoir à l'avance !

Dans certains pays, la graphologie est une méthode controversée. Aux Etats-Unis par exemple, elle est décriée car elle est considérée comme une intrusion dans la vie privée du candidat et les employeurs ont tendance à ne s'intéresser qu'aux résultats positifs accomplis dans les emplois précédents. La plupart des recruteurs ne considèrent pas la graphologie comme une vérité en soi et lui reprochent d'être trop subjective. Ils lui préfèrent les tests psychologiques et techniques ou encore mieux les séries d'entretien.

Histoire du C.V. de Jacques le Bon

Un candidat cherchait un emploi depuis plusieurs semaines. Jacques était intéressé par la vente de publicités auprès des stations de radio. Ne parvenant pas à mettre en valeur ses talents de vendeur, il avait des difficultés à pénétrer le monde des médias. A 33 ans, célibataire et titulaire d'un diplôme d'une école de commerce, il avait changé d'emplois fréquemment sur une courte période de temps. Son C.V. n'était pas celui d'un vendeur ; or pour vendre de la publicité dans les médias, il faut d'abord savoir se vendre.

Après avoir étudié ses objectifs, réalisations et sociétés-cibles, Jacques refit son C.V. et l'envoya avec une lettre d'accompagnement. Le défi était de créer un C.V. qui provoquerait des entretiens.

Envoyé à 40 stations de radio, le C.V. de Jacques le Bon lui permit d'obtenir huit entretiens et quatre offres d'emploi. Bien entendu, l'objectif du C.V. était d'obtenir des entretiens. C'est l'habileté dont Jacques fit preuve pour exposer ses talents de vendeur qui lui procura quatre offres d'emploi. Le C.V. de Jacques le Bon produisit les résultats espérés en raison de son originalité et de la qualité de sa présentation par rapport au marché ciblé.

Si vous étiez chargé du recrutement des meilleurs vendeurs de supports publicitaires pour une station de radio, auriez-vous convoqué Jacques le Bon à un entretien ?

Exemple d'un C.V. performance
(écrit en police Courier)

JACQUES LE BON
73 rue de Londres
75017 Paris
Tél. : 01.43.00.00.00

Donnez-moi un lasso et je reviendrai avec des chevaux ! Vendeur hors pair, expérimenté dans la vente de matériel informatique, la publicité, la radio et l'automobile. J'ai réussi à :

- Vendre 1 M€ de micro-ordinateurs en 10 mois réalisant une marge brute de 33%.
- Etre classé deuxième sur 110 vendeurs en moins d'un an (le premier était le fils du patron).
- Augmenter le taux d'écoute d'une station de radio de 20% en un été.
- Vendre de la publicité à un concessionnaire automobile Mercedes pour une station de radio locale (jamais vu auparavant).

Vendeur de première classe, rapide, entreprenant et s'exprimant avec aisance. Professionnel de la vente à la recherche d'un challenge et d'une véritable opportunité.

EXPERIENCE

1997 **Radio Monte-Carlo** (10 millions d'auditeurs – 80 personnes)
Région Parisienne

Cadre Commercial

Responsable de la vente d'espaces publicitaires pour la station Radio Monte-Carlo (région parisienne) auprès de commerçants locaux, j'ai :

- Acquis cinq à six nouveaux comptes-clients par mois.

1994 **Hewlett Packard France** (CA 1 275 M€ – 3840 personnes)
Seine Saint-Denis

Attaché Commercial au service des ordinateurs, j'ai :

- Organisé les négociations qui menèrent à l'achat par Honeywell Inc. de produits Hewlett-Packard et pris en charge les ventes d'ordinateurs et de périphériques à des clients de toute taille.
- Obtenu le titre de meilleur vendeur du mois à plusieurs reprises.

JACQUES LE BON Page Deux

1990–1994 **Apple Computer France** (CA 400 M€ – 1500 personnes)
Paris

Chef des Ventes

Meilleur vendeur de la région parisienne et leader de la vente des programmes de formation ainsi que des services après-vente.

1989 **Mercedes-Benz France** (CA 1 385 M€ – 2072 personnes)
Direction régionale Midi-Pyrénées

Délégué Commercial Régional

Vendeur numéro deux de sa division après six mois de présence.

Formation

Ecole de Commerce de Paris (promotion 1988)

Hewlett-Packard : formation vendeur-conseil

Langues : Anglais (lu, écrit, parlé)

Loisirs

Rugby, volley-ball

Né le 12 mai 1966, célibataire

JACQUES LE BON
73 rue de Londres
75017 PARIS
Tél. : 01.43.00.00.00
41 ans, célibataire

Donnez-moi un lasso et je reviendrai avec des chevaux !!! Vendeur hors pair, expérimenté dans la vente de matériel informatique, la publicité, la radio et l'automobile. J'ai réussi à :

- Vendre 1 M€ de micro-ordinateurs en 10 mois réalisant une marge brute de 33%.
- Etre classé deuxième sur 110 vendeurs en moins d'un an (le premier était le fils du patron).
- Augmenter le taux d'écoute d'une station de radio de 20% en un été.
- Vendre de la publicité à un concessionnaire automobile Mercedes pour une station de radio locale (jamais vu auparavant).

Vendeur de première classe, rapide, entreprenant et s'exprimant avec aisance. Professionnel de la vente à la recherche d'un challenge et d'une véritable opportunité.

EXPERIENCE

1997 **Radio Monte-Carlo**, Région Parisienne (10 millions d'auditeurs – 80 personnes)

Cadre Commercial

Responsable de la vente d'espaces publicitaires pour la station Radio Monte-Carlo (région parisienne) auprès de commerçants locaux, j'ai :

- Acquis cinq à six nouveaux comptes-clients par mois.

1994 **Hewlett Packard France**, Seine Saint-Denis (CA 1275 M€ – 3840 personnes)

Attaché Commercial au service des ordinateurs, j'ai :

- Organisé les négociations qui menèrent à l'achat par Honeywell Inc. de produits Hewlett-Packard et pris en charge les ventes d'ordinateurs et de périphériques à des clients de toute taille.
- Obtenu à plusieurs reprises le titre de meilleur vendeur du mois.

1990–1994 **Apple Computer France**, Paris (CA 400 M€ – 1500 personnes)

Chef des Ventes

Meilleur vendeur de la région parisienne et leader de la vente des programmes de formation ainsi que des services après-vente.

1989 **Mercedes-Benz**, Direction régionale Midi-Pyrénées (CA 1 835M€ – 2072 personnes)

Délégué Commercial Régional

Vendeur numéro deux de sa région après six mois de présence.

Formation

Ecole de Commerce de Paris (promotion 1988)
Hewlett-Packard : formation vendeur-conseil
Langues : Anglais (lu, écrit, parlé)

Loisirs

Rugby et volley-ball

lettre manuscrite

Jacques LE BON
73, rue de Londres
75017 PARIS
Tél. : 01.43.00.00.00

Monsieur Paul Contrel
Directeur Commercial
Radio KNX
45, avenue Franklin Roosevelt
75008 Paris

(Ville, Date)

Monsieur le Directeur,

Depuis un an et demi je vends de la publicité pour le compte de Radio Monte-Carlo en Ile de France. Dans mon secteur, les ventes publicitaires ont commencé à augmenter dès le début de mon emploi. J'ai été classé meilleur vendeur de l'année 1995 et suis en bonne voie de réaliser la même performance en 1996.

En lisant dans la presse spécialisée un article sur l'augmentation de capacité de vos émetteurs, je prends la liberté, en toute confidentialité, de vous proposer mes services pour le cas où vous auriez besoin d'étendre votre force de vente.

Dans le cadre de mes fonctions à Radio Monte-Carlo, j'ai recruté et formé cinq vendeurs qui sont devenus immédiatement opérationnels et ont permis d'augmenter les revenus de la branche publicité de 13% par rapport aux années précédentes.

Je dois attendre trois ans avant d'espérer une promotion à Radio Monte-Carlo et je suis prêt à accepter un challenge plus important.

Je pense que nous avons des intérêts communs et je voudrais avoir l'opportunité d'en discuter avec vous. Je me permettrai de vous téléphoner dans quelques jours pour convenir d'un bref entretien à votre convenance.

Dans l'attente de vous rencontrer, veuillez agréer, Monsieur le Directeur, l'expression de mes sentiments les meilleurs.

Jacques le Bon

P.J. : C.V.

Dans le parcours du combattant que doit effectuer actuellement un chercheur d'emploi en raison d'une forte concurrence pour le même poste, il faut savoir attirer l'attention d'un employeur potentiel. Avec l'aggravation du chômage, l'art et la manière de se vendre sont devenus déterminants et le demandeur d'emploi doit être de plus en plus imaginatif. En matière de C.V., tous les coups sont permis. C'est à celui qui aura l'accroche la plus vendeuse. Ce ne sont pas les candidats les plus diplômés qui obtiennent les meilleurs emplois, mais ceux qui ont su se montrer brillants et imaginatifs. L'objectif de cet ouvrage est de vous aider à devenir ce candidat exceptionnel.

C'est la phrase : “Donnez-moi un lasso et je reviendrai avec des chevaux” qui a provoqué toutes ces réponses, d'autant qu'il s'agissait d'une profession dans la publicité radio. Il est évident que ce qui est bon pour un futur vendeur de publicité radio ne l'est pas pour un futur comptable. Le C.V. de Jacques le Bon était si original que tout le monde a voulu le rencontrer.

Dans la mesure du possible, il faut essayer de créer un document qui incite le lecteur à vous convoquer. Savoir déclencher cette envie est un art que chacun peut apprendre. Un bon C.V. est celui qui met en vedette le candidat tout en étant adapté aux besoins du lecteur. Le C.V. doit être un document publicitaire et non une fiche d'état civil avec une liste exhaustive des différents emplois !

Un candidat peut également se singulariser par la manière dont il envoie son C.V. Beaucoup d'initiatives originales ont fait leurs preuves en France. Selon un article du journal *Libération*, un étudiant avait envoyé à une agence de publicité son C.V., sa lettre d'accompagnement, un mini bulletin réponse... et un pigeon voyageur ; ça a marché ! A la même agence, un autre candidat avait envoyé son C.V. sur un ballon gonflable... le chef de publicité souffla dedans, put lire toutes les réalisations et appela l'heureux élu.

Avant de lancer votre C.V. sur le marché, faites-le relire par un proche ou un conseiller professionnel. Ne prenez pas leurs conseils pour argent comptant et faites une synthèse de leurs recommandations. N'oubliez pas ensuite de montrer votre C.V. à un maximum de personnes afin de mesurer son impact. Vous obtiendrez quelques informations intéressantes. Certaines personnes vous recommanderont d'y inclure des informations personnelles, vos prétentions de salaire et votre objectif personnel. Ce fut la mode dans les années 50, 60, 70 et 80 ; ce n'est plus la pratique d'aujourd'hui. L'important est de faire passer votre message afin d'obtenir des rendez-vous.

En montrant votre C.V. à votre entourage familial et professionnel, vous commencerez ainsi à travailler en réseau, ce qui est la méthode de prospection directe la plus efficace pour susciter des contacts auprès des employeurs. Commencez par la question : “François, je viens de terminer l'élaboration de mon C.V. et j'aimerais que vous me donniez votre opinion. Pouvons-nous nous rencontrer pour quelques minutes mardi en fin de journée afin que vous me fassiez vos suggestions”. Avec ce premier rendez-vous, vous venez de démarrer votre réseau. L'exercice suivant vous aidera à rédiger une première ébauche de votre C.V.

A vous de faire votre CV…

Premier essai de votre C.V. performance

(Prénom, nom) ____________________ (Téléphone) ____________________

(Adresse) ____________________ (Télécopie) ____________________

(Ville, Pays) ____________________

(Paragraphe d'ouverture) ____________________

____

____

____

(Réalisation) • ____________________

____

____

____

(Réalisation) • ____________________

____

____

____

(Réalisation) • ____________________

____

____

____

(Réalisation) • ____________________

____

____

____

(Phrase d'accroche) ____________________

____

____

Expérience
(ordre chronologique en commençant par l'emploi le plus récent)

(Nom de la société) ____________________ (Date de début et de fin d'emploi) ____________________

(Activité de la société) ____________________ (CA et effectif) ____________________

(Ville) ____

(Votre titre) ____

(Responsabilités et/ou réalisations particulières) ____

____

____

____

(Nom de la société) ____________________ (Date de début et de fin d'emploi) ____________________

(Activité de la société) ____________________ (CA et effectif) ____________________

(Ville) ____

(Votre titre) ____

(Responsabilités et/ou réalisations particulières) ____

____

____

____

(Nom de la société) ____________________ (Date de début et de fin d'emploi) ____________________

(Activité de la société) ____________________ (CA et effectif) ____________________

(Ville) ____

(Votre titre) ____

(Responsabilités et/ou réalisations particulières) ____

____

____

____

(Nom de la société) ____________________ (Date de début et de fin d'emploi) ____________________

(Activité de la société) ____________________ (CA et effectif) ____________________

(Ville) ____________________

(Votre titre) ____________________

(Responsabilités et/ou réalisations particulières) ____________________

____

____

____

(Nom de la société) __________ (Date de début et de fin d'emploi) __________

(Activité de la société) __________ (CA et effectif) __________

(Ville) ____________________

(Votre titre) ____________________

(Responsabilités et/ou réalisations particulières) ____________________

____

____

____

(Nom de la société) __________ (Date de début et de fin d'emploi) __________

(Activité de la société) __________ (CA et effectif) __________

(Ville) ____________________

(Votre titre) ____________________

(Responsabilités et/ou réalisations particulières) ____________________

____

____

____

Expérience antérieure (si pertinente)

____

____

Formation

(Etablissement) ____________________

(Ville) ____________________

(Diplôme, Date) ______________________________

(Langues) ______________________________

(Associations – si pertinentes)

____

____

(Activités extra-professionnelles – si pertinentes)

____

____

Etat Civil

____

Votre C.V. doit être un document de vente. S'il ne reflète pas vos meilleurs atouts, corrigez-le jusqu'à ce qu'il soit conforme à l'image que vous voulez transmettre.

QUELQUES CONSEILS POUR LE C.V. D'UN DEBUTANT

Les chercheurs d'emploi qui ont très peu d'expérience professionnelle ou qui sortent de l'école ou de l'université ne peuvent pas avoir la longue liste de réalisations professionnelles d'un cadre de 40 ans.

Ils devront placer leur formation en début de C.V. car le fait d'avoir un certain diplôme leur servira dans les première années de leur carrière. Plus tard, les entreprises les jugeront sur leurs réalisations tangibles. A 18-25 ans, on favorise le savoir avant le savoir-faire, mais cela ne signifie pas qu'il faille se présenter comme une bête à concours ou remonter loin dans son passé scolaire.

Pour les candidats qui ont eu la chance de faire des stages en entreprise, ces formations représentent un échantillon d'expériences professionnelles qui permettent au lecteur d'apprécier leurs talents. Il est recommandé dans la mesure du possible de présenter ces expériences en les chiffrant et de dire ce qui a été accompli, sans oublier les stages à l'étranger et les travaux réalisés.

Ceux qui ont eu des activités extra-scolaires citeront le rôle actif qu'ils ont joué au sein d'une association ou d'un groupe.

Mentionner le service militaire ne doit pas se limiter aux dates, aux lieux et au grade. Il est bon d'indiquer les tâches accomplies et les difficultés surmontées.

Ceux qui n'ont pas de diplôme indiqueront leur niveau de formation ou leurs stages en entreprise.

Les emplois saisonniers ou les activités de loisirs permettent d'assumer certaines responsabilités. Dans ces cas-là, parlez en termes de compétences.

Exemples :

Connaissance complète de la programmation en Pascal, C et SQL.

Parfaite maîtrise de la langue anglaise : écrite, lue et parlée.

Effectué un stage de formation bancaire sur un projet de refinancement d'une société en déclin portant sur un montant de 1 M€.

Créé et organisé une société de vente et de location de bateaux aux Sables d'Olonne en 1995. Le chiffre d'affaires réalisé en deux mois fut de 27 000 euros.

L'étudiant en fin d'études présente son potentiel de ressources en utilisant la formule ABC : Action réalisée (A) = Bénéfice (B) Converti (C) par le candidat selon les besoins de l'entreprise.

Le C.V. qui suit est celui d'une jeune secrétaire en fin d'études à la recherche d'un premier emploi à plein temps. Après quatre mois de recherche, elle ne parvenait pas à obtenir d'entretiens en utilisant son C.V. habituel (numéro 1). Son C.V. remanié (numéro 2) lui permit d'obtenir son premier emploi en moins de quatre semaines.

En comparant les deux C.V., vous constaterez **qu'il faut éviter de** :

- Présenter sa formation ou son emploi par ordre chronologique en commençant par la formation ou l'emploi le plus ancien.
- Remonter trop loin dans son passé scolaire. Inutile de mentionner le brevet si on a le Baccalauréat.
- Détailler chaque année d'études (sauf s'il s'agit d'une école prestigieuse). Il suffit d'indiquer le diplôme obtenu, l'école et la date.
- Ne pas donner assez de précisions sur le niveau de connaissance de chaque langue.
- Décrire sa formation sous forme d'une liste exhaustive de cours suivis à l'école.
- Lister les premières expériences professionnelles seulement par titres et noms d'employeurs sans indication d'activités précises et de réalisations concrètes.
- Ecrire les noms des entreprises tantôt en lettres majuscules, tantôt en lettres minuscules. Il faut être cohérent tout au long du C.V.
- Enumérer de nombreuses activités sportives. Une ou deux suffiront.

No. 1 – Exemple d'un mauvais C.V. de débutant reçu par un recruteur— candidature rejetée.

Nadine Morin
2, Boulevard de Paris
68000 Mulhouse, France
Tél. : 03.89.00.00.00
Née le 31 Mars 1974
23 ans, célibataire

FORMATION DIPLOMES :

1990 : BEPC Cernay
1993-1994 : Baccalauréat Littéraire (Bac B)
1994-1995 : Première année de B.T.S. à l'Institut Supérieur de Secrétariat de Mulhouse
1995-1997 : Deuxième année de B.T.S. à l'Institut Supérieur de Secrétariat de Mulhouse
1997 : B.T.S. Bureautique et Secrétariat (Option Trilingue)

FORMATION LINGUISTIQUE :

Bonne connaissance de l'anglais et de l'allemand
Trois années d'espagnol (seconde, première, terminale)

FORMATION TECHNIQUE :

Sténographie française et anglaise
Dactylographie
Organisation et Méthodes Administratives
Gestion, Comptabilité
Droit Civil, Droit du travail et droit commercial
Commerce International
Traitement de textes (WordPerfect 6.0 et WORD 6.0)

PREMIERES APPROCHES PROFESSIONNELLES :

1994 : Stage chez MANSY, S.A., agent administratif pendant 1 mois.
1995 : Stage chez MOSHER CONTROLS CERNAY, remplacement d'une secrétaire pendant 6 semaines.
1996 : Stage à la Chambre des Métiers du Haut-Rhin : agent administratif pendant le mois de juillet.
1997 : Stage d'un mois chez MANSY, S.A. dans le cadre de mon B.T.S.
1997 : Stage de deux mois chez MANSY, S.A. comme agent administratif.

ACTIVITES SPORTIVES :

Footing sous bois
Planche à voile
Marche à pied
Plongée sous-marine
Vélo
Volley-Ball

NADINE MORIN
2, boulevard de Paris
68000 MULHOUSE
Tél. : 03.89.00.00.00

Secrétaire commerciale trilingue cherchant une opportunité dans une société d'import-export en plein accroissement. Possède de bonnes connaissances en informatique, organisation administrative, comptabilité, droit civil, droit du travail, droit international et sténographie anglaise et allemande.

FORMATION

Institut Supérieur de Secrétariat de Mulhouse : 1994-1997

B.T.S. Bureautique et Secrétariat – Option Direction et Commercial Trilingue (Français – Allemand – Anglais)

Lycée Lambert de Mulhouse : 1993-1994

Baccalauréat – Sciences Economiques et Sociales : Mention Bien

Langues : Anglais : lu, écrit, parlé
Allemand : lu, écrit, parlé
Espagnol : parlé

REALISATIONS IMPORTANTES

- Utilisation des traitements de textes WordPerfect 6.0, WORD 6.0 et FRAMEWORK.
- Responsabilité de la tenue des fiches de stock, du classement clients-fournisseurs et des commandes pendant un intérim de six semaines.
- Organisation d'un système d'inscription et de secrétariat ayant facilité la trésorerie et la bonne marche du Club de Tennis de Mulhouse.
- Obtention des meilleures notes de dactylographie en fin de deuxième année de B.T.S. avec 100 mots par minute.

Agent administratif dynamique et entreprenant aimant le travail en équipe et les contacts avec les pays étrangers. Particulièrement performante dans un cadre de travail encourageant l'initiative et la prise de responsabilités.

EXPERIENCE

1997 **Mansy, S.A.** – Mulhouse

Produits électroniques, CA 2 M€, 15 personnes

Agent administratif pendant un stage de deux mois

- Responsable des commandes (négociation des prix, quantité, délai d'approvisionnement avec les fournisseurs et relance des commandes).
- Suivi de qualité du courrier sur ordinateur qui a permis de satisfaire les exigences d'un client pressé.

NADINE MORIN
Page Deux

Mansy, S.A. *(suite)*

Secrétaire pendant un stage d'un mois dans le cadre du B.T.S.

- Saisie des commandes sur traitement de textes WORD 6.0. Rédaction du courrier en allemand.
- Facturation clients-fournisseurs et règlement clients.
- Responsable des sorties listings de données particulières. (Produits vendus et recettes journalières)

1996 **Chambre des Métiers du Haut-Rhin** – Mulhouse

Agent Administratif pendant le mois de juillet

- Saisie sur ordinateur ; utilisation du logiciel WordPerfect.
- Tenue des livres comptables.

1995 **Mosher Controls** – Cernay
Produits informatiques, CA 4 M€, 25 personnes

Remplacement d'une secrétaire pendant six semaines

- Rédaction de télex en français, allemand et anglais.
- Suivi d'avancement des commandes anglaises grâce à un document informatique, puis communication aux clients.

1994 **Mansy, S.A.** – Mulhouse
Produits électroniques, CA 2 M€, 15 personnes

Agent administratif pendant un mois

- Correspondance commerciale, classement, frappe, prise de commandes par téléphone.

ACTIVITES EXTRA-PROFESSIONNELLES

Plusieurs séjours effectués à Londres et à Munich.
Membre actif d'une cinémathèque et d'un club de tennis.

ETAT CIVIL

23 ans, célibataire

ET SI VOUS PRESENTIEZ VOS OFFRES DE SERVICE SUR DEPLIANT

Les chercheurs d'emploi de plus de 50 ans qui possèdent des talents spéciaux ainsi qu'un réseau de contacts important auront plus de facilité à réintégrer le marché de l'emploi en devenant consultants indépendants ou en se spécialisant dans leur domaine. C'est non seulement une solution rapide pour retrouver un emploi mais aussi un moyen d'être mieux apprécié par un employeur. Dans ce cas précis, avoir plus de 50 ans n'est plus un handicap mais devient un avantage. Certains candidats souhaitent devenir leur propre patron en achetant ou créant une entreprise. Devenir consultant en s'appuyant sur l'expérience acquise dans un domaine donné est une façon de lancer sa propre société. D'un autre côté, les entreprises font de plus en plus appel à la sous-traitance ou au conseil pour tout ce qui se démarque de leur spécialité, ne gardant que les salariés dont elles ont besoin. Le conseil est donc une activité qui semble appelée à se développer.

Certaines spécialités sont plus facilement adaptables au démarrage d'un tel projet en particulier dans les domaines suivants :

- Comptabilité
- Planning financier
- Expertise et vente immobilière
- Conception des produits
- Vente et marketing
- Conseil en ressources humaines et recrutement
- Formation
- Traduction
- Rédaction et correction
- Direction artistique
- Dessin
- Evaluation et programmation informatique
- Sécurité
- Environnement (contrôle de la pollution, traitement des déchets)
- Achats
- Fabrication
- Ecrivain

La présentation de vos services sur un dépliant aura un meilleur effet qu'un C.V. Toutefois, il vous sera plus facile de créer votre première brochure après avoir élaboré votre C.V. Pour mieux reconnaître une belle plaquette d'un imprimé conçu sans soin, essayez de recueillir le plus grand nombre de brochures de vos concurrents.

Vous trouverez un peu plus loin l'exemple d'un dépliant conçu sur feuille de papier standard A4.

Page une – couverture

En haut de la page, indiquez le nom de votre entreprise suivi des principaux secteurs de votre spécialité (services ou produits), par exemple :

- Comptabilité
- Fiscalité
- Audit financier

Au milieu de la page, votre nom et votre profession, votre adresse, vos numéros de téléphone et de télécopie.

Au bas de la page, un slogan si vous le désirez.

Page deux – votre biographie

Ce texte est différent de votre C.V. car il est rédigé sur un mode narratif au lieu d'être présenté de façon chronologique et détaillée. Il doit mettre en valeur votre formation et vos années d'expérience et vous introduire en tant qu'expert qualifié.

N'oubliez pas que ce que vous écrivez pourra être facilement vérifié. Utilisez la troisième personne du singulier pour donner l'impression que quelqu'un d'autre parle de vous.

Page trois – vos références

C'est là que vous mentionnez les différentes attestations confirmant la bonne qualité de vos services. Elles peuvent venir d'anciens clients particulièrement satisfaits de vos conseils. Dans la mesure du possible, indiquez la source de l'attestation.

Si vous ne possédez pas encore de références, citez d'autres produits ou projets sur lesquels vous avez travaillé. Vous pouvez aussi indiquer les résultats que vos clients peuvent attendre de vous pour résoudre leurs problèmes.

Pages quatre/cinq/six – vos réalisations professionnelles

Le paragraphe d'ouverture sert à donner au lecteur un aperçu général de votre spécialité. Il vous faut répondre sans équivoque à la question “Pour quelles raisons devrais-je utiliser vos services ?” Vos futurs clients attendent de vous les performances suivantes :

- Accroissement des ventes
- Abaissement des coûts
- Augmentation des bénéfices
- Amélioration de la productivité
- Amélioration de la qualité
- Amélioration de la sécurité
- Amélioration de la fiabilité
- Amélioration de la motivation du personnel
- Approfondissement des compétences
- Développement d'une nouvelle affaire.

Précisez les services offerts dans chaque secteur mentionné sur la couverture. Pour accentuer votre professionalisme, indiquez les résultats obtenus.

Vous pouvez également proposer une formule de garantie, par exemple offrir une première consultation gratuite.

Un dépliant de ce format est facile à réaliser à partir d'un logiciel de traitement de texte. Pour une meilleure qualité d'impression, il est recommandé d'utiliser une imprimante à laser.

Même avec ce dépliant, vous devrez appliquer les principes du réseau pour que votre démarche soit la plus efficace possible.

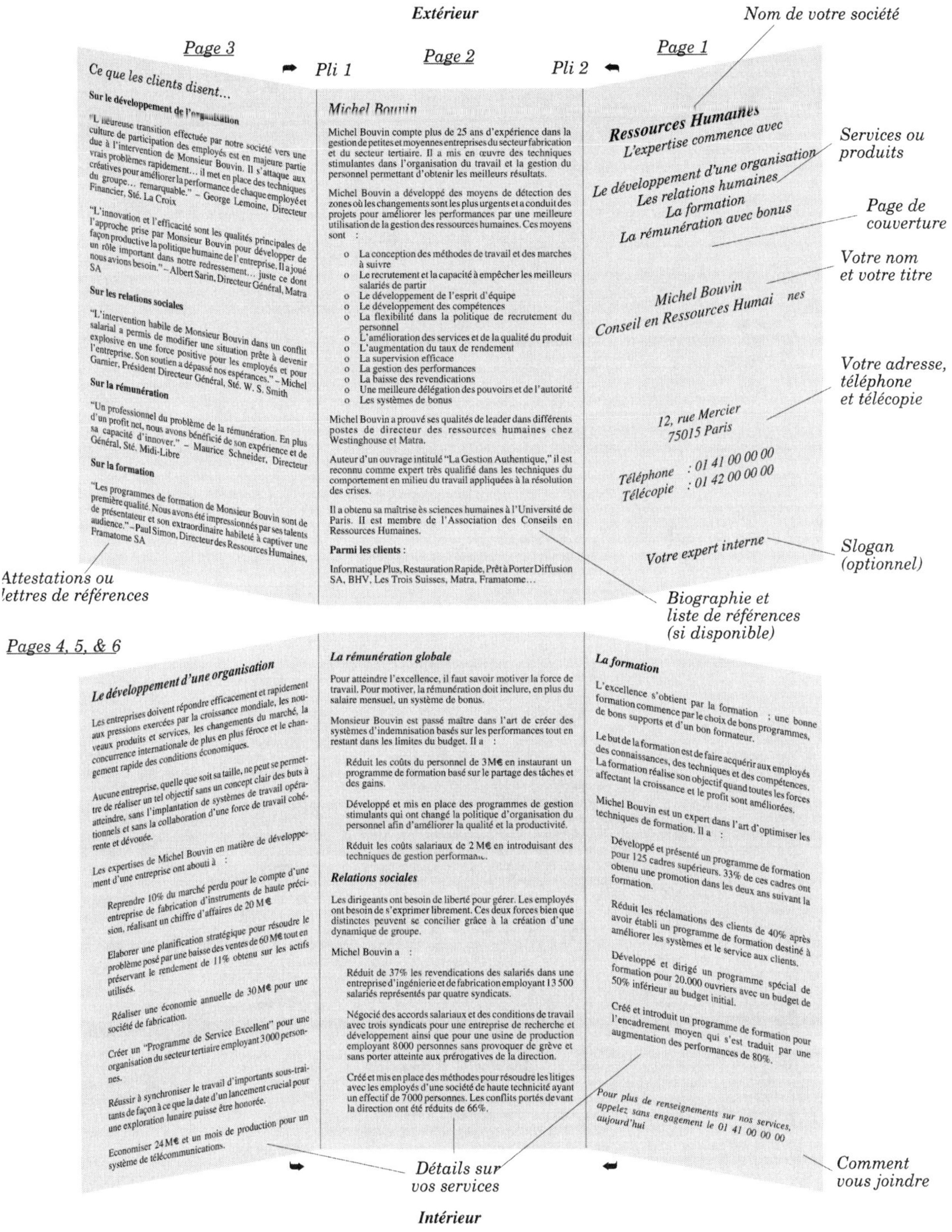

Ce que les clients disent…

Sur le développement de l'organisation

"L'heureuse transition effectuée par notre société vers une culture de participation des employés est en majeure partie due à l'intervention de Monsieur Bouvin. Il s'attaque aux vrais problèmes rapidement… il met en place des techniques créatives pour améliorer la performance de chaque employé et du groupe… remarquable." – George Lemoine, Directeur Financier, Sté. La Croix

"L'innovation et l'efficacité sont les qualités principales de l'approche prise par Monsieur Bouvin pour développer de façon productive la politique humaine de l'entreprise. Il a joué un rôle important dans notre redressement… juste ce dont nous avions besoin." – Albert Sarin, Directeur Général, Matra SA

Sur les relations sociales

"L'intervention habile de Monsieur Bouvin dans un conflit salarial a permis de modifier une situation prête à devenir explosive en une force positive pour les employés et pour l'entreprise. Son soutien a dépassé nos espérances." – Michel Garnier, Président Directeur Général, Sté. W. S. Smith

Sur la rémunération

"Un professionnel du problème de la rémunération. En plus d'un profit net, nous avons bénéficié de son expérience et de sa capacité d'innover." – Maurice Schneider, Directeur Général, Sté. Midi-Libre

Sur la formation

"Les programmes de formation de Monsieur Bouvin sont de première qualité. Nous avons été impressionnés par ses talents de présentateur et son extraordinaire habileté à captiver une audience." – Paul Simon, Directeur des Ressources Humaines, Framatome SA

Michel Bouvin

Michel Bouvin compte plus de 25 ans d'expérience dans la gestion de petites et moyennes entreprises du secteur fabrication et du secteur tertiaire. Il a mis en œuvre des techniques stimulantes dans l'organisation du travail et la gestion du personnel permettant d'obtenir les meilleurs résultats.

Michel Bouvin a développé des moyens de détection des zones où les changements sont les plus urgents et a conduit des projets pour améliorer les performances par une meilleure utilisation de la gestion des ressources humaines. Ces moyens sont :

- La conception des méthodes de travail et des marches à suivre
- Le recrutement et la capacité à empêcher les meilleurs salariés de partir
- Le développement de l'esprit d'équipe
- Le développement des compétences
- La flexibilité dans la politique de recrutement du personnel
- L'amélioration des services et de la qualité du produit
- L'augmentation du taux de rendement
- La supervision efficace
- La gestion des performances
- La baisse des revendications
- Une meilleure délégation des pouvoirs et de l'autorité
- Les systèmes de bonus

Michel Bouvin a prouvé ses qualités de leader dans différents postes de directeur des ressources humaines chez Westinghouse et Matra.

Auteur d'un ouvrage intitulé "La Gestion Authentique," il est reconnu comme expert très qualifié dans les techniques du comportement en milieu du travail appliquées à la résolution des crises.

Il a obtenu sa maîtrise ès sciences humaines à l'Université de Paris. Il est membre de l'Association des Conseils en Ressources Humaines.

Parmi les clients :

Informatique Plus, Restauration Rapide, Prêt à Porter Diffusion SA, BHV, Les Trois Suisses, Matra, Framatome…

Ressources Humaines

L'expertise commence avec

Le développement d'une organisation
Les relations humaines
La formation
La rémunération avec bonus

Michel Bouvin
Conseil en Ressources Humai nes

12, rue Mercier
75015 Paris

Téléphone : 01 41 00 00 00
Télécopie : 01 42 00 00 00

Votre expert interne

Le développement d'une organisation

Les entreprises doivent répondre efficacement et rapidement aux pressions exercées par la croissance mondiale, les nouveaux produits et services, les changements du marché, la concurrence internationale de plus en plus féroce et le changement rapide des conditions économiques.

Aucune entreprise, quelle que soit sa taille, ne peut se permettre de réaliser un tel objectif sans un concept clair des buts à atteindre, sans l'implantation de systèmes de travail opérationnels et sans la collaboration d'une force de travail cohérente et dévouée.

Les expertises de Michel Bouvin en matière de développement d'une entreprise ont abouti à :

Reprendre 10% du marché perdu pour le compte d'une entreprise de fabrication d'instruments de haute précision, réalisant un chiffre d'affaires de 20 M€

Elaborer une planification stratégique pour résoudre le problème posé par une baisse des ventes de 60 M€ tout en préservant le rendement de 11% obtenu sur les actifs utilisés.

Réaliser une économie annuelle de 30 M€ pour une société de fabrication.

Créer un "Programme de Service Excellent" pour une organisation du secteur tertiaire employant 3 000 personnes.

Réussir à synchroniser le travail d'importants sous-traitants de façon à ce que la date d'un lancement crucial pour une exploration lunaire puisse être honorée.

Economiser 24 M€ et un mois de production pour un système de télécommunications.

La rémunération globale

Pour atteindre l'excellence, il faut savoir motiver la force de travail. Pour motiver, la rémunération doit inclure, en plus du salaire mensuel, un système de bonus.

Monsieur Bouvin est passé maître dans l'art de créer des systèmes d'indemnisation basés sur les performances tout en restant dans les limites du budget. Il a :

Réduit les coûts du personnel de 3 M€ en instaurant un programme de formation basé sur le partage des tâches et des gains.

Développé et mis en place des programmes de gestion stimulants qui ont changé la politique d'organisation du personnel afin d'améliorer la qualité et la productivité.

Réduit les coûts salariaux de 2 M€ en introduisant des techniques de gestion performan…

Relations sociales

Les dirigeants ont besoin de liberté pour gérer. Les employés ont besoin de s'exprimer librement. Ces deux forces bien que distinctes peuvent se concilier grâce à la création d'une dynamique de groupe.

Michel Bouvin a :

Réduit de 37% les revendications des salariés dans une entreprise d'ingénierie et de fabrication employant 13 500 salariés représentés par quatre syndicats.

Négocié des accords salariaux et des conditions de travail avec trois syndicats pour une entreprise de recherche et développement ainsi que pour une usine de production employant 8 000 personnes sans provoquer de grève et sans porter atteinte aux prérogatives de la direction.

Créé et mis en place des méthodes pour résoudre les litiges avec les employés d'une société de haute technicité ayant un effectif de 7 000 personnes. Les conflits portés devant la direction ont été réduits de 66%.

La formation

L'excellence s'obtient par la formation ; une bonne formation commence par le choix de bons programmes, de bons supports et d'un bon formateur.

Le but de la formation est de faire acquérir aux employés des connaissances, des techniques et des compétences. La formation réalise son objectif quand toutes les forces affectant la croissance et le profit sont améliorées.

Michel Bouvin est un expert dans l'art d'optimiser les techniques de formation. Il a :

Développé et présenté un programme de formation pour 125 cadres supérieurs. 33% de ces cadres ont obtenu une promotion dans les deux ans suivant la formation.

Réduit les réclamations des clients de 40% après avoir établi un programme de formation destiné à améliorer les systèmes et le service aux clients.

Développé et dirigé un programme spécial de formation pour 20.000 ouvriers avec un budget de 50% inférieur au budget initial.

Créé et introduit un programme de formation pour l'encadrement moyen qui s'est traduit par une augmentation des performances de 80%.

Pour plus de renseignements sur nos services, appelez sans engagement le 01 41 00 00 00 aujourd'hui

Avec... MARYSE MILLET ET ASSOCIES

- Maximalisez vos profits
- Augmentez vos actifs pour mieux diriger votre affaire
- Améliorez vos plans opérationnels par un contrôle plus strict des bases financières
- Améliorez le recouvrement de vos créances
- Faites expertiser vos secteurs en difficulté sans augmenter vos frais de personnel
- Sachez négocier des relations d'affaires plus rentables
- Tirez le meilleur parti des opportunités financières avantageuses
- Ne soyez plus vulnérable en période de récession économique

COMPETENCES

Maryse Millet possède une maîtrise d'Histoire de l'Art ainsi qu'un diplôme d'Etudes Supérieures Comptables et Financières de l'Université de Lyon. Experte dans les domaines de la comptabilité, de l'analyse financière et de la planification stratégique, elle a aidé un grand nombre d'entreprises et de particuliers à mieux contrôler leurs affaires et leurs profits. Ses clients vont de la petite entreprise réalisant un chiffre d'affaires annuel de 1 M€ à celle dont les actifs se montent à 2,4 Mds.

Sa carrière a consisté à redresser et développer rapidement les entreprises en :

- Gérant le portefeuille d'investissements financiers de multinationales
- Développant et commercialisant de nouveaux produits financiers
- Faisant des prévisions économiques et financières
- Restructurant les actifs et passifs d'un bilan.

Elle a occupé les fonctions de Directeur des Finances pour une des banques privées les plus rentables de France.

Elle a démarré sa propre affaire avec beaucoup de succès en mettant en place des techniques de gestion financière efficaces.

MARYSE MILLET

Services Financiers

Gestion des actifs et des passifs
Gestion de la rentabilité
Contrôle des coûts
Contrôle du budget
Plan de développement financier

22, rue Pastorale
69000 Lyon

Téléphone: 04 25 25 25 25
Télécopie: 04 26 26 26 26

Votre expert fiscal

Vous travaillez beaucoup. Parce que vous concentrez vos efforts sur ce que vous savez le mieux faire, votre emploi du temps ne vous permet plus de savoir si votre rentabilité est maximalisée.

Maryse Millet et Associés *vous apporte les talents d'un expert financier dans la gestion des actifs et passifs d'un bilan et dans le contrôle des coûts sans avoir à embaucher du personnel. En utilisant de bonnes méthodes de contrôle, vous pouvez augmenter vos actifs, développer votre entreprise et atteindre vos objectifs financiers.*

Maryse Millet et Associés *optimisera vos rentrées d'argent et minimisera les pertes causés par les changements économiques. Par une augmentation de votre liquidité, vos rapports financiers deviendront plus rentables et vous pourrez davantage investir.*

Maryse Millet et Associés
Téléphone: 04 25 25 25 25

NOTRE FACON D'AGIR

Evaluation : Le choix du moment est très important quand il s'agit de maximaliser les profits. Quand et combien de fois réglez-vous les effets à payer ? Quand envoyez-vous les effets à recevoir ? Combien de relance devez-vous effectuer pour obtenir le paiement de vos avoirs ? Nous vous offrons gratuitement une analyse confidentielle de ces facteurs pour vous aider à mettre en place les moyens les plus rentables à la bonne marche de votre entreprise.

Analyse des créances : Vos effets à recevoir augmentent-ils et sont-ils de plus en plus difficiles à percevoir ? Nous pouvons vous montrer comment raccourcir le cycle du recouvrement de créances et minimiser les coûts.

Contrôle du cash flow: Maryse Millet et Associés développera un budget qui vous permettra d'identifier le cash flow nécessaire à la bonne marche de votre affaire. Nous vous proposerons des étapes simples et pratiques pour atteindre votre niveau de performance.

Contrôle mensuel : La clef du succès pour des finances saines est de savoir gérer et contrôler en permanence les actifs de votre entrepris. Nous vous fournirons les techniques nécessaires pour réussir. Chaque mois la balance de vos actifs et de vos passifs sera comparée à celle de votre budget annuel et des actions immédiates seront menées pour corriger les écarts.

Gestion du budget : Chaque entreprise, quelle que soit sa taille, doit fonctionner avec un budget réaliste au moyen de procédures efficaces. Nous incorporerons les produits financiers et fournirons les informations nécessaires au bon contrôle de votre affaire.

Négociation : Pour maximaliser la valeur des services et des approvisionnements, pour étaler les paiements et accélérer les effets à recevoir, vous avez besoin de communiquer avec les clients, les banquiers, les courtiers et les vendeurs. Votre succès augmentera grâce à notre expertise.

Pour arranger une première consultation sans frais, appelez Maryse Millet et Associés. Découvrez comment nous pouvons mettre votre affaire sur le bon chemin.

DAVID MOREL

Ce que les critiques disent

"Correcteur extraordinaire." - Association des caricaturistes

"David est un correcteur de grand talent… aux petites entreprises qui ont besoin de ce genre de compétences, je conseille de faire appel à David." - Peter David, écrivain de romans et de bandes dessinées

"Mon correcteur à Lucky Productions est un champion." - Marie Sauveur, écrivain, *Lucky Luke*

"Les personnes avec lesquelles je travaille… en particulier David Morel… sont remarquables. Je suis fier d'elles." - Louis Leplus, Rédacteur en Chef, les Editions Albert

"Le meilleur correcteur…" - Robert Parturier, caricaturiste, la bande dessinée *Astérix*

"Le meilleur correcteur en 1990." - Simon Distributions

"Les caractères illustrés de Lucky Productions sont à la hauteur de la qualité méticuleuse exigée par la direction." - Marcel Dupuis, Critique, *Le Figaro*

Liste partielle de bandes dessinées créées, corrigées, proposées ou développées par David Morel

Les aventures de Tintin
Bécassine
Gaston Lagaffe
Lucky Luke
Spirou et Fantasio
Rantanplan

Liste partielle de rubriques artistiques et littéraires dirigées ou corrigées par David Morel

Les mots croisés *Rubriques et Trois Etoiles*
Rubrique spectacles, portraits et livres de *L'Express*
La bande dessinée de Charles Robert, *L'Express*
Infos Loisirs, *Marie Claire*
Mots fléchés, *Marie Claire*
Desserts du mois, *Cuisine Gourmande*
Arts de la table, *Cuisine Gourmande*
Autour du vin, *Cuisine Gourmande*
Détendez-vous, *France-Soir*
Votre quotidien, *France-Soir*
La météo, *Le Figaro*
Nouveautés internationales, *Première*

DAVID MOREL

Depuis 14 ans, David Morel a écrit, corrigé, produit, créé et/ou lancé 30 magazines et plus de 20 livres pour des sociétés d'édition et des entreprises spécialisées dans le spectacle.

David Morel est l'un des co-fondateurs du département magazines illustrés de Lucky Productions. Il fut responsable de la publication des 12 meilleurs livres illustrés de Lucky Productions. 1 327 000 exemplaires ont été vendus mondialement représentant un chiffre d'affairesde 10 M€. Il a recruté et dirigé plus de 20 artistes et écrivains. N'importe quel projet peut bénéficier de ses talents et de son expérience.

A *France Soir*, David Morel a dirigé plus de 40 caricaturistes et écrivains fournissant chaque jour et chaque semaine des rubriques, articles, bandes dessinées, puzzles et autres jeux de patience.

Depuis le début de sa carrière, David Morel a interviewé des personnes célèbres, négocié des contrats, conduit des classes de rédaction, traité des affaires avec d'importantes sociétés cinématographiques et dirigé complètement certains projets de publication depuis le démarrage jusqu'à l'achèvement du produit.

Pour plus d'information, téléphonez au:
01 40 00 00 00

DAVID MOREL

Correcteur d'épreuves
Auteur
Créateur de concepts
Directeur de projets

12, rue Marion
75012 Paris
Téléphone 01 40 00 00 00
Télécopie 01 41 00 00 00

La plume magique

CORRECTION D'EPREUVES

Quel que soit le sujet, David Morel a le talent de savoir illuminer n'importe quel texte. Ses services comprennent :

- La correction de texte
- La vérification des faits
- La réécriture
- L'écriture condensée et claire
- L'amélioration de la structure
- La concordance entre le texte et les illustrations
- La sélection et la direction des écrivains

Quelques travaux portés à son crédit :

La Mare aux Canards, *Le Canard Enchaîné*
Zig Zag
Recettes gastronomiques, *La Cuisine de A à Z*
Le mobilier de jardin, *Maisons et Jardins*
Voyages, *Cuisine Gourmande*…

Liste de quelques clients : Les Editions Albert, Les Editions Dupuis, Casterman, Presses de la Cité, *Le Figaro* et *Le Figaro Magazine*, Les Editions Dunod, *Marie-Claire*, *L'Express*, *Le Point*…

LES ECRITS

Passé maître dans l'art d'utiliser les mots, David Morel a écrit des douzaines d'articles sur des sujets aussi variés que la cuisine en été, l'animation théâtrale, les vins de table, les sosies des grandes vedettes, les personnalités de la télévision et du cinéma, les achats pendant les vacances, l'avenir de la bande dessinée, la vente d'équipement médical. David Morel a aussi écrit des livres pour enfants, des magazines de fiction, des sketches pour les chansonniers, des scènes de théâtre, des rubriques de magazines, des jeux de patience…

Qu'il s'agisse d'articles de 500 ou de 10 000 mots, David Morel peut rehausser grâce à son talent d'écrivain n'importe quel écrit.

CONCEPTION

La création d'un projet commence par le développement d'une idée. Ce premier pas règle par la suite tout le déroulement du projet. Le concept doit prendre en compte plusieurs facteurs :

- Le public
- L'objectif du matériel écrit
- Le marché

David Morel a participé au développement du magazine illustré *Lucky Luke* qui connaît mondialement un tirage de 110 000 exemplaires par mois.

En outre, il a collaboré à l'essor des magazines *Le Figaro Madame* et *Marie-Claire.*

Les bandes dessinées de journaux et de magazines sur lesquelles il a travaillé en collaboration avec des artistes et des écrivains sont devenues des publications populaires.

DIRECTION DES PROJETS

David Morel est un professionnel plein de ressources. Une fois le projet choisi, il sait mettre en place un budget, organiser les talents nécessaires (écrivains, artistes, épistoliers, coloristes) et s'occuper de toutes les démarches pratiques jusqu'à l'impression, créant un produit prêt à être publié. La qualité de son travail dépasse les espérances du client tout en respectant les délais de livraison et en contrôlant les coûts.

Il a travaillé sur les projets suivants :

- Magazines de bandes dessinées
- Bandes dessinées pour journaux
- Services d'illustration
- Romans illustrés
- Présentations lors de foires commerciales
- Développement de nouveaux projets artistiques
- Initiatives de marketing

Si vous travaillez sur un projet créatif qui a besoin de l'expertise d'un professionnel pour être complété, demandez les conseils de David Morel. La première consultation est gratuite. Usez de son expérience pour garantir votre succès.

Téléphone 01 40 00 00 00
Télécopie 01 41 00 00 00

REFERENCES

Le terme “références” désigne les personnes auxquelles le chercheur d’emploi demande appui et que son futur employeur pourrait contacter. Pensez à vos “références” dès maintenant et faites en sorte d’en avoir une pour chaque poste occupé. Elles peuvent vous apporter des suggestions pour votre C.V. final et vous fournir des contacts. Votre C.V. vous sert de base de discussion pour la mise au point des recommandations que chacune de ces personnes donnera sur vos différents emplois.

Les personnes qui s’en tiennent uniquement à vos réalisations professionnelles et se concentrent sur des faits concrets, sont celles qui vous apporteront le meilleur soutien. Celles qui ont tendance à exagérer vos mérites risquent de semer le doute dans l’esprit d’un futur employeur qui cherchera alors à compléter son information de manière plus approfondie.

La meilleure question que peuvent vous poser vos contacts est : “Que voulez-vous que je dise ?” C’est le moment d’expliquer en détails vos réalisations, ce qui aidera votre interlocuteur à étayer ses commentaires.

Pensez aux personnes susceptibles de porter une appréciation négative. Bien qu’elles ne figurent pas sur votre liste, elles peuvent être contactées par un recruteur ou un employeur avisé. En tout état de cause, il est absolument recommandé de rétablir certaines relations d’affaires détériorées par un départ trop brusque. Avec le temps, les mauvais souvenirs s’estompent et il n’est jamais trop tard pour renouer le dialogue avec d’anciens supérieurs, employeurs ou collègues de travail. En demandant leur aide, vous les flattez et reconnaissez qu’ils comptent dans votre vie professionnelle. Vous faites partie de leur passé et chacun de vous deux aura tout à gagner à cultiver le respect mutuel. Abraham Lincoln disait : “Je détruis mes ennemis en m’en faisant des amis”.

Une telle attitude augmentera considérablement vos chances d’avoir un rapport favorable sur votre personnalité et vos compétences.

Ceux qui vous aideront doivent être mis au courant du progrès de vos recherches. Connaissant vos objectifs et votre démarche, ils seront plus aptes à vous suggérer des noms de personnes à contacter. Cette approche fait partie d’une bonne préparation.

Si la personne qui vous recommande est toujours employée dans votre ancienne société, elle voudra connaître les circonstances de votre départ. Les raisons peuvent être : un changement de direction, la fermeture d’une division ou d’un département, le déménagement du siège social de la société, une nouvelle acquisition ou fusion qui a rendu votre poste inutile.

Vos relations seront questionnées sur vos points forts et vos points faibles. Reportez-vous au chapitre 2 pour les défauts qui ne sont que des excès de points forts.

Il est possible qu’un employeur demande à l’une de vos “références” son opinion sur votre intégration dans une nouvelle équipe : “Engageriez-vous Monsieur Durand à nouveau ?”

Certaines personnes de bonne volonté risquent de donner une mauvaise impression de votre personnalité en faisant un commentaire du genre : “Paul est un vrai professionnel mais il ne supporte pas les gens médiocres et stupides”. En voulant faire un compliment, elles donnent en fait de vous l’image de quelqu’un qui a pu avoir des difficultés avec d’anciens collègues et qui n’a pas l’esprit d’équipe. Il est préférable de discuter avec vos “références” des commentaires à donner avant qu’un recruteur ne les appelle.

Les personnes chargées de contacter ceux qui vont vous donner leur appui ne s’en tiennent pas seulement aux noms figurant sur votre liste mais peuvent essayer également de prendre contact avec d’autres anciens collègues de travail.

Si vous avez occupé un poste de haut niveau, pensez à donner pour référence certains de vos collaborateurs. Ils parleront plus particulièrement de vos qualités de gestionnaire et de leader.

N’oubliez pas d’inclure dans votre liste des noms de personnes proches sur lesquelles vous pouvez compter pour appuyer votre démarche.

Après chaque entretien au cours duquel vous avez donné les noms de vos “références”, appelez rapidement ces personnes pour les prévenir qu’elles pourraient être contactées. Gardez toujours avec vous votre liste de “références”.

Il se peut que certains recruteurs vous demandent les noms de ces personnes dès le début de la conversation. A moins d’avoir déjà une proposition sérieuse en vue, il est préférable de ne pas communiquer ces informations si tôt dans la procédure dans la mesure où vous ne voulez pas ennuyer vos relations si ce n’est pas nécessaire ou urgent. Toutefois, il vous sera difficile de ne pas répondre à la demande de ces recruteurs, donc soyez préparé.

A vous de rédiger votre liste...

REFERENCES PERSONNELLES ET PROFESSIONNELLES

CHAPITRE 4

Etape 4

Votre plan de prospection

C'est la quatrième étape de votre programme. Vous êtes prêt à développer une véritable campagne de recherche d'emploi en tenant compte de toutes les informations et priorités que vous venez de mettre en ordre. L'efficacité et la rapidité de votre recherche sont liées à deux facteurs :

1. Facteur temps. Consacrez un minimum de six heures de travail par jour dont au moins quatre à la méthode de recherche d'entretiens la plus productive, à savoir l'exploitation de votre réseau. Effectuez vos travaux d'écriture aux heures où il est plus difficile de rencontrer du monde (le soir, le week-end, les jours fériés).

2. Facteur géographique. Vous devez choisir votre secteur géographique avec soin. Etes-vous certain de trouver l'emploi que vous recherchez dans la région choisie ? Vos sociétés-cibles ont-elles des usines, des filiales, des bureaux dans votre zone de prospection ? La composition d'une liste de sociétés-cibles sera étudiée plus loin dans ce chapitre.

LES DIFFERENTES APPROCHES D'ACCES A L'EMPLOI

Votre priorité est de décrocher le plus grand nombre d'entretiens possible. Cette démarche vous permettra tôt ou tard d'entrer en contact avec un employeur potentiel qui aura besoin de vos talents.

Selon une enquête publiée par l'Association pour l'Emploi des Cadres (APEC), les méthodes les plus efficaces de recherche d'emploi sont, pour les cadres :

Les offres d'emploi	38%
Les candidatures spontanées	25%
Les relations	21%
Les associations d'anciens élèves	4%
Les cabinets de recrutement	4%
Les salons et forums	2%
Les associations professionnelles	2%
Les autres moyens	4%
	100%

Bien qu'un cadre sur trois trouve effectivement un emploi par le moyen traditionnel de la petite annonce, se limiter à cette seule méthode le priverait de plus de 50%

de chances d'être recruté. En effet, selon les statistiques ci-dessus, 62% des cadres trouvent un emploi en prospectant le marché caché de l'emploi (tout ce qui n'est pas offres d'emploi). C'est donc une zone à explorer plus que jamais.

La candidature spontanée et l'exploitation du réseau sont les démarches les plus fructueuses. Les jeunes diplômés utilisent davantage les offres d'emploi et la candidature spontanée alors que les cadres expérimentés exploitent davantage leurs relations. En matière d'emploi, et en particulier en situation d'urgence, il n'y a pas de bonnes ou de mauvaises tactiques et encore moins de recette miracle. Il faut user de toutes les formules disponibles et agir de façon plus soutenue sur celles qui produisent le plus d'entretiens. Voici les différentes options.

Les petites annonces "offres d'emploi"

En voyant le nombre d'offres d'emploi répertoriées dans les grands quotidiens nationaux et régionaux, on a tendance à penser que les petites annonces représentent la source principale de recrutement des entreprises. Toutefois, de plus en plus d'entreprises leur préfèrent la candidature spontanée ou l'approche directe tandis qu'un grand nombre d'autres optent pour la mobilité interne.

Le marché des offres d'emploi est en train de s'effondrer avec la multitude des nouveaux moyens de contact entre recruteurs ou employeurs potentiels et chercheurs d'emploi qu'ils soient ou non récemment diplômés. Un tiers seulement des emplois est couvert par cette méthode. Passer plus de 30% de votre temps de recherche à explorer les petites annonces est une perte d'énergie qui devrait être appliquée à des méthodes plus productives.

Bien entendu, le système des petites annonces reste valable, sinon aucune entreprise ne publierait d'annonces et personne n'y répondrait, mais le procédé a ses limites. Pour la plupart des candidats, trouver un emploi par l'intermédiaire des petites annonces équivaut à gagner un concours de beauté. Voici un exemple :

Une entreprise a reçu 400 réponses à la suite d'une annonce pour le recrutement d'un cadre commercial international publiée dans le journal *Le Monde*. 12 C.V. ont été sélectionnés et 12 candidats ont été interviewés. Cette sélection a été ramenée à six candidats pour se terminer par trois finalistes. Les trois élus furent reçus par une douzaine de responsables de l'entreprise qui fixèrent leur choix sur l'un d'eux. Le processus de recrutement a duré cinq mois !

En conclusion, les chances de succès de réponses à une petite annonce sont très faibles, de l'ordre de un pour 200 et même parfois de un pour 400 ou 500. Ces chances augmentent considérablement avec le réseau qui, statistiquement, fournit une opportunité d'emploi, le plus souvent sans concurrence, pour 16 entretiens de recherche ! *La clef du succès est simplement de trouver un emploi avant qu'il ne soit publié dans la presse.*

Faut-il répondre aux petites annonces ? Oui, bien sûr, mais de manière très sélective et sans que cette méthode vous empêche d'accomplir d'autres démarches de recherche.

Analyse des annonces

Les petites annonces anonymes. Certaines petites annonces ne mentionnent pas le nom de l'entreprise qui recrute. Le texte de ces annonces est parfois ambigu et ne semble pas correspondre à un véritable emploi.

Il s'agit parfois d'un cabinet de recrutement souhaitant sonder le marché. Trouver des missions de recherche est l'aspect le plus difficile du métier de recruteur. Les conseils en recrutement passent ainsi une grande partie de leur temps à développer leur réseau de la même façon que vous (associations, clubs, sports, conférences, séminaires, réunions d'anciens élèves, soirées, entretiens) pour rencontrer des responsables opérationnels ou des directeurs d'entreprises susceptibles de leur confier des projets de recrutement.

Par le moyen de la petite annonce anonyme, le recruteur connaît la personne désireuse de quitter son emploi. Cette information lui permet de prendre un premier contact avec l'entreprise concernée qui représente alors un client potentiel (au moment du départ du candidat).

Voici un exemple d'offre anonyme passée par un cabinet de recrutement pour un poste de directeur général avec une définition très large et sans détails précis.

DIRECTEUR GENERAL

Cadre expérimenté vous travaillerez en rapport étroit avec le conseil d'administration pour prendre en charge le développement d'une jeune organisation. Le candidat recheché doit être spécialisé dans le demarrage d'entreprise et connaître tous les secteurs d'activité d'une entreprise : production, finance, personnel, ventes et marketing. Envoyez votre C.V. et vos prétentions au Figaro, Boîte postale 000 qui transmettra.

L'annonceur publicitaire, qu'il s'agisse d'un cabinet de recrutement ou d'une entreprise, utilise une boîte postale de journal. Dans ce cas, il est impossible de découvrir l'identité de l'annonceur. S'il s'agit d'un recruteur, il se peut qu'il n'y ait aucun poste définitif de directeur général, mais cette annonce très vague va lui permettre d'identifier un certain nombre de directeurs généraux en fonction désirant quitter leur entreprise. Le recruteur trouve là un marché à cultiver.

Il est rare que des conseils en recrutement utilisent de telles méthodes. Malheureusement, ceux qui jouent ce jeu rendent la tâche plus difficile à leurs confrères.

Certains recruteurs passent des annonces anonymes pour remplir leur fichier avec un certain nombre de personnes spécialisées dans un secteur d'activité particulier.

Les annonces anonymes passées par les entreprises sont justifiées pour des raisons de fonctionnement interne. Dans ce cas, l'anonymat est recommandé :

- Pour préserver certains secrets vis-à-vis de la concurrence et des autres employés (surtout s'il s'agit d'un remplacement surprise).
- Pour protéger les entreprises qui ont des problèmes financiers momentanés et ont des difficultés à trouver du personnel qualifié.
- Pour éviter de recevoir trop de C.V. inappropriés et trop de candidatures téléphoniques.
- Pour tester le marché.

Montrez-vous prudent à l'égard des annonces anonymes. Débrouillez-vous pour en connaître l'origine. Certaines peuvent être identifiées, en particulier celles qui portent l'indication d'une boîte postale domiciliée à la poste au lieu d'une boîte postale de journal. Un coup de téléphone à l'agence postale peut vous aider à trouver le nom de l'annonceur. Vous pouvez également vérifier si cette annonce a été publiée différemment dans d'autres journaux.

Les petites annonces signées. Répondre à une petite annonce qui indique le nom de l'entreprise qui recrute n'est pas toujours l'approche la plus efficace.

Dans la plupart des entreprises et des cabinets de recrutement, les petites annonces permettent de procéder à un premier tri. Si votre réponse contient un seul critère d'élimination, votre candidature ne parviendra jamais à la personne chargée du recrutement, en général le responsable opérationnel ou le professionnel du recrutement. Il ne s'agit pas de mettre en cause les décideurs, les directeurs de personnel, les cabinets de recrutement ou les services spécialisés. Pendant la présélection, ils sont obligés d' évaluer le plus rapidement possible les candidats. C'est en général une secrétaire qui reçoit l'instruction d'éliminer d'emblée des C.V. selon certains critères de sélection (candidatures sans numéro de référence d'annonce, candidats en dehors de la tranche d'âge, candidatures sans photo...).

Vous pouvez éviter d'être éliminé dès la première sélection en contournant complètement l'annonce. Par exemple, si celle-ci concerne un poste de directeur de marketing, renseignez-vous sur l'entreprise et trouvez le nom du président ou du directeur général. Après avoir vérifié par téléphone qu'il est toujours en fonction, étudiez la meilleure façon de l'approcher en utilisant votre réseau. Si malgré tous vos efforts, vous ne trouvez pas d'intermédiaire qui puisse vous introduire auprès d'un cadre de l'entreprise, tentez une autre approche par contact téléphonique direct (voir le chapitre 6) ou par lettre de candidature spontanée.

► Comment répondre à une annonce

Il y a deux façons d'approcher la réponse à une annonce. Vous utilisez soit une lettre de motivation dactylographiée sans C.V., soit une lettre de motivation manuscrite avec C.V.

Examinez cette annonce :

> **Directeur commercial international**
>
> Une entreprise spécialisée dans la fabrication de composants pour l'industrie aéronautique recherche son directeur commercial international. Le candidat devra recruter et former une équipe de vendeurs internationaux et avoir une solide expérience de l'organisation d'ne force de vente. Vous possédez une bonne connaissance de la vente de produits français sur les marchés étrnagers ainsi que 8 à 10 années d'expérience de maketing. Vous avez un diplôme d'ingénieur électronique et la maîtrise parfaite de l'anglais. La connaissance des marchés aéronautiques étrangers sera particulièrement appréciée. Salaire élevé et motivant. Adressez vore C.V. et prétentions sous référence ACD1000 au journal. Toutes les réponses seront traitées confidentiellement.

Pour bien élaborer votre réponse, relisez l'annonce ligne à ligne et mot à mot pour repérer ses points forts et bien comprendre ce que l'entreprise recherche :

1. Connaissance en aéronautique.
2. Expérience internationale.
3. Direction commerciale.
4. Savoir-faire dans l'organisation d'une force de vente.
5. Connaissance du commerce des produits français à l'étranger.
6. Diplôme d'ingénieur en électronique.
7. Connaissance des milieux aéronautiques étrangers.
8. Maîtrise parfaite de l'anglais.

Commentaires sur l'annonce :

- Elle est certainement véridique. Le texte est trop détaillé pour qu'il ne s'agisse que d'un cabinet de recrutement désireux de se constituer un fichier ; toutefois il se peut qu'un tel cabinet soit chargé du recrutement.

- Dans la mesure où il s'agit d'une boîte postale de journal, il est impossible de découvrir le nom de l'annonceur. Si vous possédez une liste d'entreprises fabriquant des composants pour l'industrie aéronautique, il vous est possible de procéder à une recherche discrète, mais l'entreprise s'est probablement bien protégée pour des raisons de fonctionnement interne. Toutefois, si vous lancez une campagne decandidature spontanée aux directeurs généraux de toutes les entreprises qui fabriquent des composants pour l'industrie aéronautique, vous savez que l'une d'entre elles au moins cherche un cadre commercial international.

Tentez d'approcher directement la personne responsable du recrutement, soit par la technique du réseau, soit par une lettre de candidature spontanée. Ce sont des méthodes plus originales que d'envoyer votre C.V. qui passera ainsi que plusieurs centaines d'autres par le service du personnel ou la direction des ressources humaines.

- Si vous décidez d'envoyer votre C.V., n'indiquez pas vos prétentions de salaire même si elles sont demandées. Le salaire étant un critère d'élimination, il vaut mieux prendre le risque d'être incomplet en ignorant cette partie de l'annonce. Si votre profil correspond à ce que recherche l'entreprise (vos réalisations appliquées à leurs besoins immédiats : formule ABC) et si votre C.V. et la lettre de motivation sont bien construits, vous donnerez à l'entreprise ou au recruteur l'envie de vous téléphoner pour vous proposer un entretien, même si vous ne vous êtes pas plié à l'une de leurs demandes particulières.

Cette entreprise recherche un professionnel du commerce international. L'expérience de direction d'équipes de vente à l'étranger est importante dans la mesure où l'entreprise veut lutter à armes égales avec ses concurrents sur différents marchés internationaux. Le candidat doit connaître les marchés étrangers, même si les ventes directes par le directeur commercial ne sont pas essentielles.

Le message est clair. Si vous ne possédez pas les qualifications requises, vos chances d'être retenu sont très faibles. Supposons que vous remplissiez les conditions. Vous pouvez y répondre soit en envoyant une seule lettre de motivation, soit un C.V. avec lettre de motivation.

Rédaction d'une lettre de motivation sans C.V. en réponse à une annonce

Il n'est pas toujours nécessaire d'inclure un C.V. Votre lettre doit comporter toutes les qualifications requises dans l'annonce sans mentionner l'annonce. Vous écrivez spontanément à l'entreprise comme si vous n'aviez pas lu son offre d'emploi.

Une lettre de motivation non accompagnée d'un C.V. n'est rien d'autre qu'un C.V. présenté sous forme de lettre, spécialement étudiée pour répondre à une opportunité d'emploi. Le C.V. 20-secondes constituera l'essentiel de cette lettre qui peut être dactylographiée et doit être parfaitement rédigée.

Les C.V. reçus par une entreprise sont le plus souvent tous dirigés vers le département des ressources humaines ou le service du personnel. Toutefois, une bonne lettre de motivation adressée à un responsable, dans laquelle vous dressez la liste de vos réalisations les plus marquantes en fonction des exigences du poste a une meilleure chance :

1. D'être lue par la personne à laquelle elle est destinée et qui saura apprécier son contenu.

2. D'obtenir une réponse.

Après avoir été lue par son destinataire, une excellente lettre de motivation pourra être transmise à d'autres directeurs, ce qui augmente vos chances d'obtenir un entretien.

N'oubliez pas que les entreprises recherchent avant tout des collaborateurs capables de prendre des initiatives et des responsabilités. De ce fait, votre lettre de motivation aura plus de chance d'attirer l'attention qu'un C.V. perdu dans une pile de 200 à 400 documents.

Si votre expérience ne correspond pas à toutes les qualifications requises par l'annonce, centrez votre lettre sur vos compétences (dans le marketing, la fabrication, la vente, la gestion) et sur vos réalisations qui correspondent aux besoins de l'entreprise. Evitez de mentionner votre parcours professionnel de façon chronologique.

Pour écrire cette lettre, vous devez utiliser les éléments de votre C.V. :

Dans la mesure du possible, identifiez les nom et prénom du destinataire, son titre et l'adresse de l'entreprise en prenant soin de vérifier l'orthographe. Commencez votre lettre par "Monsieur", ou "Madame". Si vous ne connaissez pas le sexe mais seulement le titre : "Monsieur le Directeur". En cas d'annonce anonyme, écrivez "Messieurs". En France, la coutume est de mentionner la référence de l'annonce dans le texte de la lettre. Vous vous montrerez plus professionnel en indiquant simplement sous l'adresse du destinataire, le numéro de référence, la date de l'annonce et le titre du poste à pourvoir.

1. Présentez-vous en choisissant une ou deux phrases de votre C.V. 20-secondes. Le début de la lettre doit être percutant pour toucher le lecteur.

2. Citez vos réalisations les plus marquantes ; reprenez celles de votre C.V. et complétez-les si possible avec des résultats chiffrés qui correspondent aux besoins de l'annonce ou à la position que vous visez.

3. Ajoutez un très court paragraphe sur votre formation et vos connaissances linguistiques (celles qui importent pour le poste) et faites en sorte que le lecteur vous perçoive comme une personne responsable, habituée à obtenir des résultats.

4. Si vous écrivez à une personne précise, terminez la lettre en indiquant que vous l'appellerez dans quelques jours pour prendre rendez-vous. En cas de réponse à une boîte postale, proposez seulement une rencontre.

Une seule page suffit et il ne faut en aucun cas dépasser deux pages. La lettre est dactylographiée.

Votre lettre doit répondre aux critères de l'annonce en présentant des réalisations. Si nécessaire, modifiez également les phrases de votre C.V. 20-secondes pour les adapter aux besoins exprimés.

Vous pouvez joindre un C.V. complet, mais les informations supplémentaires qu'il contient peuvent servir à vous éliminer.

La meilleure réponse est une courte lettre de motivation. La lettre qui suit est inspirée d'un C.V. établi d'après la section C.V. 20-secondes .

Lettre de motivation dactylographiée sans C.V. en réponse à l'annonce "Directeur Commercial International"

lettre manuscrite

Pierre MARTIN
3, rue Lafleur
75017 PARIS
Tél. : 01.48.00.00.00

Le Figaro
Boîte Postale 12
PARIS Cedex 02
(Ville, Date)

Réf : ACD1000 du 5 janvier 2006, Directeur Commercial International

Messieurs,

J'exerce la profession de cadre commercial international depuis plus de 12 ans, dont huit dans l'industrie aéronautique. Cadre entreprenant et dynamique, j'ai eu l'opportunité :

- De créer des bureaux de vente en Grande-Bretagne, en Allemagne et en Italie pour une ligne de matériels d'assemblage, cadre dans lequel j'ai dirigé une équipe de 16 vendeurs.
- De conquérir 43% du marché britannique en 12 mois. J'ai personnellement traité des affaires avec la Société Rolls Royce Engine et le Ministère Britannique de la Défense, dossiers qui ont ouvert la voie à la vente de nos produits en Grande-Bretagne.
- De gagner 45% du marché italien et 27% du marché allemand en négociant avec presque tous les fabricants locaux de moteurs et pièces de fuselage.
- D'assurer pour les commerciaux européens un programme de formation sur nos produits et ceux de la concurrence.
- De réaliser plus de 15 M€ de C.A. avec des marges bénéficiaires élevées.

Je possède un diplôme d'ingénieur en électronique (Supélec 1976) et parle couramment l'anglais, l'allemand et l'italien.

Je suis certain que l'entretien que vous voudrez bien m'accorder montrera que ma compétence en création de forces de vente, en formation, motivation et gestion d'agences commerciales internationales, constituerait un apport bénéfique dans une entreprise aéronautique en pleine expansion.

Si vous le souhaitez, je vous fournirai les références qui viendront compléter cette présentation.

Dans cette attente, je vous prie de recevoir, Messieurs, l'expression de mes sentiments distingués.

Pierre MARTIN

Cette lettre n'est pas un C.V. mais, si vous étiez le recruteur ou le directeur du personnel, voudriez-vous rencontrer Pierre Martin? La lettre de Pierre Martin répond seulement aux qualifications requises dans l'annonce "Directeur Commercial International" et il est difficile d'éliminer sa candidature sous prétexte d'informations non apparentées aux exigences du poste. Il a développé des compétences en les chiffrant et en les mettant en relation avec la nature du poste. Ce candidat a de bonnes chances d'être convoqué à un entretien.

Le risque de cette approche est de ne pas avoir suivi totalement les instructions de l'annonce (omission du salaire), ce qui de toute façon pourrait éliminer le candidat. Envoyez quelques réponses sur le modèle proposé et comparez vos résultats avec ceux des lettres qui ont fidèlement répondu à toutes les consignes de l'annonce. Parfois une information brève et bien ciblée a plus d'impact qu'une information longue et détaillée. Souvenez-vous du dicton: "A trop prouver on ne prouve rien".

Une solution de compromis serait d'envoyer un C.V. modifié avec une lettre de motivation commençant par vos réalisations clefs dans le domaine de l'aéronautique. Mais il est préférable de garder votre C.V. pour le cas où vous seriez convoqué à un entretien.

Si vous n'obtenez pas de réponse au bout de trois à six semaines, cela signifie que votre lettre de motivation est passée inaperçue. Rien ne vous empêche de répondre à la même annonce en envoyant un C.V. modifié accompagné d'une lettre bien construite. Au bout de trois à six semaines, votre première lettre sera oubliée et votre nouveau C.V. avec la lettre de motivation aura à son tour une chance d'être remarqué par le recruteur. Ce dernier sera sans doute favorablement impressionné par votre dossier surtout après la lecture de nombreux et mauvais C.V. Mais même dans ce cas-là, il est préférable de ne pas mentionner vos prétentions de salaire.

Rédaction d'une lettre de motivation avec C.V. en réponse à une annonce

Si vos réalisations, votre expérience professionnelle et votre formation correspondent aux besoins requis par l'annonce, votre C.V. aura un bon impact, à condition que les réalisations annoncées par votre C.V. 20-secondes viennent confirmer que vous possédez bien les qualifications demandées. Autrement dit, choisissez des résultats si possible chiffrés qui correspondent aux priorités de l'entreprise. Sachant que pour les offres d'emploi, le rapport entre le nombre de candidats qualifiés et le nombre de réponses est approximativement de un pour dix, un C.V. performance bien adapté à l'annonce et accompagné d'une lettre convaincante a quelques chances d'attirer l'attention.

Comme pour une lettre sans C.V., identifiez autant que possible le destinataire, son titre et l'adresse de son entreprise en prenant soin de vérifier l'orthographe. Commencez votre lettre par "Monsieur le Directeur" ou "Monsieur le Président". En cas d'annonce anonyme, indiquez "Messieurs". Il n'est pas obligatoire de reparler de l' annonce dans la lettre. Indiquez simplement sous l'adresse du destinataire le numéro de référence, la date de l'annonce et le titre du poste à pourvoir.

1. Expliquez l'objectif de votre lettre. Vous écrivez soit pour montrer votre intérêt à travailler dans l'entreprise, soit pour répondre aux besoins mentionnés dans le journal. La lettre doit être manuscrite.

Lettre manuscrite de motivation avec C.V. en réponse à l'annonce "Directeur Commercial International"

lettre manuscrite

Pierre MARTIN
3, rue Lafleur
F 75007 PARIS
Tél. : 01.48.00.00.00

Le Figaro
Boîte Postale 12
PARIS Cedex 02

(Ville, Date)

Réf : ACD1000 du 5 janvier 2007, Directeur Commercial International

Messieurs,

J'exerce la profession de cadre commercial international depuis plus de 12 ans, dont huit années dans l'industrie aéronautique. J'ai vécu dans plusieurs pays étrangers et travaillé avec des entreprises privées et des établissements militaires dont j'ai développé les ventes.

Mon expérience et mes qualifications correspondent aux conditions requises par votre entreprise :

Vos conditions	*Mon expérience*
* *8 à 10 ans dans le marketing*	*J'ai à mon actif plus de 15 ans d'expérience en vente et marketing.*
* *Recrutement et formation de forces de vente*	*J'ai recruté, dirigé et formé plus de 16 commerciaux dans quatre pays étrangers.*
* *Connaissance de la vente des produits français à l'étranger*	*J'ai réalisé 15 M€ de C.A. avec des marges bénéficiaires importantes.*
* *Connaissance des industries aéronautiques étrangères*	*Je connais bien le secteur aéronautique européen.*
* *Diplôme d'ingénieur*	*Je possède un diplôme d'ingénieur en électronique (Supélec, 1996).*
* *Parfaite connaissance de l'anglais*	*J'ai vécu dans plusieurs pays anglo-saxons et je parle couramment l'anglais.*

J'aimerais pouvoir discuter de vos besoins de vive voix et, dans l'attente de votre appel, je vous prie de croire, Messieurs, à mes sentiments respectueux.

Pierre MARTIN

P.J. : C.V.

2. Présentez votre C.V. en indiquant les expériences les plus positives de votre parcours.
3. Mettez l'accent sur les réalisations professionnelles qui correspondent le mieux aux besoins de l'entreprise.
4. Terminez en demandant un entretien. Si vous connaissez le nom du destinataire et de l'entreprise, indiquez que vous téléphonerez dans la semaine pour demander un entretien.

Recommandations importantes :

- Rédigez une lettre courte.
- Si vous avez un ordinateur, tapez votre lettre en utilisant la vérification orthographique, puis recopiez le modèle à la main. Placez un guide-lignes sous votre original pour écrire des lignes bien droites.
- Datez votre lettre mais pas votre C.V.
- Ne mentionnez pas vos prétentions de salaire.
- Vérifiez l'orthographe, la grammaire et la ponctuation.
- Centrez-vous sur les besoins du recruteur.
- Signez votre lettre.
- Lisez-la à haute voix pour vous assurer de la clarté du style.
- Gardez-en un double pour le suivi.

Voici un autre exemple d'offre d'emploi, de lettre-réponse et de C.V. :

JEUNES DIPLOMES VENTE/MARKETING

PROMOUVOIR, NEGOCIER, VENDRE, GERER SUR DES MARCHES INTERNATIONAUX

De formation Ecole Supérieure de Commerce, vous souhaitez être confronté rapidement aux réalités de l'entreprise tout en valorisant votre formation théorique. Pierre Marquet, leader sur le marché des plats cuisinés, vous offre cette opportunité.

Vous aurez au sein de notre direction commerciale, la responsabilité d'une gamme de produits de consommation, ce qui implique :

Une information constante sur l'évolution des marchés nationaux et internationaux, des contacts étroits avec nos services internes (achats, développement, production, gestion, filiales du groupe...), une relation commerciale permanente avec nos fournisseurs.

Débutants à fort potentiel ou ayant une première expérience, vous avez fait preuve d'une forte capacité d'investissement, de qualités de négociation et de communication. Diplômés de l'enseignement supérieur (écoles de commerce ou d'ingénieur), vous maîtrisez parfaitement l'anglais (allemand ou espagnol souhaité).

Nous saurons reconnaître votre valeur et gérer votre évolution au sein de nos structures françaises ou internationales.

Merci de transmettre votre dossier sous réf. AFG/M à l'attention de Louis Bertin, Pierre Marquet BP 234, 77401 Lagny-sur-Marne Cedex.

Lettre manuscrite de motivation avec C.V. en réponse à l'annonce "Jeunes Diplômés Vente/Marketing"

lettre manuscrite

Pierre ROCHE
54, avenue de Breteuil
F 75007 PARIS
Tél. : 01.55.00.00.00

Monsieur Louis BERTIN
Pierre Marquet
Boîte Postale 234
77401 LAGNY-SUR-MARNE Cedex

(Ville, Date)

Monsieur,

Votre annonce référence AFG/M du Figaro du 8 mars 2007 pour un responsable des ventes internationales de votre groupe m'intéresse beaucoup.

Sorti cinquième de ma promotion à l'Ecole de Commerce de Lyon en 2001, je suis entré au B.H.V. dès la fin de es études.

Mon premier poste a consisté à réorganiser la force de vente du rayon articles de ménage. En moins de deux ans, les ventes ont augmenté de 14%.

Promu au rang de directeur du département Maison et Habitat, j'ai pris la responsabilité d'une équipe de 20 personnes. Par rapport aux années précédentes et jusqu'à aujourd'hui, les ventes de mon département ont augmenté de 24%.

Je parle couramment l'anglais et l'allemand ayant suivi des cours d'été dans des établissements anglais et allemands.

Mon objectif est de trouver un poste dans la vente internationale dans lequel je puisse développer mes compétences en vente directe, marketing et gestion. En outre, j'ai de bonnes connaissances en informatique et plus particulièrement des logiciels Lotus 1-2-3 et Word sur PC et Mac.

Je peux vous fournir, au moment opportun, d'excellentes références.

Dans un premier temps, je souhaiterais que ma candidature reste confidentielle.

Je me permettrai de vous téléphoner dans quelques jours pour convenir d'un entretien.

Dans l'attente d'une occasion de vous rencontrer, je vous prie d'agréer, Monsieur, l'expression de mes sentiments les meilleurs.

Pierre ROCHE

P.J. : C.V.

PIERRE ROCHE
54 avenue de Breteuil
75007 PARIS
Tél. : 01.45.00.00.00

27 ans, célibataire

FORMATION

Ecole de Commerce de Lyon : promotion 2001
Spécialisations : Marketing, Vente et Commerce International

Formation Internationale : Ecole londonienne de vente au détail, Londres, G.B.
Certificat anglais de Vente au Détail, 12001

Université de Francfort, R.F.A.
Certificat allemand en Marketing, 2000

Commercial plus particulièrement intéressé par l'aspect international de la vente, ayant réalisé pendant trois ans des ventes performantes et dirigé avec succès deux départements d'un grand magasin français à Paris.

EXPERIENCE

2002–à ce jour **Bazar de l'Hôtel de Ville (B.H.V.)**, Paris (CA 619 M€ – 4409 personnes)

Directeur du Département Maison et Habitat (2000 – à ce jour)

Ma responsabilité porte sur la révision des procédures de vente et d'achat ainsi que sur la performance des systèmes informatiques avec élaboration de recommandations pour améliorer chaque point de vente du département.

Assistant et Conseiller auprès du Directeur Commercial du B.H.V., la direction de ce département m'a permis :

- D'embaucher et de former dix vendeurs. A ce jour, les ventes ont déjà augmenté de 24% par rapport aux meilleurs chiffres de l'année précédente.
- De trouver d'autres sources d'achats à l'étranger qui ont permis d'accroître la marge bénéficiaire de 18%.
- De lancer avec succès une campagne promotionnelle de solde qui a permis de réduire l'inventaire de 73%.

Responsable des ventes, Division articles de ménage (2002-2003), j'ai :

- Proposé l'installation d'un nouveau système informatique pour l'enregistrement de plus de 700 articles. Ce logiciel a permis de procéder à un inventaire plus rapide et plus fiable.
- Embauché et formé trois vendeurs qui ont dépassé les prévisions de vente de 40%.
- Vendu personnellement pour plus de 0,5 M€ d'articles de ménage, ce qui m'a valu le titre de meilleur vendeur de l'année 2002.

ASSOCIATIONS

Membre de la Chambre Franco-Anglaise de Commerce et de l'Industrie

Membre de l'association allemande "Marketing", Francfort, R.F.A.

ACTIVITES EXTRA-PROFESSIONNELLES

Rédaction d'articles pour le magazine *Retail & Marketing* de Londres et pour le journal des étudiants de l'Université de Francfort, section "Ventes et Management".

Créateur d'un club dynamique de chercheurs d'emploi, spécialisé dans la vente et le marketing.

Conseils pour répondre aux offres d'emploi (qu'il s'agisse d'une lettre de motivation avec ou sans C.V.).

1. Si vous décidez de répondre à une annonce, faites-le soigneusement et avec méthode ou abstenez-vous. Glisser n'importe quel C.V. dans une enveloppe avec juste un petit mot, voire sans lettre de motivation, est une démarche totalement inutile. La lettre de réponse sera courte si vous y joignez un C.V. (ne répétez pas dans la lettre ce qui a déjà été indiqué dans le C.V.) : elle sera plus développée et appuyée par des arguments si elle n'est pas accompagnée d'un C.V.

2. Entraînez-vous à rechercher les trois types de renseignements présents en général dans une annonce (touchant à l'entreprise, au poste, au candidat) et faites une liste de tous les critères de sélection publiés dans l'annonce. Distinguez bien ce qui décrit le poste de travail (souvent de manière brève) des souhaits concernant le candidat.

3. Votre réponse doit montrer que vous avez compris les besoins de l'annonceur. Faites toujours correspondre profil et poste. Si votre profil ne correspond pas à la principale qualification ainsi qu'à trois critères sur cinq, réfléchissez deux fois avant de passer du temps à rédiger votre réponse.

   Certaines personnes pensent qu'un candidat doit répondre au plus grand nombre possible d'offres d'emploi, même s'il n'a pas toutes les qualifications, en se basant sur le principe que le profil de ce candidat correspondra peut-être à un autre poste dans l'entreprise. Cet argument était valable autrefois quand les réponses aux annonces étaient peu nombreuses. De nos jours, il est courant pour un annonceur de recevoir des centaines de réponses et les chances de voir diriger votre C.V. vers un autre département sont très faibles. Cela peut arriver, mais vous devez faire le meilleur usage de votre temps et si votre réponse à une petite annonce n'est pas justifiée, elle est inutile.

4. Soignez votre écriture ainsi que la présentation en faisant des paragraphes clairs et aérés. L'annonce demande souvent une lettre manuscrite. Toutefois, dans la mesure où l'analyse graphologique n'est plus pratiquée en première sélection, il est préférable de taper votre lettre, surtout si vous avez une mauvaise écriture.

5. Si vous cherchez à changer d'entreprise et êtes tenté de répondre à une petite annonce tout en étant en poste, faites attention à ne pas commettre un impair en répondant à une annonce anonyme dont l'émetteur pourrait être votre employeur actuel.

   Si le nom de la société est indiqué et si vous voulez garder votre anonymat, le seul moyen de ne pas dévoiler votre identité est de répondre par l'intermédiaire d'un ami qui, s'il connaît quelqu'un dans la société, lui écrira sans mentionner votre nom, votre entreprise ou des détails susceptibles de révéler votre identité. L'ami qui écrit de votre part doit connaître personnellement le destinataire de la lettre. Il devra donner un aperçu général de votre expérience tout en attirant l'attention du lecteur (résultats chiffrés). Voici un exemple de lettre :

Lettre du “bon ami”

Cher ami,

Je connais quelqu□un qui répond parfaitement à la description publiée dans [journal annonce référence xxx] pour le poste de chef des ventes de produits médicaux. Cette personne possède toutes les qualités requises. Elle a par exemple□:

Plus de 7 ans d□expérience dans la vente directe auprès d□hôpitaux publics et de cliniques privées réalisant une croissance du C.A. de 20% par an.

Ancien cadre hospitalier, cette personne s□est spécialisée dans la vente et le marketing de produits médicaux et connaît toutes les règles et procédures d□achat en milieu hospitalier.

Meilleur vendeur de sa société pendant plusieurs années, cette personne est trilingue en anglais et en allemand.

Cette personne a également eu l□occasion de former un grand nombre de vendeurs qui sont devenus à leur tour très performants.

Malgré d□exceptionnelles réalisations, son entreprise actuelle ne lui offre pas de bonnes possibilités d□évolution de carrière.

Cette personne m□a demandé de vous répondre en toute confidence espérant que vous voudrez bien lui accorder un entretien qui lui permettra de vous donner plus de détails sur ses talents et sur son expérience.

Mon action est totalement bénévole et je garderai toutes communications entre vous et cette personne strictement confidentielles. Vous pouvez me contacter au 01.55.55.22.22 tôt le matin ou après 19 heures.

Je vous prie d□agréer, cher ami, l□expression de mes sentiments distingués.

Vous remarquerez que, dans cette lettre, il n’est pas possible de savoir s’il s’agit d’un homme ou d’une femme. Les huit années d’expérience sont transformées en “plus de 7 ans”. Autrement dit, l’auteur a pris toutes les précautions nécessaires pour ne pas révéler l’identité du candidat, pour le cas où l’entreprise qui recrute serait aussi son employeur. L’entreprise ne pourra avoir que des soupçons mais rien de concret.

Cette approche du “bon ami” a ses limites. Vous ne devez l’utiliser que dans le cas où vous tenez absolument à répondre à une annonce sans éveiller les soupçons de votre employeur. Votre lettre passera inaperçue si d’autres candidats répondent de façon plus précise.

Un autre procédé consiste à envoyer un courrier avec votre C.V. et une lettre de motivation sous pli fermé avec une lettre où vous préciserez les noms des entreprises auxquelles vous ne souhaitez pas que votre candidature soit soumise. Ne sachant pas ce que votre dossier va devenir, cette méthode présente un risque et il est préférable de ne pas l’utiliser.

6. Si vous envoyez un C.V. avec une lettre, assurez-vous d'avoir mis à jour votre C.V. 20-secondes pour qu'il soit conforme aux qualifications requises dans l'annonce.

7. Plus votre salaire est élevé, moins vous aurez de chances de trouver un emploi par petites annonces. Les postes de haut niveau sont obtenus par contacts personnels et par l'intermédiaire des chasseurs de têtes. Pour les salaires inférieurs à 50 000 euros par an, les chances d'obtenir une réponse favorable par petites annonces sont plus importantes.

8. Parfois, l'annonceur n'est pas la personne directement concernée par le recrutement. Des erreurs dues à des désaccords internes sur les priorités du poste peuvent se glisser dans la petite annonce dont le texte n'a qu'un rapport lointain avec le poste à pourvoir. Vous ne pouvez rien faire si ce n'est continuer à présenter vos compétences les plus fortes.

9. Tenez un fichier de vos envois, autrement dit gardez une copie de toutes les offres d'emploi auxquelles vous répondez avec le dossier qui les accompagne (analyse personnelle de l'annonce, lettre et C.V., date des appels téléphoniques). Classez-les par ordre chronologique pour faciliter votre recherche si on vous téléphone, en cas de relance ou pour employer une autre stratégie.

10. Malgré les stratégies étudiées, il sera toujours difficile d'obtenir un entretien en répondant à une annonce d'offres d'emplois. Il n'y a aucune méthode miracle et la bonne méthode est celle qui réussit. D'excellentes candidatures risquent d'être noyées dans la masse volumineuse des autres dossiers. En suivant les conseils ci-dessus, vous augmentez vos chances d'attirer l'attention, mais la compétition est sévère pour les postes les plus intéressants. Les chercheurs d'emploi vont vite apprendre que les campagnes de candidature spontanée et les réponses aux annonces ressemblent à des jeux de hasard et que, comme n'importe quelle campagne publicitaire, des réponses favorables supérieures à 1% ou 2% sont considérées comme de bons résultats. Toutefois, la réponse aux petites annonces reste un bon exercice pour vous entraîner et perfectionner la présentation de ce que vous avez réalisé en fonction des besoins d'un futur employeur.

11. En période de recherche, il est utile de souscrire à un abonnement auprès des périodiques qui vous intéressent. Pour plus de détails consultez Tarif Média (voir l'adresse à l'annexe C) qui publie les tarifs et coordonnées de toutes les publications contenant des petites annonces en France.

12. Un C.V. n'a aucune chance d'aboutir s'il n'est pas suivi d'un appel téléphonique de relance dans les 10 jours maximum. Certains recruteurs, après la première sélection, attendent l'appel des candidats pour leur proposer un entretien.

    a) Si aucun numéro de téléphone ne figure dans l'annonce, mais seulement le nom de l'entreprise ou du recruteur, cherchez par Minitel ou rendez-vous sur place pour trouver le nom exact de l'annonceur et retrouver son téléphone. Au téléphone, donnez la référence de l'annonce.

b) Si le numéro de téléphone est dans l'annonce, téléphonez deux à trois jours maximum après envoi de la réponse. Certains candidats téléphonent d'abord et aménagent leur réponse en fonction de l'entretien téléphonique. Quand le numéro de téléphone est indiqué, une personne est généralement chargée de collecter les appels. Elle sert de filtre, mais est souvent d'excellent conseil.

Souvenez-vous toutefois que même si les principes de la lettre de motivation avec ou sans C.V. sont respectés, votre seul espoir est d'être convoqué à un entretien, ce qui correspond de toute façon à votre premier objectif.

► Internet

Des milliers d'offres d'emploi Cadres sont réactualisées quotidiennement et accessibles par fonction, rémunération, secteur géographique et branche d'activité sur Minitel www.apec.fr. Si vous ne possédez pas d'ordinateur, les points cadres de l'Association Pour l'Emploi des Cadres offrent ce service gratuitement aux membres de leur association.

Dans toute la France, l'ANPE diffuse des offres d'emploi sur internet sept jours sur sept, vingt-quatre heures sur vingt-quatre, notamment pour les cadres, ingénieurs, techniciens, professionnels des secteurs de l'agriculture, de la santé, de la culture, du transport aérien, de l'enseignement et de la presse (www.anpe.fr).

► Les cabinets de recrutement

Le rôle des cabinets de recrutement s'est considérablement modifié. Non seulement la mauvaise situation économique a fait chuter les recrutements, mais les entreprises leur confient moins de missions qu'autrefois. *La Cegos* (Commission d'Etude Générale d'Organisation Scientifique) et *Les Echos* ont réalisé une enquête sur les méthodes de recrutement de 200 entreprises concernant un effectif de 5 000 salariés dont 800 cadres. Il apparaît qu'en 1992, seulement 16% des entreprises ont fait appel aux cabinets extérieurs contre 30% en 1990. Cette diminution s'explique par deux facteurs :

1) Les entreprises ont décidé de développer leur fonction recrutement et préfèrent faire appel à des spécialistes internes pour gérer la carrière de leurs salariés. La gestion des carrières suivie de l'intégration des nouveaux venus avec les stages de formation, l'entretien annuel d'évaluation et la mobilité interne, connaît un développement sans précédent et explique l'importance nouvelle donnée aux directeurs des ressources humaines au sein de l'entreprise.

2) La montée en flèche des candidatures spontanées. Elles se placent au deuxième rang après les petites annonces. Selon la même enquête, 95% des entreprises disent y répondre et 66% les exploitent systématiquement.

Certains cabinets ont des contrats d'exclusivité avec leurs clients pour le recrutement de différentes catégories de personnel et en particulier des cadres. Ils reçoivent des honoraires et soumettent des dossiers de candidature jusqu'à ce que le poste soit pourvu ou la recherche interrompue. Leurs honoraires représentent entre 25% et

33 % du salaire annuel offert sans compter les frais supplémentaires de recherche (publicité, déplacements). Pour une entreprise, ces coûts élevés sont justifiés par les résultats obtenus en particulier quand elle est en situation d'urgence et a besoin de cadres expérimentés.

Les cabinets de recrutement aident les clients à définir le poste à pourvoir, le degré de responsabilité et la rémunération totale. Le succès d'un recruteur dépendra de son habileté à reconnaître les véritables besoins de son client et à comprendre les particularités du poste à pourvoir.

Le recruteur qui vous sélectionne établit un rapport détaillé sur vos points forts et vos points faibles. Il vous demande de passer des tests de personnalité, d'intelligence générale, d'aptitudes et de mise en situation de travail. Il procède éventuellement à une analyse graphologique de votre lettre de motivation. La fiche analytique du recruteur contient également des informations choisies dans votre C.V. et des notes prises au cours des entretiens avec vous. Lors d'un entretien de conseil (voir chapitre 7), demandez aux recruteurs que vous connaissez de faire la critique de la façon dont sont présentées vos réalisations dans votre C.V. La plupart sont des spécialistes en la matière, ils pourront vous faire de bonnes suggestions en rapport avec le profil recherché.

Certains recruteurs pratiquent la “chasse” de haut niveau. Il s'agit de recruteurs professionnels travaillant exclusivement pour le compte d'entreprises importantes et recrutant uniquement des cadres de haut niveau ou hautement spécialisés. Ces “chasseurs de têtes” utilisent rarement la petite annonce. Ils préfèrent prendre directement contact avec des cadres toujours en poste et très performants qu'ils essaieront de séduire en leur proposant un autre emploi mieux rémunéré et avec de plus grandes responsabilités.

Informations sur les cabinets de recrutement

Les explications suivantes vous aideront à mieux comprendre les recruteurs et vous permettront de gagner du temps tout en diminuant votre anxiété.

1) Les conseils en recrutement travaillent uniquement pour les entreprises qui les rémunèrent et non pour les candidats. Ils vous choisiront seulement s'ils pensent pouvoir vendre votre candidature à un client.

2) En acceptant une mission, les recruteurs présentent souvent à leur client plusieurs candidats pour chercher à bien comprendre le profil du candidat idéal, lequel peut n'avoir aucun rapport avec la description écrite du poste.

3) Lorsqu'un recruteur vous annonce que votre candidature a été retenue, il s'agit en réalité d'une présélection parmi plusieurs autres finalistes.

4) A la demande de leurs clients, les conseils en recrutement contactent plutôt des cadres en poste qui réussissent et remplissent toutes les conditions requises par l'entreprise qui recrute. Même si vous approchez un grand nombre de recruteurs, n'oubliez pas que 4% seulement des emplois de cadres sont pourvus grâce à leurs services.

5) En revanche, une fois en poste, n'oubliez pas de leur signaler votre nouvelle situation et le nom de votre entreprise. Gardez le contact avec eux et tenez-les informés de toute promotion ou changement de situation dans votre emploi. Vous serez perçu comme un candidat à suivre, actif, opportuniste et responsable.

6) Un bon recruteur réalise 15 à 20 recrutements par an. Pensez aux nombreux candidats qu'il doit contacter pour trouver ceux qui seront aptes à occuper des postes de cadres possédant des qualifications très précises.

7) Il n'est pas nécessaire d'envoyer la liste de vos "références" aux recruteurs à moins qu'ils ne vous la demandent. Vos références seront contactées seulement quand vous aurez reçu une proposition d'emploi de votre futur employeur. Il est inutile de déranger vos amis et vos relations d'affaires sans avoir une opportunité d'emploi en vue.

8) Beaucoup de recruteurs conservent les C.V. dans des fichiers informatisés qui ne sont pas toujours sophistiqués. Certains cabinets de recrutement ont des milliers de candidats sur fichiers. En charge d'une mission, le recruteur va d'abord consulter ses fichiers et trier toutes les candidatures possibles avant de les proposer à l'entreprise qui recrute. Cette méthode pose trois problèmes :

   a) Dans quelle branche d'activité un candidat est-il classé ? Ce classement reflète-t-il tout son potentiel ? Le candidat ne sait pas dans quelle rubrique son dossier a été répertorié. Cette classification est établie en fonction du C.V.

   b) Les fichiers sont-ils mis à jour ? A quelle fréquence ? Combien de candidats sont-ils classés sous la même rubrique que la vôtre ? Même parmi les cabinets de recrutement sérieux, la personne ou le département responsable de la tenue des fichiers n'est pas à l'abri des erreurs de classement, sans parler des problèmes de repérage et des dossiers trop anciens qui n'ont pas été éliminés.

   Les cabinets de recrutement spécialisés dans une branche d'activité particulière, par exemple la micro-informatique, possèdent une liste de personnes qu'ils connaissent et suivent depuis de nombreuses années. Ce type de fichier personnalisé est très utile à un recruteur et contient moins de noms. Raison de plus tenir de les recruteurs régulièrement informés de vos réalisations en dehors de vos périodes de recherche d'emploi. Souvenez-vous que ce sont eux qui doivent vous chercher et non l'inverse !

   c) Quand vous envoyez un C.V. à un recruteur, êtes-vous certain qu'il sera classé dans son fichier, même s'il répond par l'affirmative ?

9) Consultez l'annuaire des cabinets de recrutement ainsi que les pages jaunes de l'annuaire téléphonique de votre région et de celles qui vous intéressent pour obtenir des adresses supplémentaires. Demandez également à un recruteur de vous donner la liste des membres de l'association des conseils en recrutement de votre région. Votre mailing doit être aussi complet que possible mais, une

fois terminé, oubliez-le et occupez-vous seulement des opportunités d'emploi qui se présentent. Voir en Annexe C les principales adresses pour se procurer des listes de conseils en recrutement.

10) Si un recruteur vous appelle, indiquez-lui votre dernière rémunération (tous avantages inclus) ainsi que la fourchette de salaire que vous accepteriez pour une bonne opportunité d'emploi.

Ne mentionnez pas votre salaire dans vos courriers même si un recruteur vous le suggère. Cela ne vous servira à rien et peut même empêcher votre sélection pour certains postes. Imaginez que votre C.V. soit déjà classé dans leur fichier. Vous venez de trouver un emploi bien mieux rémunéré que le précédent. Le recruteur se fonde sur les dernières informations reçues et votre dossier sera classé dans une catégorie de poste inférieur à votre niveau actuel de salaire.

Il faut envoyer votre C.V. aux recruteurs le plus tôt possible en début de recherche d'emploi, pour être présent dans leur fichier au cas où se présenterait une opportunité.

Si vous êtes toujours salarié et voulez garder votre recherche confidentielle, n'indiquez pas le nom de l'entreprise mais seulement le secteur d'activité. Par exemple :

Société Kodak-France (votre employeur)

1997-à ce jour

peut devenir

Société de premier plan dans le secteur des matériels photographiques

1997-à ce jour

Quels que soient vos doutes, si vous êtes sans emploi, il est utile de prendre contact avec les cabinets de recrutement pour plusieurs raisons :

- Beaucoup de PME-PMI continuent de faire appel aux cabinets de recrutement faute de disposer de candidatures spontanées adéquates en raison du mauvais ciblage pratiqué par les candidats.
- Les cabinets de recrutement reçoivent un grand nombre de candidatures spontanées qu'ils n'hésitent plus à traiter dans la mesure où il leur est devenu difficile de convaincre un cadre en activité de quitter son entreprise pour une autre. Les recruteurs se tournent souvent vers les demandeurs d'emploi. Si votre C.V. est dans leurs fichiers, l'un d'entre eux peut être justement en train de rechercher un candidat correspondant à votre profil.

Il serait insensé de négliger cette piste et les candidats en recherche d'emploi doivent tenter leur chance auprès des recruteurs. Envoyez votre C.V. et une lettre à tous les recruteurs spécialisés de votre domaine d'activité. Sachez toutefois qu'ils sont très occupés et vous contacteront seulement si vous les intéressez. Dans le cas contraire, leur silence n'est pas une marque d'impolitesse, mais signifie qu'ils n'ont rien à vous proposer et il est inutile d'insister.

Vous pouvez essayez de contacter certains recruteurs en utilisant un intermédiaire qui facilitera votre introduction. Dans ce cas-là, vous les intéressez pour deux raisons : vous représentez un candidat potentiel et ils peuvent espérer que vous leur donnerez des missions quand vous aurez retrouvé un emploi grâce à leur intervention.

Les candidats prêts à une mobilité géographique enverront leur C.V. accompagné d'une lettre au plus grand nombre possible de recruteurs. La plupart des cabinets de recrutement travaillent sur tout le pays et pas seulement sur leur ville ou leur région. Vous ne savez pas dans quelle région peut se présenter une opportunité d'emploi. Cette approche peu coûteuse vous permet de couvrir le plus grand nombre de possibilités. Votre lettre doit être courte, simple et manuscrite.

Lettre manuscrite de candidature spontanée aux recruteurs

Monsieur,

Dans l'espoir que vous recherchiez un candidat pour un poste de directeur financier (ou tout autre poste, tel que directeur de marketing, directeur commercial, chef des ventes, directeur de personnel, programmeur, éviter les titres vagues comme responsable, président ou vice-président), *je vous prie de trouver ci-joint mon C.V.*

Mon expérience la plus récente se situe dans le domaine de la micro-informatique, mais je connais également très bien les secteurs de l'électronique, du matériel informatique et des jouets.

Dans l'attente de votre réponse, je vous prie d'agréer, Monsieur, l'expression de mes sentiments les meilleurs.

Votre signature

►Les agences de travail temporaire ou intérimaire

Les sociétés d'intérim diffèrent des cabinets de recrutement. Elles louent pour une période limitée et sous contrat du personnel temporaire de tout niveau à des entreprises désireuses de trouver une solution rapide à un problème d'emploi ponctuel.

Les missions sont limitées dans le temps ; pour une même personne, elles ne peuvent pas s'enchaîner dans une même entreprise et au même poste plus de deux fois. Enfin, elles doivent répondre à des besoins précis (surcroît d'activité, commande imprévue, remplacement d'un salarié). Les contrats ou “missions” d'intérim sont soumis aux mêmes règles que les contrats à durée déterminée (CDD). Leur durée maximale est limitée à 18 mois, sauf dans certains cas précis où cette durée est soit réduite à neuf mois maximum, soit prolongée à 24 mois. Par ailleurs, les missions d'intérim ont des conditions de renouvellement plus restrictives que les CDD.

Ce service proposé par les sociétés d'intérim ne coûte rien à la personne embauchée et débouche parfois sur un emploi définitif. En effet, selon un sondage IFOP (Institut Français d'Opinion Publique) mené auprès de 1 000 intérimaires pour connaître leur parcours professionnel, 62% de ceux qui ont maintenant un emploi permanent ont commencé dans l'entreprise par une mission d'intérim. 51% des intérimaires se sont vu proposer un contrat à durée déterminée et 44% des titulaires d'un contrat à durée déterminée ont été contactés pour un emploi permanent.

Il est clair que l'intérim est utilisé par l'employeur comme période d'essai ou de pré-embauche. Si vous êtes au chômage, indemnisé ou non, l'intérim peut servir de "marchepied" vers la réinsertion professionnelle, l'étape suivante étant celle du contrat à durée déterminée.

Certains travailleurs font profession de l'intérim par goût, mais les trois quarts des intérimaires sont occasionnels, soit parce qu'ils ne trouvent rien d'autre, soit parce qu'ils espèrent trouver un emploi permanent par ce biais. C'est en tous les cas un moyen d'acquérir une expérience professionnelle ou de la compléter. Le fait d'avoir eu plusieurs emplois successifs n'est plus aujourd'hui considéré de façon négative par les employeurs.

Même les cadres à la recherche d'un premier poste, en situation de chômage ou en fin de carrière, acceptent les règles de l'intérim, avec l'espoir pour la majorité d'entre eux de transformer la mission temporaire en contrat de travail à durée indéterminée. C'est un moyen pour eux de trouver plus rapidement du travail, de se réinsérer professionnellement et de diversifier leur expérience. Selon une enquête APEC, les candidats recherchés dans les offres sont essentiellement de jeunes opérationnels appelés à répondre directement à un besoin urgent dans les fonctions commerciales ou d'ingénieurs. Pour les cadres, le phénomène reste marginal (3,2 cadres sur mille ont choisi cette solution). Mais l'intérim apparaît comme un des moyens dont disposent les directions pour gérer leur personnel.

Bien que cela soit interdit, nombre d'agences intérimaires en viennent maintenant à pratiquer la présélection de personnel en vue d'une embauche définitive. Le marché du travail va dans ce sens : aujourd'hui, deux missions d'intérim sur cinq se concluent par une embauche définitive. C'est pourquoi il vous est recommandé de contacter ces agences.

Voici quelques précisions sur le fonctionnement de ces sociétés.

1. Elles travaillent sur des secteurs géographiques spécifiques. Toutefois les sociétés d'intérim pour personnel de haut niveau louent des candidats venant de toutes les régions de France.

2. Elles agissent plus rapidement que les cabinets de recrutement. Lorsqu'elles sont chargées d'une mission, ces sociétés passent une annonce ou utilisent leur fichier et commencent aussitôt à présenter des candidats à l'entreprise.

3. Prenez des renseignements sur la personne qui s'occupera personnellement de votre dossier et demandez à la société d'intérim une liste de références que vous n'oublierez pas de contacter pour vérifier le sérieux de l'agence.

4. Ces agences recrutent des salariés de tout niveau, du manutentionnaire jusqu'au cadre. Certaines se spécialisent par secteurs industriels, branches d'activité et catégories professionnelles.

Elles gagnent de l'argent quand elles vous placent et parfois vous risquez d'être orienté vers un poste qui ne correspond pas à votre profil. Vous devez veiller à ce qu'elles agissent en fonction de vos objectifs et non selon les désirs de leur responsable.

Il se peut que certaines agences en recherche de mission envoient votre C.V. à un nombre important d'entreprises qui peuvent figurer dans votre liste de sociétés-cibles. Dans cette éventualité, mieux vaut limiter les informations que vous donnez à ces agences. De manière à garder le contrôle de votre recherche d'emploi et afin d'éviter tout conflit, insistez pour qu'elles vous communiquent le nom des entreprises qu'elles ont l'intention de contacter.

Pour vous rendre compte de l'activité des agences d'intérim de votre région, lisez les petites annonces. Vous pouvez les contacter par téléphone pour savoir si elles ont des emplois qui vous intéressent. En cas de réponses positives, prenez rendez-vous et informez-vous sur leur fonctionnement. La plupart d'entre elles sont dirigées par des professionnels honnêtes, bien au courant des problèmes et de l'évolution des marchés de l'emploi. Ils peuvent vous donner de bons conseils.

► Les petites annonces de demande d'emploi dans la presse

Certains chercheurs d'emploi placent des annonces dans les grands quotidiens nationaux, régionaux et les magazines économiques. Ces annonces ne sont jamais lues par les personnes à qui elles sont adressées.

Pour produire un effet, le placement d'une annonce par un particulier n'est valable que si le candidat possède une spécialité très rare. Dans ce cas-là, il vous sera plus utile d'insérer la petite annonce dans une revue technique spécialisée au lieu d'un quotidien.

Les petites annonces de demande d'emploi sont lues par certains cabinets de recrutement, par les agences d'intérim et par de petites entreprises dont le budget de recrutement est très modeste. Par cette méthode, vous pouvez trouver un poste de courte durée par exemple.

Malheureusement ces annonces personnelles sont chères et à moins de répondre au critère cité plus haut, réfléchissez bien avant d'investir votre argent dans une telle opération.

► L'Agence Nationale pour l'Emploi (ANPE)

L'ANPE est un établissement public national qui possède le monopole du placement gratuit. Théoriquement, elle devrait avoir connaissance de toutes les offres déposées par les employeurs afin de les proposer aux demandeurs d'emploi, qu'ils soient ou non inscrits auprès de l'agence.

Relais entre l'entreprise et le demandeur d'emploi, l'ANPE offre une multitude de services souvent méconnus, tant par le candidat que par les entreprises elles-mêmes :

- Aide aux techniques de recherche d'emploi : se connaître, savoir mettre en valeur ses talents, savoir rédiger un C.V. et des lettres de candidature spontanée, savoir passer un entretien d'embauche....

- Offres d'emploi : communication des annonces sur panneaux d'affichage ; internet ; journaux d'offres publiés chaque semaine (emploi de cadres, d'ingénieurs, de techniciens et certaines offres du secteur public et du secteur culturel) ; répondeurs téléphoniques diffusant chaque jour des offres d'emploi dans les agences locales.
- Aides à la création d'entreprise.
- Un libre service information, des réunions d'information, un entretien personnalisé.
- Formation sur mesure : pour les chômeurs de longue durée, il peut être nécessaire d'effectuer une évaluation personnelle et une réorientation professionnelle accompagnée d'une période de formation. Ce programme comprend des stages de réinsertion ou des contrats de travail de type particulier.
- Service spécialisé d'accueil des cadres : 18 points cadres sont implantés par l'ANPE dans les grandes villes régionales. Informations, conseils, mise à disposition de l'ensemble des offres d'emploi du marché des cadres représentent les principaux services offerts.
- Accès aux stages du Fonds National de l'Emploi pour les cadres : d'une durée de trois à quatre mois, ces stages qui comprennent un volet pratique sont destinés au perfectionnement (gestion, marketing...) ou préparent un changement de carrière. Ils visent à permettre l'élargissement des perspectives d'emploi des cadres souvent marqués par leur expérience antérieure dans une branche d'activité particulière.
- Présentation des contrats pour les jeunes : pour faciliter l'embauche, il est proposé aux jeunes des contrats de travail comportant une part de formation et une part de travail en entreprise (contrats d'apprentissage, contrats d'adaptation et de qualification).

Les demandeurs d'emploi, quelle que soit leur catégorie, doivent s'informer sur tous les services proposés par l'Agence Nationale pour l'Emploi et ne pas hésiter à dialoguer avec les professionnels de leur agence locale pour que ceux-ci comprennent mieux leurs besoins et problèmes. Ce service gratuit offert à tous vous aidera à mieux définir vos atouts par un bilan professionnel et personnel, à mieux connaître la réalité du marché du travail, à mieux utiliser les techniques de recherche d'emploi.

L'Association pour l'Emploi des Cadres (APEC)

Gérée par le patronat et les organisations syndicales de cadres, l'APEC joue pour les cadres, par dérogation, le même rôle de placement que l'ANPE. Mais elle ne tient pas les listes de cadres demandeurs d'emploi et votre inscription à l'APEC ne vous ouvre aucun droit à indemnisation et ne remplace pas l'inscription à l'ANPE. Il n'est pas nécessaire d'être au chômage ou en recherche d'emploi pour s'inscrire à l'APEC. En plus de ses activités de placement, l'APEC a développé un important département "études" qui analyse les secteurs d'activité , les fonctions, et publie des perspectives semestrielles. Elle dispose d'une délégation par région et de nombreux bureaux et antennes répartis sur tout le territoire.

L'APEC s'adresse à tous les cadres en activité ou au chômage, confirmés ou débutants, et offre différents services à ses adhérents :

- Des séminaires thématiques pour trouver un emploi, se mettre à son compte, rédiger lettres et C.V., se présenter à un entretien et piloter sa carrière.
- Dès l'inscription à l'APEC, la possibilité de s'informer et de s'orienter avec un conseiller professionnel connaissant les pratiques de l'entreprise et sachant informer le cadre sur l'évolution de son secteur d'activité et de sa fonction.
- Des séminaires de conjoncture pour les cadres actifs ou sans emploi et les entreprises qui trouvent dans ces réunions des informations intéressantes sur l'évolution de leur secteur d'activité.
- Des travaux de groupe pour échanger des expériences, comparer des projets professionnels, simuler des entretiens, partager des expériences.
- Pour les jeunes diplômés de l'enseignement supérieur Bac+3, des conseils personnalisés, des groupes de travail et des débats-rencontres avec des professionnels du recrutement.
- Un centre de documentation en libre-service qui offre une actualisation constante du marché de l'emploi :
  - Deux fois par an, 4 000 entreprises informent l'APEC de leurs intentions de recrutement de cadres pour les six mois à venir.
  - Traitement statistique et analyse approfondie du contenu des petites annonces de la presse permettant de suivre les tendances du marché ; par exemple : nombre de postes proposés dans chaque fonction, profils exigés et rémunérations offertes.
  - Recensement de 4 000 stages de formation avec référence des organismes prestataires.
  - Bases de données informatiques, microfiches d'offres d'emploi cadres sans cesse réactualisées, annuaires, périodiques, dossiers documentaires et un journal hebdomadaire *Courrier Cadres*.

► L'Association pour l'Emploi des Cadres, Ingénieurs, Techniciens de l'Agriculture (L'APECITA)

Elle joue le même rôle que l'APEC pour les offres et demandes d'emploi spécifiquement agricoles et agro-alimentaires : informations, documentations, orientations, formations et offres d'emploi.

► Les Chambres de Commerce et d'Industrie

Si les Chambres de Commerce et d'Industrie sont nombreuses à proposer des aides spécifiques aux créateurs d'entreprise, en revanche elles ont chacune leur propre politique d'aide à la réinsertion professionnelle. C'est ainsi que la Chambre de

Commerce et d'Industrie de Paris (CCIP) s'est dotée d'un Bureau pour l'Information et l'Orientation Professionnelle (BIOP). Cet organisme coordonne l'action des seize centres d'enseignement que la CCIP gère en région parisienne. Ces établissements, au nombre desquels figurent l'Ecole Supérieure de Commerce de Paris (ESCP), le groupe des Hautes Etudes Commerciales (HEC) ainsi que des établissements d'enseignement technologique et des écoles commerciales (comme NEGOCIA), proposent non seulement des formations initiales, mais aussi des stages et des cursus de formation continue dont le catalogue peut être demandé au BIOP. Bon nombre de ces formations sont ouvertes aux chercheurs d'emploi qui peuvent avoir accès aux aides financières publiques.

Le BIOP propose aux salariés et aux entreprises des bilans personnels et professionnels particulièrement utiles pour faire face à une mutation économique, à l'apparition de nouveaux métiers ou de nouvelles technologies. De tels bilans peuvent être pris en charge par le plan social en cas de licenciement économique. Les "bilans d'orientation" animés par le BIOP s'adressent plus spécifiquement aux chercheurs d'emploi qui, moyennant une cotisation annuelle modeste ou le paiement d'un droit d'entrée, ont par ailleurs accès aux services "Libre accès" et "Recherche assistée" des deux centres documentaires de la CCIP.

Les services de placement de votre école ou de votre université

Le souci d'aider les étudiants à s'insérer dans la vie active est de plus en plus manifeste, aujourd'hui, dans les universités et les grandes écoles. Certains établissements ont créé de véritables services-emplois chargés de l'insertion professionnelle. Ils centralisent la totalité des offres d'emploi destinées aux étudiants diplômés et offrent une aide à la recherche de stages. Ils proposent aussi des bourses, des guides de recherche d'emploi et des tables rondes. Les actions universitaires varient d'une université à l'autre.

Pour les récents diplômés des grandes écoles, des écoles supérieures de commerce et des universités, les services de placement sont d'excellentes sources de recherche. Ces services sont de plus en plus souvent contactés par des entreprises et des cabinets de recrutement intéressées par les débutants spécialisés dans un secteur d'activité particulier. Grâce aux associations d'étudiants et aux services de placements, le diplômé en recherche d'emploi dispose d'un arsenal tactique fondé sur la communication directe entre l'étudiant et l'entreprise. Cet arsenal consiste en :

- Forums organisés par des écoles d'ingénieurs et de commerce et certaines universités où de grandes entreprises (AGF, Bull, Carrefour, Matra, Hewlett-Packard, Lafarge Coppée, EDF) présentent leurs possibilités de carrières et misent sur leur capital image pour attirer les candidatures spontanées (présentation de films, photos et brochures). Des représentants de l'entreprise ou des conseils en recrutement viennent ensuite faire passer des entretiens aux étudiants intéressés.

- Journées de rencontre entre des responsables d'entreprise et les étudiants. Ces journées consistent en échange d'information, visites d'usines, laboratoires, bureaux d'études et chantiers, parrainage de groupes d'élèves par des ingénieurs et conférences.

Ces forums et journées de rencontre débouchent rarement sur une embauche définitive, mais plus fréquemment sur des stages de longue durée qui constituent un bon tremplin en vue d'un recrutement. Selon un article de *Courrier Cadres*, 15% des jeunes embauchés chez Nestlé sont d'anciens stagiaires. Aujourd'hui, employeurs et étudiants diplômés ont compris l'importance de la communication et, dans ce domaine, l'industrie démontre chaque jour sa maturité. Selon une enquête APEC, 57% des entreprises effectuent des actions de présentation auprès des étudiants des écoles et universités, leur cible préférée étant les élèves des écoles d'ingénieurs (40%), les élèves des écoles de commerce (40%) et les étudiants des universités (20%).

Renseignez-vous sur tous les services offerts par votre école ou votre université concernant les perspectives d'emploi. Autrefois, en raison du fossé existant entre le monde professionnel et l'univers des grandes écoles, les étudiants ne pouvaient pas espérer une aide efficace de leur établissement. A présent, de plus en plus d'enseignants veulent aider les étudiants à entrer dans la vie professionnelle. Ils ont compris que l'université ne peut plus se permettre de négliger l'avenir professionnel de ses diplômés. Les initiatives sont encore timides et relèvent encore trop souvent du dynamisme d'une petite équipe, mais elles se multiplient dans les établissements grâce à la volonté d'une poignée d'enseignants. Certains suivent les sessions de formation organisées par les spécialistes de l'APEC et les étudiants peuvent trouver un correspondant APEC dans chaque université et auprès des grandes écoles.

Les "job-conventions"

Les cadres de tout niveau et les nouveaux diplômés ont à leur disposition de nouvelles méthodes de recherche qui, avec les forums et les rencontres, sont venues concurrencer le marché des petites annonces. Il s'agit des "Job-Conventions" qui permettent aux candidats de communiquer directement avec les entreprises.

Les "Job-Conventions" sont des foires-expositions auxquelles participent plusieurs entreprises désireuses de rencontrer des commerciaux, des informaticiens et des ingénieurs (cadres débutants ou confirmés). Les candidats font le tour des entreprises et passent des entretiens à la chaîne. Le but de la manœuvre est de se rencontrer pour mieux négocier.

Ces méthodes d'approche sont une occasion de mieux s'informer sur une société et de rencontrer des cadres qui travaillent déjà dans l'entreprise. Même si votre candidature n'est pas retenue, ces personnes peuvent vous donner des noms de gens à contacter ainsi que de précieux renseignements. Cela vous permettra d'augmenter votre liste de personnes-cibles. Renseignez-vous sur les dates de ces journées auprès de l'APEC ou de l'ANPE.

Se présenter spontanément à une entreprise

Les cadres ou jeunes diplômés qui se présentent spontanément à une entreprise pour y déposer leur C.V. ne doivent pas espérer un entretien. Les responsables du recrutement ne travaillent que sur rendez-vous.

Néanmoins, si c'est le service du personnel qui a la charge de recruter, rien ne vous empêche de vous rendre sur place pour vous informer sur les emplois offerts et déposer votre C.V. et/ou remplir le formulaire de candidature propre à l'entreprise. Ce sont vos contacts personnels, vos démarches de prospection téléphonique et les petites annonces qui vous permettront de savoir si une entreprise est en train de recruter.

CAMPAGNE DE CANDIDATURE SPONTANEE AUPRES DE SOCIETES-CIBLES

Les chapitres précédents vous ont permis de faire le point sur vos atouts et sur votre expérience professionnelle et personnelle. A présent, vous connaissez mieux la réalité du monde du travail, vous savez mieux vers quel emploi vous diriger et ce que vous avez à offrir à un employeur potentiel. Il est temps maintenant de rechercher des entreprises qui correspondent à votre objectif personnel et sont susceptibles d'utiliser vos compétences.

Cette campagne de candidature se fait au moyen d'un mailing dans lequel vous proposez directement vos services à des entreprises ciblées qui n'ont pas fait paraître de petites annonces de recrutement. Selon l'ANPE, plus d'un tiers des embauches est réalisé à partir de candidatures spontanées. Selon l'APEC, 23% des cadres disent avoir trouvé leur emploi par ce moyen. Ce sont les cadres avec moins de cinq ans d'expérience et les cadres en recherche d'emploi qui font en priorité appel à cette technique. Aujourd'hui, même les cadres confirmés ciblent les entreprises par candidature spontanée.

Cette méthode est de plus en plus utilisée, à tel point que certaines grandes entreprises reçoivent jusqu'à 1 000 candidatures spontanées par mois, d'autres des centaines chaque jour ! A ce rythme, certaines entreprises très sollicitées n'ont plus besoin de passer d' annonces ; elles continuent de développer leur image de marque sur les campus des écoles et universités pour attirer les candidatures spontanées. La candidature spontanée représente l'une des principales sources de recrutement des grandes entreprises. EDF-GDF traite 10 000 candidatures spontanées “cadres” par mois! Les PME-PMI semblent être moins sollicitées et cette démarche les surprend souvent. Cela peut jouer en faveur du candidat, même si les PME-PMI ne savent pas encore bien gérer les candidatures spontanées.

Le choix des sociétés-cibles ne doit pas être laissé au hasard. Vous devez sélectionner les secteurs d'activité et les entreprises en fonction du bilan personnel et professionnel que vous avez établi. Parmi les entreprises sélectionnées, choisissez plutôt celles qui accordent de l'importance à la formation professionnelle pour répondre à leurs besoins et, parmi elles, celles correspondant à vos capacités. Toutefois, ne négligez pas les entreprises qui licencient car au même moment elles peuvent être à la recherche de cadres ayant de nouvelles compétences.

Ces sociétés-cibles peuvent être des concurrents, des fournisseurs, des employeurs précédents, des entreprises qui vous intéressent et des sociétés de secteurs industriels apparentés au vôtre.

Renseignez-vous avec soin sur l'entreprise capable de vous fournir un emploi : sa taille, les produits ou services qu'elle offre, sa position économique et ses objectifs dans son secteur d'activité, les possibilités d'évolution de carrière et sa politique d'embauche en ce qui concerne l'âge des salariés et les débutants, sa localisation et celle de ses filiales ou unités, son chiffre d'affaires et ses bénéfices. Tous ces renseignements vous permettront de faire un meilleur choix, d'utiliser une approche plus efficace et d'argumenter votre lettre. Une des étapes les plus importantes de votre recherche d'emploi est de connaître tous ces éléments et de rechercher des renseignements sur les dirigeants et responsables opérationnels qui décideront de votre embauche. Tout ce travail de recherche est essentiel avant de commencer vos approches par mailing, par contacts personnels ou prospection téléphonique.

Cette connaissance des entreprises est la partie la plus négligée par les candidats. Ils sont tellement pressés d'arriver au but qu'ils ne se rendent pas compte à quel point ces travaux de recherche leur permettraient de mieux utiliser leur énergie. Dans la découverte d'une opportunité, le fait d'avoir suivi un objectif précis est tout aussi important que le facteur chance. Vous serez un meilleur candidat si vous êtes bien informé sur les entreprises et les responsables que vous rencontrerez. Rien ne peut remplacer la connaissance.

Pour constituer votre liste de sociétés-cibles, consultez la bibliothèque de votre école ou de votre université ainsi que celle de votre localité. Lisez la presse professionnelle et spécialisée ainsi que la presse régionale qui publient des articles sur les projets des entreprises. Les chambres de commerce et d'industrie, les fédérations et organismes professionnels et les syndicats vous fourniront des annuaires professionnels et des répertoires d'entreprises. Consultez l'annexe C pour trouver les sources d'information sur les entreprises et leurs dirigeants. Le chargé d'information de votre agence locale de l'ANPE ou de l'APEC vous donnera d'autres renseignements pour compléter votre travail d'identification.

Vos démarches de candidature spontanée seront d'autant plus efficaces que vous saurez les organiser et les contrôler. Etablissez une fiche d'information comme celle de la page suivante pour chacune de vos sociétés-cibles.

Date : ____________

FICHE D'INFORMATION SUR UNE SOCIETE-CIBLE

Société : *ABC S.A.*

Adresse : *3, rue de l'Esplanade, 75008 Paris*

Téléphone : *01.42.00.00.00*

Contacts éventuels (avec titres) **:** *Maurice Martin, Directeur Général- Jean Delage, Directeur Financier- Paul Levet, Directeur de Marketing*

INFORMATIONS GENERALES—Effectif : *1 400*

C.A. : *200 M€* **Bénéfices déclarés :** *3 M€*

Infrastructure : *3 usines en France- 1 en Allemagne- 2 bureaux en Italie*

Produits : *Matériel électrique- matériel et accessoires informatiques*

Programmes d'expansion : *Dans le sud-est asiatique- Article dans Le Monde du 20 février*

Besoins potentiels : *Directeur Commercial International*

Evénements récents : *Changement de PDG en janvier- Maurice Martin vient de la société Sider.*

Perspectives d'emploi : *Vente internationale*

Intérêt de la société à me recruter (réalisations) **:** *10 années d'expérience dans la vente sur le marché européen dont 7 ans avec Westinghouse Electric- Expérience IBM.*

APPROCHE—Intermédiaire : *Etienne Dumond de La BNP*

ou

Candidature spontanée et relance téléphonique (voir prospection téléphonique) **:**

Dernier recours

ou

Réponse à une annonce (courrier ou en personne) **:** *Pas efficace*

Source : ____________ **Date :**

Informations à poursuivre : *Plus de renseignements sur leurs banques- trouve d'autres intermédiaires d'ici un mois.*

Prendre rendez-vous—date/heure : *Fin avril*

Nouvel intermédiaire : *En cours de recherche*

A vous d'agir

Date : ____________

FICHE D'INFORMATION SUR UNE SOCIETE-CIBLE

Société : ______________________________

Adresse : ______________________________

Téléphone : ______________________________

Contacts éventuels (avec titres) : ______________________________

____

INFORMATIONS GENERALES—Effectif : ______________________________

C.A. : ____________ Bénéfices déclarés : ____________

Infrastructure : ______________________________

Produits : ______________________________

Programmes d'expansion : ______________________________

Besoins potentiels : ______________________________

Evénements récents : ______________________________

____

Perspectives d'emploi : ______________________________

Intérêt de la société à me recruter (réalisations) : ______________________________

____

APPROCHE—Intermédiaire : ______________________________

ou

Candidature spontanée et relance téléphonique (voir prospection téléphonique) : ______________________________

____

ou

Réponse à une annonce (courrier ou en personne) : ______________________________

Source : ____________________ Date : ____________

Informations à poursuivre : ______________________________

____

Prendre rendez-vous—date/heure : ____________

Nouvel intermédiaire : ______________________________

Détails sur les sociétés-cibles

Chaque personne que vous rencontrerez vous posera invariablement la même question : “Comment puis-je vous aider ?” Le bon candidat répondra : “Connaissez-vous quelqu'un dans une de ces entreprises ?” Au même moment, il montrera sa liste de sociétés-cibles pour lesquelles il recherche des introductions. La conversation se poursuit : “Je ne demanderai pas un emploi à vos contacts, mais plutôt s'ils ont l'opportunité de me présenter à leurs relations professionnelles dans ma spécialité”. Vous vous apercevrez que 70% des emplois sont découverts de cette façon : rencontrer des gens qui connaissent d'autres gens.

Le tableau de la page suivante facilitera le classement de vos sociétés-cibles. Faites-en une liste par ordre de préférence. Dans chaque case écrivez le nom de la société, le nom du responsable du recrutement et son numéro de téléphone. Il vous faudra faire des recherches pour trouver le nom de cette personne. C'est la raison pour laquelle il est important de trouver un contact qui la connaît ou de faire la connaissance d'une autre personne dans la société-cible qui peut vous mettre en relation avec elle.

Pour vous entraîner, approchez d'abord les dernières sociétés listées sur le tableau. Il est préférable de faire des erreurs avec les entreprises qui ne sont pas votre choix numéro un. On ne vous donnera pas une deuxième occasion de faire bonne impression. Vous pouvez choisir autant de sociétés-cibles que vous le souhaitez. Il est préférable de disposer d'un tableau pour chaque région.

Créez un dossier sur chaque société-cible : résultats financiers, brochures, articles de journaux. Lisez ces documents et essayez de vous en souvenir lorsque vous rencontrez un de ses cadres.

Comment atteindre vos sociétés-cibles

Commencez par envoyer un nombre limité de lettres de candidature spontanée à une douzaine de sociétés-cibles, après avoir recherché soigneusement toutes les informations utiles. Ce premier essai doit être réduit, car vous devez faire suivre chaque lettre d'un appel téléphonique sans attendre que l'on vous réponde. Vous essaierez de conclure ce contact en obtenant un rendez-vous par téléphone. C'est la raison pour laquelle votre lettre doit se terminer par la formule : “Je me propose de vous téléphoner dans quelques jours pour convenir d'un rendez-vous”, ou “Je cherche des conseils sur ma recherche d'emploi et je prendrai la liberté de vous téléphoner dans quelques jours pour un bref entretien”, ou encore, “En espérant que nous trouverons des intérêts communs, je vous téléphonerai la semaine prochaine pour arranger un court entretien à votre convenance”. Si vous envoyez trop de lettres de candidature spontanée à la fois, il vous sera difficile d'utiliser cette méthode.

A qui s'adresse une telle lettre ?

Les chercheurs d'emploi envoient presque toujours leurs lettres de candidature spontanée aux directeurs des ressources humaines (DRH). La majorité des entreprises et des cabinets de recrutement estiment qu'elles sont mal ciblées. Etant donné le nombre croissant de candidatures spontanées, il est plus astucieux de s'adresser au véritable décideur, souvent un responsable opérationnel.

A vous d'agir

Nom de la société
Décideur
Numéro de téléphone

SOCIETES-CIBLES

Secteur					
Classement	**1**	**2**	**3**	**4**	**5**
1					
2					
3					
4					
5					
6					

1. Si vous gagnez moins de 50 000 euros par an et s'il s'agit d'une grande entreprise, écrivez au directeur de la division ou au responsable du département dans lequel vous souhaitez travailler, c'est-à-dire à la personne qui peut influencer le recrutement. Envoyez une lettre bien rédigée avec votre C.V. N'écrivez pas au service du personnel.
2. Si vous êtes un cadre confirmé et gagnez plus de 50 000 euros par an et s'il s'agit d'une grande entreprise, écrivez au directeur général de la filiale ou de l'unité. Il est préférable de ne pas lui envoyer votre C.V., mais une lettre de candidature spontanée très bien construite.
3. Pour les petites et moyennes entreprises, en règle générale, écrivez toujours au PDG quelle que soit votre rémunération. Envoyez une lettre de candidature spontanée sans C.V. si votre salaire est supérieur à 50 000 euros et une lettre avec C.V., s'il est inférieur à 50 000 euros.
4. Les lettres de candidature peuvent être envoyées non seulement pour un emploi mais aussi pour une demande d'apprentissage, de stage ou d'emploi saisonnier.
5. *Il est indispensable d'adresser vos lettres à une personne nommément désignée et jamais à un titre.* Si votre information provient d'un annuaire ou de tout autre document, il vous faudra vérifier l'orthographe du nom de votre destinataire et savoir s'il est toujours en poste. Appelez sa société et demandez ces renseignements à la standardiste. Si celle-ci vous demande les raisons de votre appel, répondez que vous voulez envoyer un courrier à la personne en question et que vous voulez vous assurer de l'exactitude de son titre, de son adresse et de l'orthographe de son nom.
6. Vos lettres de candidature spontanée doivent être dactylographiées et se terminer par une note optimiste en demandant un entretien. N'oubliez pas de faire un suivi de vos candidatures spontanées car il est rare que des opérationnels recontactent les candidats même s'ils ont été favorablement impressionnés.

Comment composer une lettre de candidature spontanée à envoyer avec C.V. à une société-cible

Tout d'abord, n'oubliez pas d'adapter votre C.V. à la société que vous visez. Ne le datez pas. L'objectif est d'obtenir un entretien.

Le premier paragraphe doit indiquer le but de votre lettre, en utilisant la phrase d'ouverture ou des réalisations professionnelles de votre C.V.

Le deuxième paragraphe doit donner une vue générale de votre expérience en incorporant une autre réalisation ou certaines de vos compétences.

Le troisième paragraphe doit expliquer ce que vous pouvez apporter à la société et les raisons pour lesquelles vous voulez y travailler.

Terminez votre lettre en précisant que vous aimeriez avoir un entretien et que vous téléphonerez pour convenir d'un rendez-vous.

Prénom, NOM
Adresse
Numéro de téléphone

Monsieur Pierre REMY
Président Directeur Général
Société ABC Cat & Dog S.A.
2, avenue du Général de Gaulle
31300 TOULOUSE

(Ville, Date)

Monsieur le Président,

Je possède plus de 12 ans d'expérience en recherche et marketing dans le secteur des aliments pour animaux domestiques et j'ai lancé avec succès plusieurs douzaines de produits nouveaux. L'éventail de mes compétences et mon intérêt pour votre entreprise expliquent mon souhait de travailler au sein de votre équipe.

En 1993, mes travaux de développement de produits nouveaux ont permis à ma société d'introduire deux nouvelles gammes d'aliments pour chats et d'augmenter immédiatement de 12% ses ventes dans ce secteur.

La société Cat & Dog S.A. a toujours été notre principal concurrent. J'apprécie tout particulièrement l'approche agressive dont vous faites preuve dans le lancement de nouveaux produits. Je suis persuadé que mes talents et mon expérience me permettront d'apporter une contribution efficace à la gestion de votre département recherche et marketing.

Je crois qu'un entretien me donnerait la possibilité de préciser de quelle manière votre société pourrait bénéficier de mon expérience. Je me permettrai de vous téléphoner dans quelques jours pour prendre rendez-vous.

Je vous prie de croire, Monsieur le Président, à l'expression de mes sentiments distingués.

Signature

P.J. : C.V.

Lettre de candidature spontanée dactylographiée accompagnant un C.V. à une société-cible (Grande Entreprise)

Prénom, NOM
Adresse
Numéro de téléphone

Monsieur Fabrice MORAN
Directeur Commercial International
Moran S.A.
4, allée des Tilleuls
45000 ORLEANS

(Ville, Date)

Monsieur,

Cela fait sept ans que je suis responsable du développement des ventes des composants électroniques de mon entreprise. Je cherche à présent une nouvelle opportunité de carrière et souhaiterais vivement prospecter les différents postes de vente offerts dans votre établissement dont la marque est mondialement connue.

J'ai acquis une grande expérience dans la vente internationale, la promotion, le choix des agents commerciaux ainsi qu'une bonne connaissance de la réglementation import-export et du déroulement des foires et des salons. En 2004, j'ai recruté et formé une équipe de quatre commerciaux aux Etats-Unis. L'année suivante, le chiffre d'affaires de ma division a augmenté de 35%.

L'annonce de votre expansion aux Etats-Unis m'intéresse vivement et je suis certain que mon expérience et mes connaissances vous seront utiles. J'aimerais pouvoir discuter de vive voix de la façon dont mes compétences pourraient contribuer à vos projets de développement à l'étranger. Je me permettrai de vous téléphoner la semaine prochaine pour convenir d'un rendez-vous.

Je vous prie d'agréer, Monsieur, l'expression de mes sentiments distingués.

Signature

P.J. : C.V.

Comment composer une lettre de candidature spontanée sans C.V. à une société-cible

La différence entre une lettre de motivation en réponse à une annonce et la lettre de candidature spontanée à une société-cible est que la première est destinée à répondre point par point aux critères de l'annonce tandis que la seconde donne une vue générale de vos points forts (à moins de connaître le besoin spécifique de la société que vous visez).

Votre réseau et votre recherche de documentation vous ont permis d'identifier le responsable qui décidera de votre embauche. C'est la personne dont vous voulez capter d'emblée l'intérêt pour qu'elle vous propose un entretien.

Votre paragraphe d'introduction est très important. Cette lettre doit susciter la curiosité de la personne qui recrute par une entrée en matière directe, personnelle et originale. Commencez par une de vos réalisations les plus marquantes, plus particulièrement par celle qui pourrait intéresser directement votre lecteur, de manière à ce qu'il pense : "Voilà quelqu'un de différent".

Votre deuxième paragraphe doit montrer votre intérêt à travailler pour son entreprise, les raisons pour lesquelles vous avez choisi sa société et en quoi elle correspond à vos intérêts (qui seront aussi les siens quand vous le rencontrerez).

Votre troisième paragraphe doit montrer votre valeur professionnelle en prélevant dans votre C.V. les réalisations professionnelles les plus intéressantes pour l'entreprise. Mettez l'accent par exemple sur des résultats chiffrés, la connaissance de procédures techniques ou d'une réglementation particulière. Vous serez dans une meilleure position si vous connaissez par avance le problème particulier de votre lecteur car vous pourrez choisir et affiner les expériences professionnelles les mieux adaptées à son cas.

Terminez en parlant du profit mutuel qui pourrait naître d'une conversation et en précisant que vous appellerez pour prendre rendez-vous.

Etudiez la lettre de la page suivante...

Règles générales pour écrire une lettre de candidature spontanée

Vos chances d'obtenir une réponse dépendront également de la rédaction de votre lettre :

- Faites plusieurs brouillons en étant très critique.
- Soyez court et précis dans le fond et la forme afin de ne pas écrire plus d'une page.
- Pensez à bien délimiter les marges.
- Espacez suffisamment les mots de façon à ce que la lettre soit claire et aérée.
- N'écrivez jamais rien à la hâte ou quand vous êtes contrarié. Cela transparaîtrait dans le texte. Au contraire, écrivez dans le calme et confortablement installé.
- Rédigez la lettre dans le seul but d'obtenir un entretien et en pensant que c'est la lettre la plus importante que vous écrirez dans votre vie.

Lettre de candidature spontanée dactylographiée sans C.V. à une société

Prénom, NOM
Adresse
Numéro de téléphone

Monsieur Pierre MONDON
Président Directeur Général
Société d'Edition et de
Communication
3, boulevard Lamartine
37100 TOURS

(Ville, Date)

Monsieur le Président,

Cadre commercial, responsable de la distribution de magazines représentant en 2006 un chiffre d'affaires de 3 M€, mon action a permis d'augmenter les ventes de 5% par rapport à l'année précédente avec une amélioration des marges bénéficiaires de 4,6%.

Débutant stagiaire il y a dix ans dans la société ABC Diffusion, les promotions successives m'ont permis d'accéder à la fonction de directeur commercial. L'article de l'Express sur votre remarquable expansion a attiré mon attention, d'autant que je voudrais orienter ma carrière dans l'industrie du livre où mes compétences en vente et marketing pourraient être immédiatement opérationnelles.

L'industrie de l'édition est ma passion et j'espère qu'un entretien me permettra de vous présenter mes réalisations dans ce domaine. J'ai notamment :

- Lancé cinq nouveaux magazines dont les ventes sont montées à 200 000 unités par mois en moins de 18 mois.
- Multiplié les ventes par 4,5 en sept ans.
- Recruté et formé une force de vente dont les agents sont devenus très performants.
- Amélioré, en tant que responsable de production, la rentabilité des opérations, qui a plus que doublé en trois ans.

Je suis diplômé de l'Ecole Supérieure de Commerce de Dijon et j'ai suivi plusieurs stages de formation en gestion et finance.

Je suis certain qu'un court entretien sur les bénéfices que peut apporter mon expérience à vos projets de développement nous serait mutuellement profitable. Je me permettrai de vous téléphoner la semaine prochaine pour convenir d'un rendez-vous.

Je vous prie de croire, Monsieur le Président, à l'expression de mes sentiments distingués.

Signature

Les risques d'une campagne de candidature spontanée

Vos campagnes de candidature spontanée ne serviront à rien si vous faites un mailing aveugle en envoyant de nombreuses lettres identiques non ciblées et sans informations sur les entreprises

Même si vous avez accompli soigneusement votre travail de détective, il arrive très souvent que votre lettre de candidature spontanée avec ou sans C.V. ne parvienne pas à son destinataire et soit transmise par une secrétaire zélée au service du personnel ou au département des ressources humaines.

Si la société-cible n'est pas en période de recrutement pour une personne de votre profil, vous recevrez une lettre standard vous remerciant de votre demande et vous indiquant que malgré une expérience professionnelle intéressante, la société n'a pas de poste à vous proposer pour l'instant. On vous demandera également l'autorisation de conserver votre dossier au cas où se présenterait une opportunité.

Ce refus ne signifie pas que vous devez abandonner cette société-cible. Mais il vous faut trouver un moyen plus efficace de prendre contact avec le décideur. Ce sera l'utilisation de la méthode du réseau qui vous permettra de trouver un intermédiaire susceptible de vous conduire directement ou par d'autres contacts jusqu'à votre personne-cible.

N'est-il pas préférable d'appeler votre personne-cible en disant : "Monsieur Mondon, Monsieur Paul Maurice (votre intermédiaire), que j'ai rencontré récemment, m'a conseillé de prendre contact avec vous, car il pense que vous serez intéressé par mes réalisations spectaculaires dans la vente des magazines. Pourrions-nous nous rencontrer jeudi ou vendredi pour quelques minutes ?" Cette conversation est rendue possible par l'intervention d'un de vos contacts, Monsieur Paul Maurice, connu de Monsieur Mondon. Grâce à cette introduction, vous serez perçu différemment par Monsieur Mondon. Bien qu'il puisse vous demander de lui envoyer seulement votre C.V., au moins avez-vous cette fois de grandes chances pour qu'il le lise. Imaginez si Monsieur Maurice appelle Monsieur Mondon avant vous pour lui dire que vous avez vendu l'année dernière des magazines représentant une valeur de 3 M€ !

La difficulté consiste à trouver un intermédiaire. Vous devez mener une enquête personnelle. Vous pouvez essayer d'approcher certains cabinets d'audit qui sont en contact fréquent avec votre personne-cible. Une autre méthode consiste à s'informer auprès d'une filiale en demandant un entretien d'information à un de leurs opérationnels. D'une manière générale, les partenaires, les avocats, les banquiers, les experts-comptables, les clients, les fournisseurs, les membres d'un association professionnelle et les exposants des salons professionnels peuvent vous servir d'intermédiaires. Autrement dit, vous devez exploiter votre réseau de contacts de façon permanente jusqu'à ce que vous trouviez la personne susceptible de vous mettre en contact avec votre personne-clé. Ayez toujours sur vous vos listes de sociétés et de personnes-cibles car vous ne savez jamais à quel moment vous allez rencontrer la personne qui va pouvoir vous venir en aide.

Seuls les contacts personnels peuvent vous fournir de précieuses informations ; en voici un exemple :

Supposons que vous vouliez travailler pour la société ABC et décidiez d'envoyer au responsable du département marketing une lettre de candidature spontanée sans C.V. ou une lettre de motivation avec C.V. orientée vers la branche marketing de votre carrière.

Supposons maintenant que vous adoptiez une approche différente et qu'un de vos contacts vous mette en relation avec un cadre de la société (qui n'est pas nécessairement la personne directement responsable de votre recrutement). Ce cadre vous apprend que son entreprise a un besoin urgent de cadres commerciaux et non de cadres marketing. Fort de cette nouvelle, vous pouvez changer entièrement votre approche et orienter votre C.V. sur des réalisations en vente plutôt qu'en marketing.

INTERNET ET VOTRE RECHERCHE D'EMPLOI

Celui qui cherche un emploi ou veut changer de carrière doit identifier des opportunités. Si le réseau de contact permet de trouver les plus belles, il existe désormais un système en pleine expansion par lequel on peut accéder à des centaines d'offres d'emploi provenant du monde entier.

Depuis plusieurs années, des associations et organisations en tous genres utilisent les circuits informatiques pour diffuser toutes sortes de messages publicitaires et même leurs offres d'emploi. Réservée aux grandes entreprises, cette technique de recrutement a été longtemps considérée comme marginale et limitée aux seuls postes techniques. L'accès à ces annonces électroniques exigeait jusqu'à présent une bonne connaissance de l'ordinateur et des logiciels de communication.

Les choses ont changé. Avec l'avènement de logiciels conviviaux, de Windows, de modems rapides, d'interfaces standard, de services interactifs et surtout d'Internet, les services électroniques qui proposent des emplois se sont multipliés.

Internet est un gigantesque réseau de communication qui a pris naissance dans les années 60. A l'origine, il servait aux communications entre les laboratoires de recherche, le ministère américain de la défense et les universités. Très vite, le secteur privé s'est intéressé au système. De nombreux particuliers et industriels ont profité de ce que le gouvernement américain se retirait du contrôle d'Internet pour accéder à ce réseau de communication. On estime aujourd'hui que le nombre de gens qui, dans le monde entier, communiquent chaque jour sur Internet se situe entre 60 et 200 millions et ce nombre ne fait que croître. La particularité de ce réseau est qu'il n'est contrôlé par aucune organisation.

On se bat pour faire de ce formidable réseau de communication un vaste supermarché de prestations qui fournirait à chacun tout ce qu'il peut demander... et irait même jusqu'à lui remplir ses déclarations fiscales. Le seul frein à ce développement est actuellement le souci de protéger la vie privée et d'éviter les utilisations frauduleuses des données bancaires et financières. Mais ce n'est qu'une question de temps.

Sur le plan de la recherche d'emploi, il est dès à présent possible à un Niçois par exemple de prospecter toutes les sociétés présentes sur Internet et de connaître les postes qu'elles ont à pourvoir à Melbourne, Johannesbourg, New York ou Utrecht, le tout pour le prix d'une communication téléphonique locale.

Pour aborder plus facilement cette mine d'occasions, il est utile de comprendre certains termes que vous aurez à utiliser dès que vous entrerez dans le monde d'Internet.

Modem : Pour accéder au monde des communications électroniques, il vous faut un "modem", c'est-à-dire un **modulateur/dém**odulateur pour vous connecter par téléphone aux autres ordinateurs et vous permettre d'échanger avec eux des données. La technologie évolue très vite et vous avez intérêt à demander la vitesse maximale possible au moment de votre acquisition. Une vitesse élevée offre l'avantage de réduire le temps de communication en assurant une transmission plus rapide de vos textes et graphiques.

Logiciel de navigation : Ce logiciel vous permet de consulter les informations sur Internet. La plupart des services qui permettent d'accéder à Internet proposent un logiciel qui facilite vos recherches et vos communication sur le réseau ,et vous permet de "surfer sur le Net" ou de "naviguer dans le Web", c'est-à-dire de passer d'une information à l'autre et d'effectuer vos recherches sur le réseau sans perdre de temps.

Les "browsers" ou "navigateurs" qui permettent de parcourir Internet sont proposés par de nombreuses sociétés dont les plus connues sont Netscape, Mozilla, Firefox, Opéra et Microsoft. Les sociétés de services peuvent vous recommander un logiciel pour leur propre connection, mais vous pouvez tout aussi bien utiliser un autre navigateur. Pour vous encourager à choisir leur système, les grandes sociétés vous proposeront peut-être gratuitement une version pilote que vous pourrez charger directement à partir de leur page d'accueil. Par exemple vous pouvez vous rendre à la page d'accueil de Netscape à l'adresse < **http://home.netscape.com/** > et voir ce que cette société propose. Vous pouvez également consulter la page d'accueil de Microsoft à l'adresse < **http://www.microsoft.com** > ou celle de tout autre constructeur et vérifier s'ils font des offres d'essai. Vous risquez d'avoir besoin de renseignements pour savoir quoi faire de votre version pilote une fois que vous l'aurez chargée sur votre ordinateur. Si vous n'êtes pas sûr de savoir manipuler ce type de logiciels de transmission, vous trouverez des logiciels de lecture dans la plupart des boutiques informatiques.

Avertissement : Une bonne façon de trouver des offres d'emploi est de chercher avec n'importe quel moteur de recherche en tapant **Emploi France**). Procurez-vous un bon détecteur de virus pour éviter de contaminer votre système à partir des fichiers étrangers. Assurez-vous que votre antivirus est toujours d'actualité et que vous en possédez la version la plus récente ; cela vous évitera bien des désagréments, car de nouveaux virus apparaissent constamment.

Serveurs : Ce sont des sites informatiques exploités par des groupes d'intérêts auxquels n'importe qui peut se connecter, sous réserve de disposer d'un ordinateur, d'un modem et d'un logiciel de communication. Dans certains cas, il peut vous être demandé un droit d'accès. Par précaution, ne transmettez jamais votre numéro de carte de crédit ou de compte bancaire par modem, sans être absolument certain que la transmission est bien protégée. Exigez toujours un exemple de ce qui vous est offert par le serveur avant de payer. Il ne devrait pas être nécessaire de payer un droit d'accès pour trouver des offres d'emploi.

E-mail : La messagerie électronique est sans aucun doute la fonction la plus populaire et la plus largement utilisée sur Internet. Elle constitue un moyen rapide, économique, efficace et personnel de communiquer avec une ou mille personnes. Vous pouvez joindre à votre message électronique votre CV, une lettre d'introduction, un dossier, voire une photo. Si vous passez par un service pour accéder à Internet, vous disposerez d'une adresse électronique. C'est ainsi qu'étant moi-même abonné à America Online, on peut me joindre à l'adresse électronique suivante : < **studner@pobox.com** >

Page d'accueil et page personnelle : Les pages d'accueil regroupent les principales informations d'un serveur ou d'un service et vous donnent accès au reste des informations accessibles par ce serveur ou ce service. La plupart des grandes sociétés possèdent aujourd'hui une page personnelle à laquelle vous pouvez accéder pour obtenir des informations, éventuellement soumettre votre candidature, voire même laisser un message. Il n'est pas difficile de créer votre propre page personnelle et il semble même que tout le monde, depuis les étudiants juqu'au Gouvernement français, en ait une. Néanmoins, avoir une page personnelle n'est pas indispensable pour consulter les pages personnelles des autres.

Répertoires, clubs et groupes d'échanges : Dès que vous serez familiarisé avec l'utilisation de votre boîte à lettres électronique, vous aurez envie d'entrer en contact avec des gens partageant vos intérêts. Les clubs et "discussion groups" vous le permettent. Etant donné que la communication se fait par le biais de la messagerie, on parle en anglais de "mailing list group". Tous les échanges avec ces groupes passent par votre boîte à lettres.

Téléchargement : Le téléchargement consiste à copier un fichier ou un document d'un autre ordinateur dans le vôtre. Quand vous découvrez une page avec des possibilités d'emploi intéressantes, vous pouvez récupérer l'information (via la commande "enregistrer sous"), pour pouvoir l'étudier ou l'imprimer une fois votre communication Internet terminée.

FTP : Le "file transfer protocol" est une procédure qui permet de recopier des fichiers d'un ordinateur à l'autre. Vous utiliserez cette procédure pour obtenir des informations sur un poste ou encore répondre à des annonces en envoyant un courrier ou un CV.

Serveurs FTP : Ce sont des serveurs qui peuvent vous fournir des fichiers avec documents et procédure d'exploitation à récupérer sur votre ordinateur par téléchargement.

HTTP : C'est le préfixe utilisé sur toutes les adresses des pages personnelles "Home Page".

Aide à la recherche : Il y a des services qui vous aident à localiser l'information sur Internet. Les plus connus sont entre autres Google, Yahoo, Lycos, Dejanews, Infoseek, Webcrawler....

URL : C'est l'adresse d'une base de données. Deux, en particulier, devraient vous fournir une quantité de possibilités d'emplois: < **http://www.job-online.cegos.fr** > et < **http://emploi.cica.fr/services/autres.html** >.

Si vous êtes novice dans le monde de la communication électronique, vous devriez contacter un service interactif, tel que AOL, Yahoo ou Wanadoo. En plus de l'accès à Internet, ils vous fourniront une large palette de prestations avec téléachats, bulletins météo, informations, jeux, conseils financiers, magazines….

Certains de ces services vous proposent une période d'essai pendant laquelle vous disposez d'un capital d'heures gratuites. Profitez de cet avantage pour vous familiariser avec Internet.

Les revues consacrées à Internet ont tendance à proliférer également. Elles publient des informations sur les meilleurs services du réseau. Leur liste s'allonge sans cesse ; aussi avez-vous intérêt à vous procurer quelques numéros pour information, si vous envisagez d'explorer cette piste.

Certaines écoles, bibliothèques ou clubs de recherche d'emploi disposent d'une liaison Internet dont l'accès est gratuit ou presque pour leurs adhérents. Renseignez-vous autour de vous sur l'endroit où vous trouverez un ordinateur relié à Internet auquel vous pouvez avoir accès.

N'oubliez pas qu'Internet vous donne la possibilité de vous informer sur les sociétés qui vous intéressent et cela 24 heures sur 24. Avec votre logiciel de navigation, vous pouvez faire des recherches par nom de société.

Si vous entreprenez une recherche d'emploi sur Internet, tapez "emploi France" après avoir activé votre logiciel de navigation. Vous vous retrouverez dans un vaste circuit très diversifié d'informations et de possibilités.

Un service d'offres d'emploi "Cadres Online" propose sur Internet des milliers de petites annonces publiées par un groupe de journaux et magazines. Vous trouverez de nombreuses informations utiles pour vous aider dans votre recherche d'emploi < **http://www.cadresonline.com** >Pour une approche très rapide des principales zones d'emploi aux Etats Unis, vous pouvez consulter les annonces de neuf des principaux quotidiens américains.

L'adresse < **http://www.careerpath.com** > vous mettra immédiatement en contact avec *The Boston Globe, The New York Times, The Washington Post, The Los Angeles Times, The Philadelphia Inquirer, The Hartford Courant, South Florida Sun-Sentinel, San Jose Mercury News, The Chicago Tribune, plus des dizaines d'autres.*

Avant de vous lancer sur Internet, il est indispensable que vous ayez un excellent CV en main. Si vous voulez envoyer vos coordonnées par modem, préparez d'abord une version texte (ASCII) de votre CV. En effet, il peut vous être demandé de remplir un questionnaire. Mieux vaut alors avoir préparé sa réponse.

Votre recherche électronique d'emploi et votre communication par messagerie interposée avec les recruteurs et les sociétés peuvent s'inspirer des exemples donnés dans ce manuel. Soyez bref, insistez sur vos performances et vous serez toujours le premier en ligne.

CHAPITRE 5

Etape

5

Votre réseau de contacts

Si le travail en réseau n'est pas encore votre méthode de recherche d'emploi principale, il est temps de reconsidérer votre démarche. Les professionnels en la matière et les chercheurs d'emploi qui réussissent sont d'accord pour reconnaître que le réseau est la meilleure stratégie de recherche d'emploi quand elle est bien comprise et bien employée. Selon les statistiques de l'APEC, 36% des cadres ont retrouvé un emploi grâce à leurs relations.

Le travail en réseau consiste à cultiver les relations avec des personnes rencontrées de façon formelle ou informelle. L'objectif est d'obtenir des informations sur les sociétés, leurs dirigeants, les secteurs d'activité et les professions pour vous diriger vers d'éventuels décideurs. Ce réseau de contacts personnels ressemble un peu à une équipe de supporters vous portant vers votre objectif. Cette technique de recherche d'emploi est celle qui vous fera découvrir le plus grand nombre de possibilités en un minimum de temps. Parler à une seule personne est souvent plus efficace que lancer un mailing auprès d'une centaine d'autres.

Les campagnes de candidatures spontanées sont étroitement liées à la technique du réseau et jouent un rôle important dans l'obtention d'entretiens. Toutefois, les chercheurs d'emploi les plus efficaces sont ceux qui passent 75% à 80% de leur temps à rencontrer des personnes et à suivre des voies inhabituelles de recherche d'emploi. Travailler en réseau consiste à rencontrer des individus soigneusement sélectionnés susceptibles de vous introduire auprès de vos sociétés-cibles. C'est aussi prendre contact avec des intermédiaires (dont vous aurez obtenu les noms grâce aux entretiens de recherche et aux entretiens de conseils) pouvant vous faire part de possibilités existant sur le marché caché de l'emploi. Si le travail en réseau vous est inconnu, il ne vous sera pas difficile de l'apprendre. L'avantage majeur de cette pratique est qu'elle vous permet de réduire considérablement votre temps de recherche d'emploi. Pour conquérir ce marché, il ne faut pas hésiter à sortir des sentiers battus, à faire preuve d'originalité et d'initiatives. L'important est de saisir toutes les occasions pour parler de votre recherche d'emploi.

L'expression *marché caché de l'emploi* recouvre les postes qui ne sont pas encore connus des recruteurs et des agences d'intérim, qui n'ont pas été annoncés dans la presse et qui sont révélés essentiellement de bouche à oreille.

LES OBJECTIFS DU RESEAU

Votre travail en réseau sera efficace s'il vous aide à rencontrer de nouvelles personnes et à découvrir des possibilités d'emploi. Quelles sont les catégories de personnes susceptibles de vous aider ?

1. **Les décideurs :** il s'agit de personnes ayant le pouvoir de vous embaucher dans leur entreprise. Ils n'ont peut-être pas de poste à pourvoir au moment où vous les rencontrez, mais peuvent en créer un pour vous après avoir pris connaissance de vos réalisations. Bien qu'étant supposé dans un premier temps les rencontrer pour obtenir d'autres contacts, l'entretien peut rapidement les amener à vous parler d'un besoin propre à leur entreprise. De ce fait, vous pouvez être perçu comme l'homme de la situation. Ce phénomène peut arriver à condition d'utiliser votre réseau.

2. **Les personnes pouvant vous introduire auprès des décideurs :** ces personnes connaissent des possibilités d'emploi grâce à leurs relations personnelles.

3. **Les personnes pouvant vous introduire auprès d'autres relations :** ces personnes vous serviront d'intermédiaires pour entrer en contact avec vos sociétés-cibles et d'autres personnes.

4. **Les personnes pouvant vous donner des conseils sur votre recherche :** ces professionnels d'une branche d'activité vous donneront des informations sur une profession nouvelle pour vous ou sur un changement de carrière. Ils vous donneront des précisions sur de nouvelles entreprises et sur certains secteurs d'activité ainsi que d'autres noms que vous pourrez ajouter à votre liste de personnes-cibles.

5. **Les personnes qui ont de nombreuses relations d'affaires :** les fournisseurs et clients travaillant sur votre marché-cible. Ils connaissent beaucoup de monde dans votre secteur d'activité ou dans votre groupe-cible et, à votre demande, accepteront peut-être d'effectuer des recherches discrètes.

LES AVANTAGES DU RESEAU

Le travail en réseau vous permet :

1. **De rencontrer des personnes grâce à vos relations.** Vous obtenez des entretiens avec des personnes que vos contacts connaissent et de ce fait vous n'êtes plus un inconnu. Votre contact vous ouvre la voie. Il est beaucoup plus facile et efficace d'avoir une relation d'affaires qui peut vous recommander auprès d'une personne inconnue que d'essayer de contacter cette même personne sans intermédiaire. Quelle conversation préférez-vous ? : "Bonjour Jean, j'ai rencontré l'autre jour une personne très intéressante et je pense que vous devriez vous rencontrer…" ou "Bonjour, M. Dupuis, je voudrais me présenter. Nous ne nous connaissons pas, mais je suis sûr que nous avons des intérêts communs dans…"

   Non seulement l'utilisation de votre réseau est préférable à un coup de fil sans recommandation mais, dans le cas où vous n'avez pas d'introduction, il vous aide aussi à acquérir l'aisance et la confiance nécessaires pour réussir ce genre d'opération téléphonique.

2. **D'organiser votre propre plan d'action.** Dans la mesure où vous n'avez pas d'autres projets, une bonne règle à suivre est de commencer la journée par des appels téléphoniques dans le but d'obtenir un rythme de trois entretiens par jour. Il vous faut un minimum de 50 appels téléphoniques en cours afin d'avoir 15 rendez-vous par semaine.

3. **De contrôler le rythme de votre campagne de recherche.** Mélanger les différents types d'entretien dans votre emploi du temps vous permet de varier votre routine et de souffler un peu.

4. **De vous montrer original.** Il ne s'agit pas d'une compétition entre chercheurs d'emploi pour un poste annoncé dans la presse. Au contraire, dans la plupart des cas, vous êtes seul en lice et l'attention est portée sur vos réalisations et vos compétences plutôt que sur des critères spécifiques préalablement établis. Toutes les chances sont de votre côté !

5. **De mener une recherche d'emploi flexible.** Par l'intérêt que vous suscitez auprès de votre interlocuteur, un entretien de conseil peut se transformer en entretien d'embauche. Vous êtes libre de diriger l'attention de votre interlocuteur sur les réalisations professionnelles les mieux adaptées à ses besoins.

6. **De créer votre propre emploi en présentant vos réalisations professionnelles (bénéfices pour une éventuelle société-cible).** Vous pouvez précipiter une offre d'emploi en mentionnant des méthodes de travail qui n'ont jamais été envisagées auparavant par un employeur potentiel. Dans le contexte économique actuel, quelqu'un qui sait prendre des initiatives et présenter différents types de solution jouit d'une autre considération que la personne qui ne parle que de réalisations passées.

   Par exemple, vous recherchez un emploi dans la finance. En démontrant à votre interlocuteur que vous avez su résoudre informatiquement les mêmes problèmes d'inventaire qu'il connaît en ce moment, il y a de grandes chances pour qu'il vous demande sur le champ de jeter un coup d'œil sur ses activités actuelles. Cet emploi temporaire peut déboucher sur une offre d'emploi permanente.

7. **De découvrir un besoin toutes les douze à seize rencontres selon la rapidité de votre recherche.** Il ne s'agit que d'une moyenne et les offres d'emploi ne correspondront pas nécessairement à ce que vous recherchez. Mais ces chiffres prouvent que le marché caché de l'emploi est une source riche de débouchés pour qui sait le prospecter et l'exploiter.

8. **De vous faire des amis** parmi toutes les personnes rencontrées. C'est un fait reconnu par de nombreux candidats. Le processus du réseau ne s'arrête jamais. Vous continuerez de rencontrer de nouvelles personnes intéressantes. Le travail en réseau vous permet d'agrandir votre cercle de relations et d'améliorer la qualité de votre vie sociale.

Le marché caché de l'emploi mérite votre attention. Comment démarrer ?

LES OUTILS DU TRAVAIL EN RESEAU

La liste de contacts

Vous avez besoin de développer une liste de contacts avec les noms de toutes les personnes que vous connaissez. Commencez par appeler les personnes qui vous sont les plus proches et continuez progressivement avec les autres sur votre liste. Voici les critères de choix des personnes à contacter :

- Personnes faciles à approcher et auxquelles vous pouvez parler sans gêne, par exemple vos meilleurs amis et vos associés ou anciens collègues de travail.
- Personnes expérimentées dans le secteur professionnel qui vous intéresse.
- Personnes ayant de nombreuses relations professionnellesen raison de leur position.
- Personnalités ayant réussi dans leur profession et habituées à parler en public.
- Personnes susceptibles de vous informer sur une nouvelle orientation de carrière.
- Chercheurs d'emploi qui peuvent échanger avec vous leur réseau de contacts.

Ayez toujours sur vous la liste de vos contacts et celle de vos sociétés-cibles, car vous y ajouterez continuellement des noms et des informations.

Relations personnelles

- Parents/enfants
- Professeurs/conseillers pédagogiques
- Dentiste
- Amis et relations des membres de la famille
- Médecins
- Voisins
- Camarades d'écoles et d'universités
- Personnes de votre liste de cartes de vœux

Relations d'affaires

- Collègues de travail (passés et présents)
- Employeurs précédents
- Comptables
- Consultants
- Contacts politiques
- Conseils en recrutement
- Avocats
- Banquiers
- Commerçants et travailleurs indépendants
- Fournisseurs et services de votre ancienne entreprise

Les prestataires de service

- Agents d'assurance
- Agents de change
- Agents de publicité
- Vendeurs professionnels
- Agents immobiliers

Clubs et associations

- Associations professionnelles
- Associations religieuses
- Associations de parents d'élèves
- Associations d'anciens élèves
- Clubs de recherche d'emploi
- Clubs de loisirs
- Clubs de sports
- Autres associations

L'ordinateur

La mise à jour de votre liste de contacts et de sociétés-cibles sera plus facile si vous utilisez un ordinateur car vous voudrez et aurez besoin de communiquer souvent et facilement avec les personnes de votre réseau.

Un logiciel de bases de données tels que *4D*, *Access ou MySql* vous permet également d'ajouter de nouveaux noms et adresses, puis de les trier et de les imprimer de différentes façons, par nom, société, ville, activité ou code postal. Par la suite, vous pourrez aisément retrouver les contacts que vous voulez poursuivre et y ajouter les informations supplémentaires obtenues auprès de votre réseau.

Le téléphone

Obtenir des entretiens par téléphone n'est pas une pratique utilisée par la plupart des candidats. Or le travail en réseau commence par le téléphone car, tôt ou tard, il sera nécessaire de l'utiliser pour prendre rendez-vous. Pour un démarrage en douceur, téléphonez d'abord à des personnes proches, celles qui accepteront facilement de vous rencontrer pour parler de vos réalisations professionnelles et de votre C.V. Ensuite, votre expérience se développant, ces appels s'adresseront à vos relations d'affaires et finalement à des personnes inconnues qu'on vous a recommandé de contacter.

Avec un peu de pratique, n'importe qui peut devenir spécialiste de cette méthode. Vous arriverez même à obtenir par téléphone des entretiens sans avoir fait jouer de recommandation. N'oubliez pas que même avec un mailing, il vous faut appeler le destinataire de la lettre pour fixer une date d'entretien que vous n'obtiendrez probablement jamais si vous attendez qu'il en prenne l'initiative, car les gens sont en général trop occupés.

L'usage du téléphone pour ce genre d'approche est plus courant de nos jours qu'il y a seulement quelques années. Des techniques se sont développées en prospection téléphonique (voir chapitre 6). En contrepartie, les secrétaires ont appris à filtrer plus sévèrement les communications téléphoniques pour protéger leur patron. D'où l'importance du travail en réseau.

Il est en effet plus facile de joindre au téléphone la personne désirée si vous avez une introduction. En prospection téléphonique, cela s'appelle un pont. A moins d'aimer les coups de téléphone sans recommandation, il devient primordial de trouver des "ponts" pour les sociétés et les personnes que vous voulez approcher.

En utilisant le formulaire de la page 184, créez des fiches sur les personnes de votre réseau.

Avertissement

Quand vous étiez directeur des achats ou fondé de pouvoir de la Banque XYZ, vous aviez de nombreux amis, étiez sollicité pour des conseils et certaines personnes dépendaient de vous pour le bon fonctionnement de leurs affaires. Vous avez probablement placé ces relations au début de votre liste de contacts.

Très vite, cette liste va se diviser en deux parties. D'un côté ceux qui auraient fait n'importe quoi pour vous aider quand vous occupiez un poste et qui soudainement sont difficiles à joindre. De l'autre, ceux qui sont prêts à vous épauler de leur mieux quelle que soit votre situation. Soyez préparé à certaines déceptions avant de commencer cette campagne.

LA DYNAMIQUE DU RESEAU

Où trouver les emplois du marché caché ?

Le marché caché de l'emploi est l'ensemble des postes de travail ou des créations d'emploi qui n'ont jusque là été discutés qu'entre collègues et associés d'une même société avant d'être annoncés dans la presse ou présentés à des cabinets de recrutement. Au début, seul un petit cercle d'initiés est au courant des promotions, licenciements, transferts ou départs en retraite à venir.

La vacance de poste est d'abord analysée au niveau du département concerné, puis transmise à la direction générale pour approbation. Après examen des promotions possibles au sein des effectifs de la société, l'emploi à pourvoir est présenté au département du personnel qui va publier des annonces dans la presse et contacter des cabinets de recrutement.

Chaque jour dans le monde, les sociétés utilisent ce procédé informel de création d'emplois. Par exemple, une société vient de remporter un marché et il est nécessaire d'embaucher plus de personnel. La direction générale demande à chaque département d'effectuer une revue de ses besoins en effectif. Des emplois sont ainsi créés avant que quiconque à l'extérieur de la société ne soit au courant.

Votre travail en réseau consiste à découvrir et à intégrer un ou plusieurs de ces cercles d'initiés, puis à présenter votre profil et vos réalisations avant que les conditions requises pour le poste ne soient annoncées à l'extérieur de la société.

Vous y parviendrez en rencontrant des personnes de différents milieux professionnels qui finiront par vous mettre en contact avec un initié connaissant un besoin spécifique dans une société. C'est un grand avantage sur les autres chercheurs d'emploi que d'être dans ce circuit d'information. Ces renseignements peuvent venir de vos personnes-cibles et également de personnes nouvellement rencontrées par le biais du réseau. Chaque personne contactée est importante dans la mesure où elle vous aidera à découvrir un besoin en train de se développer.

Certaines sociétés encouragent leurs employés à présenter des candidats. Votre réseau peut vous amener à rencontrer un de ces employés qui, bien que ne connaissant

Fiche de contact

N° 22

Nom et Prénom : *Pierre Roux* Téléphone domicile : *01.45.00.00.00*

Relation : *Nouveau contact* Profession :

Adresse domicile : *Inconnue*

Société : *Banque Nationale de Paris*

Téléphone bureau : *01.32.00.00.00* Télécopie bureau :

Adresse de la société : *1 rue du Renard, Paris 75013*

Nom de la secrétaire : *Mireille*

Date d'appel : *2 mai*

Recommandé par : *Maurice Ponsac* Téléphone : *01.41.00.00.00*

RESULTATS : *Effectué deux appels — Obtenu P.R. la deuxième fois*

- Nouveaux noms : *A suggéré de contacter Michel Pernot de la société Merlin (01.22.00.00.00) et Roger Sutter à l'immobilière Duplex (01.11.00.00.00)*
- Rendez-vous : *Sera de retour du Japon fin mai—Désire me rencontrer.*
- Autres informations :

SUIVI : *Le rappeler le 25 mai pour fixer la date d'un entretien. Lui faire savoir comment se sont passés les contacts avec Michel Pernot et Roger Sutter.*

- Lettre : *Note de remerciement envoyée le 4 mai*
- Appel téléphonique (*) : *Le rappeler dans 3 semaines*

COMMENTAIRES : *Personne agréable ayant le contact facile. Connaît beaucoup de personnes dans le monde bancaire. Très bon ami de Michel Perrot et de Roger Sutter.*

(*) Reportez ce message à la page correspondante de votre agenda de bureau.

En utilisant ce format, recherchez tous les noms de personnes que vous connaissez.

A vous d'agir
et de remplir…

Fiche de Contact

N° ____

Nom et Prénom : ____________ Téléphone domicile : ____________

Relation : ____________ Profession : ____________

Adresse domicile : ____________

Société : ____________

Téléphone bureau : ____________ Télécopie bureau : ____________

Adresse de la société : ____________

Nom de la secrétaire : ____________

Date d'appel : ____________

Recommandé par : ____________ Téléphone : ____________

RESULTATS : ____________

- Nouveaux noms : ____________

  ____

  ____

- Rendez-vous : ____________
- Autres informations :: ____________

SUIVI : ____________

____

- Lettre : ____________
- Appel téléphonique (*) : ____________

COMMENTAIRES : ____________

____

(*) Reportez ce message à la page correspondante de votre agenda de bureau.

En utilisant ce format, recherchez tous les noms de personnes que vous connaissez.

pas vos qualités, vous mettra au courant d'un poste à pourvoir dans sa propre entreprise.

Il faut lire les journaux. Ils annoncent les acquisitions, les fusions, les réorganisations et les expansions d'entreprises ainsi que les promotions et départs à la retraite de personnalités importantes. Ces informations représentent des emplois potentiels. Ce n'est qu'en étant sensible à l'environnement du marché de l'emploi et en restant en contact avec le plus grand nombre possible de personnes que vous percevrez ce marché caché. Par exemple, en lisant le journal, vous apprenez que la division d'une société que vous avez déjà prospectée annonce un développement dans votre domaine d'expertise. Votre approche consistera à reprendre contact avec la personne déjà rencontrée pour lui demander des introductions. Dans la vie, rien n'est permanent. Un bon réseau ne doit pas être figé, mais vous permettre de rester à l'écoute des changements du marché de l'emploi.

► Associations et organisations professionnelles

L'expérience a montré que ce sont des mines d'or pour développer un réseau. Que vous soyez affilié ou non à celles qui représentent votre profession, ces organisations doivent être une des sources de votre travail en réseau.

Si vous ne savez pas par où commencer, votre bibliothèque locale vous fournira des répertoires d'associations dans la branche qui vous intéresse. Vous trouverez aussi une liste des fédérations et organismes professionnels en annexe C. Appelez-les et demandez à parler à l'un de leurs responsables. La liste de leurs membres actifs sera aussi une nouvelle source de contacts. Chaque personne est importante, de la secrétaire jusqu'au président de l'association.

Même richesse en opportunités dans les foires et salons interprofessionnels qui sont un autre moyen de localiser des besoins d'emploi. Les industriels y exposent leurs services et leurs produits et y font participer leurs cadres. Vous pouvez découvrir un besoin pas encore annoncé dans la presse simplement en discutant avec une ou deux personnes appartenant à vos sociétés-cibles. Au lieu de naviguer à l'aveuglette à la recherche d'une introduction auprès des sociétés convoitées, allez sur place rencontrer leurs représentants qui vous donneront toutes les informations nécessaires à votre recherche. Vous saurez mieux où appliquer vos talents professionnels en prêtant attention aux propos tenus par leurs cadres sur le déroulement de leurs opérations ou sur leurs concurrents (expansion, nouveaux produits ou investissements). Vous trouverez en annexe C des informations sur les salons professionnels nationaux et internationaux.

► La réaction en chaîne

Voici deux exemples de recours au réseau qui ont abouti à des offres d'emploi :

Cas numéro 1 (Objectif professionnel du candidat : Directeur Général)

Premier contact (entretien de conseil) : un ami (contacté par téléphone), directeur du secteur développement dans une société de haute technologie, qui a suggéré le...

Deuxième contact (entretien de conseil) : un courtier d'assurances qui a suggéré le...

Troisième contact (entretien de conseil) : un directeur de division d'une grande entreprise qui a suggéré le...

Quatrième contact (entretien de conseil) : un directeur d'usine nouvellement recruté qui a suggéré le...

Cinquième contact (entretien de conseil) : un créateur d'entreprise qui a suggéré le...

Sixième contact (entretien de conseil) : un des associés d'une grande société comptable qui a suggéré le...

Septième contact (entretien d'embauche) : un conseiller d'entreprises qui cherchait un directeur général pour l'entreprise qu'il était en train de réorganiser. Après plusieurs entretiens avec le conseil d'administration, une offre d'emploi a été proposée.

Cas numéro 2 (Objectif professionnel du candidat : Directeur de la Production)

Premier contact : (rendez-vous obtenu sur un appel téléphonique sans recommandation). Recherche d'informations auprès du directeur général d'une petite entreprise dans la banlieue parisienne. La société et le nom de la personne contactée ont été trouvés dans le Kompass France. Cet entretien a conduit au...

Deuxième contact un conseiller financier (entretien de conseil) qui a suggéré le...

Troisième contact : un directeur d'une petite entreprise de haute technologie en pleine expansion, située à Versailles. Avant la rencontre, ce directeur ne cherchait pas de nouveau cadre mais, impressionné par son interlocuteur, il lui demanda de revenir. Après le troisième entretien, il déclara avoir besoin d'un directeur de la production et fit une offre d'emploi (initialement un entretien de conseil qui s'est transformé en entretien d'embauche).

Note : Tous ces entretiens ont été obtenus par téléphone.

► Pourquoi ces candidats ont-ils réussi ?

- Les deux emplois n'ont jamais été annoncés dans la presse ou proposés par un cabinet de recrutement. Les candidats ne se sont pas présentés comme des chercheurs d'emploi, mais plutôt comme des personnes pouvant résoudre des problèmes. C'est la raison pour laquelle il est important de savoir utiliser les techniques d'entretien présentées au chapitre 7 : comment identifier les problèmes d'une personne-cible, soit avant la rencontre en faisant des recherches documentaires, soit pendant l'entretien. Dans les deux exemples précédents, les candidats ont su découvrir les besoins immédiats de leur interlocuteur et pu démontrer, en s'appuyant sur leur expérience passée, qu'ils apportaient la solution au problème.

- Les sociétés-cibles étaient des petites entreprises : les directeurs et responsables de l'embauche sont plus faciles à joindre et les formalités de recrutement sont plus simples ; on vous y remarque, car la plupart du temps vous êtes le seul à posséder les compétences recherchées ; en raison des besoins immédiats en personnel, les décisions d'embauche y sont plus rapides.

- Du premier contact à l'offre finale, les candidats ont utilisé des relations, excepté pour le premier entretien de recherche du cas numéro 2, trouvé par appel téléphonique sans recommandation. Bien que leurs interlocuteurs n'aient pas été dupes, ils n'ont jamais demandé un emploi, mais seulement des informations ou des conseils.
- Un dirigeant ne peut être que favorablement impressionné par une personne qui se présente dans son bureau et lui fait entrevoir la solution à ses problèmes actuels, par exemple : problèmes de production, de vente, problèmes financiers ou administratifs. En outre, l'efficacité de la recherche d'emploi de chaque candidat lui a permis de démontrer son sens de l'organisation et sa discipline de travail, qualités qu'un employeur potentiel ne manquera pas de remarquer : “S'il fait cela pour lui-même, il le fera aussi pour moi !” Le poste n'avait pas de qualifications professionnelles prédéfinies et a été créé autour des compétences du candidat. L'employeur voulait seulement trouver une solution à ses problèmes.
- En plus de leurs compétences, les deux candidats ont également montré beaucoup d'enthousiasme ; cette attitude spontanée ne peut qu'attirer l'attention d'une personne ayant besoin d'une aide professionnelle immédiate.

Il n'était pas possible de prévoir à l'avance que les rencontres successives faites par les deux candidats allaient aboutir à une offre d'emploi.

En dehors du contact initial, chaque entretien a permis aux candidats d'obtenir d'autres noms pour développer leur réseau dans d'autres directions.

Le succès du travail en réseau varie selon les secteurs prospectés et le niveau du candidat. Si, selon l'APEC, 70% des recrutements de cadres supérieurs s'opèrent par cette méthode, les chiffres sont moins élevés pour les postes à plus faible responsabilité. Il ne faut négliger aucune piste et continuer de rechercher auprès du plus grand nombre possible d'interlocuteurs quels que soient votre niveau d'expérience et votre branche d'activité sans oublier les autres voies d'accès à l'emploi.

COMMENT S'INTRODUIRE DANS UNE SOCIETE-CIBLE

Société-cible Personnes que vous désirez rencontrer		**Les relations de votre réseau** Personnes pouvant vous introduire dans la société
Président Directeur Général Vice-Président Directeur Général Directeur Général Adjoint Directeurs de Division Directeurs de Département Directeurs de Filiale Directeurs d'Usine Directeurs de la production Chefs de Service Chefs d'Atelier et Contremaîtres	↔	Commissaires aux comptes Avocats Fournisseurs Association d'anciens élèves Fédérations et Organismes professionnels Clubs professionnels Banquiers (agences locales) Clients Agences de publicité Chambres de commerce et d'industrie Cabinets de recrutement Cadres à la retraite Agents immobiliers Courtiers Agents de change Agents de recouvrement Sociétés de crédit Cabinets d'audit Conseillers en tout genre Prestataires de service

Méthodes à suivre pour y trouver un contact :

1. Complétez votre liste de sociétés-cibles et de personnes-cibles. Les sociétés-cibles peuvent faire partie de vos secteurs d'activité actuels et antérieurs ou d'un nouveau secteur.
2. Pour les grandes entreprises cotées, procurez-vous les résultats financiers auprès de leurs services financiers. Leurs rapports annuels sont publiés et adressés à ceux qui les demandent. Parfois les noms de leurs banques ou de leurs experts-comptables figurent sur ces documents. En leur téléphonant vous pouvez obtenir les noms de leurs agences de publicité ou d'autres prestataires de services.
3. S'il s'agit d'une société non cotée, les greffes du tribunal de commerce du lieu d'implantation de l'entreprise vous donneront de précieux renseignements sur son activité et sa situation financière. Essayez d'y obtenir des informations sur ses fournisseurs, ses banques, sa chambre des métiers et ses autres prestataires de services jusqu'à ce que l'on vous donne les noms des personnes qui vous mettront en contact avec ses cadres.
4. Informez-vous sur les activités et partenaires de votre société-cible en lisant les journaux et magazines spécialisés.
5. Vos premiers contacts peuvent vous mettre en relation avec divers milieux professionnels qui connaissent des personnes à l'intérieur de votre société-cible.
6. Consultez la rubrique "Comment s'informer sur les entreprises et leurs dirigeants" de l'annexe C.

CHAPITRE 6

Etape 6

Prospection téléphonique

L'expérience a prouvé que même les chercheurs d'emploi les plus assidus ont des difficultés à obtenir des rendez-vous par téléphone en vue d'un entretien de recherche d'emploi. Agressifs ou timides, ils ont tendance à perdre leurs moyens au téléphone. Vous pouvez améliorer votre attitude et même devenir un expert dans l'art de la communication en répétant les exercices de ce chapitre. Vos échecs au téléphone sont souvent dûs à un manque d'entraînement. N'oubliez pas que c'est en forgeant qu'on devient forgeron.

Nous venons de voir que le réseau est votre arme la plus sûre pour trouver le plus rapidement possible un emploi qui vous convient. Pour qu'elle soit plus efficace encore, il vous faudra utiliser le téléphone, non pour demander un emploi, mais seulement pour obtenir des rendez-vous. C'est ce qu'on appelle du télémarketing, c'est-à-dire de la prospection téléphonique appliquée à la recherche d'emploi.

Le travail de beaucoup de cadres consiste à passer une grande partie de leur temps au téléphone pour y représenter leur société. En période de recherche d'emploi, parler de soi-même au téléphone est une toute autre histoire. Même les plus compétents parmi ceux qui traitent des affaires importantes deviennent timides et perdent leurs moyens quand il s'agit d'obtenir un entretien d'embauche.

Dans la mesure où peu d'ouvrages ont été écrits sur la pratique de la prospection téléphonique en recherche d'emploi, la plupart des candidats préfèrent plutôt envoyer des mailings que téléphoner pour obtenir des rendez-vous. Mais les meilleurs mailings ne sont productifs que s'ils sont liés à la prospection téléphonique : "Je vous appellerai en début de semaine...". La plupart du temps, votre personne-cible n'a pas l'occasion de lire votre lettre qui est envoyée par la secrétaire au bureau du personnel. Vos chances diminuent à vue d'œil si on ajoute à votre lettre les centaines d'autres reçues régulièrement.

Un candidat zélé peut surmonter cet obstacle en appelant la personne-cible pour demander un rendez-vous. Une bonne utilisation des techniques téléphoniques peut vous permettre de communiquer directement avec n'importe quel responsable. Cette compétence ne vous servira pas seulement durant votre recherche d'emploi, mais aussi tout au long de votre carrière. Essayez toujours d'utiliser le téléphone avant d'envoyer un courrier.

L'INTERMEDIAIRE

Les chances d'obtenir un rendez-vous avec votre personne-cible augmentent considérablement quand on peut mentionner un intermédiaire. La conversation avec votre personne-cible devient immédiatement plus personnelle et plus confiante. L'intermédiaire facilite le contact et permet d'avoir un meilleur accueil, comme dans l'exemple suivant :

Pendant une recherche d'emploi, un intermédiaire proposa à un candidat de contacter Monsieur X. Monsieur X dirigeait une entreprise importante qu'il était en train de redresser. Notre candidat ne savait pas comment le rencontrer, alors que beaucoup de gens lui confirmaient que ce directeur pourrait lui fournir de nombreux contacts intéressants.

Le candidat ajouta le nom de Monsieur X dans sa liste de personnes-cibles. Un peu plus tard, l'un de ses contacts lui suggéra de rencontrer un avocat qui venait juste de terminer une mission importante pour Monsieur X. Durant son entretien avec l'avocat, ce dernier lui posa la question magique : "Comment puis-je vous aider ?" Sachant que l'avocat connaissait Monsieur X, le candidat demanda : "Me serait-il possible de rencontrer Monsieur X ?" "C'est tout ce que vous désirez ? Appelez sa secrétaire, Monique Martin, et dites-lui que je vous ai suggéré de prendre rendez-vous avec son patron. Je vais appeler Monsieur X cet après-midi et lui dire que vous l'appellerez". Avant de quitter le bureau de l'avocat, le candidat reçut encore beaucoup d'informations sur Monsieur X.

Il était à présent bien informé pour son appel téléphonique et sa future visite. Non seulement la rencontre eut lieu, mais il passa deux heures dans le bureau de Monsieur X à parler de ses réalisations professionnelles. Ce directeur fit passer son C.V. à ses collègues et l'un d'entre eux suggéra au candidat le nom d'une entreprise moyenne à la recherche d'un cadre présentant les mêmes qualifications que notre candidat. Une rencontre fut organisée. Sans une introduction auprès de Monsieur X, cette chaîne de rencontres aurait été quasiment impossible.v

Rappel : pensez à informer votre intermédiaire, par lettre ou par téléphone, de votre entretien. Il est très important de garder le contact avec vos relations qui apprécieront votre politesse et votre manière d'agir et continueront à vous suggérer d'autres idées. Votre intermédiaire se sentira valorisé de voir que votre réussite résulte de son aide. Il devient ainsi membre de votre "équipe de soutien".

Etablir votre liste de contacts

Préparez votre liste de contacts avec les noms de personnes que vous voulez rencontrer pour les trois types d'entretien : conseil, recherche et entretien d'embauche (voir chapitre 7). Voici par ordre de préférence les personnes à appeler :

Vos amis.
Les relations d'affaires que vous connaissez bien.
Vos récents contacts professionnels.
Les personnes auprès desquelles on vous a recommandé.

Les personnes à relancer à la suite de vos courriers.
Les personnes-cibles éventuelles pour lesquelles vous n'avez pas eu de recommandation.

Les appels téléphoniques les plus faciles sont ceux donnés à des amis. En commençant par ce genre d'appel, vous arriverez peu à peu à mieux vous organiser et avec un peu d'entraînement, vous serez tout à fait à l'aise. En appelant vos amis, concentrez-vous sur un seul but : *obtenir un rendez-vous*. Votre conversation n'en sera que plus facile. Commencez par montrer de l'intérêt pour ce qu'ils font, puis parlez de vous. Ne demandez jamais un emploi, même s'ils ont la possibilité de vous embaucher. Tout ce que vous souhaitez, ce sont des conseils, des noms de personnes à contacter et un rendez-vous.

Obtenir un rendez-vous grâce à des amis est la meilleure façon de commencer à pénétrer le marché caché de l'emploi. *Résistez à la tentation de vous expliquer uniquement au téléphone et essayez de les rencontrer*. Ces premiers entretiens vous aideront à passer de l'ami à la relation d'affaires, puis à la personne-cible, avec plus de facilité.

Autres sources de contacts pouvant vous mener à la personne-cible

Les organisations professionnelles : si vous disposez de la liste des membres d'une organisation professionnelle et que votre carrière est en rapport avec leur activité générale, ne manquez pas de le mentionner lors de votre appel. Un candidat en train d'établir des contacts dans la région de Lyon, finit par rencontrer un avocat membre du Rotary. Ce dernier lui conseille de consulter l'annuaire des membres du club en lui précisant qu'il est prêt à l'introduire auprès des personnes sélectionnées dans la région lyonnaise. Grâce à la recommandation de l'avocat, il peut passer de nombreux appels, ajouter 20 personnes à sa liste de personnes-cibles et s'introduire plus facilement dans le monde des affaires de cette région.

Clubs : participez aux colloques, symposiums, séminaires donnés par les conférenciers invités par les clubs locaux de votre région-cible. Vous y recueillerez de nouvelles idées et rencontrerez de nouvelles personnes que vous contacterez plus tard en leur rappelant que vous faisiez partie du même auditoire.

Les événements de la presse : les journaux locaux fournissent de nombreuses informations sur les personnalités du monde des affaires. C'est une erreur de ne lire que les petites annonces. L'autre tactique à employer est d'appeler les auteurs des articles qui vous ont intéressés.

Informez-vous sur les personnes que l'on vous a recommandées et sur les contacts potentiels travaillant dans vos sociétés-cibles. Si un reportage particulier vous a attiré, téléphonez au journaliste pour obtenir un rendez-vous en lui mentionnant la qualité de son écrit. Lors de la rencontre, demandez-lui ses impressions sur la société et les personnes qu'il y a rencontrées.

Projet d'études : les gens aiment être sollicités pour leurs opinions. Cela les flatte. Il est également plus facile de rencontrer des personnes quand vous travaillez sur un projet qui les intéresse. Si vous étudiez un projet précis et en même temps désirez rencontrer un cadre bien placé, votre étude vous servira d'introduction pour obtenir un entretien.

OBTENIR LA PERSONNE-CIBLE AU TELEPHONE

Les exercices d'entraînement qui suivent ont été conçus dans le but de vous fournir les principes fondamentaux dans l'art — car c'est un art — d'obtenir votre personne-cible au téléphone. Les premiers exemples présentés dans ce chapitre vous aideront à vous mettre à l'aise pour pouvoir franchir les premières étapes de la prospection téléphonique.

Un appel téléphonique visant à obtenir un rendez-vous suit souvent le schéma suivant :

La standardiste
|
La secrétaire
|
LA PERSONNE-CIBLE

La messagerie vocale

De plus en plus d'entreprises utilisent la messagerie vocale. Cette technologie avancée est venue compliquer la tâche de ceux qui utilisent la prospection téléphonique. En effet, il peut arriver que deux personnes se laissent mutuellement des messages pendant plusieurs jours sans parvenir à se parler directement. Pour éviter ce problème, dans le cas où votre personne-cible utilise une messagerie vocale, voici un message simple et efficace : "Bonjour, je m'appelle Jean Mercier, je vous téléphone de la part de Pierre Fournier et j'aimerais vous poser une question. Mon numéro de téléphone est le 01.44.00.00.00. Je vous rappellerai plus tard car je suis souvent en déplacement". Le but de votre communication est d'intriguer votre correspondant. Lors du deuxième appel, ne laissez pas de nouveau message ; un seul suffit. Essayez de rappeler jusqu'à ce que vous obteniez votre personne-cible ou toute autre personne. Dans votre message, ne dites jamais que vous recherchez un emploi ; il vous serait encore plus difficile de joindre la personne désirée.

La standardiste

A moins d'avoir reçu des instructions spéciales, il n'est pas du ressort d'une standardiste de filtrer les appels téléphoniques. Neuf fois sur dix, le standard vous passe le service demandé. Une standardiste peut aussi vous fournir d'importantes informations pour votre recherche. Adoptez un ton amical et dites-lui que vous appréciez son aide. Evitez de vous montrer autoritaire ou exigeant. En effet, une standardiste peut :

- Confirmer qu'une personne est toujours employée dans la société et occupe le même poste. Les gens bougent et si vous utilisez des annuaires, la standardiste peut vous aider à vérifier le titre, l'adresse postale et l'orthographe correcte de votre personne-cible. Cela peut être fait de façon routinière en disant : "J'ai besoin de vérifier le titre exact de Monsieur Dupont car j'ai du courrier à lui transmettre". Dans le cas où elle vous apprend que Monsieur Dupont n'est plus le Directeur du Marketing, vous pouvez ajouter: "De façon à mettre à jour mes dossiers, pouvez-vous me donner, s'il vous plaît, le nom de son remplaçant ?"

Un standard est parfois surchargé d'appels, aussi vos questions doivent-elles être courtes. Si vous en avez le temps, n'oubliez pas de poser la question : "Monsieur Dupont a-t-il une ligne directe ?" Vous n'obtiendrez pas toujours le numéro de téléphone souhaité, mais en cas de réussite, vous pourrez contacter Monsieur Dupont en fin de journée sans avoir à parler à sa secrétaire qui sera déjà partie.

- Vous donner le nom et le numéro de poste de la secrétaire de la personne-cible. Il est préférable de dire : "Bonjour Madame Mercier..." au lieu de : "Madame... euh... quel est votre nom ?"
- Vous indiquer quelles sont les personnes absentes ou présentes dans la société le jour de votre appel. À la question : "Monsieur Dupont est-il là aujourd'hui ?" on peut vous donner plusieurs réponses : "Oui, mais sa ligne est occupée", ou "Oui, mais il est en réunion toute la matinée", ou "Non, il passe la journée dans notre bureau de Marseille", ou encore "Oui, il est là. Puis-je lui dire qui appelle ?"

Il faut garder la balle dans votre camp. Si la personne-cible est absente, la réponse naturelle de la standardiste sera : "Puis-je avoir votre nom et numéro de téléphone ?" Si vous donnez cette information à une standardiste ou à une secrétaire, vous avez perdu le contrôle de la conversation. Si la personne insiste, laissez votre nom et votre numéro de téléphone en ajoutant que vous rappellerez plus tard.

☎ Entraînement

Standardiste

Ceux qui n'ont pas encore une grande pratique du téléphone doivent faire cet exercice à haute voix de façon impérative. Vous pouvez jouer différents rôles au téléphone avec un ami, puis l'appeler d'un autre endroit. Les questions suivantes sont celles habituellement posées. Demandez à votre ami de les mélanger de façon à ce que vous puissiez bien apprendre votre scénario. Le dialogue suivant comporte des questions éventuellement posées par la standardiste.

Standardiste	Résponses
1. "C'est de la part de qui ?"	*(Donnez votre nom.)*
2. "De quelle société ?"	*(Si vous travaillez ou venez récemment de quitter votre emploi, vous pouvez citer le nom de votre société.)*
3. "Qui demandez-vous ?"	*("Monsieur Dupont", en supposant que vous avez vérifié sa présence*

dans la société ainsi que son adresse professionnelle.)

4. "C'est à quel sujet ?"

(Vous pouvez dire à une standardiste qu'il s'agit d'un projet que vous souhaitez lui soumettre ou que c'est à propos d'un courrier que vous lui avez adressé.)

5. "Est-ce que vous recherchez un emploi ?"

(Votre réponse est la suivante : "Je suis en train de travailler sur un projet de marketing dont je voudrais parler à Monsieur Dupont". Ce que vous venez de dire est la pure vérité ; vous travaillez sur un projet de marketing et vous en êtes le produit.)

Vos questions éventuelles à la standardiste

1. "Je voudrais parler à Monsieur Dupont, s'il vous plaît". Soyez sûr de vous, le ton de votre voix doit être celui de quelqu'un qui est convaincu d'obtenir Monsieur Dupont au bout du fil.
2. "Pouvez-vous me dire qui est le Directeur des Ventes *(ou n'importe quel autre poste dans la société)* ?" Quand vous n'êtes pas sûr du nom de la personne à qui vous voulez parler, la standardiste peut vous renseigner. Employez un ton aimable qui va l'encourager.
3. "Pouvez-vous me donner l'orthographe de son nom ?" Soyez patient car elle devra répondre à d'autres appels. Vous ne perdez rien à être poli !
4. "Je voudrais vérifier votre adresse postale".
5. "Monsieur Dupont travaille-t-il toujours à cette adresse ?" Vérification.
6. "Monsieur Dupont est-il toujours Directeur des Ventes ?" Vérification d'une information trouvée dans un annuaire.
7. "Qui a remplacé Monsieur Dupont ? Pouvez-vous me donner l'orthographe de son nom ?"
8. "Etes-vous toujours à l'adresse suivante : ... ?"
9. "Comment vient-on chez vous ?"
10. "Quelles sont vos heures d'ouverture ?"
11. "Puis-je avoir la ligne directe de Monsieur Dupont ? Je ne voudrais pas vous déranger".

La secrétaire

Les cadres supérieurs ont des secrétaires bien entraînées pour tenir les solliciteurs éloignés de leur patron. Un directeur général reçoit des appels téléphoniques de toute origine, et plus il est connu, plus les personnes qui l'appellent sont nombreuses : agents de change, agents immobiliers, services de crédit, organisateurs de séminaires, consultants, sociétés d'expertise comptable, sociétés de bienfaisance, chercheurs d'emploi, fournisseurs, clients mécontents, conseils en recrutement, conseils en outplacement. Tous ces gens essayent d'attirer l'attention de votre personne-cible.

Les secrétaires connaissent mieux que quiconque dans la société le monde dans lequel évolue leur patron. Elles connaissent ses amis, associés, supérieurs, fournisseurs, clients, sa famille et sont bien placées pour faire un tri de tous les appels téléphoniques reçus quotidiennement. Vous avez besoin de leur coopération si vous voulez parler à vos personnes-cibles.

Si votre personne-cible est un cadre moyen, vous rencontrerez moins de résistance sauf si la secrétaire a reçu l'ordre de filtrer tous les appels de son patron. La conversation qui suit représente le cas le plus difficile.

Vous	La secrétaire
"Bonjour Madame, je désirerais parler à Monsieur Dupont".	
	"De la part de qui, s'il vous plaît ?"
"Paul Dumas, de la part de Monsieur Jacques Fourier".	
	"Puis-je faire savoir à Monsieur Dupont la raison de votre appel ?"
"C'est personnel".	
	"Cherchez-vous un emploi Monsieur Dumas ?"
"Oui, je voudrais travailler dans votre société et Monsieur Fourier a pensé que Monsieur Dupont serait intéressé par mon C.V".	
	"Je suis sûre qu'il le sera. Envoyez-moi une copie de votre C.V. pour que je le transmette à Monsieur Dupont qui vous contactera".

Le candidat a perdu le contrôle de la conversation.

Franchir le barrage de la secrétaire sera plus facile si vous pouvez user d'une relation commune. La secrétaire passera aussitôt la communication à Monsieur Dupont car il est fort probable qu'elle connaisse cette personne : "Monsieur Dumas, de la part de Jacques Fourier, veut vous parler". Il y a de grandes chances pour que Monsieur Dupont vous parle, ne serait-ce que par courtoisie et amitié vis-à-vis de Jacques Fourier.

Toutefois, certaines secrétaires sont particulièrement astucieuses ou ne connaissent pas la personne que vous mentionnez. Votre succès dépendra du ton de votre voix et de votre habileté à communiquer à votre interlocutrice l'importance de votre appel. Examinez cet exemple :

Vous	La secrétaire
"Bonjour Madame Mercier, je m'appelle Paul Dumas. J'aimerais parler s'il vous plaît à Monsieur Dupont. Un ami commun, Monsieur Jacques Fourier, m'a suggéré de prendre contact avec lui".	
	"Puis-je avoir le nom de votre société ?"
"Société X".	
	"Un moment, s'il vous plaît".

Il est facile de deviner quelle conversation a le mieux réussi. Les conseils ci-dessous vous seront utiles quand vous parlez à une secrétaire :

- Soyez ferme et amical en demandant à parler à votre personne-cible. Ne montrez pas d'hésitation. Si votre voix exprime un doute (celui de ne pas pouvoir joindre la personne-cible), vous courez à l'échec.
- Si vous connaissez le nom de la secrétaire, ne dites pas "Madame" mais, "Madame Mercier, je voudrais parler à Monsieur René Dupont". En ce qui concerne la personne-cible, utilisez son nom et prénom au lieu de dire seulement "Monsieur Dupont". Le fait d'ajouter le prénom indique que vous savez exactement à qui vous vous adressez, même si vous n'avez jamais rencontré auparavant votre personne-cible.
- Mentionnez tout de suite que vous travaillez sur un projet de marketing. C'est la vérité puisque vous travaillez sur votre propre marketing de recherche d'emploi. Si Madame Mercier veut en savoir davantage, vous pouvez ajouter que le projet concerne soit des produits médicaux, soit des contrôles financiers, soit des relations humaines ou toute autre spécialité qui vous intéresse. Quand vous mentionnez un projet, la secrétaire ne pense plus à poser l'indésirable question : "Cherchez-vous un emploi ?"
- Dire qu'il s'agit d'une communication personnelle implique que vous êtes à la recherche d'un emploi, à moins que votre relation commune soit en train de traiter une affaire personnelle avec Monsieur Dupont dont vous êtes au courant. Mais ces cas-là sont rares. Vous pouvez refuser de donner des détails en précisant qu'il s'agit d'un projet personnel, mais vous risquez de ne pas franchir le barrage de la secrétaire. Si la secrétaire a reçu la ferme instruction de garder les gens à distance, il est possible, même si vous avez été recommandé, qu'elle vous demande d'écrire une lettre à Monsieur Dupont expliquant vos projets.

- Les secrétaires qui ne pensent pas que vous êtes à la recherche d'un emploi vous demanderont le nom de votre société. Si vous êtes toujours employé ou êtes toujours sur la liste du personnel, pas de problème : vous pouvez dire que vous faites partie de la société X. Il est en effet possible de faire partie d'une société même quand on n'y est plus physiquement présent. Si cela vous gêne, créez virtuellement votre propre société et dites que vous êtes de la société Dumas. Puisque c'est la tradition de dire que l'on vient de quelque part, jouez la règle du jeu.

- Si vous téléphonez d'une autre ville, votre approche sera différente. “Bonjour Madame Mercier, mon nom est Paul Dumas, j'appelle de Toulouse et je voudrais parler à monsieur René Dupont”. Les appels téléphoniques longue distance ont souvent la priorité dans les bureaux. Si vous venez de vous déplacer dans la ville où vous utilisez votre réseau, vous pouvez dire: “Bonjour, Madame Mercier, mon nom est Paul Dumas, j'arrive de Toulouse et je suis de passage à Paris. Je voudrais parler à Monsieur René Dupont”. Il se peut qu'elle vous demande si Monsieur Dupont vous connaît, auquel cas vous ajouterez: “Je l'appelle de la part de Jacques Fourier”. Ce genre d'appel laisse entendre que vous avez peu de temps et qu'il serait préférable de joindre monsieur Dupont pendant que vous êtes encore en ville.

  Si vous avez à faire à une secrétaire trop coriace, essayez d'appeler tôt le matin ou tard en fin de journée ou encore à l'heure du déjeuner quand elle est remplacée par une autre employée. En cas d'échec, faites savoir à votre intermédiaire les obstacles que vous rencontrez pour joindre votre personne-cible. Il peut vous aider en l'appelant ou encore un appel de sa part à la secrétaire fera souvent l'affaire.

  Si votre contact est membre de la même association que Monsieur Dupont, voici ce qu'il faut dire :

  “Bonjour, Madame Mercier, mon nom est Paul Dumas. Jacques Fourier m'a suggéré d'appeler Monsieur René Dupont au sujet de l'Association des Conseillers Financiers”. Madame Mercier sera alors amenée à penser que cet appel est important pour son patron et vous mettra immédiatement en contact avec lui. Il n'est pas nécessaire d'être membre de l'Association des Conseillers Financiers pour mentionner que l'appel est en relation avec cette association.

- Que faire si vous n'avez ni intermédiaire ni association à mentionner ? Dans ce cas il vaut mieux en dire le moins possible. Votre voix doit être celle de quelqu'un qui a l'habitude de parler à Monsieur Dupont chaque jour.

La secrétaire	Vous
"Bonjour, ici le bureau de Monsieur Dupont".	
	"Bonjour Madame, Monsieur René Dupont, s'il vous plaît". (Rien d'autre, pas d'explication, votre voix doit sous-entendre que vous allez parler à Monsieur Dupont.)

Les individus pressés de parler au téléphone aux personnes qui les intéressent, se soucient en général fort peu des standardistes et des secrétaires. Quand tout le reste a échoué, vous montrer aimable en leur demandant un service peut produire des miracles.

La secrétaire	Vous
"Puis-je savoir qui appelle ?"	
	"Paul Dumas. Monsieur René Dupont est bien votre directeur de production ?" (Vous connaissez la réponse mais vous cherchez à obtenir un "oui" pour briser la glace.)
"Oui. Puis-je connaître les raisons de votre appel ?"	
	"Je travaille sur les mêmes problèmes de production que Monsieur Dupont et je voudrais m'entretenir avec lui de ce sujet. Quel est le meilleur moment pour l'appeler sans trop le déranger ?" (Vous cherchez à obtenir un entretien téléphonique en étant sûr de pouvoir parler avec Monsieur Dupont.)
"Monsieur Dupont arrive habituellement tôt le matin et le téléphone sonne peu à ce moment-là. Je vous suggère d'appeler le matin vers 8 h 30".	
	"Je vous remercie de votre aide Madame Mercier. Je rappellerai demain matin à partir de 8 h 00".

Dans cette conversation, votre approche a consisté à obtenir l'aide de Madame Mercier afin qu'elle vous indique le meilleur moment pour appeler son patron.

La prochaine fois que vous appelez, vous pouvez dire :

Vous	La secrétaire
"Paul Dumas pour Monsieur René Dupont, s'il vous plaît".	
	"Est-ce que Monsieur Dupont vous connaît ?"
"Il attend mon coup de fil. Vous êtes bien Madame Mercier ? Je rappelle comme convenu".	

Cette réponse doit en principe suffire, ou bien elle peut dire :

	"De quoi s'agit-il ?"
"Cela concerne ma lettre du 3 avril".	
	"Un moment, s'il vous plaît".

Dans votre lettre, vous aurez expliqué que vous envisagez de changer de carrière et souhaitez son conseil pour votre campagne de recherche d'emploi. En principe Madame Mercier a transmis votre lettre car elle portait la mention "Personnel et Confidentiel". Vous allez enfin pouvoir parler à Monsieur Dupont puisqu'il aura déjà quelques informations sur vous.

La plupart des secrétaires ne font que suivre les instructions de leur patron. A partir du moment où elles sont rassurées sur l'objet de votre appel, elles feront de leur mieux pour arranger un entretien. Soyez attentif au fait que leur rôle est aussi de protéger leur patron surchargé de travail.

Dans certains cas, vous n'obtiendrez pas votre personne-cible. Les barrages peuvent être efficaces à 100% même si vous mentionnez un intermédiaire. N'insistez pas et gardez le nom de ce contact sur votre liste. Vous pouvez alors tenter de rencontrer votre personne-cible "par hasard" lors d'une réunion de son club ou dans l'un des endroits qu'il fréquente. Si rien ne réussit, écrivez-lui que vous désirez le rencontrer et que vous le rappellerez dans quelques jours pour convenir d'un rendez-vous. Dans la conversation suivante, Madame Mercier n'est pas décidée à vous passer Monsieur Dupont :

Comment dialoguer avec la secrétaire de votre interlocuteur ?

La secrétaire	Vous
1."Votre nom, s'il vous plaît ?"	
	1. "Mon nom est Paul Dumas".
2. "Est-ce que Monsieur Dupont vous connaît ?"	
	2. "J'appelle Monsieur Dupont de la part de Jacques Fourier", ou, "Monsieur Jacques Fourier m'a recommandé

auprès de Monsieur Dupont", ou, "Monsieur Dupont attend mon coup de fil", ou "Son ami, Jacques Fourier, m'a dit que je pouvais l'appeler". Entraînez-vous à trouver d'autres réponses.

3. "Quel est le nom de votre société ?"

3. "Je suis de l'entreprise XYZ" ou, "Je fais partie de l'entreprise XYZ".

4. "Monsieur Dupont connaît-il votre société ?"

4. "C'est possible".

5. "De quoi voulez-vous parler à Monsieur Dupont ? Il est très occupé".

5. "Je travaille sur un projet de marketing et j'aimerais obtenir les conseils de Monsieur Dupont".

6. "Donnez-moi s'il vous plaît votre numéro de téléphone et l'on vous appellera".

6. "Mon numéro de téléphone est... cependant je pense qu'il est préférable que ce soit moi qui rappelle, car je suis souvent en déplacement. Quel est le meilleur moment pour parler à Monsieur Dupont ?"

7. "Je comprends votre demande, mais Monsieur Dupont m'a demandé de m'informer avec précision sur tous les appels téléphoniques qu'il reçoit".

7. "Je comprends. Mon entretien avec lui ne prendra que quelques minutes. Jacques Fourier pense que mon projet intéressera Monsieur Dupont".

8. "Voulez-vous que je vous passe le service du personnel ?"

8. "Non, merci, je crois que mon projet concerne Monsieur Dupont".

Entraînez-vous à répondre aux questions ci-dessus. Le titre du jeu est "Comment réussir à parler à Monsieur Dupont".

Votre voix et vos mots doivent être convaincants : vous *allez* parler à Monsieur Dupont. Si vous ne vous montrez pas sûr de vous, la secrétaire bloquera votre appel en pensant que vous n'êtes pas une personne importante pour son patron.

LA PERSONNE-CIBLE

On vous a finalement passé votre personne-cible et vous allez tenter d'obtenir un rendez-vous ou, en cas de refus, quelques noms de personnes à contacter. Qu'allez-vous dire ?

Il est nécessaire d'avoir sous les yeux les informations communiquées par votre intermédiaire sur votre personne-cible et sur sa société. Egalement, un article de journal ou un magazine peut avoir mentionné une réalisation professionnelle à laquelle a participé votre interlocuteur. Il est important, avant d'appeler, d'avoir le plus de renseignements possible sur lui.

Appel téléphonique utilisant une relation pour demande de conseils

Regardez la structure de cette conversation :

1. **Formule de salutation**
2. **Présentation**
3. **Mention du nom de votre relation pour détendre la conversation**
4. **Motif de votre appel**
5. **Question appelant un "oui" en réponse**
6. **Exemple d'une réalisation professionnelle suivie d'une question**
7. **Demande d'un rendez-vous**
8. **Confirmation et fin de l'entretien sur une note positive**

Voici un exemple de conversation qui suit cette structure :

Vous	Monsieur Dupont
Etapes 1 et 2	
"Bonjour Monsieur Dupont, je m'appelle Paul Dumas".	
	"Bonjour, que puis-je faire pour vous ?"

Etapes 3 et 4

"Jacques Fourier à qui j'ai parlé la semaine dernière m'a suggéré de vous contacter. Je suis en train de changer d'emploi et aimerais votre conseil. Je ne vous téléphone pas pour un emploi, mais bien pour avoir des idées et des conseils, étant donné que j'ai travaillé dans le même secteur que vous".

"Je ne sais pas si je peux vous aider".

Etape 5

"Votre entreprise a-t-elle eu des problèmes dans la commercialisation des emballages… pour le marché de la grande consommation ?"

"Oui, nous en avons eu".

Etapes 6 et 7

"La société pour laquelle j'ai travaillé était préoccupée par ce problème et j'ai entrepris une recherche sur les emballages de remplacement. Ma recherche vous intéresse-t-elle ?"

"Beaucoup".

"J'aimerais bien en discuter avec vous ; je vous propose mardi ou mercredi prochain".

"Je suis très occupé mardi, mais je pourrais vous voir mercredi".

"Mercredi me convient tout à fait. Préférez-vous le matin ou l'après-midi ?"

"Venez vers 17 h 00, ce sera plus tranquille et nous pourrons bavarder".

Etape 8

"C'est parfait, Monsieur Dupont. Mercredi 14 mai à 17 h 00, à votre bureau. Je suis sûr que vous serez intéressé par les techniques étudiées".

Etudions de plus près cette conversation.

Formule de politesse et introduction : C'est en utilisant un ton amical et agréable que Paul se présente à Monsieur Dupont et il n'est pas difficile d'imaginer un sourire sur son visage au moment où il entame la conversation.

Il est important de parler au téléphone de telle façon que votre interlocuteur ait envie d'écouter ce que vous avez à lui dire. Ce ton amical ne doit être ni trop familier ni trop formel.

Nom de votre relation : Paul Dumas mentionne immédiatement le nom de son intermédiaire, Jacques Fourier, et indique, afin de détendre la conversation, qu'il ne demande pas un emploi. Cela ne signifie pas que Paul refusera de parler d'une offre d'emploi si on lui en propose une. Son but est de ne pas embarrasser Monsieur Dupont qui, de ce fait, ne restera pas sur la défensive en ne se sentant pas obligé de parler d'emploi.

Motif : Paul Dumas mentionne le motif de son appel (des conseils sur sa carrière et sur ses réalisations professionnelles). Vous pouvez aussi demander des conseils sur votre C.V. ou des suggestions concernant d'autres personnes à contacter. Ayant fait des recherches sur la société-cible de Monsieur Dupont, Paul Dumas se met à lui parler d'un problème qui le concerne directement.

Poser une question qui entraînera un "oui" pour réponse : Pour préparer ce type de questions consultez votre documentation et lisez la presse professionnelle et économique tous les jours. "Votre société a-t-elle eu des problèmes dans la commercialisation des emballages… pour le marché de la grande consommation ?"

"Oui, nous en avons eu".

Une autre question moins directe et plus subtile : "Je crois que l'emballage des produits médicaux préoccupe votre société, n'est-ce pas ?"

Ou encore,

"La fabrication d'emballages pour les produits médicaux de grande consommation est devenue un problème pour beaucoup de sociétés. Je crois savoir que votre société s'intéresse à la question, n'est-ce pas ?"

L'important ici est d'obtenir un "oui" en réponse. En créant tout de suite un terrain d'entente, il sera plus facile à Paul Dumas d'obtenir un rendez-vous.

Le but est de diriger la conversation de façon positive. Tout d'abord effectuer un petit sondage pour découvrir un besoin, présenter ensuite une idée ou une réalisation pour répondre à ce besoin. Dans la plupart des cas, le candidat se voit offrir un entretien en utilisant cette tactique.

Exemple d'une réalisation professionnelle suivie d'une question : Paul Dumas évoque une de ses réalisations de façon à provoquer la curiosité de Monsieur Dupont.

"C'était aussi un problème important pour ma société. Je dirigeais une équipe chargée d'élaborer un autre emballage. Nous avons développé plusieurs solutions et j'aimerais rencontrer d'autres personnes préoccupées par ce sujet. Seriez-vous intéressé ?"

"Beaucoup".

Supposons que Paul Dumas ne soit pas spécialisé dans les produits pharmaceutiques, mais qu'il soit ingénieur de fabrication. Il pourrait dire : "Lors de mon dernier emploi, j'ai réussi à réduire les coûts de fabrication de 35%, alors que les ventes augmentaient parallèlement de 14% par an. Est-ce que ce genre de performance vous intéresse ?"

Monsieur Dupont peut répondre : *"C'est remarquable"*.

Evidemment, il est important de parler d'une réalisation exceptionnelle qui correspond à ce que Monsieur Dupont recherche. Si celui-ci sent qu'il va apprendre quelque chose de la personne qui l'appelle, il va égoïstement vouloir la rencontrer pour lui soutirer des renseignements. Dans cet exemple, chaque partie va poursuivre ses propres objectifs lors d'un entretien.

Beaucoup de cadres de haut niveau cherchent, dans la conversation, à avoir l'avantage. Ils sont plus connus pour leur rapidité à saisir une opportunité que pour leur générosité. Si vous rencontrez ce genre de personnes, il vous faut changer immédiatement de tactique et transformer vos réalisations professionnelles en bénéfices potentiels de façon à correspondre à leurs besoins immédiats.

Demande d'un rendez-vous : "De façon à pouvoir en discuter avec vous, je vous propose mardi ou mercredi prochain".

"Je suis très occupé mardi, mais vous avez proposé également mercredi ?"

"Mercredi sera parfait. Préférez-vous le matin ou l'après-midi ?"

"Je vous propose de venir vers 17 h 00. Ce sera plus tranquille pour parler".

La personne qui appelle *ne demande pas un entretien car elle suppose qu'elle va en obtenir un.* Elle évite la question indésirable et propose juste une date. Règle du jeu : si vous ne voulez pas essuyer un refus, ne posez pas une question qui entraîne une réponse négative.

Confirmation et fin de l'entretien sur une note positive : "Très bien, Monsieur Dupont, je viens vous voir mercredi 14 mai à 17 h 00 dans votre bureau. Je suis sûr que vous serez intéressé par les techniques que nous avons étudiées".

Ou,

"Monsieur Dupont, je me réjouis à l'idée de vous rencontrer et de discuter avec vous de cette méthode de progression des ventes à coûts réduits".

La rencontre est confirmée. Il s'agit d'éliminer le remords de l'acheteur en lui assurant que l'entretien ne sera pas une perte de temps, mais consistera au contraire en un dialogue positif.

► Appel téléphonique sans recommandation pour demande de conseils

Un appel téléphonique sans recommandation ne doit se faire qu'après un bon entraînement au téléphone avec des personnes proches et d'autres personnes pour lesquelles vous aurez eu des introductions.

Même sans être recommandé, vous devez continuer à rechercher des informations sur la société et la personne que vous désirez rencontrer.

La conversation qui suit utilise la même structure que celle de l'appel téléphonique avec recommandation (formule de politesse, présentation, motif, question appelant un "oui" en réponse, réalisation professionnelle, prise de rendez-vous, confirmation sur une note positive). La seule différence est l'absence d'intermédiaire. Dans ce cas-là, expliquez comment vous avez eu le nom de votre interlocuteur ou pourquoi vous avez choisi de lui parler.

Vous	L'autre personne
(À la standardiste) "Je voudrais être sûr que Monsieur René Dupont est toujours président de votre société".	
	"Oui, Monsieur Dupont est notre président".
"Parfait, j'aimerais lui parler. Quel est le nom de sa secrétaire ?"	
	"Marie Mercier. Un moment, s'il vous plaît".
	(La secrétaire) "Ici le bureau de Monsieur Dupont".
(D'une voix amicale mais ferme) "Bonjour, Madame Mercier, Monsieur Dupont, s'il vous plaît".	
	"Monsieur Dupont est en ligne avec une autre personne. Puis-je avoir votre nom s'il vous plaît ?"
"Paul Dumas. Nous avons travaillé sur les mêmes projets de marketing et j'aimerais lui parler d'un projet en cours".	
	"Quel est le nom de votre société ?"
"Société Dumas".	
	"Un moment, s'il vous plaît".
	(La personne-cible) "Allô, Monsieur Dupont à l'appareil".
(Sur un ton amical) "Bonjour, Monsieur Dupont, je m'appelle Paul Dumas. Nous avons été concurrents pendant de nombreuses années. Je viens de terminer mon travail chez..., je vous appelle non pour un emploi, mais pour avoir quelques conseils. J'ai entendu	

dire que votre société s'agrandit dans la région de Toulouse. Cela est-il vrai ?"

(Prudent) "Oui, pourquoi ? Quel genre de conseil voulez-vous ?"

"Chez... j'étais responsable des ventes de produits pharmaceutiques et l'an dernier, ces ventes ont augmenté de 22%. Je suis en train de changer d'emploi et voudrais rencontrer des personnes qui pourraient être intéressées par ce genre de performance. Puis-je vous rencontrer pour une brève visite, la semaine prochaine, mercredi ou jeudi ?"

"J'aimerais bien vous rencontrer mais je ne suis pas sûr de pouvoir vous aider. Je peux vous accorder quelques minutes. Pouvez-vous être à mon bureau mercredi vers 11 h 45 ?"

"11 h 45 mercredi me convient très bien".

"Avant de raccrocher, donnez-moi votre numéro de téléphone en cas de besoin".

"01.50.00.00.00. Je suis sûr que nous aurons une conversation intéressante. Au revoir Monsieur Dupont".

Voici ce qu'on appelle de la prospection téléphonique ! Vous préparez à l'avance le résultat de votre conversation en utilisant des techniques de vente et de prospection.

Supposons que Monsieur Dupont réponde : *"Je suis désolé, mais je n'ai absolument pas le temps de vous voir"*. Dans ce cas-là, ne vous découragez pas, mais essayez d'obtenir des noms de personnes à contacter.

Vous pouvez employer l'une de ces deux réponses :

1. "Je comprends que vous soyez très occupé. Vous serait-il possible de m'indiquer quelques personnes auxquelles je pourrais parler de mes réalisations en marketing ?" C'est un moyen pour vous de rappeler à Monsieur Dupont qu'il a au bout du fil un super vendeur qui vaut la peine qu'on le rencontre.

2. "Je serai très bref et j'aimerais juste vous dire quelques mots sur ce que je suis en train de faire", ou encore, "quand puis-je vous rappeler ?" Dans ce cas-là, vous cherchez seulement à parler brièvement à Monsieur Dupont avec l'idée d'obtenir des noms de personnes à contacter dans sa société ou ailleurs.

Si vous n'obtenez pas de rendez-vous par téléphone, envoyez-lui votre C.V. avec une lettre polie indiquant ce qui vous intéresse tout en précisant que vous le rappelerez pour fixer une date d'entretien.

Appel téléphonique sans recommandation pour recherche d'informations

Il vous arrivera de téléphoner à des personnes simplement pour rechercher des informations sur un métier ou un secteur d'activité particulier. Dans ce cas-là, insistez sur le fait que vous n'êtes pas en quête d'emploi. De toute façon, votre interlocuteur ne manquera pas de vous parler d'une opportunité d'emploi s'il en connaît une. Eventuellement il vous donnera des noms de personnes à rencontrer.

Voici un exemple d'une telle conversation téléphonique. Cette prise de rendez-vous pour un entretien de recherche a été faite sans recommandation. Il est nécessaire d'avoir des explications bien préparées car les personnes veulent toujours connaître les raisons de votre appel.

Vous	Monsieur Dupont
(Formule de politesse et présentation) "Bonjour Monsieur Dupont, je m'appelle Paul Dumas. J'aimerais bien parler avec vous d'immobilier".	
	"Bonjour, je ne pense pas vous connaître. Comment avez-vous eu mon nom ?"
(Explication de votre appel sans avoir une recommandation particulière afin de détendre l'atmosphère) "Votre nom m'a été plusieurs fois mentionné, alors que je demandais autour de moi le nom d'un expert en immobilier. Je n'ai pas l'intention de vous demander un emploi".	
	Rire, "J'espère bien! Que puis-je faire pour vous ?"
(Motif de l'appel, poser une question invitant un "oui" en réponse) "Je voudrais savoir si je possède les qualités nécessaires pour un agent immobilier et d'après ce qui m'a été dit, vous avez de nombreuses années d'expérience dans les ventes immobilières, n'est-ce pas ?"	
	"Oui, j'ai 20 ans d'expérience. Je ne connais aucune possibilité d'emploi mais je serais content de vous aider. Qu'avez-vous réalisé ?"
(Réalisation professionnelle suivie d'une question) "J'ai eu beaucoup de succès dans mon emploi de directeur des ventes pour une société de produits médicaux.	

Vous	L'autre personne
L'année dernière, j'ai vendu du matériel de soins pour plus de 2 millions d'euros. Toutefois, les déplacements représentant 70 % de mon temps, j'envisage un changement de carrière. Je voudrais vous poser quelques questions sur l'immobilier en général. Je ne pense pas qu'il me sera nécessaire de voyager aussi souvent, n'est-ce pas ?"	
	"Certainement pas, avez-vous un C.V. ?" (Les gens se retranchent toujours derrière un C.V.)
(Prise de rendez-vous) "Oui, bien sûr, je pourrais vous l'apporter moi-même mardi ou mercredi prochain : Serez-vous à votre bureau ?"	
	"Mardi après-midi autour de 17 h 00 me convient. Avez-vous notre adresse ? Donnez-moi votre numéro de téléphone". Il peut aussi répondre: *"Envoyez-nous votre C.V., je vous convoquerai par la suite".*
(Confirmation, fin de la discussion) "Parfait, votre adresse est bien toujours au.... Je me réjouis à l'idée de vous rencontrer. A mardi prochain, 6 mai 17 h 00. Voici mon numéro de téléphone.... Merci, Monsieur Dupont".	

Voici un autre exemple d'un appel téléphonique sans recommandation pour le même genre d'entretien. Une société financière vous propose un portefeuille d'actions dans un mailing publicitaire signé Marie Boucher, Directeur Financier.

Vous	L'autre personne
(D'une voix amicale) "Bonjour, puis-je parler à Madame Boucher ?"	
	(La standardiste) "Oui, qui est à l'appareil ?"
"Paul Dumas".	
	"Puis-je vous demander le motif de votre appel".
"Je voudrais parler à Madame Boucher de la lettre qu'elle m'a envoyée".	
	"Bonjour, Marie Boucher à l'appareil".

(D'une voix joviale) "J'ai eu envie de vous appeler après la lecture de votre lettre".

"Etes-vous intéressé par la documentation que je vous ai envoyée ?"

"Oui, mais pas de la façon dont vous le pensez. Je me demande si vous pourriez me mettre en contact avec le meilleur vendeur de votre agence ?"

(Un rire) "Vous êtes en train de lui parle !"

"Madame Boucher, j'ai de nombreuses années d'expérience dans la vente et je voudrais changer de secteur d'activités pour m'orienter vers la vente des actions et obligations. J'aimerais m'informer sur ce sujet et vous poser quelques questions sur votre métier. Seriez-vous libre pour déjeuner la semaine prochaine ?"

"Pourquoi pas. Un déjeuner, mercredi prochain vous convient-il ?"

"Parfait. Je passerais vous chercher à votre bureau vers midi".

"Très bien, à la semaine prochaine, Monsieur Dumas".

Cet entretien téléphonique sans intermédiaire fut facile car Paul Dumas a su tirer profit de l'opportunité que lui avait offerte un autre cadre commercial de qualité.

Dans la mesure où il ne s'agit que de recherche d'informations, il est plus facile d'être détendu pendant la conversation. C'est un peu comme deux voisins parlant par dessus leur mur mitoyen. Si vous avez besoin d'obtenir certaines informations, passez ces appels au début de votre campagne de recherche.

Ces appels sans recommandation ne seront pas toujours aussi faciles. Votre interlocuteur peut vous demander d'envoyer d'abord votre C.V. ou peut vous diriger vers une autre personne. Il se peut qu'il vous passe le service du personnel, mieux informé des opportunités existant dans la société. Dans ce cas-là, acceptez un entretien si on vous le propose. Beaucoup de choses peuvent se passer au téléphone. Soyez prêt à vous adapter à toutes les possibilités et entraînez-vous le plus souvent possible.

ELEMENTS D'UN APPEL TELEPHONIQUE

Objectifs

Pendant une recherche d'emploi et dans la mesure où vous utilisez souvent le téléphone, il est préférable de savoir à l'avance ce que vous voulez obtenir. Grâce à vos appels, vous pouvez :

- Contacter des amis et des relations professionnelles (ceux que vous connaissez très bien et ceux que vous connaissez vaguement ou pas du tout.)
- Chercher à obtenir un rendez-vous à la suite de l'un de vos courriers.
- Obtenir de nouveaux contacts (si l'entretien n'a pas été possible).
- Recevoir des informations des personnes de votre réseau et les mettre au courant des progrès de votre recherche.
- Assurer le suivi d'un entretien afin de renseigner votre interlocuteur ou d'en obtenir d'autres informations et pour convenir d'un autre rendez-vous.
- Confirmer des rendez-vous.
- Discuter d'un emploi possible.

Préparation avant l'appel

Voici ce que vous devez avoir devant vous avant d'engager une conversation au téléphone.

- Votre liste de sociétés-cibles ainsi que les informations concernant vos personnes-cibles.
- Vos petites annonces dans un cahier. Vous répondrez à certaines par courrier et approcherez d'autres en utilisant la technique du réseau. Vous avez recherché le nom, l'adresse et le numéro de téléphone des personnes que vous voulez rencontrer.
- Divers scénarios adaptés à différents types de conversation. A présent vous vous sentez à l'aise pour vous présenter et obtenir un entretien.
- Votre C.V. dans le cas où vous devez y chercher une information immédiate.
- Votre agenda pour noter des rendez-vous en inscrivant aussitôt la date, l'heure et le lieu.
- Votre liste de questions en cas d'appel pour un entretien de recherche d'information. Même si votre interlocuteur ne veut pas vous accorder un entretien, il peut peut-être souhaiter vous parler au téléphone.

Bien connaître votre personne-cible

Les informations présentées ci-dessous vous seront plus faciles à obtenir si vous avez un intermédiaire. Profitez de cette introduction pour en apprendre le plus possible sur votre personne-cible avant de l'appeler. En l'absence de cette tierce personne, vous avez malgré tout la possibilité de vous informer grâce aux événements de la presse et aux ouvrages professionnels.

1. Informations professionnelles

Titre et fonction.

Activité. (Administration, vente, responsable du crédit — que fait cette personne ?)

Rythme de travail. (Personne très occupée ? Difficile à joindre ? Décontractée et de contact facile ?)

Histoire. (Le nom de son université ou de son école, le nom des sociétés pour lesquelles elle a travaillé, recherche d'un point commun avec vous.)

Clubs et associations. (Noms des associations dont elle est membre, noms et adresses des lieux qu'elle fréquente, recherche d'une relation commune dans ces organisations.)

En plus des informations obtenues sur sa société, quel rôle votre personne-cible y joue-t-elle ?

2. Informations personnelles

Etes-vous au même niveau hiérarchique ?

Est-elle plutôt encline à aider les gens ?

La presse a-t-elle parlé d'elle et si c'est le cas l'article est-il en rapport avec vous et votre discussion ?

Depuis combien de temps vit-elle dans la ville ? Plus la période est longue, plus elle connaît de monde.

Cette personne travaille-t-elle dans l'une de vos sociétés-cibles ?

Les questions ci-dessus sont destinées à vous montrer l'état d'esprit qu'il faut avoir avant de téléphoner. Trop de personnes se servent de leur réseau sans but précis. Voici ce qu'un intermédiaire pourrait vous dire : "*Appelez Maurice, je suis sûr qu'il vous aidera. Dites-lui que je vous ai conseillé de lui téléphoner. Voici son numéro de téléphone...*" Beaucoup de personnes diraient merci en continuant leur routine quotidienne et ne profiteraient pas de cette opportunité pour demander à cette relation des renseignements sur leur personne-cible. Quelle erreur !

Quand une relation vous recommande auprès de quelqu'un, profitez-en pour lui poser des questions sur la vie professionnelle et personnelle de ce nouveau contact. Il n'est pas nécessaire de poser toutes les questions figurant plus haut. Cette liste vous servira seulement d'aide-mémoire. Voici un exemple d'un entretien au moment où votre interlocuteur vous donne le nom d'une relation :

"Paul, vous venez de me dire que vous désirez rencontrer quelqu'un chez.... Il s'avère que j'y connais le directeur de la recherche et du développement, Monsieur Maurice Lambert. Voudriez-vous le rencontrer ?"

"Ce serait une excellente introduction. Pouvez-vous me parler un peu de lui ?"

Grâce à cette question, Paul Dumas apprend que les deux hommes se connaissent depuis 15 ans. Ils ont travaillé ensemble chez... Maurice Lambert joue au golf, voyage beaucoup, connaît une réussite professionnelle exceptionnelle et est respecté du monde industriel. Travailleur acharné, il est plus facile de le joindre tôt le matin ou tard dans la soirée ou à l'heure du déjeuner qu'il saute bien souvent.

Ces informations seront très utiles quand vous appelerez la personne et quand vous la rencontrerez. Si vous voulez l'obtenir directement, vous savez à présent à quel moment il faut l'appeler. Vous éviterez ainsi sa secrétaire, probablement absente du bureau à ces heures insolites. Ce serait encore mieux si votre interlocuteur avait une ligne directe.

En faisant votre recherche, prenez toujours des notes sur les personnes-cibles et les sociétés-cibles que vous voulez approcher. Si l'occasion se présente d'appeler ou de rencontrer ces personnes, vous serez préparé.

Au moment de votre appel

Le succès de votre conversation dépend beaucoup des premières secondes de votre appel. La personne qui vous entend pour la première fois n'aura jamais une réaction neutre. C'est votre voix qui lui donnera une première impression générale. N'oubliez pas qu'elle est le seul lien entre vous et votre interlocuteur puisque vous n'êtes pas face-à-face.

Voici les variables à prendre en compte :

- **Cadence de la conversation**

Essayez d'accorder votre débit de parole avec celui de votre interlocuteur. Vous passerez pour un homme pressé si vous parlez vite à quelqu'un qui parle lentement. De la même manière, si vous parlez lentement à quelqu'un qui parle vite, il peut vous percevoir comme une personne peu dynamique.

- **Ton de la voix**

Votre voix doit porter. Articulez clairement en surveillant votre diction. Votre entraînement consistera à moduler votre voix en changeant son volume et sa vitesse. Vous serez ainsi capable de mettre l'accent sur les points importants tout en conservant l'intérêt de l'autre partie. A titre d'exemple écoutez ce que font les présentateurs de radio et de télévision. Augmentez légèrement le volume de votre voix à la fin d'une question. Une voix chaude établira un contact amical.

Au bout du compte, n'oubliez pas de rester naturel. Ne donnez pas l'impression que vous êtes en train de réciter un texte même si vous l'avez préparé à l'avance. C'est en le répétant plusieurs fois que vous finirez par oublier le mot à mot et ne retiendrez que les idées principales. Etudiez les raisons pour lesquelles certains de vos appels ont mieux réussi que d'autres.

- **L'humeur**

Si vous n'êtes pas de bonne humeur, il vaut mieux vous abstenir de téléphoner. Votre interlocuteur sentira votre impatience, votre énervement et vos frustrations. Souriez quand vous êtes au téléphone.

Entraînez-vous avec un magnétophone : quelle impression donnez-vous ? Etes-vous chaleureux, amical, confiant, négatif, agressif, hésitant ? Vous serez surpris par votre voix et votre première réaction sera : “Mais ce n'est pas mo !”

- **L'importance de savoir bien écouter**

Une conversation devient un échange quand chacune des parties écoute et comprend ce que dit l'autre. En écoutant, vous devez enregistrer suffisamment d'informations pour atteindre votre objectif : un entretien. Quels sont les points importants d'une bonne écoute ?

Il faut apprendre à interpréter les nuances de la voix, les pauses et les hésitations dans les réponses de votre contact. C'est en étant sensible à son humeur que vous pourrez affiner votre approche et atteindre votre but.

Il est important de faire savoir à votre interlocuteur que vous écoutez ses propos. Si vous n'écoutez pas et le montrez, il s'arrêtera à son tour d'écouter. Pendant la conversation, dans le seul but de rester en harmonie avec votre interlocuteur, approuvez de temps en temps son discours même si vous n'êtes pas d'accord. Vous pouvez répondre par exemple :

“Je vois ce que vous voulez dire”.
“Oui, cela me paraît bien”.
“C'est tout à fait clair”.
“Je vous comprends bien”.
“Je suis d'accord avec ce que vous dites”.
“Ça me convient tout à fait”.
“Ça me semble parfait”.

En écoutant ses réponses, vous aurez une idée générale de sa personnalité, de son caractère, de ses intérêts réels ainsi que des obstacles à franchir pour atteindre votre objectif. Ces informations vont se révéler dans le ton de sa voix et par la manière dont il s'exprime.

Une bonne conversation, c'est aussi de laisser l'autre parler. Faire passer votre message est important, mais il est également sage de prendre de continuels points de repère et d'être à l'écoute des réactions de votre interlocuteur. Sans ces éléments, votre présentation sera à peine remarquée et vous n'arriverez jamais à obtenir un entretien.

L'écoute aura été bonne si vous parvenez à adapter votre approche à la personnalité de l'autre. Vous y parviendrez avec de l'entraînement et de l'expérience.

On va aussi vous écouter et il faut respecter certaines règles :

Ne mentez jamais.
Ne faites pas de promesses que vous ne pouvez pas tenir.
Ne vous plaignez pas.
Soyez prudent et n'en dites pas trop. Vous risqueriez de vous embourber dans votre propre histoire.
Ne soyez pas négatif.
Ne montrez pas d'hésitation, particulièrement en répondant à une objection.
Ne vous montrez pas trop agressif, trop exigeant ou trop timide.
Vos réponses doivent refléter les qualités de la personne agréable que vous êtes !

COMMENT DIRIGER UNE CONVERSATION

Les propos que vous tenez obéissent à des techniques bien précises qui vous permettront de tirer le meilleur parti d'une conversation.

Le principe AFFIRMATION-QUESTION

Ce principe va vous aider à conduire un dialogue sur le mode de la conversation. N'oubliez jamais que vous n'êtes pas seul au téléphone. Utilisez le principe AFFIRMATION-QUESTION ; vous présentez une réalisation professionnelle que vous faites suivre par une question en rapport avec votre objectif : "Lorsque j'étais chez... l'année dernière, les ventes ont augmenté de 24 %. Est-ce que ce genre de performance vous intéresse ?" ou, "Est-ce qu'il est important pour vous d'augmenter vos ventes ?" ou encore, "Voulez-vous savoir comment j'ai réussi ?" Préparez vos questions de façon à ce qu'elles provoquent un "oui" en réponse dès le début de la conversation.

Comme vous le verrez au chapitre 7 consacré à l'entretien, le principe AFFIRMATION-QUESTION est une excellente façon de mener un entretien au téléphone ou en face- à-face. Le principe AFFIRMATION-QUESTION peut se comparer à un match de tennis, la seule différence tient au fait qu'aucun joueur ne laisse tomber la balle. Les échanges continuent sans interruption, jusqu'à ce que l'objectif soit atteint.

Voici d'autres exemples :

"Mon intervention a permis d'augmenter les ventes de ma société de 25%. Ce genre de résultat vous intéresserait-il ?"

"Dans mon dernier emploi, j'ai accru les profits de 12%. Est-ce que ce genre de résultat vous intéresse ?"

"Je viens de finir une étude de marché sur la société... qui montre comment elle peut passer de la deuxième à la première position sur la région parisienne. Cherchez-vous des informations spéciales pour augmenter vos ventes ?"

"L'année dernière, ma société a économisé 300 000 euros de frais informatiques grâce au nouveau logiciel que j'ai développé. Est-ce que cela vous intéresserait de connaître la méthode que j'ai utilisée ?"

► Répondre aux questions avec d'autres questions permettant une ouverture

Une bonne approche de prospection téléphonique consiste à utiliser des phrases qui conduisent les réponses de votre interlocuteur dans la direction choisie. C'est la raison pour laquelle poser des questions induisant un "oui" est important. La conversation n'en sera que plus positive.

Partez d'une idée générale exprimée par votre interlocuteur et centrez-la sur un besoin potentiel.

L'autre personne	Vous
"Avez-vous déjà travaillé dans le domaine informatique ?"	
	"Oui. Recherchez-vous quelqu'un d'expérimenté en informatique ?"
Ou,	
"Avez-vous déjà effectué des ventes sur le plan international ?"	
	"Oui. Avez-vous besoin d'un professionnel de la vente internationale ?"

► Questions ouvertes/fermées

Des questions ouvertes encouragent la conversation. Utilisez ce genre de questions si vous sentez que votre interlocuteur désire parler de façon plus générale plutôt que s'orienter vers un sujet spécifique.

Vous : "Que pensez-vous de l'industrie pharmaceutique actuelle ?"

Les questions fermées centreront et dirigeront la conversation d'une manière spécifique. Ces questions ont pour but d'amener l'autre personne à parler d'un sujet qui vous intéresse plus particulièrement.

Vous : "Avez-vous assez de vendeurs dans le sud-ouest ?"

► Savoir contourner des objections

Une objection ne doit jamais être ignorée. Reformulez-la, puis trouvez un objectif qui peut servir de solution. Regardez l'exemple suivant :

L'autre personne	Vous
"Nous sommes déjà en sureffectif".	
	"Je comprends. Mais avez-vous suffisamment de vendeurs performants ?"
"A dire vrai, on n'a jamais assez de bons vendeurs".	
	"Dans ma société, j'ai augmenté l'année dernière les ventes de la région parisienne de 22 %. Ce résultat vaut-il dix minutes d'entretien ? Je pourrais vous rencontrer mardi prochain. Cela vous convient-il ?"

Dans cette conversation, vous ne niez pas le trop grand nombre d'employés. Vous axez le sujet de la conversation sur un objectif que vous pouvez satisfaire. Cette méthode ne réussira pas toujours. Si sa réponse est : "Nous avons suffisamment de vendeurs", voici votre réplique : "Dans mon dernier emploi, j'ai augmenté les ventes de la région parisienne de 22 % et j'aimerais que vous me donniez des noms de personnes à contacter susceptibles d'être intéressées par les performances d'un excellent vendeur. Pourrions-nous en parler quelques minutes mardi ou mercredi prochain ?"

Votre objectif, c'est un entretien en vue d'obtenir une offre d'emploi ou à défaut des noms de personnes pouvant connaître des besoins en rapport avec vos talents. N'oubliez pas que la pratique du réseau commence au téléphone.

Une bonne conversation consiste à poser des questions en rapport avec les propos de votre interlocuteur. Bien qu'il ne soit pas prêt à recevoir un chercheur d'emploi, rencontrer un bon vendeur devrait l'intéresser. Dans son entreprise, les circonstances peuvent aussi changer à tout moment.

Ecoutez bien les propos de votre interlocuteur. Dans les exemples suivants, il est sur la défensive et ne dévoile pas ses vrais besoins. Tout d'abord vous reformulez ce qu'il vient de vous préciser et transformez son objection en posant la bonne question.

L'autre personne	Vous
"Nous avons déjà beaucoup trop de salariés".	
	"Etes-vous en train de me dire que vous êtes en sureffectif ?"
"C'est tout à fait vrai".	
	"Avez-vous également trop de programmeurs expérimentés en C++ ?"
"Non, nous n'en avons jamais assez. Connaissez-vous quelqu'un ?"	

"C'est ma spécialité, je fais de la programmation en C++ depuis trois ans. Si je peux vous aider à réduire votre surcharge de travail, pourriez-vous me recevoir quelques minutes ?"

Ou,

"Ecoutez Monsieur Raymond, nous n'avons rien en ce moment. Appelez-moi dans six semaines".

"Certainement. Au fait, avez-vous des problèmes dans votre département informatique ?"

"Oui, et c'est la raison pour laquelle je n'ai pas le temps de vous rencontrer".

"Vous ne le savez sans doute pas, mais chez..., j'ai travaillé sur des problèmes informatiques durant les six derniers mois et à présent ils sont en mesure de respecter leur planning dans un délai réduit de moitié. Je suis sûr de pouvoir vous montrer comment résoudre vos problèmes au cours d'un bref entretien. Pouvons-nous nous rencontrer jeudi ou vendredi ?"

Ou,

"Ecoutez, Monsieur Raymond, je viens de vous dire que nous n'embauchons personne en ce moment".

"Je comprends que vous n'ayez pas de poste à pourvoir en ce moment, mais si vous connaissiez quelqu'un qui a augmenté les ventes de sa société de 26 % dans un marché en régression, ne désireriez-vous pas le rencontrer ? Cela ne vaut-il pas dix minutes de votre temps ?"

"Oui".

"Dans ce cas, prenons rendez-vous pour mardi prochain. Je suis sûr que vous ne perdrez pas votre temps".

Recevoir des appels téléphoniques

A force d'utiliser votre réseau, d'envoyer des lettres, de répondre à des petites annonces et de parler à tout le monde de votre disponibilité, il est normal que l'on cherche à vous appeler.

- *La personne qui appelle a l'avantage.* Elle sait ce dont elle veut vous entretenir et vous risquez d'être en position de faiblesse si vous n'avez pas vos notes sous les yeux. Que faire ? Une solution couramment pratiquée est de répondre : "Bonjour Monsieur Durand, je suis en communication sur une autre ligne, puis-je vous rappeler dans quelques minutes ?" Assurez-vous d'avoir son numéro de téléphone avant de raccrocher. Cette manœuvre vous permet de vérifier vos notes et de vous préparer pour une conversation positive et utile.

- *La personne qui vous appelle est un inconnu.* Elle a eu votre nom par un des contacts de votre réseau ou à la suite de votre réponse à une annonce ou encore par l'intermédiaire d'un cabinet de recrutement ou d'une agence d'intérim. Gardez donc toujours près de vous le répertoire des annonces classées par date de réponse, les notes sur vos contacts, votre liste de sociétés-cibles bien documentées ainsi que le chrono de votre courrier. Toutes ces notes doivent être bien organisées et faciles d'accès. C'est la raison pour laquelle vous les avez soigneusement rangées depuis le début de votre prospection.

  Pendant la conversation, écoutez soigneusement le motif de l'appel : veut-on vous proposer un entretien, obtenir des informations ou savoir si vous êtes disponible ? Si vous sentez que votre interlocuteur veut conduire un entretien par téléphone, faites tout votre possible pour arranger une rencontre. Si l'appel est lointain ou si la personne ne peut pas vous rencontrer, vous devez être préparé à répondre à un interview téléphonique.

  Les conseils du chapitre 7 s'appliquent aussi aux entretiens téléphoniques. Employez toujours des phrases courtes et simples afin de donner à votre interlocuteur le temps de vous répondre. Soyez précis dans votre discussion et évitez les mots vagues en allant directement au but. Assurez-vous de poser des questions adéquates (AFFIRMATION-QUESTION).

► Règles générales à observer

- Soyez prêt à essuyer des refus. Il n'est pas possible de gagner à tous les coups. Ce n'est déjà pas si mal si 50% de vos appels réussissent.

- Essayez chaque jour d'obtenir des rendez-vous par téléphone. Commencez par passer une heure au téléphone, puis deux à trois heures jusqu'à ce que vous obteniez de 10 à 20 rendez-vous par semaine.

- Demandez la direction à prendre pour vous rendre à votre rendez-vous. En cas d'hésitation, rappelez la standardiste pour plus de précisions.

- Inscrivez toujours sur votre agenda : le nom de la personne, son téléphone, son adresse, le nom de l'intermédiaire et autres informations particulières.

- Quand le rendez-vous est fixé, confirmez le lieu, la date et l'heure, puis terminez la conversation aussi vite que possible.

Certains candidats bien entraînés à la prospection téléphonique réussissent à réduire considérablement le temps nécessaire pour obtenir des entretiens. En tenant compte de votre personnalité, les techniques de prospection téléphonique présentées ici, associées à un bon entraînement, vous aideront à communiquer de façon beaucoup plus persuasive.

Les choses seront plus faciles pour vous si vous partez du principe que la prospection téléphonique est liée aux techniques d'entretien et que tout entretien commence en réalité au téléphone.

Les entretiens ont différents buts : vous commencerez par des ENTRETIENS DE CONSEIL durant lesquels des amis et des relations professionnelles vous feront leurs suggestions. Vous poursuivrez par des ENTRETIENS DE RECHERCHE D'INFORMATION destinés à vous donner de meilleures indications sur les moyens d'atteindre vos objectifs. Ces deux types d'entretien doivent vous mener tôt ou tard vers un ENTRETIEN D'EMBAUCHE qui sera pour vous l'occasion de vous vendre à un employeur potentiel.

PROSPECTER PAR TELEPHONE

En résumé

La standardiste

1. Confirmez le nom, la fonction et l'adresse.
2. Apprenez le nom de la secrétaire.
3. Essayez d'obtenir le numéro de téléphone direct de votre personne-cible.
4. Demandez si cette personne est présente.
5. Renseignez-vous sur l'itinéraire du lieu de rendez-vous.

Votre approche

1. Patient.
2. Reconnaissant.
3. Valorisant.

La secrétaire

1. Appelez-la par son nom.
2. Présentez-vous.
3. Précisez le motif de votre appel (vous voulez parler à Monsieur Dupont au sujet d'un projet ou...).
4. Mentionnez le nom de votre société.
5. Dites que vous rappelerez si la personne n'est pas disponible.

Votre approche

1. Poli.
2. Déterminé (vous allez obtenir votre interlocuteur).
3. Reconnaissant.

La personne-cible

1. Présentez-vous.
2. Indiquez le motif de votre appel.
3. Détendez la conversation.
4. Mentionnez le nom de votre intermédiaire.
5. Posez une question entraînant un "oui" en réponse.
6. Indiquez une réalisation adaptée aux besoins de l'autre personne.
7. Terminez la discussion en obtenant une rencontre et confirmez le rendez-vous.

Votre approche

1. Amical.
2. Sincère.
3. Soyez attentif aux réactions de l'interlocuteur.
4. Répondez aux objections sans débattre.
5. Soyez prêt à changer vos plans (par exemple, envoyer une lettre et un C.V. si on vous le demande, puis rappeler plus tard).
6. Cherchez à obtenir un rendez-vous.

Techniques

1. Si vous ne voulez pas avoir un "non" en réponse, ne posez pas de questions entraînant une réponse négative.
2. Ecoutez le ton de la voix de votre interlocuteur et adaptez le vôtre en conséquence.
3. Ecoutez le débit verbal de votre interlocuteur et employez le même.
4. Répondez aux objections en proposant des objectifs.
5. Terminez la conversation quand vous avez obtenu votre rendez-vous.
6. Préparez autant de scénarios d'entretien que possible.
7. Entraînez-vous avec un ami.
8. Enregistrez vos exercices, écoutez-les plusieurs fois et repérez les passages à améliorer.
9. Evitez de téléphoner quand vous êtes de mauvaise humeur.

CHAPITRE 7

Etape

7

Entretien, Négociation

Première partie : l'entretien

Jusqu'ici vos efforts ont eu pour but de vous préparer aux moyens de communication les plus puissants en matière de recherche d'emploi : les entretiens.

Il existe trois types d'entretiens : l'entretien de conseil, l'entretien de recherche d'informations et l'entretien d'embauche.

L'ENTRETIEN DE CONSEIL

Cet entretien fait en général suite à une candidature spontanée, une lettre de motivation avec C.V., un appel téléphonique (avec ou sans recommandation) ou une lettre d'introduction.

L'entretien de conseil vous donne l'opportunité de perfectionner la présentation de votre carrière, de vos réalisations professionnelles et de votre personnalité. Ce sera un bon exercice d'entraînement pour poser des questions et obtenir des informations. Avec un peu de pratique, vous vous sentirez très vite à l'aise et serez capable de contrôler la conversation afin d'obtenir l'information spécifique nécessaire à votre recherche.

Objectif principal : obtenir des noms d'intermédiaires vous permettant de pénétrer une société-cible, d'atteindre une personne-cible ou d'obtenir de nouveaux contacts.

Objectif secondaire : découvrir des opportunités d'emploi.

Points importants de l'entretien de conseil

1. Il faut que l'on se souvienne de vous

- Sachez créer le contact.

  Observez le bureau de votre interlocuteur. Il reflète ses centres d'intérêt (photos, trophées, livres, décor...). Ces objets peuvent vous aider à briser la glace pour détendre l'atmosphère souvent froide d'un premier contact : “Vous jouez au tennis ? Puis-je vous demander où vous jouez...?”

  Un bon entretien est caractérisé par un échange d'information. Montrez-vous sincèrement intéressé par ce que fait votre interlocuteur : “D'après mes informations, votre société s'est spécialisée dans... est-ce exact ?” Si votre temps de conversation est limité, parlez immédiatement de ce que vous recherchez en évitant de bousculer votre interlocuteur.

Présentez-lui clairement vos objectifs ainsi qu'un bref exposé de votre parcours professionnel. Vous aurez préparé une courte présentation de vous-même (une minute et demie à trois minutes) lui donnant un aperçu général de vos qualifications professionnelles, tout en évitant les sujets personnels. Répétez et mémorisez ce script au préalable afin de pouvoir parler de vous naturellement. En introduction, précisez que vous êtes sur le point de changer de carrière et que vous seriez heureux de pouvoir passer en revue avec lui vos compétences. Continuez en lui disant qui vous êtes, ce que vous faites (une ou deux réalisations professionnelles importantes) et où vous l'avez fait.

Une des questions les plus fréquemment posées est : "Parlez-moi de vous", ou "Qu'avez-vous fait jusqu'à présent ?" Dans ce cas-là, ne racontez pas votre vie. Le script que vous aurez préparé vous empêchera de tomber dans ce piège.

Préparez votre propre minute et demie de publicité personnelle en suivant les conseils du tableau de la page suivante.

- Détendez la conversation.

  Précisez bien que vous n'allez pas demander un emploi, mais seulement des conseils. Cette attitude fera disparaître immédiatement de la conversation toute tension éventuelle. Exemple : "Monsieur Mallard, je vous remercie de me recevoir aujourd'hui. Comme je vous l'ai déjà mentionné, je ne suis pas ici pour vous demander un emploi, mais pour solliciter des conseils qui me seront utiles". En conclusion, remerciez votre interlocuteur de vous avoir reçu et de vous avoir consacré un peu de son temps.

  Note : vous n'êtes pas venu demander un emploi, mais il se peut que Monsieur Mallard vous suggère une possibilité après avoir eu l'occasion de vous connaître. Soyez préparé.

- Recherchez des commentaires sur votre C.V.

  Vous aimeriez connaître l'opinion de votre interlocuteur sur votre C.V. et sur votre démarche de recherche. Pour ce faire, la discussion est centrée sur vos réalisations. Parlez de votre passé professionnel en donnant autant de détails que la conversation le permet, mais évitez les longs discours. Il est préférable de discuter de chacune de vos réalisations et d'encourager les questions et les suggestions. Vous effectuez une bonne présentation quand votre interlocuteur vous demande : "Comment avez-vous fait cela ?"

- Recueillez des informations précises sur l'ensemble du marché de l'emploi.

  Montrez-lui votre liste de sociétés-cibles en lui disant : "Maintenant que vous me connaissez un peu mieux, dans quelle société me voyez-vous travailler de préférence ?"

2. Obtenez ce que vous êtes venu chercher : c'est-à-dire des contacts professionnels pour vous introduire dans l'une de vos sociétés-cibles, pour rencontrer une autre personne ou encore pour ajouter des noms à votre liste de contacts.

L'ENTRETIEN DE CONSEIL

En résumé

Votre objectif	Prioritaire : obtenir des noms d'intermédiaires pour vos sociétés-cibles et personnes-cibles. Secondaire : identifier une possibilité d'emploi et transformer l'entretien de conseil en entretien d'embauche.
Préparation	Informez-vous sur la personne à approcher et sur sa société (si possible). Etudiez vos réalisations. Apportez avec vous votre liste de sociétés et de personnes-cibles.
Approche	Utilisez votre minute et demie de publicité personnelle (voir tableau précédent) — version adaptée à un entretien de conseil, pour les personnes faisant partie ou non de votre profession. Posez la question directrice : "D'après mes informations, votre société s'est spécialisée dans... est-ce exact ?"
Présentation	Passez en revue une partie ou la totalité de votre C.V. selon le temps disponible et l'intérêt de votre interlocuteur. Encouragez les questions sur vous et faites des réponses courtes.
Conclusion	Atteignez votre objectif : obtenir des noms d'intermédiaires, des pistes d'emploi et/ou un autre entretien. Soyez préparé à répondre à la question : "Comment puis-je vous aider ?" Utilisez vos listes.
Le dernier échange avant le départ	Remerciez votre interlocuteur de vive voix, puis par écrit. S'il vous a donné des noms de personnes à contacter ou des pistes d'emploi, assurez-le que chaque entretien sera positif, vous éliminerez ainsi ses remords de vous avoir suggéré des noms. S'il ne vous a fourni aucune indication, demandez à le rappeler plus tard. Obtenez toujours l'autorisation d'utiliser son nom. Proposez-lui de le tenir informé du développement de vos relations avec les personnes qu'il vous aura recommandées. Ne perdez pas le contact d'autant qu'il peut vous faire d'autres suggestions. N'oubliez jamais d'aider cette personne au fur et à mesure de la progression de votre recherche : "Un bienfait n'est jamais perdu".

VOTRE MINUTE ET DEMIE DE PUBLICITE PERSONNELLE DANS L'ENTRETIEN

OU

"PARLEZ-MOI DE VOUS"

Points-clés de la conversation	Votre script éclair
Introduction.	Donnez votre nom.
Remerciez-le pour son temps.	Remerciez la personne de prendre le temps de vous rencontrer.
Détendez la conversation. (entretien de conseil et de recherche d'information)	Précisez que vous n'allez pas lui demander un emploi.
Mentionnez : Votre intermédiaire.	Citez le nom de votre intermédiaire.
Votre formation.	Mentionnez vos diplômes.
Votre spécialité. Votre cursus professionnel.	Parlez de vos activités et de vos emplois les plus performants.
Vos responsabilités. Une ou deux réalisations importantes.	Dites ce que vous avez accompli en insistant sur les bénéfices réalisés par votre société.
Votre disponibilité actuelle.	Expliquez pourquoi vous êtes en recherche d'emploi.
Votre objectif.	Parlez de votre objectif actuel.

Applications

1. A qui parlez-vous ? La qualité et la portée de votre présentation dépendront des informations que vous aurez obtenues sur votre interlocuteur.
2. De combien de temps disposez-vous pour parler de votre cursus professionnel ?
3. Votre interlocuteur a-t-il le pouvoir de vous embaucher ? Peut-il vous donner des introductions ? A-t-il connaissance de postes à pourvoir au sein de sa société ou dans d'autres entreprises ?
4. Fait-il partie de votre profession ? Si c'est le cas, vous pouvez utiliser le même jargon professionnel. Dans le cas contraire, évitez de donner trop de détails qui vous feront perdre le contrôle de la conversation.
5. Ce format changera selon qu'il s'agit d'un entretien de conseil, d'un entretien de recherche d'information ou d'un entretien d'embauche.
6. A la fin de votre présentation, n'oubliez pas de demander à votre interlocuteur ce qu'il fait. (AFFIRMATION-QUESTION)

N'oubliez pas d'être

1. Naturel.
2. Amical.
3. Sincèrement intéressé par l'autre.
4. Observateur.
5. Intéressant.
6. Bien entraîné.

- Vous devez expliquer à votre interlocuteur que vous avez besoin de son aide pour rencontrer des personnes qui pourront comprendre et apprécier votre expérience, qu'elles aient connaissance ou non d'un poste à pourvoir. Rassurez-le sur le fait que vous ne demanderez pas un emploi à ces nouvelles relations.

  Posez la question suivante : “Monsieur Mallard, j'aimerais rencontrer d'autres responsables pouvant me donner des idées nouvelles dans le domaine de... Je ne veux pas vous faire perdre trop de temps en détails. Pouvez-vous me suggérer quelques noms ?”

  Pour éviter que Monsieur Mallard ne pense qu'à des personnes susceptibles de vous offrir un emploi, n'oubliez pas d'ajouter : “Je n'ai pas l'intention de leur demander un emploi, mais j'aimerais avoir leurs commentaires et leurs idées”. Utilisez votre propre langage et dites ce qui vous semble naturel.

  Si votre interlocuteur vous propose de vous aider, montrez-lui vos listes de sociétés-cibles et de personnes-cibles. S'il reconnaît un nom ou une entreprise, l'un de ses contacts vous servira d'intermédiaire.

  Encouragez-le à vous communiquer les noms de ses contacts professionnels pour obtenir d'autres entretiens, même si ceux-ci ne sont pas en mesure de vous proposer un emploi. Par exemple, si Monsieur Mallard est avocat, il peut vous introduire auprès de ses confrères qui vous ouvriront à leur tour leur cercle de relations.

- La moindre des politesses est de demander à votre interlocuteur l'autorisation d'utiliser son nom. Certains candidats se sont vu proposer des contacts par des personnes qui ne voulaient pas que leur nom soit mentionné. Soit le contact suggérée est un concurrent, soit votre interlocuteur ne veut pas mélanger vos projets à ses propres affaires. Dans ce cas-là, si vous décidez d'ajouter ces nouveaux contacts à votre liste-cible, essayez de trouver d'autres personnes qui pourront vous introduire auprès d'eux. Quelle que soit votre décision, sachez garder ces informations strictement confidentielles.

- Demandez à ce que l'on vous introduise. Obtenir des noms de contacts est efficace mais insuffisant. Demandez à Monsieur Mallard s'il peut parler de vous à la personne qu'il connaît ou lui écrire. L'entretien sera réussi si en votre présence Monsieur Mallard appelle cette personne et lui demande de vous rencontrer. S'il vous propose d'écrire à ses relations d'affaires et de leur envoyer votre C.V., demandez- lui éventuellement une copie de la correspondance de façon à pouvoir contacter ces personnes par téléphone. A défaut, essayez d'obtenir les noms de ses contacts. Il peut également vous suggérer les noms de certaines organisations, de quelques recruteurs ou vous conseiller d'autres situations à explorer. Dans tous les cas, prenez des notes.

- Prévoyez votre réponse pour le cas où il commencerait à vous parler d'une possibilité d'emploi. En étant préparé, vous saurez choisir les réalisations professionnelles les mieux adaptées aux besoins de la société de Monsieur Mallard.

"Monsieur Mallard, cette possibilité me paraît intéressante. Je ne suis pas venu vous voir pour un emploi, mais j'aimerais avoir plus de détails sur votre suggestion. Vous serait-il possible de m'introduire auprès des personnes directement concernées ?" Ou, si Monsieur Mallard a un besoin dans sa société, "A *quoi pensez-vous* ?"

C'est une réussite que de transformer un entretien de conseil en entretien d'embauche. Cet entretien peut se dérouler n'importe où, mais il est préférable d'éviter les endroits bruyants qui perturbent la concentration. Si vous êtes dans les bureaux d'une société, la rencontre sera plus productive dans une salle de réunion loin des sonneries du téléphone. La conversation sera plus détendue et agréable car votre interlocuteur ne sera pas de l'autre côté du bureau, mais assis près de vous. C'est le bon moment pour lui remettre votre C.V. qui servira de sujet de conversation.

La pratique du réseau est une affaire de personnes plus que de sociétés. Si vous connaissez un comptable, rencontrer d'autres comptables vous sera tout aussi profitable pour réaliser votre objectif. Nous avons chacun notre propre réseau de contacts même si parfois ils se recoupent.

3. Conclusion et suivi

- Proposez vos services à votre interlocuteur avant de quitter son bureau. S'il travaille dans le commercial, une bonne façon de le remercier serait de lui indiquer un client potentiel. Vous aurez l'occasion de rendre ce genre de service si vous pratiquez constamment le réseau.
- Proposez-lui de le tenir au courant des progrès réalisés auprès des personnes qu'il vous a recommandées. Vous garderez ainsi la porte ouverte pour une relation permanente et de nouvelles idées.
- Envoyez toujours une lettre de remerciement.

4. Problèmes

Les candidats qui mettent en route "une campagne de réseau" rencontrent souvent les mêmes problèmes :

- Nouvellement arrivé dans la ville ou la région, vous ne connaissez personne.

  Dans ce cas-là, vous avez besoin de trouver des personnes qui accepteront de vous rencontrer même si elles ne vous connaissent pas. Un bon moyen d'établir une connexion est de demander à vos contacts de vous mettre en relation avec des succursales ou des collègues présents dans la nouvelle région. Exemple : un cadre a quitté Lille pour s'installer à Marseille et y commencer son travail de réseau. Avant son départ, il a pris soin de demander à son propre réseau d'amis de lui donner les noms et les adresses d'autres cadres habitant Marseille. Grâce à cette liste, il peut établir un réseau de contacts utile et productif. De plus, étant nouveau venu dans la région, il devient une personne intéressante à rencontrer.

- On ne vous rappelle jamais.

  L'erreur commise est de demander à ce qu'une personne-cible vous appelle. Il vaut mieux essayer de connaître par sa secrétaire les meilleurs moments pour la rappeler. Conservez la balle dans votre camp pour rester maître du jeu.

- C'est un problème de trouver du temps libre quand on est toujours en poste.

  Un candidat vraiment motivé profitera des petits déjeuners, des déjeuners et des pauses. De nombreux responsables travaillent le samedi et c'est un jour opportun pour obtenir des entretiens.

- "Je ne connais personne à qui je puisse vous recommander".

  Monsieur Mallard n'est pas encore disposé à vous faire bénéficier de son réseau et à introduire une personne étrangère dans son cercle d'amis.

  Si ce cas se présente, il ne sert à rien de forcer la situation. Au contraire, détendez la conversation en le rassurant car vous n'allez pas lui demander un emploi et en disant : "Puis-je vous appeler dans quelques jours, vous aurez eu ainsi le temps d'y réfléchir ?" Vos propos devraient en principe être bien reçus. Plus tard, dans votre lettre de remerciement, rappelez-lui votre souhait de rencontrer des personnes pouvant vous conseiller et mentionnez que vous lui téléphonerez dans quelques jours à ce sujet.

- Les gens sont trop occupés pour me voir.

  Le candidat manifeste trop clairement son désir d'avoir un emploi plutôt que celui de rencontrer des gens. Vous devez écarter toute équivoque en précisant que vous ne demandez pas un emploi mais souhaitez des conseils, autrement dit seulement "quelques minutes de votre temps". Vos mailings doivent préciser que vous souhaitez rencontrer des personnes pour obtenir des informations et des conseils et non pour leur demander un emploi.

- Comment réagir si on ne veut pas vous recevoir ?

  Une réussite n'est jamais garantie à 100 %. Soyez prêt à essuyer des refus. Monsieur Mallard peut vous répondre : "Je suis désolé, mais je n'ai pas le temps de vous rencontrer et je ne suis pas sûr d'être la personne que vous cherchez". Dans ce cas, vous devez changer l'objectif de votre appel en oubliant l'entretien en face-à-face et en essayant d'obtenir des noms d'autres personnes. Votre réponse sera : "Je comprends parfaitement les contraintes de votre emploi du temps. Mon objectif est de rencontrer des responsables de votre niveau dans le domaine de... (votre domaine d'intérêt). On m'a dit que vous connaissiez beaucoup de monde. Pourriez-vous me suggérer des personnes dans l'industrie...?" Habituellement, ce genre de réponse donne des résultats. Si la réponse est toujours négative, excusez-vous poliment et appelez le nom suivant sur votre liste.

De toute manière, envoyez une lettre à Monsieur Mallard en lui rappelant votre démarche et en joignant votre C.V. Il peut penser à quelqu'un et vous recontacter ou donner votre C.V. à l'une de ses connaissances.

- On vous demande d'envoyer un C.V. sans vous offrir de rendez-vous.

  Vous avez plusieurs options. En premier lieu, proposez de passer remettre votre C.V. à votre personne-cible. En cas de refus, envoyez-lui une lettre avec votre C.V. en mentionnant que vous aimeriez le rencontrer pour avoir ses conseils. Faites suivre votre courrier d'un appel téléphonique quelques jours plus tard.

- Certaines personnes veulent vous interroger et insistent pour avoir immédiatement un entretien au téléphone.

  Dans ce cas, vous n'aurez pas d'entretien en face-à-face. Ce n'est pas l'idéal, mais faites une rapide présentation de vous-même en indiquant quelques réalisations performantes de façon à donner l'envie à l'autre de vous rencontrer.

  Exemple : "Dans mon dernier emploi, j'ai augmenté les ventes de 25 %. Seriez-vous intéressé de savoir comment j'ai fait ?" AFFIRMATION-QUESTION. Ne perdez jamais de vue votre objectif qui est d'obtenir un entretien. Vous devez préparer un scénario pour ce genre de situation et le répéter plusieurs fois.

  Vous apprendrez très vite que le rejet va de pair avec la vente. Les professionnels de la vente savent comment accepter un refus et passer au client suivant. Un excellent cadre commercial dont le principal travail consiste à vendre des contrats d'assurance pour un important groupe d'assurances nous a confié que, pour un succès, il recevait 100 réponses négatives. Chaque "non" le rendait heureux, car il le rapprochait d'une réponse positive. Sa réussite était due à sa bonne attitude mentale.

  En ce qui vous concerne, vous essayez seulement d'obtenir des conseils et cela flatte la plupart des gens. Si vous présentez les choses correctement, les refus seront rares.

❐ L'ENTRETIEN DE RECHERCHE D'INFORMATIONS

Objectif principal : obtenir des informations. Objectif secondaire : obtenir des contacts (intermédiaires). Dernier objectif : découvrir quelque part des possibilités d'emploi.

Les principes de l'entretien de conseil (établir une relation, détendre la conversation, parler de votre C.V.) s'appliquent également à l'entretien de recherche d'informations. La seule différence consiste à demander des informations qui vous aideront à évaluer un changement de carrière, un nouveau secteur d'activité ou un nouveau métier, les possibilités d'acheter ou de démarrer une affaire ou encore un départ vers une autre région ou un pays étranger.

Cet entretien est le plus facile dans la mesure où vous y parlerez d'activités et pas seulement de personnes. Votre interlocuteur sera ravi de parler du sujet qu'il connaît le mieux et, en sélectionnant votre personne-cible soigneusement, vous aurez l'occasion d'en apprendre beaucoup.

Où trouver des personnes à approcher pour un entretien de recherche d'informations ? Dans votre liste initiale de contacts et également en appelant des sociétés importantes où vous demanderez à parler à des personnes du commercial (du marketing ou de la production,...). Votre liste d'emplois préférés vous aidera à déterminer les personnes à contacter.

Bien que les appels téléphoniques en début de recherche d'emploi donnent de meilleurs résultats, vous pouvez essayer également d'obtenir des entretiens par courrier.

Dans un entretien de recherche d'informations, vous êtes là pour poser des questions et pour apprendre. La plupart de vos personnes-cibles seront contactées par vous sans recommandation ; ce sera le moment d'utiliser les techniques de prospection téléphonique.

Une fois le rendez-vous obtenu, votre objectif est d'obtenir des réponses aux questions que vous aurez préparées à l'avance. Dans ce genre d'entretien, il faut savoir créer un climat de confiance et expliquer le motif de votre visite :

"Monsieur Mallard, je vous remercie d'avoir accepté de me recevoir. Je souhaiterais me renseigner sur votre profession d'agent immobilier. Mon expérience professionnelle est quelque peu différente et votre métier m'intéresse beaucoup. Pourriez-vous m'en parler, s'il vous plaît ?" Votre interlocuteur commencera peut-être par parler de son métier ou bien préférera vous sonder en vous posant des questions. Dans ce cas, présentez un bref compte-rendu de votre parcours professionnel afin de lui donner une bonne impression générale de vos capacités et de le convaincre de continuer son entretien avec vous. Il sera d'autant plus désireux de vous aider que vous aurez su éveiller son intérêt. La perspicacité mène loin.

Exemple d'un aperçu rapide de parcours professionnel :

"Je travaille dans le marketing depuis sept ans et plus particulièrement dans le secteur des produits médicaux. Je suis à l'origine de plusieurs accroissements des ventes de ma société. Mais, si je continue d'apprécier les industries du secteur santé, j'aimerais aujourd'hui explorer d'autres filières dans lesquelles je pourrai utiliser mes compétences de vendeur. Vous êtes dans l'immobilier depuis longtemps, pourriez-vous me parler de votre profession ?" Préparez et répétez votre scénario.

Préparez un C.V. pour le cas où on vous le demanderait. Il servira de support pour passer en revue vos réalisations. N'oubliez pas de poser les questions que vous aurez préparées à l'avance.

Bien que vous soyez venu pour vous renseigner sur une profession ou une activité particulière, restez sensible au fait que ce genre de conversation peut se changer en un entretien de conseil. En effet, votre interlocuteur peut vous proposer des noms de personnes à contacter susceptibles d'avoir un besoin ou de connaître une possibilité dans la spécialité de votre choix. Restez ouvert à toutes les suggestions et sachez écouter. On ne peut jamais prévoir la tournure que va prendre un entretien.

L'ENTRETIEN DE RECHERCHE D'INFORMATIONS

En résumé

Votre objectif	Prioritaire : obtenir des informations. Secondaire : obtenir des noms d'intermédiaires. Identifier une possibilité d'emploi. Evoluer vers un entretien d'embauche.
Préparation	Documentez-vous le plus possible sur la personne à approcher et sur sa société. Connaissez bien vos réalisations. Préparez les questions pour lesquelles vous voulez des réponses précises.
Approche	Utilisez votre minute et demie de publicité personnelle (version adaptée à un entretien de recherche d'information, vraisemblablement pour une personne en dehors de votre profession actuelle). Posez la question directrice : "D'après mes informations, votre société s'est spécialisée dans… est-ce exact ?"
Présentation	Passez en revue une partie ou la totalité de votre C.V. (en fonction du temps disponible et de l'intérêt de votre interlocuteur). Encouragez les questions sur vous et faites des réponses courtes.
Conclusion	Réalisez votre objectif : obtenir des informations, des noms de personnes à contacter, une piste d'emploi et/ou un autre entretien.
Le dernier échange avant le départ	Remerciez votre interlocuteur de vive voix et plus tard par écrit. S'il vous a proposé des introductions et/ou des pistes d'emploi, assurez-le que les rencontres seront positives, vous éliminerez ainsi ses remords de vous avoir suggéré des noms. Obtenez toujours la permission de citer son nom. Demandez-lui si vous pouvez l'informer de vos progrès avec les personnes qu'il vous a recommandées. Restez en relation avec lui pour de nouvelles suggestions possibles. N'oubliez jamais d'aider cette personne si l'occasion vous en est donnée : "Un bienfait n'est jamais perdu".

L'ENTRETIEN D'EMBAUCHE

Grâce à votre réseau, vous vous trouvez finalement face à une personne qui a la possibilité de vous offrir un emploi dans sa société. C'est le moment le plus important de votre recherche d'emploi. Selon votre approche, vous serez soit le seul candidat, soit un postulant parmi beaucoup d'autres. Cette rencontre restera un entretien banal ou se transformera en offre d'emploi selon l'attitude que vous adopterez. Vous devez convaincre votre interlocuteur d'acheter votre produit : vous ! Quelles sont les techniques à employer ?

Les six étapes magiques :

1. Préparation

La préparation d'un bon entretien consiste à rechercher toutes les informations possibles sur votre interlocuteur et sur sa société. Vous trouverez dans l'Annexe C de précieuses références. Pour d'autres informations, renseignez-vous également auprès de votre bibliothèque locale, du bureau des anciens élèves de votre université ou de votre école ainsi que du service communication de votre société-cible.

Si un chasseur de têtes vous présente à l'entreprise, il vous fournira tous les éléments de base nécessaires au bon déroulement de l'entretien.

Les sources d'information ne manquent pas. La réglementation impose aux entreprises commerciales et industrielles des publications périodiques. *Le Bulletin Officiel des Annonces Civiles et Commerciales* (BODACC) fait régulièrement le point sur les créations d'entreprises, les cessions et les changements de statuts. *Le Bulletin des Annonces Légales Obligatoires* (BALO) diffuse les chiffres d'affaires, les résultats et les bilans des sociétés cotées en Bourse.

En outre, les sociétés cotées en bourse sont tenues à des publications régulières de leur chiffre d'affaires, de leur situation financière, des résultats semestriels ainsi que de leur perspective d'évolution ; elles peuvent envoyer un rapport annuel sur leurs opérations internes à toute personne qui en fait la demande. Ces informations obligatoires sont reprises et commentées par la presse financière et certains magazines économiques (*Les Echos, La Tribune, l'Expansion, Fortune, Valeurs Actuelles, Le Nouvel Economiste*). Conservez dans un cahier les articles les plus intéressants sur vos sociétés-cibles.

Les organismes officiels tiennent à la disposition du public un certain nombre de documents. Il est possible de se procurer auprès des greffes des tribunaux de commerce des éléments de base sur les entreprises : statuts, bilans, comptes de résultats et informations judiciaires. Par ailleurs, le fichier *Siren de l'Insee*, sans avoir de valeur légale, a l'avantage de porter sur toutes les entreprises françaises quelle que soit leur taille.

Mémorisez vos compétences et vos réalisations ainsi que votre minute et demie de publicité personnelle.

Pensez à l'avance au résultat que vous attendez de l'entretien. Le but de la première rencontre est d'être invité à revenir pour qu'on vous présente à d'autres personnes. A l'exception des postulants pour un premier emploi, il est en effet rare qu'on propose immédiatement un poste à un cadre expérimenté.

Pendant la seconde réunion, votre objectif sera d'obtenir l'emploi si le poste et la société vous intéressent. Cette partie de l'entretien est traitée plus loin dans le paragraphe sur la négociation.

2. Approche

L'important est de garder le contrôle de l'entretien. Comment agir ? Quelle que soit l'approche adoptée, le secret du succès dépend de l'harmonie créée par la conversation entre les deux interlocuteurs.

Etablissez un rapport d'égalité avec votre interlocuteur :

- Ne le considérez pas comme un adversaire, mais plutôt comme un partenaire. Sa position hiérarchique ou son autorité ne doit pas vous impressionner. Votre point commun est l'intérêt que vous avez à vous aider mutuellement. Il a un problème et vous en êtes la solution.
- Vous n'êtes pas liés l'un à l'autre. Il a le choix entre de nombreux candidats et vous avez la liberté d'examiner plusieurs possibilités d'emploi en même temps.
- Son offre doit être séduisante et vous devez vous montrer satisfait de sa proposition.

Un bon début d'entretien consiste à donner une courte présentation de votre parcours professionnel en citant une ou deux réalisations parmi les plus performantes, puis à vous arrêter de parler. Ce petit discours doit avoir été écrit et répété plusieurs fois.

Toute l'importance du concept AFFIRMATION-QUESTION va se faire sentir à ce moment précis et vous permettre de contrôler la conversation. Terminez votre présentation ou votre réponse par une question bien appropriée : "Monsieur Roland, afin de mieux comprendre votre rôle et les opérations de votre société, pourriez-vous me parler de votre département, division... ?"

Ou,

"Monsieur Roland, j'ai lu récemment un article sur l'acquisition que vous avez faite à Rouen et sur ses répercussions possibles pour les ventes du groupe. Pourriez-vous me donner quelques informations sur vos activités actuelles afin de mieux connaître votre société ?"

Vous venez de montrer à votre interlocuteur que vous avez fait des recherches sur son entreprise, et c'est à présent son tour de vous parler de ce qui se passe dans sa société. C'est le début d'un dialogue que vous contrôlerez grâce à des questions posées aux bons moments.

Il faut adapter vos questions aux circonstances. Si vous êtes juriste, la question à poser est la suivante :

“Monsieur Planchon, pouvez-vous me parler des services juridiques (ne parlez pas de problèmes) de votre société, de façon à mieux connaître votre environnement professionnel ?” Ce genre de questions vous permet de contrôler l'entretien car Monsieur Planchon est sur le point de vous donner des renseignements sur sa société, son département, son travail et sur d'autres facteurs qui peuvent vous concerner directement.

Ses réponses seront vraisemblablement très positives. Personne ne veut montrer ses points faibles dès la première rencontre. Notez toutes ses remarques.

3. Enquête

Cette étape consiste à découvrir les besoins de votre interlocuteur et à accroître leur importance dans son esprit au fur et à mesure que se déroule l'entretien. Continuons :

Il vient juste de vous faire un exposé de cinq ou dix minutes sur les activités de sa société et/ou de sa division, et il est satisfait des éléments positifs dont il vous a parlé. Votre prochaine question sera :

“Bravo pour vos activités et tout ceci est passionnant (la reconnaissance des propos qu'il vient de tenir est nécessaire). Mais, dites-moi, y a-t-il des éléments que vous aimeriez **changer**, **ajouter** ou **améliorer** ?” Question tout à fait insignifiante en apparence ; en réalité, Monsieur Planchon va commencer à parler de ses problèmes et de ses besoins.

“Maintenant avec la nouvelle ouverture de notre bureau de Strasbourg, nous devons augmenter nos ventes. Comme vous le savez, nos frais généraux sont de plus en plus élevés et à moins de parvenir à augmenter nos ventes de 25%, cette nouvelle acquisition risque de faire diminuer le profit général de tout le groupe”. Vous commencez à savoir ce qui tracasse Monsieur Planchon. La nécessité d'augmenter les ventes et de préférence des ventes générant des profits.

L'entretien se déroule mieux que prévu. Vous avez appris qu'un secteur de sa société a des besoins urgents. Continuez votre sondage en résumant ce que Monsieur Planchon vient de vous dire :

“Vous voulez dire qu'une augmentation des ventes de 25% augmenterait aussi les profits de… quelle est votre estimation ?”

Réponse possible de votre interlocuteur :

“Le résultat pourrait tourner autour de 10%”.

Vous êtes à présent informé d'un besoin et des profits anticipés. Votre question vous a permis de découvrir qu'une augmentation de 25% des ventes apporterait un profit de 10% pour l'ensemble de ses opérations.

Les deux étapes les plus importantes de l'enquête consistent à :

a. Amener la discussion sur les points sensibles.

b. Rester sur le problème évoqué (en le reformulant) de façon à souligner son importance et l'urgence qu'il y a à lui trouver une solution.

4. Présentation

Vous avez découvert le problème de Monsieur Planchon et connaissez très bien toutes vos réalisations professionnelles, mais en citer trop ne feraient que réduire votre efficacité. Il est seulement nécessaire de présenter les réalisations qui pourraient lui être le plus utiles. Il s'agit du principe ABC :

Action réalisée (A) = Bénéfice (B) Converti (C) par le candidat selon les besoins de l'entreprise.

"Si je vous comprends bien Monsieur Planchon, une augmentation des ventes de 25% accroîtrait les bénéfices de 10%. Ce genre de résultat m'est familier. Quand je travaillais pour…, au cours des trois dernières années, les ventes ont augmenté de 35% et la marge bénéficiaire s'est sensiblement améliorée. Etes-vous intéressé par ce genre de performance ?" (AFFIRMATION-QUESTION).

Imaginez la réaction de Monsieur Planchon en entendant ces propos. La personne en face de lui non seulement comprend son problème, mais a aussi réalisé pendant trois ans les performances dont il a un besoin urgent dans sa société. Bien sûr qu'il est intéressé !

D'autres situations peuvent se présenter au cours de cette phase.

Supposons que Monsieur Planchon vous demande de parler d'un travail que vous n'avez jamais fait. Voici ce que vous pouvez dire : "Non, je n'ai pas eu l'occasion de réaliser cela et…" ou une meilleure réponse serait : "Non, je n'ai pas fait cela, mais j'ai..". (Parlez d'une autre réalisation qui montre que votre société a bénéficié d'une de vos nouvelles idées dans un domaine où vous n'aviez pas d'expérience). Répondez de préférence aux questions posées en présentant une ou plusieurs réalisations au lieu de vous limiter aux oui et aux non.

Pendant toute la durée de la conversation, soyez attentifs à ce qui intéresse votre interlocuteur car vos réalisations devront correspondre à ses besoins.

Si vous remarquez que vos propos ne l'intéressent plus, orientez la conversation sur un sujet qui le préoccupe. Ne perdez pas le contact.

5. Conclusion

Tout se déroule bien mais vous n'avez pas encore réalisé votre objectif : obtenir un autre entretien. Si Monsieur Planchon ne vous propose pas de rencontrer les autres membres de son équipe, amenez subtilement la conversation sur ce sujet.

"Monsieur Planchon, votre défi commercial me semble intéressant et passionnant ! Dans le but d'en apprendre davantage sur vos opérations, me serait-il possible de rencontrer d'autres personnes de votre équipe afin d'échanger des idées ?" (AFFIRMATION-

QUESTION). Il s'agit d'une affirmation positive suivie par une question qui va entraîner une réponse positive. Vous espérez que Monsieur Planchon va répondre:

"Pourquoi pas, c'est une bonne idée. Je vais téléphoner à Pierre Silva et arranger un rendez-vous, il est peut-être même libre cet après-midi".

Si Monsieur Planchon ne réagit pas favorablement à votre demande de rencontrer d'autres personnes dans sa société, cela peut signifier :

- Qu'il doit rencontrer d'autres candidats et qu'il n'a pas encore pris sa décision.
- Que votre présentation ne l'a pas particulièrement impressionné.
- Qu'il a choisi un autre candidat.

Quel que soit le cas, il est inutile d'insister. Faites suivre votre rencontre par une lettre reprenant vos points forts et exprimant votre enthousiasme pour le poste à pourvoir. Sans réponse au bout de deux semaines, appelez la société pour connaître les résultats de leur recrutement et faites en sorte de vous montrer intéressé et enthousiaste. Si l'offre a été proposée à un autre candidat, il est possible qu'elle n'aboutisse pas. Dans ce cas, votre attitude positive peut amener la société à reconsidérer votre candidature.

6. Avant votre départ

L'entretien s'est bien déroulé et une nouvelle rencontre est prévue. Il ne faut pas que votre interlocuteur regrette sa décision de vous présenter à d'autres membres de son équipe. C'est le moment d'éliminer ses doutes. Cette technique d'entretien ressemble à celle du maître d'hôtel d'un restaurant cher qui vous présente une addition lourde avec de bons chocolats. Un goût agréable doit rester dans la bouche.

Une fois le prochain entretien fixé, quittez la pièce rapidement et avec courtoisie en disant : "Merci, Monsieur Planchon, je suis sûr que mon entretien avec Monsieur Silva sera très fructueux". Vous ne gagnerez rien de plus en retardant votre départ.

Sommaire de l'entretien :

- Vous êtes arrivé à votre entretien avec le maximum d'informations sur Monsieur Planchon, sa société et sur vous-même !
- Vous avez donné un bref résumé de votre parcours professionnel avec une ou deux réalisations (seulement quelques minutes) sans oublier la ou les raisons de votre perte d'emploi (pertes financières de la société, fermeture d'une division, achat d'une autre société, licenciement collectif).
- Vous avez utilisé le principe AFFIRMATION-QUESTION en renvoyant la balle à Monsieur Planchon par votre question sur ce qu'il fait dans sa société.
- Vous avez reconnu ses propos et commencé à le sonder en lui demandant ce qu'il aimerait améliorer, changer ou développer (à nouveau, AFFIRMATION-QUESTION). Votre interlocuteur vous a donné davantage d'informations.
- Vous avez reformulé ses propos en lui montrant l'importance de trouver une réponse à ses besoins.

L'ENTRETIEN D'EMBAUCHE

En résumé

Votre objectif	Prioritaire : obtenir un autre entretien, plus tard une proposition. Secondaire : obtenir des noms de personnes à contacter si une offre d'emploi n'est pas faite.
Préparation	Cherchez à mieux connaître : -Votre interlocuteur, -Sa société, -Les personnes dont l'influence est décisive, -Vos atouts professionnels par rapport au besoin exprimé. Soyez au courant des nouvelles récentes de la société. Connaissez parfaitement vos réalisations professionnelles.
Approche	Votre minute et demie de publicité personnelle (version adaptée à l'entretien d'embauche pour des personnes qui comprennent votre parcours professionnel antérieur). Votre question directrice : "Afin de pouvoir mieux comprendre votre rôle et les opérations de votre société, pourriez-vous me parler de votre département, division... ?" Prenez des notes. Montrez que vous écoutez.
Enquête (deux phases)	1. Votre deuxième question importante : "Désirez-vous développer, changer ou améliorer certaines choses dans la société ?" 2. Reformulez l'importance qu'il y a à résoudre les problèmes évoqués en proposant un résultat chiffré à atteindre.
Présentation	Choisissez une réalisation qui montre que vous avez su résoudre un problème similaire pour un autre patron, puis demandez : "Ce genre de résultat pourrait-il vous aider dans votre situation actuelle ?" Utilisez le principe ABC et le principe AFFIRMATION-QUESTION.
Conclusion	Cherchez à obtenir un nouvel entretien et plus tard une offre d'emploi.
Le dernier échange avant le départ	Terminez la conversation sur une note positive : "Je suis certain que notre prochaine rencontre sera aussi productive que celle-ci". Faites suivre l'entretien par une lettre de remerciement introduisant une nouvelle idée ou une information. Résumez les étapes à venir (les vôtres ou les siennes). Souvenez-vous qu'il n'est pas nécessaire de demander un emploi. Tout le monde sait pourquoi vous êtes là. L'important est de montrer votre enthousiasme pour la société et pour le poste que vous pourriez y occuper. Le reste des événements suivra son cours.

- Vous avez présenté une ou deux réalisations qui pourraient satisfaire son besoin (principe ABC) puis avez posé la question : “Est-ce ce genre de performance que vous allez demander de réaliser à votre prochain directeur des ventes ?” Il faut vendre vos compétences.
- La conclusion vous a permis de fixer le prochain rendez-vous.
- Avant le départ, vous avez pris soin d'éliminer les doutes de l'acheteur sur votre embauche.

Avant de terminer le premier entretien, assurez-vous d'avoir suffisamment d'informations sur le poste et la société afin de réaliser une bonne présentation lors du deuxième entretien.

Cette technique avec ses très nombreuses variantes doit vous permettre de contrôler avec succès n'importe quel entretien. L'une de ces variantes consiste à passer de la présentation de vos réalisations à la discussion d'une offre d'emploi. Ce sera le début d'une série de questions plus difficiles qui seront présentées plus loin dans ce chapitre avec les réponses appropriées.

Il est rare qu'un premier entretien dure deux heures. On parle généralement d'une heure à une heure et demie. Si vous sentez que l'entretien dure trop longtemps en continuant à échanger toujours les mêmes propos, essayez d'y mettre fin en posant une question qui vous permettra d'obtenir un autre entretien :

“Monsieur Planchon, je sais que vous êtes très occupé et je constate que notre entretien dure déjà depuis un certain temps. Je suis très intéressé par le poste, pourrions-nous convenir d'une autre rencontre ?”

Le suivi

Une fois l'entretien terminé, organisez vos notes et envoyez une lettre de remerciement qui résume les propos échangés en y indiquant une nouvelle idée et/ou une action à poursuivre. Cette lettre de suivi doit être adaptée à chaque entretien (voir exemples en Annexe B).

Sans réponse sur le poste à pourvoir dans les quinze jours qui suivent votre lettre, appelez en spécifiant à nouveau votre intérêt de façon à savoir où en est le processus de recrutement.

Si votre candidature a été rejetée, laissez la porte ouverte à de futures discussions en envoyant une lettre. Vous faites peut-être partie du second choix et il se peut que la première candidature retenue n'aboutisse pas. Une attitude ouverte fait toujours forte impression.

CONSEILS POUR UN ENTRETIEN PLUS EFFICACE

Voici quelques principes à suivre scrupuleusement avant n'importe quel entretien.

► Avant la rencontre

- Assurez-vous d'avoir un plan dans votre voiture. Avant de partir, notez sur votre agenda les directions à prendre, les heures des rendez-vous, les noms, adresses et numéros de téléphone des personnes à rencontrer, les noms de vos intermédiaires et toute autre information utile. Cette préparation vous rendra la tâche plus facile. Conservez votre itinéraire au cas où vous devriez effectuer une seconde visite.

- Assurez-vous du bon fonctionnement de votre répondeur téléphonique et de la clarté de votre message. Interrogez-le fréquemment pour vérifier qui vous a appelé.

- N'oubliez pas votre carnet d'adresses en prévision des appels téléphoniques auxquels vous devrez répondre immédiatement pendant vos déplacements.

- Entraînez-vous à parler au magnétophone pour vous rendre compte du ton de votre voix. Si vous ne possédez pas de magnétophone, utilisez votre répondeur téléphonique en enregistrant votre voix. Elle doit porter d'une manière claire et positive.

- Pensez à emporter de la monnaie pour les parcmètres ainsi qu'une carte téléphonique pour les appels à effectuer pendant vos déplacements.

- Organisez-vous avant et pendant l'entretien. Votre attaché-case doit être rangé et contenir quelques stylos, un bloc de papier, des exemplaires de votre C.V., votre liste de références et toute autre information dont vous pourriez avoir besoin.

- Même si vous êtes sans emploi, certaines personnes vous demanderont une carte de visite. Il n'est pas très onéreux d'en faire imprimer avec votre nom, adresse et numéro de téléphone que vous pourrez laisser à la réception lors de votre arrivée ou donner à votre interlocuteur à la fin de votre visite.

- Il est préférable d'être cinq à dix minutes en avance, mais pas davantage. Si vous êtes en retard ou pensez être retardé, appelez la personne que vous devez rencontrer et demandez à parler à sa secrétaire : "Monsieur Durand à l'appareil. Je voudrais prévenir Monsieur Bon que je serai un petit peu en retard. Voudriez-vous l'en informer et lui faire savoir que je suis en route pour notre rencontre ?" N'en dites pas davantage et raccrochez après vous être assuré que votre message sera bien transmis. Si vous parlez à votre personne-cible, celle-ci risque d'annuler le rendez-vous. Si votre message lui a été communiqué, elle ne sera pas gênée par votre retard car vous aurez eu la politesse de téléphoner. Ne soyez jamais en retard sans prévenir.

  Les premières secondes de tout entretien sont les plus critiques et auront une grande influence sur l'impression que vous allez donner. Vos gestes, votre poignée de main, le ton de votre voix et votre expression sont autant de messages qui vont permettre à votre interlocuteur de se faire immédiatement une opinion sur votre personnalité. Comment vous présenter de la manière la plus favorable ?

- Il n'est pas nécessaire de conduire une Mercedes pour impressionner les gens. Mais assurez-vous de la propreté de votre voiture pour le cas où l'on vous demande de conduire quelqu'un. Soyez net et portez des habits conformes au poste que vous voulez tenir. Ne vous présentez pas dans une tenue vestimentaire trop voyante avec un parfum trop fort, des bijoux clinquants ou une coiffure excentrique. Ne fumez pas. Les chaussettes en accordéon, les pellicules sur une veste sombre et les ongles sales sont également à éviter.

Dans la salle d'attente

- Ne vous montrez pas trop familier avec les employés de la réception et les secrétaires car vos propos peuvent être rapportés par la suite à votre interlocuteur.
- Soyez poli avec tout le monde, du gardien de parking (s'il y en a un) à la secrétaire. Votre courtoisie ne sera peut-être pas remarquée mais on se souviendra de votre mauvaise conduite.
- En cas de longue attente, ne montrez pas votre impatience. Si vous pensez être retardé pour le prochain entretien, donnez la priorité à celui qui vous semble le plus important et reprogrammez votre emploi du temps. Dans la salle d'attente, profitez-en pour demander à l'hôtesse des notes d'information ou des rapports sur la société accessibles au public.
- Même si vous êtes en retard, utilisez les toilettes pour vous rafraîchir afin de donner la meilleure impression possible.
- Laissez votre parapluie, imperméable ou manteau à la réception ou au vestiaire.
- Asseyez-vous confortablement. S'asseoir sur le rebord d'une chaise ou tordre ses mains sont des signes d'anxiété et de stress. Essayez de vous détendre.
- Evitez d'utiliser le bureau de votre interlocuteur pour passer des coups de fil sauf en cas d'urgence.

Pendant l'entretien

- Serrez la main de votre interlocuteur de manière ferme après vous être assuré que la vôtre est bien sèche et en le regardant bien dans les yeux.
- Ne vous asseyez pas et ne retirez pas votre manteau ou votre veste avant d'y avoir été invité.
- Regardez votre interlocuteur droit dans les yeux. Si votre regard se promène partout dans la pièce, il pensera que vous lui cachez quelque chose.
- Soyez détendu mais prêtez attention à ce qui se passe autour de vous.
- Ne mâchez pas de chewing-gum et évitez de fumer.

- Surveillez vos manies : ne touchez pas constamment vos cheveux ou votre nez, ne rongez pas vos ongles et ne triturez pas certains objets (stylo, gomme, règle). Concentrez-vous sur la personne qui est en face de vous. Si la tension persiste, essayez la méthode d'un vieux vendeur ; courbez vos doigts de pieds dans vos chaussures (discrètement bien entendu).
- Souriez aux moments appropriés. Soyez naturel et sincère.
- Examinez la manière dont votre interlocuteur est assis. Essayez d'être en harmonie avec lui au fur et à mesure de la conversation. S'il croise les jambes, faites de même. Le langage du corps est subtil et peut vous mettre au même niveau que la personne qui vous fait face. Il ne s'agit pas de copier ses mouvements mais de répondre à ses signaux.

La discussion

- La manière de parler est importante. Il sera difficile pour une personne qui parle lentement de suivre votre conversation si vous parlez vite. Soyez en harmonie avec son débit de paroles et le ton de sa voix.
- Ne vous vantez pas de connaître telle ou telle personne à moins que cela ne vous soit utile dans un cas précis, et dites des choses vraies car votre interlocuteur peut connaître cette personne mieux que vous.
- Ne tenez pas de propos défavorables sur vos anciens employeurs ou anciens collègues de travail. Si vous n'avez rien de positif à rapporter, gardez le silence.
- Pas de précipitation dans vos réponses. Réfléchissez avant de répondre.
- Ne parlez pas de salaire.
- Essayez de connaître les vraies responsabilités qui se cachent derrière les caractéristiques décrites d'un emploi.
- Ne faites pas de commentaires sur votre vie privée ou sur la politique.
- Ne faites pas trop de compliments.
- Ne dites pas oui à tout, mais faites attention à vos objections.
- N'employez pas d'expressions qui peuvent dévaloriser vos propos comme "en dépit de", "néanmoins", "malgré cela" ou "mon problème était de...".
- Ne montrez jamais de documents confidentiels provenant d'un ancien employeur.
- Ne donnez pas spontanément votre C.V., mais en cas de demande présentez-le à votre interlocuteur sans tarder. Il ne sert à rien de frustrer une personne que vous essayez d'impressionner. Revenez à votre présentation et demandez à votre interlocuteur de passer votre C.V. en revue un peu plus tard. Cette tactique n'est valable que pour l'entretien d'embauche. Le C.V. peut servir à briser la glace et servir de base de discussion pour les entretiens de conseil et de recherche d'information.

- Profitez des périodes de silence pour penser et organiser vos réponses.
- Si vous ne comprenez pas une question, demandez à ce qu'elle vous soit répétée.
- Soyez patient et ne coupez pas la parole.
- Souvenez-vous que l'entretien est une conversation. Passez 51% du temps à écouter.
- Répondez à toutes les questions en faisant des phrases courtes. N'orientez pas la conversation sur d'autres sujets, à moins que cette manœuvre vous permette de recentrer l'entretien sur des questions qui vous intéressent.

SI L'ON VOUS DIT... QUE FAUT-IL REPONDRE ?

Pendant l'entretien, il vous sera posé de nombreuses questions. Sans prétendre à l'exhaustivité, celles proposées dans ce chapitre vous prépareront mieux et vous éviteront le pire.

1. Parlez-moi de vous

Question classique qui va permettre à votre interlocuteur de se faire une opinion sur vous. Présentez un bref résumé de votre parcours professionnel (préparé et répété à l'avance), en indiquant votre formation, vos principaux changements d'emplois et une ou deux réalisations les plus marquantes. Puis donnez-lui la parole en disant : “De façon à mieux me situer, pourriez-vous me parler de votre poste et des opérations de votre département ou division... ?”

2. Que pensez-vous de votre ancien employeur ?

Restez neutre ou dites des choses positives. Evitez les remarques désobligeantes et parlez de votre contribution à certains projets ou de situations grâce auxquelles vous avez pu vous perfectionner.

3. Avez-vous changé d'emploi fréquemment ? Etes-vous opportuniste ?

Réfléchissez bien à ce que vous allez dire et préparez vos réponses à l'avance. Il est normal de changer d'emploi quand on a des raisons valables. N'adoptez pas une attitude défensive.

Quelques raisons valables : une réorganisation (arrivée d'un nouveau directeur avec son équipe), un licenciement collectif dû à des difficultés financières, une baisse importante des ventes à la suite de la perte d'un contrat ou d'un client important, la vente de la société, votre mutation qui ne présentait aucun intérêt.

Raisons à ne pas citer : mauvaise entente avec l'ancien employeur ou les anciens collègues, hostilité à la politique de gestion, augmentation de salaire refusée, trop de contraintes, trop de travail, trop d'heures supplémentaires, trop de conflits, problèmes de santé, problèmes personnels ayant des répercussions sur le travail. Evitez les histoires longues et négatives.

4. Quel niveau de salaire recherchez-vous ?

(Voir dans ce chapitre la discussion sur la négociation.) Faites ressortir le potentiel d'évolution ainsi que les opportunités. Vous pouvez répondre : "Il est difficile de parler de salaire sans connaître en détail le travail à accomplir et les responsabilités à tenir". Ou, si vous discutez d'un poste précis : "Quelle est votre fourchette ?" Puis faites coïncider votre expérience avec ce niveau de salaire sans être nécessairement précis : "Je pense que mon expérience devrait me placer plutôt en haut de la fourchette, n'est-ce pas ?" (AFFIRMATION-QUESTION). Ne mentionnez pas spontanément votre rémunération antérieure.

5. Combien gagniez-vous précédemment ?

(Voir dans ce chapitre la discussion sur la négociation.) Vous pouvez annoncer votre rémunération totale à un conseil en recrutement, mais pendant un entretien d'embauche, essayez de ne pas répondre à la question : "J'étais bien rémunéré dans mon ancien emploi, mais si vous en êtes d'accord, je ne veux pas me porter préjudice en fixant un niveau de salaire trop haut ou trop bas. C'est l'intérêt du poste qui compte. Pouvons-nous parler de cette question un peu plus tard après avoir étudié tous les aspects de vos besoins actuels ? Quelle est la fourchette pour ce poste ?"

6. Quel était le motif de votre licenciement ?

Si vous avez été licencié, préparez une bonne explication et testez-la auprès de vos amis : "A l'arrivée du nouveau directeur général, j'ai été remplacé par l'un de ses anciens associés. Comme vous pouvez le constater d'après mes réalisations, la qualité de mon travail n'était pas en cause".

Ou,

"Ma société a décidé de fermer ses bureaux de Marseille et m'a offert un poste à Lille. Je préfère vivre dans le sud de la France et c'est la raison pour laquelle je suis en recherche d'emploi".

7. Pouvez-vous travailler sous pression ?

Répondez affirmativement, puis demandez : "Y a-t-il beaucoup de pression dans ce poste ?" Essayez de savoir ce qu'il entend par pression. Si vous avez eu une expérience similaire, citez quelques réalisations effectuées dans ces conditions de travail.

8. Que pensez-vous de votre supérieur hiérarchique ?

Quels que soient vos vrais sentiments, restez positif : "C'est le genre de personne qui peut vous apprendre beaucoup de choses".

Ou,

"J'avais avec lui une bonne relation de travail ; nous agissions rapidement et avec efficacité".

9. Quels sont vos points forts ?

Relisez votre liste de points forts et associez l'un d'eux à une réalisation spécifique. “Est-ce que ces compétences pourraient aider votre société ?”

10. Quel est votre point faible ?

Révisez votre liste de points faibles (voir chapitre 1) et faites correspondre l'un d'eux à un point fort : “J'aime que le travail soit terminé à temps, aussi parfois je me montre un peu impatient, mais je sais comment me mettre à l'unisson avec mon équipe”.

11. Que savez-vous sur notre société ?

D'où l'importance de bien se documenter sur l'entreprise. Vous êtes-vous informé sur leurs produits, leurs ventes, leurs profits ou leurs pertes, leurs investissements, leurs nouveautés, leur personnel ?

12. Etes-vous d'accord pour déménager ?

N'hésitez pas et dites immédiatement : “Oui, sans problèmes s'il s'agit d'une bonne possibilité. A quoi pensez-vous ?”

13. Vous avez changé souvent d'emplois. Combien de temps allez-vous rester avec nous ?

Préparez bien votre réponse: “Je cherche un emploi de longue durée dans lequel je puisse apprendre et avoir plus de responsabilités. La position que nous discutons offre-t-elle ce genre de possibilités ?”

14. Quelles sont les raisons pour lesquelles vous avez quitté vos précédents emplois ?

Pensez à donner une réponse très claire. Montrez-vous positif en parlant de vos anciens employeurs. Reportez-vous à la question 3.

15. Quelle est votre position sur le problème de l'alcoolisme au travail ?

Certains candidats ont eu à répondre à cette question : “Je ne bois pas. Avez-vous ce problème dans vos services ?” Si vous avez eu des problèmes d'alcoolisme et êtes en voie de guérison, il est inutile d'en parler d'autant que la question fait référence au présent. Si la question avait été formulée différemment : “Avez-vous eu des problèmes d'alcoolisme”, vous pouvez répondre si c'était le cas en disant : “J'ai connu un moment difficile dans ma vie. Mais ce problème est aujourd'hui entièrement surmonté”. Si vous n'avez pas commencé à vous arrêter, c'est le moment de le faire en en parlant à votre médecin.

16. Quel genre d'homme/de femme êtes-vous dans le travail ?

Parlez de votre style de gestion en citant quelques réalisations puis ajoutez : “Recherchez-vous ce genre de performance ?”

17. Qu'est-ce qui vous stimule ?

La réussite, une occasion unique, une possibilité d'avancement, la chance d'apprendre, des collègues agréables, des gens "fair play"… et bien sûr, la rémunération !

18. Qu'est-ce que vous n'aimez pas ?

Attention, question piège : "Je suis quelqu'un qui fait son travail. Quand je suis en présence d'une situation désagréable, j'essaie d'y faire face tout de suite pour ne plus y penser ensuite. Rien de spécial ne me décourage".

19. Envisagez-vous un jour de prendre ma place ?

Soyez décontracté : "J'aimerais avoir les qualifications requises pour accéder à votre poste. Je ne suis intéressé pour l'instant que par celui que vous me proposez".

20. Pourquoi avez-vous quitté votre dernier emploi ?

Vous savez que cette question vous sera posée. Reportez-vous à la question 3 et soyez positif.

21. Avez-vous augmenté les ventes et les marges bénéficiaires dans votre dernier emploi ?

C'est le moment de parler de votre réalisation la plus importante en ajoutant : "Est-ce ce genre de vendeur que vous recherchez ?"

22. Parlez-moi de vos rapports avec votre patron, vos collègues et vos subordonnés ?

Préparez des exemples qui montrent votre esprit d'équipe. C'est l'occasion de préciser que vous n'aimez pas les situations de conflit.

23. Savez-vous comment motiver les gens ?

Cette question fait allusion à vos capacités de diriger. Vous devez connaître les qualités que l'on exige d'un bon cadre de direction. Pensez à vos anciens supérieurs et faites une liste des qualités des meilleurs d'entre eux. Reconnaître et aider les autres sont des actes aussi motivants que l'argent.

Un bon directeur est celui qui peut déléguer tout en contrôlant. Si vous pouvez vous appuyer sur des réalisations démontrant cette habileté, vous faites sans aucun doute partie de la catégorie des "top managers".

24. Quels sont vos objectifs à court, moyen et long termes ?

Faites coïncider votre réponse avec des objectifs qui peuvent être normalement réalisables au sein de la société où vous êtes candidat. Limitez vos objectifs au court et au moyen termes. Soyez réaliste. C'est par le savoir, l'expérience et les réalisations que vous progresserez dans votre parcours professionnel.

25. Préférez-vous travailler dans une PME/PMI ou une grande entreprise ?

Rappelez-vous où vous êtes quand vous répondez !

26. Avez-vous contribué à la réduction des coûts dans votre société ?

Essayez de vous en tenir à vos réalisations, puis posez la question : “Est-ce que ce type d'économies vous intéresse ?”

27. Qu'est-ce qui vous paraît être le plus difficile dans le travail d'un directeur ?

S'entourer d'une équipe de personnes plus compétentes que moi chacune dans leur spécialité.

28. Pourquoi voulez-vous travailler dans notre société ?

Basez votre réponse sur la réputation de leurs produits, de leur management, de leur compétence internationale, de leur technologie avec la perspective d'accomplir un travail intéressant et de progresser. Informez-vous sur leurs produits, leur politique et les possibilités d'évolution de votre poste.

29. Pourquoi aurions-nous intérêt à vous engager ?

Si vous connaissez les spécifications du poste à pourvoir, associez-les avec vos réalisations précédentes et dites : “Ma venue dans votre société vous sera profitable si j'ai l'occasion d'accomplir les mêmes missions ou plus”.

30. Que recherchez-vous dans un nouvel emploi ?

Attention ! Il est préférable que vous vous informiez sur la société et le poste que vous désirez. Si vous n'avez pas de renseignements, basez votre réponse sur la compétence que vous avez acquise grâce à vos réalisations.

31. Combien de personnes avez-vous recrutées ?

Si vous avez réalisé plusieurs recrutements, choisissez ceux que vous avez bien réussis. Cette question se rapporte à votre habileté à évaluer les autres.

32. Combien de personnes avez-vous licenciées ?

Attention, une autre question piège : “Un licenciement tient à la fois de la responsabilité de la société et des personnes débauchées. Un problème s'est posé qu'il a fallu régler. Dans mon dernier emploi, j'ai dû licencier des employés. Cela m'a permis de réaliser l'importance qu'il y a à effectuer tout de suite le bon choix lors du recrutement”.

33. Quel a été votre succès le plus important ?

Choisissez l'une de vos réalisations les plus significatives en la faisant coïncider avec leurs besoins.

34. Quel a été votre échec le plus important ?

Discutez de cette question avec des amis avant l'entretien. Choisissez une erreur que vous avez pu corriger en la présentant comme une occasion pour vous d'apprendre.

35. Quel était votre emploi du temps journalier dans votre ancien poste ?

Citez des actions, performances et résultats plutôt que des travaux administratifs.

36. Quels sont les progrès que vous avez réalisés dans votre précédent emploi ?

Action réalisée = Bénéfice Converti par le candidat (ABC) : "A mes débuts chez... j'étais responsable de leurs opérations en France et en Hollande. Après avoir redressé ces deux secteurs, j'ai été nommé directeur général pour l'Europe. Avec la puissance actuelle du mark, comment fonctionne vos opérations internationales ?"

37. Quels sont les principaux problèmes que vous avez rencontrés dans votre ancien emploi ?

Vous donnerez des réponses appropriées en utilisant le principe ABC.

38. Qu'est-ce qui vous a déplu dans votre dernier emploi ?

Attention, question piège. Les désagréments font partie de la routine de n'importe quel travail. Racontez-les en indiquant ce que vous avez fait pour les surmonter.

39. Pourquoi pensez-vous être prêt à prendre de plus grandes responsabilités ?

Parlez de vos réalisations en les reliant à leurs besoins.

40. Parlez-moi des travaux novateurs que vous avez réalisés ?

Créer peut consister à lancer et développer une idée, un produit, un sujet, un programme avec pour résultat des conséquences positives sur l'ensemble de l'opération.

41. Etes-vous un leader ?

Donnez des exemples qui montrent comment vous avez observé les directives de vos supérieurs et de quelle manière vous avez dirigé vos subordonnés. C'est en sachant suivre des ordres qu'on devient un bon leader.

42. Aimez-vous la compétition ?

La compétition est une dynamique dans la mesure où elle ne sacrifie pas le reste de l'équipe. Si vous aimez la compétition, associez cette particularité à l'effort de tout le groupe plutôt qu'à votre ambition personnelle.

43. Vous considérez-vous comme quelqu'un qui a réussi ? Pourquoi ?

Si vous avez aimé votre travail et avez accumulé un certain nombre de bonnes réalisations, une réponse de base pourrait être la suivante : "A mes débuts chez... j'étais l'un des cinq vendeurs. En cinq ans, j'ai doublé mon salaire et je suis à présent chef des ventes. Je suis content de ce que j'ai accompli. Est-ce que ce type de performance peut s'appliquer à vos besoins ?"

44. Que pouvez-vous accomplir pour notre société qu'une autre personne ne pourrait pas réaliser ?

Maintenant, vous devez connaître les spécifications professionnelles du poste à pourvoir. Reliez certaines de vos réalisations à leurs besoins tout en précisant votre intérêt pour ce que vous avez vu et entendu. C'est sans intérêt pour vous de parler des autres candidats. Répondez du mieux que vous pouvez.

45. Qu'est-ce que vous préférez et aimez le moins dans le poste proposé ?

Pour les meilleurs éléments, faites votre choix. Pour les plus défavorables, répondez : "Jusqu'à maintenant, je ne vois rien qui me déplaise, c'est la raison pour laquelle je suis si intéressé !"

46. Dans combien de temps pensez-vous pouvoir être efficace à notre société ?

Réfléchissez bien avant de répondre. Une période de transition est toujours nécessaire avant de pouvoir maîtriser un poste. "Si tout se passe bien, je pense que cela ne devrait pas prendre beaucoup de temps. Que souhaitez-vous ?"

47. Quel niveau hiérarchique visez-vous dans notre société ?

"Un pas après l'autre. Laissez-moi réaliser un bon travail dans mon poste. Je serais content d'avoir des promotions. Je suis ouvert et ambitieux".

48. Recherchez-vous d'autres emplois en ce moment ?

Si c'est le cas, dites la vérité mais sans donner de précisions. Dans le cas contraire, dites simplement : "J'ai plusieurs projets en tête".

49. Quel livre avez-vous lu récemment ?

Bien évidemment vous lisez. Soyez prudent car votre interlocuteur peut avoir lu le même livre.

50. Quels journaux et magazines lisez-vous ?

C'est le moment de citer des magazines économiques en rapport avec le poste proposé pour montrer votre intérêt concernant le poste.

51. Depuis combien de temps cherchez-vous un emploi ?

Dans le cas d'un long délai, mentionnez des missions de conseils ou un travail intérimaire que vous avez pu réaliser.

52. Décrivez votre emploi idéal.

Reportez-vous à la liste de vos emplois préférés au chapitre 1 et accordez-les aux spécifications du poste à pourvoir. Soyez réaliste. N'oubliez jamais la personne à qui vous parlez et le profil de sa société.

53. Quel salaire espérez-vous pour ce poste ?

Pas de précipitation. Reportez-vous à la discussion sur la négociation. Essayez d'apprendre la fourchette prévue pour mieux pouvoir vous situer : "Je voudrais gagner le plus possible en fonction de mes performances. Quelle est la fourchette de salaire prévue ?"

54. Que vont dire vos références sur vous ?

Vous espérez qu'elles vont donner de bonnes informations (d'autant plus que vous avez discuté auparavant de votre C.V. avec chacune d'elles).

55. Combien de personnes avez-vous supervisées dans votre dernier emploi ?

Pas d'exagération, votre réponse peut être vérifiée : "J'ai commencé par diriger cinq personnes, puis 35 autres quand j'ai été promu directeur du département. L'année dernière, ce département a obtenu la deuxième place pour la réduction des coûts sur l'ensemble de la société. Avoir réussi à réduire des coûts est-il important dans vos critères d'embauche ?

56. Comment vous décririez-vous ?

Reportez-vous à votre style de gestion et à votre caractère décrit dans le C.V. 20-Secondes. Relisez le Chapitre 3.

57. Comment votre époux (se) vous décrirait-il/elle ?

Vous devez réfléchir à cette question avec lui/elle.

58. Dans quels domaines vous sentez-vous le plus sûr ?

Pensez à vos qualifications et aux qualifications requises pour le poste à pourvoir.

59. Qu'aimeriez-vous améliorer ?

Fixez votre choix sur quelque chose qui ne soit pas dissuasif pour le poste ; de meilleures compétences en informatique, une meilleure connaissance de l'allemand, ...?

60. Que faites-vous de vos loisirs ?

Soyez raisonnable. Ce n'est pas le moment de mentionner votre plaisir de sauter en parachute ou de participer à des courses de moto, même si c'est vrai.

61. Quelles sont vos réalisations les plus importantes et comment les avez-vous accomplies ?

C'est une question de rêve ! Choisissez celles qui sont en rapport avec le poste à pourvoir. Vous avez marqué un point si on vous demande : "Comment avez-vous réalisé cela ?"

62. Combien d'heures une personne devrait-elle passer à son travail ?

Autant qu'il est nécessaire à sa bonne réalisation.

63. Qu'aimeriez-vous éviter dans votre prochain emploi ?

Soyez en alerte. S'il y avait des antagonismes sociaux ou des problèmes relationnels dans votre ancienne société, vous pouvez en parler, mais restez prudent.

64. Pensez-vous être trop qualifié pour le poste ?

Si vous avez beaucoup d'expérience et si la société qui recrute pense engager une personne jeune, vous pouvez répondre : "Je pense que mon expérience me permettra d'être plus efficace plus rapidement".

65. Pensez-vous que cela fasse pencher la balance de ne pas avoir habité en France depuis longtemps ?

Si vous avez une bonne faculté d'adaptation, c'est le moment de l'exprimer en citant un exemple. La flexibilité est une qualité en général très appréciée par les employeurs.

66. Cela vous gêne-t-il de travailler pour une personne du sexe opposé ou plus jeune que vous ?

C'est seulement le travail qui entre en ligne de compte. Tenez-vous en aux spécifications requises et ne vous engagez pas dans des discussions sans intérêt.

67. Vous n'avez jamais fait ce travail auparavant. Comment pensez-vous réussir ?

Parlez de quelques réalisations qui montrent comment vous avez su faire face à de nouvelles situations inconnues de vous.

68. Etes-vous prêt à voyager ?

A présent, vous devez avoir une idée du nombre de déplacements à effectuer pour ce poste. Dans le cas contraire, c'est le moment de le demander. Ce n'est pas une question facile pour les candidats qui ont une famille. Préparez votre réponse.

69. Quels sont les facteurs les plus importants à considérer dans le poste de... (celui que vous recherchez) ?

Si on ne vous a pas donné une description du travail à accomplir, demandez-la de façon à pouvoir y répondre point par point.

70. Cela vous dérange-t-il de passer des tests psychologiques ?

Si c'est une des règles de l'entreprise, vous n'avez pas le choix. Après avoir passé les tests, demandez à voir leurs résultats. Votre employeur ne peut pas refuser. Ainsi vous apprendrez quelque chose de nouveau sur vous-même. Toutefois, compte tenu du coût de ces analyses, les tests ne sont désormais utilisés qu'après une première sélection des candidats.

71. Etes-vous agressif ?

"Si vous entendez par là une personne qui aime saisir des occasions, je suis prêt à aller de l'avant. Quand une circonstance favorable se présente, je n'hésite pas". Evitez les implications dangereuses.

72. Combien de jours d'arrêt maladie avez-vous accumulés l'année dernière ?

Des absences fréquentes peuvent vous causer du tort, à moins qu'il ne s'agisse d'une seule maladie qui vous a obligé à vous absenter plusieurs semaines : "Malheureusement, j'ai été renversé par une voiture et je suis resté immobilisé pendant un mois et demi. Cet accident m'a coûté du temps, mais je suis resté en contact journalier avec mon bureau et mon travail ne s'en est pas trop ressenti".

73. Pourquoi n'avez-vous pas réussi dans votre propre entreprise ?

Si vous avez dû fermer ou vendre votre affaire, vous pouvez répondre : "J'ai voulu essayer de me mettre à mon compte, mais je me suis aperçu que j'étais plus heureux dans une grande entreprise. J'ai pu terminer ce projet personnel en satisfaisant toutes les parties impliquées. Je sais ce qu'il faut faire pour réussir. Recherchez-vous quelqu'un avec des talents d'entrepreneur ?"

74. Votre employeur sait-il que vous voulez quitter sa société ?

Prudence. Votre réponse peut se retourner contre vous : "Je n'ai plus de possibilités d'avancement et je ne vois pas comment je peux continuer à progresser dans ce poste. Je les préviendrai au moment opportun et ferai tout mon possible pour assurer une transition en douceur".

75. Pourquoi avez-vous décidé de changer d'emploi ?

Vous pouvez formuler votre réponse en fonction du poste à pouvoir et parler de l'évolution de carrière, de l'intérêt, des opportunités, des responsabilités plus importantes ou d'une meilleure connaissance du produit.

76. Pourquoi avez-vous divorcé ?

Cela peut être une question piège destinée à vérifier votre discrétion. Il est admis en France qu'on ne répond pas à des questions trop personnelles. Répondez de façon brève, calme et avec maturité : "Disons qu'il s'agissait d'intérêts divergents".

77. Acceptez-vous les critiques ?

Beaucoup de personnes n'aiment pas être critiquées. Les critiques peuvent être bénéfiques si elles font partie d'un programme d'évaluation qui donne à chaque employé la chance d'apprendre et de s'améliorer : "J'apprécierais la possibilité d'apprendre à faire mon travail de façon plus performante. Avez-vous un système d'évaluation des salariés ?"

78 ► Avez-vous des questions ?

Certainement !

QUESTIONS QUE VOUS POURRIEZ POSER

Un bon entretien est un échange d'informations. L'écoute est essentielle. L'interlocuteur vous donnera plus de renseignements que n'importe quel document. Au fur et à mesure de la progression de l'entretien, vous poserez des questions pertinentes. Avant l'entretien, vérifiez que vos informations sont complètes. Vos questions doivent porter sur le poste à pourvoir plutôt que sur des données générales. Les questions qui suivent vous aideront. Utilisez-les à bon escient pendant la conversation. Montrez-vous poli, réfléchi et prudent en posant des questions. Elles peuvent déborder sur des sujets dont ne veut pas parler l'interlocuteur.

► Questions initiales

Questions sur le poste et sur la société.

1. Existe-t-il une description du poste ?
2. Quelles seront mes responsabilités ?
3. Depuis combien de temps ce poste est-il vacant ?
4. Quel est le niveau de ce poste par rapport à l'ensemble de votre organisation ?
5. Quelles sont les qualifications les plus importantes de ce poste ?
6. Quel est le plan de développement de la société ?
7. Le département a-t-il un budget ?
8. Quels sont les principaux concurrents de la société ?
9. Quels sont les marchés qui vous paraissent les plus importants ?
10. Quels sont vos principaux clients ? Sont-ils situés dans la région, en France ou à l'étranger ?
11. Quelles seront mes priorités ?

Questions sur vos supérieurs hiérarchiques, vos collaborateurs et subordonnés futurs.

1. Qui a occupé ce poste auparavant ?
2. Qu'a-t-il accompli et pourquoi est-il remplacé ?
3. Qui sera mon supérieur hiérarchique ?
4. Quelle est sa formation ?
5. Combien aurais-je de collabotateurs ?
6. Sont-ils situés tous au même endroit ?
7. Quel est leur niveau d'expérience ?

8. La direction organise-t-elle des réunions régulières ?

❒ Questions à poser plus tard (et seulement au moment opportun).

1. Quelles sont les perspectives d'avancement ?
2. Quels sont les avantages offerts par la société ?
3. Quelle est la fréquence des déplacements ?
4. Sera-t-il nécessaire de déménager maintenant ou plus tard ?
5. Quand pensez-vous prendre une décision concernant ce poste ?
6. Quelle est la prochaine étape de ce recrutement ?

Il vous sera possible d'obtenir d'autres informations, telles que :

- La rentabilité de la société (si vous ne la connaissez pas déjà).
- Ses projets de développement dans votre région.
- La date de création de la société.
- Sa position par rapport aux concurrents.
- Les perspectives de promotion du poste (ou s'agit-il d'un travail sans possibilité d'avancement).
- Le nombre de supérieurs hiérarchiques auxquels vous serez rattaché.
- La réputation de la société.
- Les conflits sociaux (le nombre et la fréquence).
- Les propriétaires de l'entreprise.
- Son évolution dans les dernières années.
- Le niveau de développement de la région où l'entreprise est implantée.
- Le remboursement des frais de déménagement.
- Les clauses du contrat de travail.
- La politique de l'entreprise sur les congés payés.
- La façon dont sont décidées les promotions et les augmentations de salaire.

Soyez prudent. Vous pouvez être éliminé juste en posant une question qui peut être mal interprétée. Essayez de recueillir le maximum de renseignements avant l'entretien. La discrétion est la règle du jeu quand il s'agit de poser des questions. Gardez en réserve les questions dont vous n'êtes pas sûr. Centrez vos questions sur le poste et ne parlez pas de salaire au début de l'entretien. Commencez d'abord par convaincre votre interlocuteur que vous êtes le candidat dont il a besoin.

Sujets à éviter

Il est important d'établir une liste de tous les sujets que vous devrez éviter lors d'un entretien. Certains candidats ont tendance à parler longuement de sujets qu'ils feraient mieux de ne pas aborder. Amenez la conversation sur un sujet embarrassant et votre entretien qui se déroulait parfaitement se transformera en cauchemar. Vous pouvez éviter un tel résultat.

En lisant la liste de la page suivante avant chaque entretien, vous saurez garder le silence sur des sujets qui pourraient être évoqués par inattention ou indiscrétion.

Certains interlocuteurs essayeront d'engager la conversation sur des propos inopportuns et vous serez parfois dans l'obligation d'y répondre. Dans tous les cas, ne donnez pas d'informations négatives ou embarrassantes ; vous ne ferez que vous empêtrer dans une discussion sans fin. Le tableau suivant dresse une liste de tous les sujets présentant un danger. Etudiez-le avant d'établir votre propre liste.

Pendant l'entretien, que faire...

... en cas de stress ?

Quiconque devant faire face à un entretien d'embauche ressent un peu d'anxiété avant d'entrer dans le vif du sujet. Comment éviter le stress :

- Mangez sainement. Evitez l'alcool, les tranquillisants et les boissons contenant de la caféine. L'énervement ou un état de somnolence détruirait vos meilleurs efforts.
- Dormez suffisamment et pratiquez un sport régulièrement.
- Libérez-vous de votre tension en discutant de votre recherche avec une autre personne. Exprimez-lui vos sentiments et vos problèmes avec sincérité.
- Mieux vous vous préparerez, plus vous gagnerez en expérience et augmenterez le nombre de vos contacts, et mieux se dérouleront vos entretiens. Souvenez-vous que vous devez également déterminer si la société vous permettra de développer vos compétences et peut vous offrir un avenir prometteur.
- Ne placez pas tous vos espoirs dans un seul entretien. Vous devez continuer votre recherche jusqu'au moment de l'embauche.

... si la conversation piétine ?

Si votre interlocuteur regarde sa montre ou se montre inattentif, c'est que vos réponses sont trop longues ; vous mettez trop de temps pour répondre, l'entretien dure depuis trop longtemps, il a décidé que vous n'étiez pas le bon candidat (entretien d'embauche) ou que vous n'obtiendrez pas les contacts que vous voulez (entretien de conseil). Soyez sensible à ces signaux et essayez de terminer rapidement l'entretien tout en essayant d'obtenir quelques noms.

SUJETS A EVITER EN ENTRETIEN

1. Salaire (tout au moins en début d'entretien)
2. Problèmes avec votre ancien employeur et vos anciens collègues de travail
3. Problèmes personnels (divorce, séparation, procès)
4. Difficultés financières
5. Maladies de toutes sortes y compris celles de votre famille
6. Tendance à l'alcoolisme
7. Faillite précédente
8. Sujets politiques, raciaux et religieux
9. Handicap physique
10. Accidents de voiture et toute autre infraction
11. Problèmes avec la justice
12. ___
13. ___
14. ___
15. ___
16. ___
17. ___
18. ___
19. ___
20. ___
21. ___
22. ___
23. ___
24. ___
25. ___

Certains entretiens seront difficiles à contrôler, en particulier ceux durant lesquels l'interlocuteur cherche à discuter de sujets hors de propos. Il vous faudra patienter jusqu'à ce que vous puissiez revenir au sujet qui vous intéresse. Tenez-vous prêt à parler au moment opportun pour remettre l'entretien sur la bonne voie en posant une question pertinente.

Les situations décrites précédemment montrent que la communication entre vous et votre interlocuteur est coupée même si vous continuez à parler. Si vous êtes conscient de ces situations, vous pouvez les éviter :

- Parlez-vous trop parce que vous êtes anxieux d'aller de l'avant ? Si c'est le cas, entraînez-vous avec un autre chercheur d'emploi.
- Votre frustration vous rend-elle agressif ? Eliminez votre tension avant de vous rendre à un entretien.
- Votre propre histoire commence-t-elle à vous ennuyer ? Ecoutez davantage. Ne parlez que des réalisations qui sont en rapport avec le poste à pourvoir, sans expliquer tout votre parcours professionnel.
- Remarquez-vous que votre interlocuteur n'est pas intéressé par votre présentation ? Vous pouvez travailler en groupe sur la façon de rendre une conversation plus intéressante.
- Laissez-vous paraître votre découragement ? Il n'est pas toujours agréable de chercher du travail, mais dites-vous que vous allez réussir. Montrez de l'enthousiasme et allez de l'avant sans penser au passé.
- Etes-vous devenu amer parce que votre recherche dure trop longtemps ? Il ne sert à rien de vous mettre en colère contre le monde entier. Des millions de personnes sont dans la même situation que vous. Si vous désirez vraiment trouver un emploi, vous en trouverez un !
- Vous êtes en entretien et tout à coup vous paniquez. Si cela vous arrive, excusez-vous et quittez la pièce. Passez de l'eau froide sur votre visage et respirez profondément. Cette pause de quelques minutes vous permettra de reprendre vos esprits.

Si vous croyez en vous-même et êtes convaincu de vos points forts, vous serez apte à communiquer vos sentiments à d'autres personnes.

Après un entretien

Après chaque entretien, écrivez vos commentaires sur le déroulement de la conversation, les points positifs, les améliorations à y apporter et les recherches supplémentaires à effectuer. Préparez la prochaine étape. Avez-vous bien écouté tous les propos de votre interlocuteur ? Avez-vous répondu avec précision à ses besoins ? Quels sont les eléments dont vous devez parler plus à fond ?

AUTRES SITUATIONS D'ENTRETIEN MOINS FREQUENTES

L'entretien de groupe

Parfois l'entretien est mené par plusieurs personnes de la société qui recrute. Dans ce cas, portez toute votre attention sur la personne qui parle et écoutez bien ses questions. Répondez en vous adressant à une seule personne à la fois comme pour une conversation en face-à-face tout en portant votre regard sur les autres interlocuteurs sans oublier de revenir à la personne qui vous interroge. Cette approche vous permet de sentir leur réaction et d'identifier les personnes qui sont dans votre camp ainsi que celles qui peuvent avoir d'autres questions à vous poser.

L'entretien de groupe a l'avantage de vous permettre d'obtenir plus d'informations et de vous introduire auprès d'autres membres de la société pouvant soutenir votre candidature. La plupart des recrutements sont faits par consensus. Restez calme, répondez à une question à la fois en donnant des réponses courtes et directes.

Adressez vos questions aux autres personnes du groupe pour les engager à participer à la discussion. Vous sentirez ainsi qui sont vos partisans et ceux qui restent encore à convaincre. Laissez-les exprimer leurs doutes ou leurs craintes pour avoir une chance de leur répondre et de les persuader.

S'il s'agit du recrutement d'un directeur de production, les personnes présentes peuvent être les suivantes : le directeur des ressources humaines, le directeur général adjoint, le directeur des achats et un ingénieur du service technique. Leur rôle est de trouver un candidat qui va les aider et non gêner leurs efforts. Selon le témoignage de certains candidats, s'entraîner à des jeux de rôle en groupe est la meilleure façon d'apprendre à se sentir à l'aise dans ce genre d'entretien.

Les mécanismes de l'entretien de groupe et les objectifs visés sont différents selon les sociétés. Certaines sociétés font participer plusieurs candidats à cette réunion collective en présence de personnes de l'entreprise et de consultants. Les critères de sélection ne sont pas les mêmes selon qu'on s'adresse à un commercial ou à un cadre spécialistes des relations humaines. On évaluera plutôt la capacité de conviction et l'ascendant sur les autres candidats d'un professionnel de la vente et du marketing. On prêtera attention à celui qui se montrera le plus attentif et le plus diplomate pour un poste de directeur des ressources humaines.

Différents scénarios peuvent se produire : discussion de sujets d'actualité suivie d'un débat, simulation de situations de vente, début d'une histoire imaginaire que les candidats doivent continuer.

Quelles que soient les situations auxquelles vous serez confronté, ne cherchez pas à couper la parole à vos interlocuteurs dans le but de vous mettre en avant et évitez toute agressivité. Le calme et de judicieuses interventions sont préférables à des prises de position inopportunes. Dans ce genre d'entretien, l'évaluation psychologique est primordiale car la façon dont vous vous comportez est tout aussi importante que ce que vous direz.

L'entretien de sélection

Dans le but d'éliminer le plus grand nombre de candidats, l'interlocuteur recherche tous les éléments négatifs de chaque candidat. Les personnes qui mènent ce genre d'entretien sont en général des consultants professionnels bien entraînés à dénicher les détails de la vie professionnelle des candidats susceptibles de les faire éliminer de la sélection. Pour réussir ce genre d'entretien, renseignez-vous sur les besoins de la société qui recrute et concentrez-vous sur vos réalisations professionnelles sans vous écarter de votre plan initial.

Le second entretien, l'entretien en profondeur

Vous avez été invité à revenir pour un autre entretien. Bravo ! A présent, vous voulez obtenir une offre d'emploi. Cet entretien doit reprendre la présentation de vos réalisations (bénéfices) et déboucher sur votre contribution éventuelle au fonctionnement de votre nouvelle entreprise. Dans la plupart des cas, vous serez interrogé par votre futur supérieur hiérarchique. Concentrez-vous sur vos compétences et sur la connaissance de votre profession. Gardez en tête les conditions requises par l'employeur. Utilisez la technique AFFIRMATION-QUESTION pour mieux connaître les besoins. Souvenez-vous du premier entretien et des exigences requises pour le poste. Ne commencez pas à discuter de salaire avant d'avoir reçu une offre.

Le troisième entretien

Selon le niveau et l'importance du poste à pourvoir, une offre d'emploi ne vous sera pas proposée avant le troisième entretien. Si vous arrivez à cette phase, votre candidature est très sérieusement considérée. Cela va être le moment d'aborder la question du salaire, si elle n'a pas été évoquée auparavant. Utilisez les techniques de la discussion sur la négociation étudiées plus loin dans ce chapitre. Rappelez-vous que chaque personne rencontrée, soit en entretien individuel, soit en entretien de groupe, va donner son avis sur votre candidature. C'est la raison pour laquelle vous devez centrer votre discours sur le poste et vous en tenir aux faits, de telle façon que toute évaluation subjective dont vous serez l'objet ramènera vos interlocuteurs à vos réalisations (bénéfices pour la société).

L'entretien au restaurant

Beaucoup d'entretiens sont menés à l'occasion d'un petit déjeuner, d'un déjeuner et même d'un dîner, car les repas sont une occasion de détente. Restez sur vos gardes. Ne perdez pas de vue ce que vous voulez dire. Ecoutez attentivement la conversation et limitez vos histoires personnelles à vos réalisations. Ne perdez pas votre vigilance sous prétexte d'une discussion intime. Attention aux apéritifs et contentez-vous d'un verre de vin s'il s'agit d'un déjeuner ou d'un dîner. Gardez le contrôle de la conversation en posant de bonnes questions. Intéressez-vous aux autres convives y compris leurs conjoints s'ils sont présents. Souvenez-vous qu'on reconnaît un bon causeur à la qualité de son écoute. Mémorisez les noms des invités.

L'entretien au cours d'un voyage

Certaines sociétés invitent le candidat à visiter une ou plusieurs de leurs installations, seul ou accompagné par plusieurs de leurs cadres. Même si vous n'y prêtez pas attention, vous serez observé en situation semi-professionnelle comme lors d'un essai préliminaire. Soyez poli avec toutes les personnes rencontrées et souvenez-vous que toutes vos remarques seront évaluées plus tard par l'équipe qui décide du recrutement.

Si vous notez un problème et pensez pouvoir le résoudre, évitez de proposer immédiatement la solution. Sans posséder de plus amples informations sur la question, il est préférable de garder vos observations pour un moment plus approprié.

L'entretien avec le conjoint

Dans des cas très rares, après les premiers entretiens, il vous sera peut-être demandé de revenir avec votre conjoint, en particulier si un déménagement s'avère nécessaire. La société veut s'assurer que la famille accepte bien le changement de résidence.

Il est de votre intérêt de vous entraîner à répondre à des questions difficiles en présence de votre conjoint, concernant vos sentiments respectifs sur le déménagement, le futur lieu de résidence, le poste proposé et la société. Les questions du chapitre 1 vous aideront à pratiquer des jeux de rôles.

Certaines fonctions exigent du candidat de savoir recevoir et divertir les clients. La société souhaitera interroger votre épouse pour savoir si vous pouvez accomplir ensemble ce travail et faire bonne impression. Présentez donc l'image d'un couple uni.

LES CAUSES D'ECHEC D'UN ENTRETIEN

En passant de plus en plus d'entretiens, vous découvrirez que dire ce qu'il faut au bon moment, sentir ce qui se passe, et éviter les sujets délicats seront les clefs de votre succès. Toutefois, certains facteurs auxquels un candidat ne pense pas toujours peuvent conduire un entretien à l'échec :

Caractéristiques physiques

1. Avoir une allure trop décontractée et une tenue vestimentaire négligée.
2. Ne pas regarder son interlocuteur droit dans les yeux.
3. Donner une poignée de main relâchée et humide.
4. Communiquer avec difficulté (voix, grammaire, élocution, gestes maniérés).
5. Manquer d'énergie et d'enthousiasme ou avoir un malaise et une défaillance physique.

Règles de politesse

1. Arriver en retard sans avoir prévenu.
2. Etre grossier.

3. Ne pas remercier son interlocuteur pour le temps qu'il vous a accordé.
4. Etre ironique.
5. Etre trop familier.

Objectifs

1. Donner des objectifs imprécis.
2. Accorder trop d'importance à la question du salaire.
3. Se montrer trop intéressé par ce que la société peut offrir.
4. Etre indécis.
5. Ne pas être préparé.

Emplois précédents

1. Critiquer un ancien employeur.
2. Avoir changé souvent d'emplois sans explication. Trous non justifiés dans le parcours professionnel.
3. Présenter des références incomplètes ou insuffisantes.
4. Se targuer de connaître des personnes influentes.
5. Avoir une expérience et une formation insuffisantes.

Attitude concernant le poste à pourvoir

1. Faire des critiques.
2. Etre trop agressif.
3. Refuser de déménager.
4. Manquer de confiance en soi.
5. Ne pas montrer d'intérêt ou de curiosité pour le poste.

Connaître à l'avance les causes d'échec vous aidera à bien mener tous vos entretiens ainsi que vos campagnes de mailing. Vous êtes vraiment performant si vous pouvez obtenir une cadence de deux à quatre contacts par jour.

Deuxième partie : la négociation

Grâce à votre réseau, vous avez rencontré beaucoup de gens. Votre entretien s'est bien déroulé et vous allez recevoir une proposition. Ce n'est pas le moment de relâcher vos efforts.

La phase finale de l'entretien est la négociation du salaire. La stratégie à développer doit être siple mais efficace.

AVANT LA NEGOCIATION DU SALAIRE

La fourchette du salaire

Quelle est la valeur salariale du poste ? Même si l'interlocuteur essaie d'établir un lien avec votre emploi précédent, n'oubliez pas que ce nouveau salaire doit être totalement indépendant de votre rémunération antérieure.

- Cherchez à savoir ce que vaut le poste. Questionnez quelques consultants en recrutement que vous connaissez. Certains vous demanderont des informations que vous jugerez peut-être confidentielles sur la société qui recrute. Ne leur parlez que des ventes, du nombre de salariés, des profits, des personnes qui seront sous votre direction et de l'ensemble de vos responsabilités. Ils pourront ainsi vous donner une bonne évaluation du poste et vous suggérer une fourchette de salaire qui vous servira de référence.
- Une autre approche consisterait à téléphoner à quelques sociétés d'intérim, leur indiquant votre désir d'embaucher un salarié de votre niveau et leur demandant le niveau de salaire approprié pour le poste. Toutefois, ne perdez pas de vue que ces sociétés se limitent à un niveau de fourchette très précis et se spécialisent seulement dans certains secteurs d'activité.
- Des enquêtes sur les salaires parues dans la presse, une association professionnelle, une association d'anciens élèves ou des amis travaillant dans le même secteur d'activité peuvent vous aider à fixer votre fourchette. Vous avez peut-être, à l'intérieur de la société qui recrute, des contacts qui peuvent vous donner des informations plus précises.

Ne négociez jamais un salaire à l'aveuglette. Il est très embarrassant de demander un salaire beaucoup plus élevé que celui qui va être proposé. D'un autre côté, il ne faut pas vous sous-estimer et commettre l'erreur d'accepter un salaire trop bas. A moins d'un changement de carrière ou d'un premier emploi, vous devez faire tout votre possible pour augmenter votre salaire si le poste convoité correspond à votre compétence et à votre expérience. La progression de votre salaire sera considérée par un employeur potentiel comme les marques de vos succès dans vos emplois précédents ; ils penseront que vous êtes un bon élément pour avoir obtenu ces promotions. Savoir négocier un salaire sera également perçu comme un test de votre degré de confiance en vous et de votre habileté à négocier (surtout pour les carrières commerciales). Pour toutes ces raisons, accepter un salaire trop bas ne vous aidera pas forcément à obtenir l'emploi désiré.

Si vous désirez absolument obtenir un certain poste au point d'accepter une baisse de salaire, essayez de compenser cette concession en obtenant de l'entreprise un système de primes, des possibilités de promotion, une revalorisation du salaire plus fréquente, le paiement d'heures supplémentaires sous forme de salaire ou de jours de congés ou encore un intéressement dans la société sous forme d'actions.

Dans tous les cas évitez de mentir sur vos salaires précédents. Certains employeurs chercheront à savoir si vous dites la vérité. S'ils découvrent que vous avez exagéré, ils seront moins disposés à vous offrir un salaire plus élevé que le precédent. Il est toujours préférable de rester honnête.

La rémunération globale

Elle est constituée par exemple des éléments suivants :

Salaire de base
13ème mois
Intéressement au capital sous forme d'actions
Participation aux bénéfices de l'entreprise
Révision de salaire (critères, fréquence)
Primes diverses basées sur vos résultats individuels (projet, performance, assiduité, efficacité)
Prime de fin d'année
Assurances complémentaires (maladie, accident, retraite)
Capital-décès
Assurance-décès
Mise à disposition d'une voiture (voiture personnelle ou véhicule de l'entreprise)
Frais de déplacement (kilométrage, frais de garage, restaurant, hôtel, train, avion, taxi, fournitures de bureau...)
Prime de déplacement
Possibilités de stages (formation, perfectionnement, reconversion)
Congés payés
Ajustement du salaire en fonction du coût de la vie
Tickets-restaurant
Prime d'ancienneté
Prime de vacances
Prime de logement
Prime vestimentaire
Prime de déménagement

Avant d'approfondir la question de la stratégie à employer, examinons certains de ces avantages et leur signification.

Actionnariat des salariés : Les actions de la société sont-elles distribuées aux salariés ? Il peut s'agir d'actions offertes par la société en plus du salaire de base ou d'une option d'achat d'actions à des cours inférieurs à ceux de la bourse. En projetant une certaine augmentation des actions de l'entreprise, ce facteur de profit peut-il devenir important ? Renseignez-vous sur les différentes modalités de souscription ou d'achat d'actions auprès d'un comptable.

Participation aux bénéfices de l'entreprise : Avez-vous eu les mêmes avantages dans votre emploi précédent ? Quel effet aura cette participation sur votre salaire les années suivantes ? La participation est fonction des résultats de l'entreprise et de la masse salariale. Les accords de participation varient d'une entreprise à l'autre. Il est essentiel de se faire communiquer l'accord en cours pour connaître les modalités de gestion et de rémunération des fonds bloqués. Le plus souvent, il faut un minimum d'ancienneté dans l'exercice pour y avoir droit.

Révision du salaire : Quelle en est la fréquence ? Il est important au moment de la négociation du salaire de se faire indiquer la politique salariale de l'entreprise. En général, les grandes entreprises suivent des grilles de salaires établies en fonction de l'âge, de l'ancienneté, de la responsabilité.... N'oubliez pas toutefois qu'un salaire se marchande et que le niveau du candidat choisi ne correspond pas forcément à l'un des postes de la grille des salaires de l'entreprise, en particulier s'il s'agit d'un poste de très haut niveau. Il sera parfois préférable d'accepter au départ un salaire inférieur si la revalorisation est plus fréquente.

Primes : Les primes sont plus avantageuses lorsqu'elles sont fonction des performances individuelles plutôt que d'une grille de salaires établie au préalable par l'entreprise. Certaines primes sont données à toute une société, à un département ou à un individu. Renseignez-vous sur la politique présente et passée de la société en matière de prime. Si elle est basée sur la performance de l'employé, assurez-vous que les résultats à atteindre sont à votre portée.

Assurances complémentaires : De nombreuses sociétés proposent des assurances complémentaires. Basées sur un contrat collectif, ces assurances sont le plus souvent obligatoires pour le salarié. Toutefois, vous pouvez demander les barèmes de cotisations et de remboursement et vérifier si vous avez intérêt à adhérer seul ou à faire profiter votre famille (conjoint, descendants et ascendants directs à charge) de la couverture proposée. De même, certaines entreprises proposent un capital-décès ou une assurance-décès. Si vous avez l'obligation d'y adhérer, revoyez vos propres contrats individuels en conséquence.

Mise à disposition d'une voiture : Il pourra s'agir dans certain cas d'un véhicule de l'entreprise. Selon la politique de la société, les frais de remboursement au kilomètre peuvent atteindre des sommes importantes. La situation idéale pour l'employé est de recevoir une voiture qui appartient à la société (achat ou location) avec une carte de crédit pour payer l'essence, l'entretien et l'assurance. S'il s'agit de la voiture personnelle de l'employé, l'entreprise peut participer aux frais sous forme de forfait mensuel ou annuel ou rembourser sur la base des kilomètres parcourus. En considérant l'augmentation croissante des frais de voiture, ces avantages sont très intéressants et doivent être pris en compte dans le salaire offert par l'entreprise. Renseignez-vous auprès d'un comptable pour connaître l'incidence de l'attribution des frais de voiture sur le calcul des impôts.

Possibilités de formation : Certaines sociétés disposent d'un budget important de formation professionnelle interne à l'entreprise qui peut aller jusqu'à 5% de leur masse salariale. Légalement, le droit à la formation n'est ouvert qu'au bout de six mois ou un an d'ancienneté. Au moment de l'embauche, il suffit de connaître la politique et le budget formation de l'entreprise.

Remboursements de frais : Renseignez-vous bien sur les modalités fiscales des frais de représentation. Ce revenu supplémentaire peut être intégré dans votre revenu imposable.

Ajustement au coût de la vie : Si vous quittez une petite ville de province pour venir vivre dans une capitale régionale, votre nouvelle résidence vous coûtera certainement plus cher en location ou en achat. Renseignez-vous auprès des agences immobilières sur les prix pratiqués. Utilisez les tableaux du chapitre 1 pour évaluer ces changements par rapport à votre style de vie actuel.

Pour les départs à l'étranger, contactez les organismes spécialisés (voir Annexe C) et renseignez-vous sur le coût de la vie, les fluctuations de la monnaie du pays concerné sans oublier le coût des études de vos enfants qui devront peut-être fréquenter des écoles privées d'enseignement. Vous devez tenir compte de ces éventualités. Un ajustement de votre salaire à l'augmentation du coût de la vie peut améliorer votre rémunération de façon sensible.

Indemnité de déménagement : Couvrira-t-elle une partie des frais de déménagement ou toutes les dépenses, y compris celles occasionnées par la vente de votre maison et l'achat d'une nouvelle ? Si elles ont vraiment besoin de vous, certaines entreprises vont jusqu'à acheter votre résidence pour la revendre ensuite, juste pour vous libérer des soucis d'un déménagement. Vérifiez également si cette indemnité est soumise aux cotisations sociales et à l'impôt sur les revenus.

Pour les postes à l'étranger, les frais de déménagement sont le plus souvent pris en charge par la société.

La loi et le droit du travail

En général, les chercheurs d'emploi sont trop ignorants de la loi et du droit du travail. Il faut vous renseigner sur les points suivants.

Auprès du futur employeur :

- Rémunération globale (voir pages précédentes).
- Convention collective.
- Particularités du règlement intérieur.
- Contrat de travail. Les candidats ne prennent pas assez de soin à la lecture de leur contrat de travail. Bien qu'un contrat de travail entre le salarié et l'employeur ne soit pas obligatoire, il est conseillé à tout candidat d'obtenir un document écrit précisant les conditions d'exécution de son travail. L'APEC et l'ANPE fournissent

tous renseignements utiles sur le contenu des contrats de travail. Ce document doit prendre en compte les modalités prévues dans la convention collective dont relève la société.

Le contrat à durée déterminée (CDD) ou indéterminée (CDI). Le CDI est la règle commune en France. L'absence de contrat vaut légalement pour contrat à durée indéterminée. De plus en plus souvent, les entreprises proposent d'abord un CDD. Ce contrat doit obligatoirement être écrit et contenir plusieurs clauses sur la durée, la rémunération, les conditions de travail, le renouvellement du contrat et sa rupture anticipée. Pendant la durée de votre contrat, vérifiez l'importance de votre poste pour l'entreprise. Vous pouvez ainsi négocier plus facilement la transformation de votre CDD en CDI.

Le contrat à durée indéterminée est plus particulièrement recommandé pour les postes à plus grande responsabilité. Toutefois ne lui donnez pas trop d'importance car cela pourrait être interprété comme un certain manque de confiance en vous. Les informations que vous aurez recherchées au sujet du poste et de l'entreprise devraient vous permettre de savoir à l'avance si la société a pour habitude d'embaucher sous contrat de travail. Consultez un avocat compétent, une association ou un syndicat avant de signer un contrat pour un poste de direction. Cette étude préalable vous aidera à comprendre toutes les implications de ce document important.

Les indemnités de licenciement font partie du contrat de travail. Les cadres de direction peuvent dans certains cas négocier leurs conditions de départ dans leur contrat de travail. Si le poste est de haut niveau, c'est dans l'esprit d'une rupture que ces cadres doivent concevoir et discuter ces clauses de licenciement. En effet, ils ne sont jamais à l'abri d'un changement de direction générale avec l'arrivée d'une nouvelle équipe de direction qui pourrait les pousser à partir. La convention collective de l'entreprise prévoit la part obligatoire que doit verser l'employeur selon la rémunération et l'ancienneté du salarié. Mais il y a aussi la libre volonté de l'employeur qui peut décider d'accorder plusieurs mois supplémentaires voire plusieurs années de salaire. Si les sommes en jeu sont élevées, demandez les conseils d'un avocat pendant la phase des négociations.

Auprès du secrétaire du Comité d'Entreprise (CE) :

– Conditions et importance des derniers plans sociaux éventuels.

– Relations entre employeur et salariés.

Il est important que le candidat se renseigne au préalable sur la politique sociale adoptée par l'entreprise qui recrute. Ne perdez pas de vue que les aides sociales changent souvent en fonction de la politique de l'emploi et du marché du travail.

Dans la mesure où à l'heure actuelle les pouvoirs publics ont mis en place diverses mesures pour accompagner les licenciements, renseignez-vous sur les "enveloppes" offertes aux partants, en particulier les aides au reclassement, la création d'entreprise et la prime de départ. Des conventions existent qui permettent au salarié licencié dans le cadre d'un plan de restructuration de prétendre à la préretraite progressive ou à diverses aides pour se reclasser, se former ou créer une entreprise.

Vos besoins

Avant la négociation, vous devez tenir compte d'un chiffre important : le montant-plancher de vos dépenses mensuelles au-dessous duquel vous ne pourriez pas couvrir vos besoins. Pour faciliter vos calculs financiers et garder le contrôle de votre recherche d'emploi, utilisez les tableaux du Chapitre 1 sur les revenus et dépenses du ménage. Voici un exemple :

Supposons que vos dépenses mensuelles de base (cotisations et impôts inclus) se montent à 1 500 euros et que votre dernier salaire mensuel brut soit de 2 300 euros. En changeant de situation, vous souhaitez améliorer votre salaire de 20%, et le porter à 2 800 euros. En augmentant encore ce montant de 20% supplémentaires par rapport à votre ancienne rémunération, votre salaire brut idéal serait de 2400 euros

Votre but sera de négocier une rémunération comprise à l'intérieur de la fourchette 2 400 – 3 400 euros, en essayant autant que possible de ne pas accepter une proposition d'un niveau inférieur à votre dernier salaire, soit 2 300 euros, et en gardant en mémoire vos dépenses obligatoires d'un minimum de 1 500 euros par mois (qui augmenteront avec l'inflation).

Dépenses de base
1 500 euros par mois = 18 000 euros par an

Dernier salaire brut
2 300 euros par mois = 27 600 euros par an

Objectif salaire brut*
2 800 euros par mois = 33 600 euros par an

Salaire idéal brut**
3 400 euros par mois = 40 800 euros par an

* = +20% d'augmentation par rapport à votre dernier salaire mensuel (bas de la fourchette).
** = +20% + 20% d'augmentation par rapport à votre dernier salaire mensuel (haut de la fourchette).
Note : Pour équilibrer les calculs, les impôts et cotisations ont été inclus dans les dépenses mensuelles et les salaires bruts calculés sur la base du salaire annuel brut divisé par 12.

En supposant une inflation annuelle de 5%, vous pouvez également prévoir une augmentation annuelle des salaires de 5% juste pour maintenir votre actuel pouvoir d'achat.

Avec un salaire de départ de 2 800 euros par mois, en tenant compte d'un facteur d'inflation de 5% et sans toucher de primes particulières, votre rémunération devrait progresser suivant le tableau ci-dessous pour vous assurer le même pouvoir d'achat dans les cinq années qui suivent la date d'embauche.

Cons□quence de l'inflation sur le Pouvoir d'Achat	
Aujourd'hui	*2 800 euros par mois*
Dans un an	*2 940 euros par mois*
Dans deux ans	*3 087 euros par mois*
Dans trois ans	*3 241 euros par mois*
Dans quatre ans	*3 403 euros par mois*
Dans cinq ans	*3 574 euros par mois*

Quel que soit l'emploi offert, n'oubliez pas de calculer (avant et pendant la négociation) l'incidence du taux d'inflation sur votre rémunération pour vous assurer d'une réelle progression du pouvoir d'achat. Analysez les exemples ci-dessus en changeant les chiffres et ne tenez pas seulement compte de votre salaire de départ.

LA NEGOCIATION DU SALAIRE

Evaluez votre rémunération

Vous commencez à présent la phase de négociation du salaire en connaissant :

a) La fourchette de rémunération donnée soit par des personnes travaillant dans la société, soit par des conseils en recrutement ou toute autre personne possible.

b) Votre valeur salariale par rapport à cette fourchette.

c) Les habitudes de l'entreprise en ce qui concerne sa politique salariale.

d) Eventuellement le salaire de votre prédécesseur.

e) Le montant global de votre ancienne rémunération surtout si vous continuez dans la même branche et aux mêmes fonctions.

f) Votre montant-plancher.

g) Le salaire que vous souhaitez.

Mesurez votre salaire potentiel en fonction des besoins de la société

Dans toute négociation, vous devez considérer d'une part vos souhaits, d'autre part la volonté de votre interlocuteur. Un bon négociateur tient toujours compte des besoins de l'autre partie. Avez-vous bien compris les besoins réels de l'entreprise en ce qui concerne le poste offert ?

Points particuliers à observer :

- Les responsabilités du poste.
- Le nombre de personnes à diriger et l'importance du budget alloué.
- Le niveau de compétence technique requis.
- Le niveau d'expérience requis.
- La position de la société sur le marché.
- Le degré d'urgence du recrutement.
- L'incidence du poste sur les profits de la société.
- Le délai d'attente pour obtenir des résultats.

Mesurez l'importance de ces informations par rapport à ce que vous avez appris pendant les entretiens. Par exemple, si le poste doit être occupé immédiatement et que vous êtes disponible, il vous sera plus facile de négocier un salaire plus élevé. Avez-vous une compétence particulière assez rare dans votre domaine d'expertise ? En étant sur place, n'évitez-vous pas à la société de payer des frais supplémentaires d'indemnités de déménagement ? En prenant en compte ces facteurs, il vous sera plus facile de négocier.

La stratégie

- Il est préférable de ne pas mentionner votre ancien salaire.

Au cours des différents entretiens, vos interlocuteurs vous auront déjà demandé le montant de votre précédente rémunération. Bien qu'il soit préférable de ne pas répondre à cette question, il est difficile de refuser car vous ne devez pas vous mettre dans une position pouvant nuire définitivement à votre embauche. En outre, une des tâches de votre interlocuteur est d'arriver à connaître votre rémunération antérieure. Voici quelques réponses possibles :

"Si vous le permettez, pourrions-nous parler plus précisément des responsabilités du poste à pourvoir. Mon salaire précédent était basé sur un travail et des responsabilités différentes de celles-ci. Quelle est la fourchette offerte pour ce poste ?"

Ou,

"Je ne veux pas me porter tort en mentionnant une rémunération qui n'a réellement aucun rapport avec l'emploi que vous me proposez. Pouvez-vous me dire quelle est la fourchette prévue ?"

Ou,

"J'étais bien rémunéré chez XYZ, mais mon travail était différent. L'emploi que vous me proposez me plaît beaucoup et si vous pensez que je suis la personne que vous recherchez, le salaire ne sera pas un problème. Quelle est la fourchette prévue ?"

Vous avez compris maintenant la direction à suivre : votre ancien travail et le poste à pourvoir appartiennent à deux mondes différents. Vous voulez vous assurer d'être tout à fait qualifié pour ce poste, et votre ancien salaire plus élevé ou plus faible pourrait compromettre cet avantage. N'oubliez pas de demander la fourchette du salaire.

Si votre interlocuteur s'obstine, vous ne pouvez pas éluder la question plus longtemps. Indiquez-lui le montant maximum annuel de votre ancienne rémunération y compris tous les autres avantages, de la voiture de fonction aux remboursements de certains frais. Ne mentionnez pas seulement le salaire proprement dit. Il vous faudra préparer cette réponse à l'avance.

- Les réponses à donner quand l'interlocuteur veut savoir le salaire que vous souhaitez.

Si vous pouvez découvrir à l'avance la fourchette prévue par la société, il vous sera plus facile de déterminer un objectif de salaire. Justifiez votre choix du haut de la fourchette par l'annonce de quelques réalisations marquantes. Voici quelques exemples :

"En prenant en compte mes compétences et mon expérience en informatique, ventes, marketing... ne pensez-vous pas que mon salaire devrait se situer au niveau le plus élevé de la fourchette ?"

Ou,

"Comme vous le savez, j'ai sept ans d'expérience dans le domaine de..., ce qui signifie que je pourrais être productif dès mon entrée en fonctions. Est-ce ce genre de professionnel que vous recherchez ?"

Une autre façon de répondre est de centrer la conversation sur les besoins et les projets de la société : "Pouvons-nous parler de vos besoins et de mon expérience ? A combien estimez-vous la valeur d'un candidat qui a augmenté les ventes de produits similaires aux vôtres de 35% chaque année et introduit deux nouvelles gammes de produits ? N'est-ce pas ce que vous attendez de votre prochain cadre ?"

- Obtenir une proposition.

La clef du succès n'est pas ici de demander un salaire, mais d'obtenir une offre. Vous pourriez avoir la surprise de vous voir proposer un montant plus élevé que celui auquel vous aviez pensé au début. Dans tous les cas, évitez les phrases du genre : "Il me faut un minimum de 35 000 euros par an !"

En abordant la question du salaire, votre voix doit être celle d'une personne qui va examiner une proposition plutôt que celle d'un candidat impatient d'obtenir une réponse immédiate. Vous incitez ainsi votre interlocuteur à penser qu'il a besoin de vous.

C'est le moment de poser la question suivante d'une voix assurée et confiante : "Vous connaissez à présent mes compétences et le potentiel qu'elles représentent pour votre société. Quel niveau de rémunération vous semble correct pour le poste dont nous venons de parler ?" Votre interlocuteur pourra répondre : "Je pensais à 37 000 euros bruts. Cela vous convient-il ?"

Voici une technique de négociation qui peut vous faire gagner quelques milliers de francs ! Tout dépend de votre réponse.

Regardez le plafond, ne parlez plus pendant quelques secondes, froncez un peu les sourcils et dites : "Humm, 37 000 euros s". Puis STOP, plus un mot. Quel que soit le délai d'attente, laissez votre interlocuteur parler le premier.

Le silence qui a suivi la proposition de rémunération mettra votre interlocuteur mal à aise s'il veut vraiment vous engager dans son équipe. Après tout, vous n'avez pas sauté de votre chaise en disant : "C'est parfait". Vous vous êtes montré hésitant. Il se peut que votre interlocuteur reprenne la parole en ajoutant : "Bien, si je vous proposais 40 000 euros au lieu de 37 000 euros, cela vous conviendrait-il mieux ?"

Ou,

"Nous n'avons pas parlé de voiture de fonction. Que pensez-vous d'une allocation de 2 000 francs par mois pour la voiture ?" D'autres variations sur ce thème sont possibles. Votre interlocuteur peut aussi dire : "Je suis désolé, mais nous ne pouvons pas vous offrir davantage". Si vous souhaitez réfléchir, demandez un délai de réflexion et fixez immédiatement un rendez-vous pour la décision finale.

Cette technique n'est pas pour le commun des mortels. Si vos talents de négociateur ne sont pas encore au point, ne l'utilisez pas. Cette technique sera d'autant plus facile à appliquer que vos talents sont rares sur le marché.

- Savoir faire des concessions.

Il est parfois préférable d'accepter un salaire moindre pour avancer plus vite dans un environnement ou une situation différents. Vous risquez de faire une grave erreur de carrière si vous ne vous intéressez qu'au salaire.

Si vous êtes très attiré par le poste, mais toujours en désaccord sur la question de la rémunération, quel compromis proposer pour avoir des chances d'avancement ? Comment accepter une offre satisfaisante pour les deux parties ? C'est tout l'art de la négociation.

Supposons que vous désiriez un salaire de 37 000 euros et que l'offre ne soit que de 33 000 euros. Les avantages supplémentaires sont à peu près les mêmes que ceux de votre emploi précédent. Il se peut que vous obteniez un bonus, mais vous ne pouvez pas trop y compter. Que pouvez-vous proposer pour satisfaire les besoins des deux parties ? C'est le moment de chercher un compromis.

A ce stade de la discussion, prenez une approche différente avec votre interlocuteur. Vous pouvez dire : "Je voudrais vraiment obtenir ce poste, et je suis sûr de pouvoir y faire du bon travail, mais le salaire de départ me paraît trop faible. Je suppose que vous voulez d'abord voir ce dont je suis capable et j'y suis préparé. La prime de fin d'année récompense les performances. Mais un an d'attente c'est un peu long. Puis-je vous faire une suggestion ?"

Après acquiescement de votre interlocuteur, vous ajouterez : “Si j'accepte le poste avec un salaire de 33 000 euros, pouvons-nous nous mettre d'accord sur une révision dans trois et peut-être six mois si mes résultats dépassent les prévisions. Vous aurez ainsi la possibilité de vous rendre compte de ma valeur et j'aurai une chance d'atteindre le niveau que je suis sûr de valoir. Qu'en pensez-vous ?” En cas de signature d'un contrat de travail, faites en sorte que cette révision apparaisse dans le document.

Une fois le salaire négocié, parlez à présent des avantages divers. C'est l'occasion de compenser ce que vous avez perdu sur le salaire proprement dit. Votre position sera plus forte si vous vous êtes informé au préalable des avantages divers offerts par la société.

Fin des négociations

Si la rémunération obtenue est supérieure à la précédente, félicitations. Si elle est identique, mais supérieure de 15% à 25% à vos besoins, le résultat est excellent. Par contre, si la rémunération offerte est inférieure à votre ancien salaire, la proposition est à vérifier par rapport à vos besoins financiers. Pour un cadre de plus de 50 ans, rester au chômage plus d'un an est plus lourd de conséquences que de voir son salaire réduit de moitié. En règle générale, quand vous avez un doute, il est préférable de demander quelques jours de réflexion avant d'accepter une offre. Dans tous les cas évaluez l'offre par rapport à l'avenir qui vous est proposé.

Quelle que soit la proposition qui vous est faite, dites : “J'apprécie votre offre, Monsieur Duval, puis-je y réfléchir jusqu'à demain ?” Si l'offre vous paraît acceptable, vous pouvez préciser : “Puis-je avoir quelques détails sur les avantages offerts en dehors du salaire de base ?” Orientez la conversation sur les avantages seulement après vous être mis définitivement d'accord sur le salaire de base.

Demandez toujours un autre rendez-vous à une heure précise pour conclure la discussion sur le salaire et terminez la conversation de manière positive.

Si vous avez plusieurs offres d'emploi

Il n'est pas rare qu'un candidat reçoive plusieurs offres en même temps. C'est l'occasion pour vous d'utiliser les tableaux du chapitre 1 concernant ce que vous aimez et n'aimez pas dans un emploi. D'autres questions établies d'après vos préférences pour d'autres emplois peuvent s'ajouter à vos choix précédents. Ce travail devrait vous aider à prendre une décision.

Si vous voulez différer une offre d'emploi tout en attendant une autre proposition, ou si vous voulez précipiter une décision qui n'arrive pas à se concrétiser, voici quelques conseils utiles.

Si la première offre proposée ne comporte pas de description de fonctions, vous pouvez retarder la décision finale en suggérant d'établir une liste des spécifications requises pour le poste. Cela vous permettra d'attendre pendant quelques jours la décision de votre société favorite. Vous lui annoncerez que vous êtes sur le point d'être embauché dans une autre société, mais que vous préféreriez travailler chez eux si l'offre est imminente. Ce stratagème est valable seulement si vous avez en main deux offres fermes, car si vous ne dites pas la vérité, votre société préférée peut vous répondre d'accepter la première offre.

Si vous avez reçu plusieurs offres d'emploi et attendez que votre société favorite vous fasse une proposition, il ne vous sera pas possible d'employer la technique précédente. Demandez à chaque société un délai de réflexion en précisant que vous avez obtenu plusieurs offres d'emploi et que vous désirez les étudier plus en détails. Vous risquez d'être éliminé au profit d'un autre candidat. Vous êtes la seule personne en mesure d'évaluer le degré d'intérêt que vous avez suscité auprès de vos différents interlocuteurs. Evaluer les différentes alternatives qui se présentent ainsi que le risque à courir dans la discussion d'une offre d'emploi, qu'il s'agisse d'attendre une proposition qui pourrait ne jamais arriver au moment où vous le souhaitez ou de votre décision de continuer vos recherches. Personne ne peut prendre de décisions à votre place.

► Après la négociation... mais avant votre décision

Quand vous connaissez le salaire de base et les avantages offerts, il vous est plus facile de comparer la rémunération proposée par rapport :

- à votre poste précédent.
- à vos besoins actuels.
- à vos prétentions sur l'emploi offert.

Etes-vous la solution à leurs besoins ? Votre formation et votre expérience concordent-elles avec le profil requis ainsi que la définition du poste ? La fonction est-elle aussi importante qu'ils semblent le dire ? Doit-elle être occupée rapidement ?

Tout en répondant à ces questions, reportez-vous à votre liste d'emplois préférés au chapitre 1. La société et le poste offert correspondent-ils à vos souhaits et à vos objectifs ?

Un bon négociateur est celui qui atteint son objectif tout en prenant en compte celui de l'autre. C'est une situation idéale qui n'est pas toujours possible. Si des personnes vous proposent un salaire bien inférieur à ce que vous pensez être la valeur réelle du poste ou au-dessous du montant déterminé à l'issue de vos recherches, elles feront une bonne affaire. Cela leur sera possible si les postes à pouvoir sur le marché du travail ne sont pas nombreux. Mais si la situation se retourne, attention à l'exode ! Ce sont les sociétés concurrentes qui profiteront de la formation et de l'expérience que vous avez acquises. Les responsables du personnel savent aujourd'hui que profiter de la situation en grignotant sur les salaires peut plus tard leur coûter cher par la perte de bons éléments.

L'arrangement à l'amiable est le meilleur conseil que vous pouvez recevoir sur l'art de la négociation. Il vous est recommandé de ne pas mentionner votre dernière rémunération pour le cas où la fourchette proposée par la société serait plus élevée que votre dernier salaire. C'est un point important à ne pas oublier.

Eléments essentiels de la négociation

- Définir la fourchette de salaire.
- Avoir une connaissance précise de vos besoins financiers.
- Se concentrer sur les besoins et les objectifs de la société.
- Connaître les domaines sur lesquels vous êtes prêts à négocier.
- Prendre le temps d'étudier toutes les offres.

Conclusion

Vous avez accepté un emploi et êtes prêt à commencer. N'oubliez pas que toute promesse verbale n'a de valeur que si elle est confirmée par écrit. Demandez à ce que l'on vous envoie une lettre d'engagement. Cette lettre pourra être suivie d'un contrat de travail. Vous devez à présent faire preuve des qualités dont vous avez parlé en présentant vos réalisations. Il faut justifier le bon salaire que vous venez d'obtenir. Montrez-vous loyal envers votre employeur et votre supérieur hiérarchique et les portes du succès vous seront ouvertes. Ayez confiance dans les personnes qui sont sous votre responsabilité. Elles ont besoin de vos qualités et de votre honnêteté pour réussir à leur tour. Faites en sorte que cet emploi soit le meilleur que vous ayez jamais eu et continuez à développer votre réseau !

Entraînement

Les personnes bénéficiant d'un programme d'outplacement s'exercent aux techniques d'entretien et de négociation avec leur consultant par le moyen de supports audio-visuels. Ils peuvent se voir et s'entendre durant une séance d'entraînement pendant laquelle leur consultant jouera le rôle de l'interlocuteur. Si vous avez accès à ce genre d'équipement, servez-vous en le plus souvent possible.

Avec ou sans magnétophone, entraînez-vous à répondre aux questions difficiles de ce chapitre avec l'aide d'une personne qui vous les posera au hasard. Essayez d'améliorer chaque fois vos réponses.

POUR UNE NEGOCIATION GAGNANTE

En résumé

Vous devez connaître :

1. Votre rémunération totale (salaire de base plus avantages).
2. Vos besoins financiers.
3. La fourchette de salaire pour un poste spécifique dans un domaine précis (questions posées aux recruteurs).
4. La politique des salaires de l'entreprise y compris les avantages en nature.
5. Votre objectif : 20% de plus que votre ancien salaire.
6. Votre salaire idéal : 40% de plus que votre ancien salaire.
7. Depuis combien de temps le poste est vacant (urgence).
8. La politique de l'entreprise sur la révision des salaires.
9. Votre niveau d'expérience par rapport aux besoins de l'entreprise.
10. Le délai d'attente de l'entreprise pour que vous soyez rentable.
11. Votre estimation du temps nécessaire à votre rentabilité.
12. Le degré de difficulté pour trouver des personnes ayant votre expérience et vos compétences.
13. Les conséquences de votre travail sur les bénéfices de la société.
14. Si possible, le salaire de votre prédécesseur.

Le secret des négociations qui réussissent :

1. Essayer d'obtenir une offre.
2. Ne dites jamais : "J'ai besoin d'au moins... francs".
3. Détendez-vous et restez calme.
4. N'oubliez pas que votre interlocuteur sait aussi ce que vaut le poste.
5. Agissez comme si vous cherchiez ensemble la solution à un problème commun.
6. Ne vous montrez pas plus expérimenté que ce que vaut le poste.
7. Utilisez vos réalisations pour vous positionner en haut de la fourchette prévue.
8. Essayer de vous mettre d'accord sur un salaire de base avant de discuter des avantages en nature.
9. Un accord sur une révision de salaire plus fréquente peut compenser un salaire de départ trop faible.
10. Si vous êtes très qualifié, demandez à avoir plus de responsabilités afin d'augmenter la valeur du poste.
11. Demandez toujours un délai pour étudier l'offre tout en arrangeant en même temps un autre entretien.
12. Si vous pensez que l'offre est valable, acceptez-la en remerciant et en demandant une lettre de confirmation.
13. Si vous avez à choisir entre différentes offres, comparez-les avec les tableaux du chapitre 1 sur vos emplois préférés.
14. Ne vous montrez pas agressif, prétentieux ou arrogant.
15. Soyez diplomate, n'oubliez pas que la société possède également plusieurs options.
16. Confirmez votre accord par une lettre positive.

CHAPITRE 8

Plan d'action

Vous disposez à présent de tous les outils et techniques nécessaires à votre recherche d'emploi. C'est le marché caché de l'emploi qui offre les meilleures opportunités. Vous devez passer au moins 70% de votre temps à développer des contacts et à rencontrer des personnes.

Maintenant il s'agit d'être organisé et d'apprendre à gérer votre temps.

Par où commencer ?

1. C'est le moment d'organiser chez vous un espace de travail où il vous sera possible de rédiger votre courrier, ranger vos papiers et passer vos coups de téléphone. Cet endroit doit être calme et si vous avez des enfants en bas âge, c'est le moment pour vous d'établir des règles de conduite de façon à pouvoir travailler en toute tranquillité. Rangez et classez soigneusement vos dossiers dès le début de votre recherche de façon à ne pas avoir une pile de dossiers en désordre ; il vous sera ainsi plus facile de retrouver les informations écrites que vous aurez recueillies sur chacun de vos contacts.

2. Les exercices que vous avez faits au chapitre 1 constituent la base de votre recherche. Lisez-les de temps en temps.

3. Apprenez par cœur toutes vos réalisations professionnelles, y compris celles qui ne figurent pas sur votre C.V. Lors d'un entretien, il vous faudra choisir sans hésiter une réalisation qui correspond au besoin évoqué. Les besoins varieront selon les sociétés et les personnes. Soyez préparé.

4. Vous devez posséder un certain nombre de C.V. dactylographiés ou en mémoire dans votre ordinateur. Le papier utilisé pour vos C.V. doit avoir la même texture et la même couleur que votre papier à lettres. Selon le poste que vous recherchez, il vous faudra rédiger différentes versions de votre C.V. Il vous sera plus facile d'adapter votre C.V. aux besoins exprimés par vos sociétés-cibles en utilisant un micro-ordinateur.

5. Votre liste de contacts vous servira de base de départ pour vos premiers contacts. Ajoutez-y continuellement des noms au fur et à mesure de vos recherches.

6. Votre liste de sociétés-cibles doit être complétée et s'agrandir au fur et à mesure de votre recherche.

APRES LA LECTURE DE CE LIVRE

Après avoir lu ce livre et en avoir assimilé le contenu, il est nécessaire d'aller dans une bibliothèque ou tout autre centre de documentation. Prenez le temps de consulter quelques ouvrages indiqués en annexe C. Ces livres de références constituent une partie importante de votre recherche et vous donneront de précieuses informations sur les personnes et sociétés que vous voulez rencontrer. En y consacrant du temps maintenant, vous saurez, le moment venu, où chercher pour trouver un détail précis sur une question précise.

Il vous est recommandé d'envoyer un mailing aux conseils en recrutement (voir chapitre 4) le plus rapidement possible pour pouvoir être libre d'explorer d'autres possibilités.

Travail quotidien

En période d'emploi, vous aviez l'habitude de vous lever chaque matin de bonne heure pour partir au travail. Vous êtes toujours en train de travailler, mais cette fois-ci, le travail consiste à trouver un emploi pour vous-même.

Vous devez employer la même discipline personnelle que celle utilisée en période d'emploi, à savoir :

1. Commencez la journée de bonne heure... chaque jour !
2. Habillez-vous correctement même si vous restez chez vous.
3. Restez en forme physiquement et moralement.
4. Gardez votre sens de l'humour.

Vous n'approcherez le marché caché de l'emploi qu'en rencontrant des gens. Habituez-vous à commencer votre journée en prenant des rendez-vous par téléphone et augmentez vos efforts graduellement jusqu'à ce que vous arriviez à obtenir de 10 à 20 entretiens par semaine. Vous ferez des erreurs au début, mais améliorerez vos performances au fil des semaines. Commencez par appeler les personnes que vous connaissez bien ainsi que quelques contacts. N'oubliez pas qu'il est important de garder une fiche de chaque appel téléphonique et de rappeler plutôt que de laisser un message.

Prenez des notes sur chaque entretien et relisez-les en fin de journée pour mettre au point les actions à entreprendre ensuite. Relisez également vos anciennes fiches au lieu de vous fier seulement à votre mémoire.

Rédigez votre correspondance de préférence en fin de journée plutôt que pendant les heures d'ouverture des bureaux où vous avez la chance de pouvoir rencontrer vos interlocuteurs. Prenez l'habitude d'envoyer des lettres de remerciement après chaque entretien. Il n'est pas nécessaire de le faire le jour même, mais n'attendez pas plus d'une semaine. Vous remercierez votre contact pour son temps et ses suggestions en ajoutant parfois d'autres détails que votre conversation avec lui aura pu soulever. Si vous devez le rappeler, notez cette précision sur votre fiche de contact à la rubrique

Suivi (voir chapitre 5).

Préparez-vous toujours la veille pour le lendemain et mettez votre carnet de rendez-vous à jour.

Votre carnet d'adresses doit être continuellement mis à jour sans oublier de noter la date de chacune de vos nouvelles rencontres. Il est parfois approprié d'indiquer également le nom de l'intermédiaire ainsi que son numéro de téléphone.

Ecrivez sur chaque carte de visite la date à laquelle on vous l'a remise et classez-les dans un classeur spécial.

Gardez une copie de chaque correspondance (lettres de remerciement, réponses aux annonces et lettres de candidature spontanée), vos recherches en seront ainsi facilitées. Prenez le temps de lire les journaux et magazines spécialisés ainsi que votre courrier. Découpez les articles qui vous intéressent et classez les par nom de société ou de personne. Agissez de même avec les petites annonces d'emploi. Au début, pour votre mailing de candidature spontanée, ne choisissez pas plus de 12 sociétés-cibles à la fois afin de pouvoir garder le contrôle de votre campagne. Souvenez-vous qu'il faudra téléphoner à chacune afin d'essayer d'obtenir un entretien personnel.

► Recherche d'emploi à l'extérieur de votre ville

Si certaines de vos sociétés-cibles sont situées loin de votre domicile, il vous faudra envoyer des lettres de candidature spontanée et ne pas hésiter à voyager pour vous rendre à un entretien. Si une société vous propose de vous rembourser les frais de déplacement pour un entretien, profitez-en pour obtenir d'autres rendez-vous dans la même ville. Si les frais sont à votre charge, organisez votre voyage de la même façon sans oublier d'utiliser la technique du réseau. Si vous le pouvez, pensez à loger chez un ami ou un parent pour réduire vos dépenses. Si vous voyagez par train ou par avion, renseignez-vous sur les possibilités de réduction.

Planifier ce genre de voyage consiste aussi à appeler les personnes auxquelles vous aurez écrit pour les prévenir de votre arrivée dans leur ville tout en leur demandant un rendez-vous pour une conversation de courte durée. La plupart de vos interlocuteurs apprécieront vos efforts et seront plus enclins à vous donner un rendez-vous qu'à ceux qui habitent dans leur ville. Essayez de partager votre temps entre des entretiens prévus à l'avance et des entretiens que votre réseau local aura engendré. Vous serez surpris par le nombre de possibilités que peut produire un voyage bien préparé d'une ou deux semaines.

Quand vous êtes loin de votre domicile, pensez à écouter quotidiennement les messages de votre répondeur téléphonique. Vous pouvez aussi rester en contact avec votre réseau en demandant à votre conjoint, un parent ou un ami d'ouvrir les lettres de réponse à votre courrier. Lisez les journaux et magazines spécialisés pendant la durée du voyage et tenez-vous au courant de tout ce qui se passe sur le marché de l'emploi.

N'oubliez pas d'emporter votre liste de contacts et votre carnet d'adresses pour le cas où vous devriez appeler certaines personnes, ainsi que plusieurs copies de votre C.V., des cartes de visite et du papier à lettres.

Emportez suffisamment de costumes et de vêtements de rechange car, même si la personne qui vous reçoit est habillée de façon décontractée, votre tenue doit toujours être impeccable.

Si vous avez besoin de louer une voiture, faites vos réservations à l'avance en demandant aux agences si elles offrent des rabais pour une location à la semaine. Adressez-vous de préférence à des agences qui ne sont pas situées dans l'enceinte de l'aéroport.

En cas de séjour à l'hôtel, renseignez-vous à l'avance sur ceux qui offrent des tarifs préférentiels pour voyage d'affaires.

Si vous avez encore le statut d'étudiant, renseignez-vous sur les universités qui accueillent les étudiants de passage. Si votre budget est très serré, contactez une auberge de jeunesse.

Si vous pensez à déménager, les coups de téléphone et les lettres de candidature ne seront pas aussi efficaces qu'une visite sur place. N'hésitez pas à faire la dépense d'un voyage, en particulier si vous n'arrivez pas à obtenir l'entretien convoité. Posez-vous la question : "Cela vaut-il la peine de dépenser 250 ou 300 francs pour créer une possibilité d'emploi ?"

► Trouver votre rythme

Attention à la saturation. Si certaines personnes ont besoin qu'on les pousse à travailler, d'autres essaient de tout faire en 24 heures. Cette attitude n'engendre que frustration, anxiété puis dépression en particulier quand les résultats n'arrivent pas aussi vite qu'on le souhaiterait.

Même si votre recherche est bien menée, il y aura des jours où le téléphone ne sonnera pas. A d'autres moments, vous n'aurez pas assez de temps pour vous rendre à tous les rendez-vous fixés dans une même journée. La patience est le mot-clef et vos progrès ne peuvent pas se mesurer au jour ou à la semaine. Le succès résultera de l'accumulation d'un certain nombre de facteur.

► Pour éviter la déprime des lundis matin

Les moments les plus difficiles pour un chercheur d'emploi sont les lundis matins. Vous aviez l'habitude de vous lever chaque matin à une heure précise pour partir au travail. Votre maison est devenue votre bureau et vous n'avez plus la compagnie de vos collègues de travail. Vous vous retrouvez seul face à votre problème. Quels que soient les rendez-vous que vous essayerez d'arranger, débrouillez-vous pour en avoir quelques uns dans votre emploi du temps du lundi. Sortez de votre maison et rencontrez des gens. Vos fins de semaine seront plus agréables, ainsi que vos dimanches soirs, si vous pensez au lundi matin avec plus d'espoir.

En avançant dans votre recherche, vous découvrirez que vos rendez-vous s'étalent sur quelques jours et parfois sur plusieurs semaines, ce qui vous permet de mieux planifier votre emploi du temps quotidien. Ne prenez pas de rendez-vous en série l'un après l'autre et donnez-vous un peu de temps entre chaque entretien pour réfléchir, relire vos notes et vous détendre. Bien qu'il soit important que vous parveniez à un certain nombre de rendez-vous par semaine, souvenez-vous que la qualité d'un entretien est plus importante que la quantité.

Tout ce dont vous avez besoin pour démarrer une recherche d'emploi efficace

En résumé

1. C.V.
2. Papier à lettres. Papier à en-tête personnel (optionnel).
3. Cahier à spirales pour prendre des notes au téléphone et en entretien.
4. Cahier à spirales pour y coller les petites annonces auxquelles vous avez répondu (noter la date et le nom du journal).
5. Répondeur téléphonique.
6. Liste de personnes-cibles.
7. Liste de sociétés-cibles.
8. Agenda pour noter tous les rendez-vous.
9. Liste des suivis téléphoniques.
10. Tableau des dépenses hebdomadaires.
11. Comptes-rendus des entretiens.
12. Lettres (de remerciement, de confirmation, pour demander d'autres informations).
13. Différents scénarios d'entretien au téléphone.
14. Vos réponses aux questions difficiles.
15. Les sujets à éviter en entretien.
16. Votre liste de réalisations.
17. Exercices sur la méthode AFFIRMATION-QUESTION fondés sur vos réalisations.
18. Votre liste de références.
19. Carte téléphonique.
20. Dictionnaire.
21. Journaux et revues professionnelles.
22. Cartes de visite.
23. Ordinateur (si votre budget vous le permet).
24. Télécopieur (si votre budget vous le permet).

Trois choses importantes à ne pas oublier :

- Planifiez votre emploi du temps sur une semaine car vous y apporterez chaque jour des changements.
- Faites chaque jour un compte-rendu de vos activités. En fin de journée, récapitulez tous vos entretiens de façon manuscrite ou par ordinateur.
- Ne vous arrêtez jamais de développer de nouveaux contacts.

Suivre un plan d'action

Suivre et respecter une routine de travail est la plus grande difficulté que rencontre un candidat à l'emploi. Quand on a un emploi, on a l'habitude de se rendre à son travail pour y réaliser des tâches spécifiques. Dans la mesure où vous travaillez à présent pour vous-même, votre recherche d'emploi se trouvera plus facilement interrompue par toutes sortes de diversions. Vous vous trouverez souvent une excuse pour ne pas entreprendre certaines activités de recherche. Ne tombez pas dans ce piège.

Le plan présenté page suivante vous aidera à ne pas perdre votre concentration. Chaque jour, reportez-y vos appels téléphoniques, les rendez-vous obtenus et les rencontres effectuées.

Une bonne habitude à prendre est de commencer à téléphoner tôt le matin et de continuer jusqu'à ce que vous obteniez au moins trois rendez-vous.

Vous avez appris que votre recherche d'emploi doit être variée et ne pas se limiter seulement à une voie d'accès. Il faut rencontrer le plus grand nombre possible de personnes de tous milieux, car l'une de ces personnes connaît peut-être quelqu'un qui peut s'avérer important pour votre recherche.

Ce plan comptabilisera pour vous le nombre d'heures consacrées à votre démarche ainsi que le nombre de rencontres réalisées. Il visualisera vos progrès.

Si vous n'arrivez pas à trouver quelques possibilités d'emploi, il vous faudra passer plus de temps à développer votre réseau.

A vous d'agir

Plan d'activités

Date						
Lettres : de remerciement						
aux conseils en recrutement/aux agences						
de marketing						
en réponse à une petite annonce						
Appels téléphoniques						
Nombre de rendez-vous pris par téléphone						
Nombre d'entretiens Conseil						
Recherche						
Direct						
Jours à la bibliothèque et aux autres organismes						
Conférence ou salon						
Visites à une foire nationale ou internationale						
Autres ____________ ____________ ____________						

Commentaires : ____

____

____

LES POINTS CLES DE LA RECHERCHE D'EMPLOI

Documentez-vous et connaissez-vous

- Bilan professionnel
- Curriculum vitæ (chapitre 3 et annexe A)
- Documentation (annexe C)
- Conseil en recrutement
- Réseau de contacts
- Personnes-cibles
- Sociétés-cibles
- Journaux et magazines
- Petites annonces
- Associations
- Chambres de commerce
- Entretiens de recherche
- Clubs/écoles
- Internet

Développez votre réseau de contacts

- Votre entretien téléphonique—apprendre à bien téléphoner (chapitre 6)
- Lettres de suivi (chapitre 4 et annexe B)
- Relances téléphoniques
- Conserver toutes les informations
- Evénements professionnels et sociaux
- Rencontres avec d'autres chercheurs d'emploi
- 10 à 20 entretiens par semaine… pas moins

Connaissez les techniques de l'entretien (pour des informations, des contacts, un emploi)

- Affirmation–Question (chapitre 7)
- Principe ABC
- Six étapes magiques—utilisez-les
- Prendre des notes
- Savoir conclure : un autre entretien ou de nouveaux contacts
- Avant le départ : éliminer le doute
- Ecouter 51% du temps

Soyez matériellement organisé

- Tenez vos informations à jour :
  + Adresse complète des personnes de votre liste-cible
  + Intermédiaires et nouveaux contacts
  + Rendez-vous, rapports d'entretien, lettres de suivi
- Attention à ce que vous écrivez (savez-vous écrire une lettre percutante ?—chapitres 3, 4 et annexe B)
- Organisez-vous (confusion entraîne précipitation et frustration)

Apprenez à écrire et à téléphoner : entraînement et amélioration

- Rédigez ce que vous voulez dire—mémorisez-le
- Entraînez-vous avec un ami ou un autre chercheur d'emploi
- Enregistrez vos conversations et passez en revue vos techniques
- Apprenez par cœur vos réalisations et sachez les utiliser aux bons moments (AFFIRMATION–QUESTION)
- Reportez-vous à la liste des sujets à éviter
- Faites une mise à jour constante de tout ce que vous faites au fur et à mesure du développement de votre expérience

Sachez vous redynamiser

Quand votre recherche d'emploi est inefficace… voir chapitre 9.
Qu'est-ce qui ne va pas ? Apportez les corrections nécessaires dès aujourd'hui.
Ne vous contentez pas de lire ce livre ; appliquez-en les techniques chaque jour.
Vos objectifs sont-ils réalisables ? Si ce n'est pas le cas, changez-les.
Evaluez vos résultats par rapport à votre attitude.
Détendez-vous… trouvez votre propre chemin.
Parlez à un ami.
Faites une liste de tous les aspects positifs de votre vie et relisez-la souvent.

CHAPITRE 9

Québec/Canada

A quelque cinq heures au nord-est de Los Angeles, une heure un quart au nord de New York et sept heures et demie à l'ouest de Paris s'étend un pays riche de perspectives d'emploi. Le Québec, une province du Canada qui compte 7 560 000 d'habitants dont plus de 5 millions de langue française, est l'une des régions les plus belles et les plus accueillantes du monde. Si vous êtes bilingue anglais/français — à l'oral comme à l'écrit ! — le Québec doit figurer en haut de votre liste de "délocalisation".

Montréal a été découverte en 1535 par le navigateur Jacques Cartier qui remontait le Saint Laurent à la recherche d'or. Sur place, il fut accueilli par plus d'un millier d'indiens iroquois. C'est ainsi que débuta l'alliance de la France et du Canada.

Après le débarquement de Jacques Cartier, l'histoire du Québec fut une longue suite de guerres, d'intrigues et d'événements politiques. D'abord colonie française par son rattachement à la Nouvelle France, le Québec fut ensuite conquis par les Britanniques et subit une brève invasion des colons américains avant de revenir aux mains des Britanniques. Aujourd'hui, Montréal est à la fois l'une des plus importantes métropoles mondiales et l'un des plus grands ports du monde.

Partagé entre son héritage français et son appartenance au Canada, le Québec connaît une histoire — toujours inachevée — marquée de grands bouleversements politiques.

Quiconque envisage d'explorer les possibilités de travail offertes par le Québec, se doit d'en connaître l'histoire afin de pouvoir apprécier la vie quotidienne de la province. Et pour se familiariser davantage avec le pays, la visite de Montréal et de ses environs s'impose. La ville offre un mélange unique de culture européenne et nord-américaine avec de nombreux restaurants, une grande diversité d'événements et une certaine joie de vivre introuvable dans les autres villes canadiennes. Ne soyez pas surpris de l'accent québécois ni des multiples expressions, héritées du 16ème ou 17ème siècle, qui émaillent le langage quotidien. Pour de plus amples renseignements sur votre séjour au Québec, appelez le 00-1-880-864-3838 et demandez la liste des hôtels, bed-and-breakfasts (logements chez l'habitant) et motels.

Afin de préserver la culture et la langue française, une minorité s'est fait entendre pour mener ce qu'on a appelé la "Révolution Tranquille" en vue de séparer le Québec de la Confédération Canadienne, tout en maintenant des liens économiques. Depuis des années, la législation québécoise stipule que toutes les affaires publiques et les relations professionnelles doivent se faire en français. Cette règle concerne essentiellement les P.M.E. de la province. Mais en pratique l'anglais reste la langue de travail de bien des sociétés, en particulier dans la zone bilingue de Montréal et lorsque ces sociétés ont une maison-mère non québécoise. Même le plus inconditionnel des Québécois admet bien entendu que l'anglais doit être la seconde langue du pays car il est essentiel au commerce extérieur, une activité capitale pour la province. Le mouvement séparatiste a coûté cher à la province du Québec : près d'un millier de sociétés ont préféré retirer leur siège de Montréal plutôt que se voir imposer le français. Il leur était plus facile de conserver leurs bases anglophones et de quitter la région en n'y laissant qu'un bureau. Toronto et d'autres villes canadiennes ont bénéficié de cet exode. On estime à plus de 300 000 le nombre des emplois qui ont quitté le Québec depuis le début de la Révolution Tranquille dans les années 1960. Aujourd'hui, le Québec représente toujours un creuset d'occasions pour tous ceux qui, dotés de talents spécifiques, souhaitent travailler dans un environnement francophone international. Bien entendu le Québec n'est pas la seule région du Canada où le bilinguisme soit nécessaire.

Les troubles attribués à la Révolution Tranquille ont généré du chômage. Alors que le taux moyen de chômage au Canada est de 9 à 10%, il atteint depuis 1991 une moyenne de 12% au Québec. En dépit de ce chiffre élevé, il y a toujours une forte demande en professionnels talentueux et francophones dans l'industrie pharmaceutique, le développement de logiciels, l'aéronautique, les télécommunications, les transports ainsi que dans les secteurs "high-tech" et biomédical. Vous avez l'avantage par rapport à la concurrence étrangère de parler le français. Mais il est impératif d'avoir une trés bonne connaissance de l'anglais qui est la langue internationale du Canada et du gouvernement fédéral. Si vous êtes en début de carrière, si vous êtes bilingue et connaissez les nouvelles technologies, vous disposez d'un potentiel très séduisant sur le marché québécois. Si vous êtes à mi-parcours, si vous possédez les compétences et l'expérience requises et si vous êtes capable de localiser les besoins correspondants, vous devriez pouvoir négocier un contrat intéressant. C'est ainsi qu'un candidat idéal capable de travailler et de vivre dans un environnement bilingue et disposant de connaissances spécifiques sur un produit ou une industrie serait en mesure d'aider une entreprise québécoise à développer ses marchés. Cependant, il est clair que votre première tâche consiste à vérifier s'il existe des possibilités de travail pour vous.

Certes, avec le taux élevé de chômage, seuls les candidats ayant une spécialité rare réussiront. Si vous êtes dans le doute, une lettre de motivation accompagnée d'un C.V. à des bureaux de recrutement québécois vous éclairera sans doute très vite. Les sociétés qui embauchent quelqu'un à l'extérieur du Québec doivent en effet apporter la preuve devant le Ministère du Travail qu'elles n'ont pas pu trouver de qualifications équivalentes sur le marché intérieur.

Les candidats plus âgés peuvent aussi trouver du travail au Québec, sous réserve que, pour leurs compétences, il existe toujours une demande. Il est fréquent que les sociétés proposent aux candidats de 55 ans et plus des contrats à durée déterminée plutôt qu'indéterminée. L'embauche d'un consultant pour une période définie constitue un poste budgétaire séparé, parfois plus facile à justifier pour le chef d'entreprise. Reportez-vous au chapitre 3 sur les C.V. pour trouver des idées sur la façon de proposer vos services en tant que consultant. Cette démarche exige les mêmes compétences commerciales, mais il sera plus facile à votre société cible de faire appel à vos services. La qualité de vos résultats peut se traduire par le renouvellement de votre contrat.

Voici quelques une des raisons qui peuvent expliquer les difficultés rencontrées par des candidats de plus de 45 ans :

1. Vous avez une connaissance insuffisante du marché du travail : facilitez vos recherches en vous aidant de ce livre et en découvrant les besoins du marché québécois.

2. Il vous est difficile d'identifier vos compétences par rapport au marché. Des entretiens de recherche peuvent vous ouvrir la voie et vous faire découvrir les nouvelles activités qui peuvent vous convenir.

3. Il est souvent difficile aux personnes d'âge mûr d'accepter l'idée de devoir changer de profession. Vérifier ses aptitudes et centres d'intérêt peut permettre d'identifier de nouveaux horizons professionnels. On n'est jamais trop vieux pour acquérir de nouvelles compétences.

4. Vous êtes convaincu que votre âge est un handicap. Si vous pensez que vous allez échouer, vous échouerez ! Vous avez réussi jusqu'à présent, il n'y a aucune raison pour que vous ne continuiez pas à réussir. Vous devez croire en vous-même si vous voulez que les autres croient en vous.

5. On vous a dit que vous étiez surqualifié, ce qui est une autre façon de dire que vous êtes trop cher pour votre expérience. Votre prochaine rémunération ne devra donc pas être déterminée par votre dernière feuille de paie, mais basée sur les prix du marché pour des talents équivalents. Les lois de l'offre et de la demande déterminent la valeur des produits. Il en va de même pour le marché du travail. Votre prochain emploi doit vous apporter des satisfactions. Bien qu'important, le salaire vient en second. Si vous faites du niveau de rémunération votre priorité numéro un, vous risquez de commettre une grave erreur.

Si vous venez de France, veillez à ne pas regarder les Québécois de haut. Le reproche le plus fréquemment adressé à l'encontre des candidats français est de se montrer arrogant et de "snober" les Canadiens francophones. Il faut savoir, même si cela peut sembler curieux, que cette "culture française" que le Québec est si soucieux de préserver, n'est pas la même que celle qu'on rencontre en France. En 400 ans d'histoire, les Canadiens français ont évolué dans une voie originale. Leurs liens avec les Etats-Unis sont infiniment plus forts que ceux qui les attachent à la France. Gardez toujours en mémoire que tous les Canadiens sont des Nord-américains.

Montréal : Environ la moitié des habitants du Québec habite dans l'agglomération de Montréal qui regroupe plus de 60% de l'activité économique de la province.

Montréal compte quatre universités dont deux francophones — l'Université du Québec à Montréal et l'Université de Montréal — et deux anglophones — Concordia University et McGill University. L'Ecole des Hautes Etudes Commerciales de Montréal (HEC) est une école de gestion très réputée pour son programme de MBA.

Il existe environ 70 agences de recrutement de cadres au Québec. Pour la plupart, il s'agit de filiales d'agences internationales qui jouent un rôle indiscutable dans la circulation des compétences. Ces agences qui se valent toutes, connaissent bien le marché québécois et sont en mesure de vous informer sur vos chances de travail dans la province. Contrairement à ce qui se passe en France ou aux U.S.A., il est recommandé aux candidats de demander des conseils aux recruteurs québécois. Cela n'est pas toujours facile, mais si vous y parvenez, vous en tirerez grand profit. Pour obtenir la liste des agences de recrutement de Montréal, visitez le site Internet <http://www.SuperJobSearch.com>.

Les recruteurs attachent une grande importance aux qualités relationnelles. Ils veulent s'assurer que le candidat s'intégrera parfaitement dans les équipes de leurs clients. Les candidats spécialisés dans les nouvelles technologies se vendent plus facilement. Montréal compte plus de 22 000 ingénieurs et concentre 86% du budget recherche et développement de la province. 45% des industries aérospatiales et 40% des industries pharmaceutiques du Canada sont implantées dans l'agglomération de Montréal. Le Québec possède également sa "Silicon Valley". Si vous possédez des compétences hautement techniques, vous représentez une valeur commerciale. Bien sûr, vous devez être en mesure d'écrire et de parler aussi bien le français que l'anglais. Enfin, les recruteurs recherchent des candidats motivés et créatifs, capables de remplir les missions qui leur sont confiées.

Contrairement aux habitudes françaises, la graphologie n'est pas utilisée dans le processus de recrutement québécois. Il est conseillé aux candidats de taper leurs C.V. et leurs lettres de motivation à la machine.

VOTRE RECHERCHE D'EMPLOI

Selon toutes probabilités, votre société cible sera située dans l'agglomération de Montréal. Montréal est tout à la fois une ville riche d'histoire qui rappelle l'Europe et une grande cité trépidante. C'est une métropole internationale qui rassemble de nombreux groupes ethniques originaires de tous les pays du monde.

Principal centre du monde québécois des affaires, Montréal apparaît comme une petite ville dès qu'il s'agit de communiquer et de développer son réseau. Selon vos centres d'intérêt, vous découvrirez des cercles d'influence qui peuvent vous aider à identifier les opportunités d'emploi.

Votre C.V.

Préparez des exemplaires en français et en anglais. Utilisez une police de caractères qui puisse être scannée, par exemple Arial, Helvetica ou Courrier en taille 10, 11 ou 12 pt. et n'imprimez pas recto verso.

Lorsque nous avons préparé ce chapitre, nous avons constaté que les C.V. de plus de deux pages étaient assez fréquents. Certains employeurs et certains recruteurs veulent dès le départ tout savoir des candidats. D'autres préfèrent une présentation plus courte et plus rapide avec un maximum de deux pages. Je préconise un C.V. en deux, ou mieux, en une page. En vous appuyant sur le fait que les candidatures pour le Québec sont moins nombreuses, vous pouvez être tenté de développer votre C.V. sur trois, voire quatre pages maximum. A moins de posséder une très longue liste de réalisations pertinentes, essayez néanmoins de raconter votre histoire en deux pages. Si vous voulez mentionner un grand nombre de réalisations scientifiques, telles que publications, articles, conférences, brevets, récompenses, etc. vous pouvez les résumer sur des pages séparées, jointes à votre dossier.

Les médecins et scientifiques de niveau doctorat ont intérêt à opter pour une présentation classique, plus longue. Dans ce cas, il peut être utile d'envoyer d'abord un C.V. de deux pages et de préciser dans la lettre d'accompagnement que vous pouvez sur demande fournir un C.V. plus détaillé. Rappelez-vous que bien des lecteurs réservent à plus tard la lecture des documents longs.

En France, il est d'usage de mentionner son âge, sa situation matrimoniale, sa nationalité ou ses goûts en matière de loisirs et même d'ajouter une photo. Au Québec, ce n'est plus le cas et lors d'un entretien, toute question jugée discriminatoire est illégale.

Si votre situation personnelle présente des caractéristiques pertinentes qui ne risquent pas de nuire à votre campagne de recherche, vous pouvez la préciser. Si vous êtes d'âge mûr, vous veillerez à ce que les renseignements portés sur votre C.V. ne le montrent pas : faites en sorte que votre lecteur découvre d'abord vos qualifications.

Internet est un moyen privilégié pour explorer les possibilités professionnelles au Québec avant de quitter votre domicile. Pour démarrer votre recherche, vous trouverez une liste d'adresses Internet en vous rendant d'abord sur le site <http://www.SuperJobSearch.com>. N'oubliez pas de préparer une version ASCII (texte uniquement) de votre C.V. en français et en anglais, à joindre à votre message sur e-mail. Votre courrier e-mail peut être similaire à ceux qui vous sont suggérés dans ce manuel.

Remarque : En préparant votre C.V. pour une transmission ASCII, n'utilisez pas certains symboles, tels que • et évitez d'écrire en caractères gras, italiques ou soulignés. Ces caractères et types d'écriture ne sont pas reconnus en ASCII. Au moment d'enregistrer votre texte, sélectionnez comme type de fichier "texte seulement" (document *.txt). Pour vérifier comment votre texte passe sur Internet, adressez-le à votre propre boîte à lettres. Vous pourrez ainsi faire les corrections que vous jugez utiles.

Exemple de lettre de motivation à envoyer par e-mail

To : staffing@nortel.com

Objet : recherche d'emploi

Texte :

J'aimerais connaître les conditions requises à l'embauche d'ingénieurs en développement de logiciels. Mon diplôme en science informatique de l'Université de Californie inclut une formation pratique intensive dans les langages de programmation les plus récents. Bilingue, je recherche plus spécifiquement un poste au Québec. Vous trouverez ci-joint un exemplaire en français et en anglais de mon C.V. Vous pouvez me joindre au + 33 1 55 55 55 55 ou par e-mail à l'adresse jmonnet@aol.com.

Dans l'attente de votre réponse, je vous remercie de votre attention.

Jean Monnet

Example of a cover letter e-mail communication

To: staffing@nortel.com

Subject: Employment inquiry

Comments:

I am most interested in your requirements for Software Engineers. My computer sciences degree at the University of California includes intensive hands-on training in the latest programming languages. Being bilingual, I am particularly interested in a job located in Québec. Attached please find copies of both my French and English C.V.s. I can be reached at + 33 1 55 55 55 55 or my e-mail address, jmonnet@aol.com and look forward to hearing from you.

Thank you for your consideration.

Jean Monnet

Jean Monnet
39 rue du Colonel Oudot
Paris 75012, France
+ 33 1 55 55 55 55
FAX + 33 1 66 66 66 66
e-mail : jmonnet@xxx.com

OBJECTIF

Intégrer une société internationale de télécommunications dans une fonction requérant la connaissance des systèmes de gestion et de fabrication ainsi que la pratique de l'anglais et du français.

FORMATION

University of California, Los Angeles, Los Angeles, California

Bachelor of Computer Sciences Degree, matière principale : Systèmes de gestion, matière secondaire : Français, 1997, GPA 3.25

INFORMATIQUE

Visual Basic, JAVA, Fortran, CAO, C/C++, Word 7.0, Windows, Excel, Lotus 123, PageMaker sur PC et MAC

LANGUES

Bilingue français/anglais, parlés, lus et écrits

QUALITES PROFESSIONNELLES

- Facilité d'adaptation à des environnements changeants
- Créatif dans la recherche de solutions aux problèmes de gestion
- Sens du travail en équipe, excellentes capacités relationnelles
- Bonne organisation

REALISATIONS

Informatique

- Publication d'un journal étudiant pour Industrial Engineering Department
- Formateur en initiation à Microsoft Word pendant le week-end
- Participation à un projet de classe pour la conception d'un système d'inventaire en juste-à-temps

Vente et marketing

- Vente de systèmes informatiques le week-end chez Best Buy
- Conception d'une brochure de vente dans le cadre d'un projet de classe
- Aide à la création d'un plan de marketing pour vente directe avec connections Internet

Jean Monnet **Page 2**

Responsabilités

- Vice-président de la Sigma Delta Delta Fraternity
- Président du Chapitre Universitaire du Toastmasters Club
- Chef de groupe de quatre projets de classe

International

- Etudes d'un an à l'Université de Londres dans le cadre d'un programme d'échanges
- Voyages en Belgique, Allemagne, France et Italie

Initiatives

- Traductions du français vers l'anglais pour une société locale d'ingénierie
- Création de trois "home pages" pour des entreprises locales
- Supervision des étudiants pour des travaux de traitement de textes

EXPERIENCE

Learning Tree University, Los Angeles, California Eté 1996

Formateur – Microsoft Word pour Windows

Consultant, Los Angeles, California 1995-1997

Conception de "home pages" pour des entreprises souhaitant avoir un site sur Internet

Magasins Best Buy, Los Angeles, California Eté 1995

Vendeur – Travail de week-end

Ajax Motor Company, Van Nuys, California Eté 1993

Employé administratif

INTERETS ET ACTIVITES

- Membre de l'U.C.L.A. Toastmasters Club – président du club en 1995
- Sports : ski, tennis et natation
- Lecteur assidu d'ouvrages et revues

Jean Monnet
39 rue du Colonel Oudot
Paris 75012, France
+ 33 1 55 55 55 55
FAX + 33 1 66 66 66 66
e-mail : jmonnet@xxx.com

OBJECTIVE

An opportunity to work in an international telecommunications company requiring skills in business and manufacturing systems along with a fluency in French and English.

EDUCATION

University of California, Los Angeles
Los Angeles, California

Bachelor of Computer Sciences Degree, Major: Business Systems, Minor: French, 1997, GPA 3.25

COMPUTER SKILLS

Visual Basic, JAVA, FORTRAN, CAD, C/C++, Word 7.0, Windows, Excel, Lotus 123, PageMaker in both PC and MAC environments

LANGUAGES

Fluent in French/English, spoken and written

QUALIFICATIONS

- Adapt well to changing environments
- Resourceful in finding solutions to business problems
- Team player, strong interpersonal skills
- Well organized

ACCOMPLISHMENTS

Computer Related

- Published a student newsletter for the Industrial Engineering Department
- Taught a Beginners Program in Microsoft Word on weekends
- Participated in a class project in the design of an Inventory System using Just-in-Time

Sales and Marketing

- Sold computer systems at Best Buy on weekends
- Designed a sales brochure as part of a class marketing project
- Helped create a marketing plan that was used in direct sales with leads coming from the Internet

Jean Monnet **Page 2**

Leadership

- Vice President of Sigma Delta Delta fraternity
- President of the school chapter of the Toastmasters Club
- Group leader in four class projects

International

- Studied one year at University of London as part of an exchange program
- Traveled in Belgium, Germany, France and Italy

Entrepreneurial

- Translated documents from French into English for a local engineering firm
- Designed three home pages for local companies
- Tutored students in wordprocessing programs

EXPERIENCE

Learning Tree University, Los Angeles, California Summer of 1996

Instructor – Microsoft Word for Windows

Consultant, Los Angeles, California 1995-1997

Designed home pages for companies interested in having a web site

Best Buy Department Store, Los Angeles, California Summer of 1995

Salesperson – Weekends

Ajax Motor Company, Van Nuys, California Summer of 1993

Administrative Assistant

INTERESTS AND ACTIVITIES

- Member of the UCLA Toastmasters Club, President – 1995
- Sports: Skiing, tennis and swimming
- Avid reader of technical magazines and books

MAURICE CANIN
19, rue Saint Nicolas **+ 33 1 77 77 77 77**
Paris 75012 **Fax : + 33 1 22 22 22 22**
e-mail : mcanin@netcom.com

Professionnel expérimenté de l'informatique de réseau mainframe, PC et mini, spécialiste en support utilisateurs, ingénierie d'application, réseaux locaux et élaboration de systèmes d'information qualité.

Ingénieur certifié Novell, disposant d'une expérience de plus de 15 années en programmation, application et gestion informatique. Expert en conception, installation et maintenance de réseaux.

EXPERIENCE

Hôpital Américain 2000-2007
Neuilly, France

Directeur Adjoint, End-User Computing Services (2004-2007)

Responsable d'une équipe de consultants en maintenance de micro-ordinateurs et d'analystes systèmes, chargé de l'étude des besoins, du suivi des commandes, de l'installation et de la maintenance des matériels et logiciels d'un centre de soins intensifs de 645 lits, comptant plus de 900 utilisateurs, j'ai :

- représenté le Département Systèmes Informatiques Appliqués lors des études et de l'installation de plusieurs réseaux locaux PC
- augmenté la productivité de l'équipe de 50% par une formation intensive et une révision des procédures. Parallèlement, les coûts de personnel ont diminué de 40%
- modifié avec les fournisseurs de PC et le personnel, les procédures de travail de sorte à ramener les délais de livraisons informatiques à 10 jours ouvrés
- mis au point une spécification d'offres pour la sélection des fournisseurs de PC
- analysé les besoins et conçu une banque de données pour le traitement des demandes reçues par le service hotline, soit 400 appels quotidiens venant des patients et du personnel.

Analyste programmeur (2004-2004)

Chargé de l'analyse des besoins en matériels et logiciels des utilisateurs, de la maintenance des équipements utilisateurs et de la programmation des applications d'un système d'aide à la décision, j'ai :

- développé des procédures facilitant l'établissement par les analystes systèmes des recommandations aux utilisateurs
- programmé en Fox Base un Système d'Information des Cadres, utilisé par tout l'encadrement pour la gestion des lits, les admissions et la gestion des honoraires médicaux
- développé un cursus et organisé un cours d'introduction à l'informatique PC.

MAURICE CANIN ***Page 2***

Université de Paris 1997-2000
Bibliothèque Universitaire
Paris, France

Analyste Automation (2000)

Responsable d'un réseau PC de 30 postes, j'ai :

- planifié et supervisé l'installation du réseau d'un point de vue matériel, logiciels et câblage et assuré l'aide en ligne des utilisateurs.

Responsable des Opérations Informatiques (1997-1999)

A la tête d'une équipe d'opérateurs informatiques chargés de la surveillance du système d'information de la bibliothèque universitaire, j'ai :

- créé des procédures de travail et formé le personnel
- été responsable du déménagement du central informatique sans interruption non programmée des prestations.

Photo Magique 1990-1997
Lyon, France

Chef de service (1995-1997)

Responsable de la gestion quotidienne, j'ai créé les procédures de travail et formé le personnel de vente d'une société de matériel photo avec vente directe au public.

Cadre commercial (1990-1995)

J'ai vendu au public différentes gammes de produits et services photographiques.

FORMATION

Unversité de Lyon
Lyon, France

Licence en Informatique, Systèmes d'Information, 1989

Control Data Institute
Los Angeles, California

Certificate, Technologie informatique, 1986

CERTIFICAT

Ingénieur certifié Novell

MAURICE CANIN

19, rue Saint Nicolas
Paris 75012

+ 33 1 77 77 77 77
Fax : + 33 1 22 22 22 22
e-mail : mcanin@netcom.com

A hands-on mainframe, mini and PC network computer professional with excellent skills in end-user support, application engineering, local area networks and establishing quality information systems.

A Certified Novell Engineer with more than 15 years' experience in all phases of computer programming, operations and applications with expertise in network design, installation and support.

EXPERIENCE

Hôpital Américain 2000-2007
Neuilly, France

Associate Manager, End-User Computing Services (2004-2007)

Directed a team of micro-computer support consultants and systems analysts to determine hardware/software needs followed by orders, installation and support for a 645-bed acute-care medical center with more than 900 users.

- Represented the Information Systems Services Department in the planning and installation of several departmental PC LANs throughout the medical center.
- Increased staff productivity by 50% through intensive training and procedural changes while reducing personnel costs by 40%.
- Changed procedures in working with PC vendors and internal staff that improved computer delivery by 10 working days.
- Developed a request for proposal for the selection of PC vendors.
- Analyzed and designed a database for processing hotline service inquiries from patients and employees with a flow of 400 calls per day.

Analyst Programmer (2000-2004)

Provided hardware and software requirement analysis for end-user, PC end-user support and application programming for decision support system.

- Developed procedures for Systems Analysts to facilitate recommendations to end-users.
- In Fox Base, programmed an Executive Information System that is used by all senior management for bed census, admissions and attributable physician revenues.
- Developed a curriculum and taught an introductory PC class.

<u>MAURICE CANIN</u> ***Page Two***

Université de Paris 1997-2000
University Library
Paris, France

Administrative Analyst for Automation (2000)

Responsible for a PC network with 30 workstations.

- Planned and directed the network installation of hardware, software and cabling. Provided on-going support for end-users.

Computer Operations Head (1997-1999)

Managed a group of computer operators controlling the University Library's information system.

- Created operational procedures and trained staff.
- Responsible for the computer room move without any unscheduled interruption in services.

Photo Magique 1990-1997
Lyon, France

Office Manager (1995-1997)

Created office procedures and trained sales staff for a photographic supply company selling directly to the public. Managed day-to-day administration.

Account Executive (1990-1995)

Sold directly to the public a full range of photographic products and services.

EDUCATION

Unversité de Lyon
Lyon, France

Bachelor of Science, Information Systems, 1989

Control Data Institute

Los Angeles, California

Certificate, Computer Technology, 1986

CERTIFICATIONS

Certified Novell Engineer

Références

Ne précisez pas que vous pouvez “fournir des références sur demande”. Avez-vous déjà rencontré un candidat qui ne dispose pas de références ? Vos références doivent être présentées sur une feuille séparée en respectant les conseils fournis par ce manuel. Ne donnez pas votre liste de références tant qu'elle ne vous est pas demandée. Vérifiez que chacune de vos références détient un exemplaire de votre C.V. et confirmera vos réalisations pour la période qui la concerne. Lorsque vous remettez votre liste de références à une société cible, n'oubliez pas d'en informer toutes vos références, de façon qu'elles sachent qu'elles sont susceptibles d'être contactées et à quel poste vous postulez.

Lettres de motivation

Lorsque vous abordez le marché québécois à partir d'un pays étranger, vous devez rédiger vos lettres de motivation en français et en anglais et y joindre un exemplaire de votre C.V. dans chacune de ces deux langues. Si vous êtes absolument certain que votre interlocuteur est anglophone, il peut suffire de lui adresser votre courrier en anglais. Toutefois, ne tentez pas de deviner si votre interlocuteur est anglophone ou francophone à partir de son nom. Il n'est pas rare qu'un anglophone porte un nom à consonance française et vice versa. Etant donné que vous voulez convaincre votre interlocuteur que vous êtes parfaitement bilingue, si vous avez le moindre doute, rédigez votre lettre en français et joignez-y votre C.V. dans les deux langues.

Si vous répondez à des annonces, voici quelques conseils utiles :

1. Si vous connaissez le nom de la société, n'adressez pas votre courrier au code réponse, ni à une boîte postale. Il vaut mieux dans ce cas téléphoner à la société pour connaître le nom exact et le titre de la personne responsable du poste à pourvoir. C'est cette personne qu'il faut approcher. Parfois, il est même préférable de lui adresser une candidature spontanée sans mentionner l'annonce, mais en vous référant bien sûr aux besoins exprimés dans celle-ci. Si vous connaissez quelqu'un qui peut vous aider à entrer en contact avec cette personne, c'est encore mieux.

2. Si vous choisissez de répondre à une annonce où le nom de la société est indiqué, appelez la société et demandez le nom de la personne à qui vous devez vous adresser. Il peut s'agir du responsable des ressources humaines ou du chef de service dans lequel se trouve le poste à pourvoir. Si vous n'obtenez pas de réponse positive de cette manière, il vous sera toujours possible d'adresser un nouveau courrier sous le code réponse ou à la boîte postale indiquée dans l'annonce.

Pour de plus amples renseignements sur la rédaction de vos lettres de motivation et la réponse aux annonces, reportez-vous au chapitre 4.

Comme pour toute lettre d'affaires, votre lettre de motivation doit permettre de comprendre très vite ce que vous avez à offrir et quel est votre objectif.

Exemple de lettre à un recruteur/version française

FLORENCE MERCIER
39bis, rue de la Ceinture
78000 Versailles
France
Tél : + 33 1 33 33 33 33
FAX + 33 1 44 44 44 44
e-mail : fmercier@xxx.com

Titre, Prénom et Nom du Recruteur
Société de Recrutement
Rue
Montréal, Québec Code postal
Canada

Monsieur,

Je suis à la recherche d'une nouvelle opportunité de carrière dans les transports me donnant la possibilité d'exercer mes compétences dans les domaines suivants :

- Conception de systèmes ferroviaires – J'ai participé aux études du nouveau réseau métropolitain de Paris (Eole).
- Préparation des offres – J'ai établi de très nombreuses demandes de cotations, y compris pour la construction de la station de métro Romainville.
- Evaluation des fournisseurs – J'ai vérifié les capacités techniques et les performances de six grands groupes d'études et j'ai participé à la procédure de sélection.
- Achats – J'ai acheté pour plus de 100 millions € de prestations d'ingénierie sur une période de trois ans.

Parfaitement bilingue, je souhaiterais m'installer au Québec sous réserve de pouvoir y trouver un poste intéressant offrant de nouvelles perspectives dans une société de transport en développement. J'envisage de me rendre à Montréal dans trois semaines et aimerais pouvoir vous rencontrer. Je vous appellerai d'ici quelques jours pour convenir d'un rendez-vous à votre convenance.

Dans cette attente, je vous prie d'agréer, Monsieur, l'assurance de mes sentiments les meilleurs.

Florence Mercier

P.J. : C.V. en français et en anglais

FLORENCE MERCIER
39bis, rue de la Ceinture
78000 Versailles
France
Tél : + 33 1 33 33 33 33
FAX + 33 1 44 44 44 44
e-mail : fmercier@xxx.com

Specific First and Last Name
Recruiter Company
Street Address
Montréal, Québec Country Code
Canada

Dear Mr. Specific Last Name:

I am in the process of seeking a new transportation career opportunity where I can use my skills in:

- Designing railway systems – participated in the planning of the new Parisian Metro system expansion (Eole).
- Preparing requests for quotes – prepared a number of RFQs for construction of the Romainville metro station.
- Evaluating suppliers – verified technical and performance capability of six major engineering groups and assisted in the selection process.
- Purchasing – purchased in excess of 100 million € in engineering services over a three-year period.

Being completely bilingual, I am interested in relocating to Québec provided I can locate a new challenge with a growing transportation organization. I plan on visiting Montréal in three weeks and would welcome the opportunity of a personal meeting. I will be calling you in a few days with hope of scheduling a mutually convenient time.

Sincerely,

Florence Mercier

enc. C.V.s

Télévendez-vous !

Toutes les règles d'utilisation du téléphone que vous avez apprises au chapitre 6 s'appliquent à vos demandes de rendez-vous au Québec. Dès le moment où vous vous annoncez à la standardiste, votre communication devient prioritaire, surtout si vous vous exprimez en français : "Florence Mercier, j'appelle de France et je souhaite parler à M. Henri Dupont". Lorsque vous obtenez votre correspondant, vous devez parfaitement savoir ce que vous voulez dire.

Vous	Votre correspondant
"Bonjour Madame (ou Monsieur). Ici Florence Mercier, j'appelle de France et je voudrais parler à M. Henri Dupont".	
	"Un moment, Mme Mercier, je vais voir si M. Dupont est là. Quelle est votre société ?"
"J'appelle au sujet d'une lettre que j'ai adressée à M. Dupont il y a une semaine"... ou "au sujet d'un message par e-mail"... ou "J'appelle M. Dupont de la part de M. Jacques Martin"... ou encore "Je suis des Services de Transport de Paris".	
	"Un moment, je vais voir."
	"Allo, Dupont à l'appareil"
"Bonjour, M. Dupont, je vous appelle suite à mon courrier du 7 juin auquel j'avais joint mon curriculum vitae. L'avez-vous reçu?"	
	"Oui, je m'en souviens. Vous avez une assez bonne expérience des transports. J'ai transmis votre lettre à notre service des ressources humaines."
"Je vous en remercie, Monsieur. J'envisage d'être à Montréal à la fin du mois et j'aimerais pouvoir vous rencontrer quelques minutes. Est-ce que le 28 ou le 29 vous conviendrait?"	
	"Je pense qu'un bref entretien sera utile en effet. Disons le 29 juin à 14.00 H. Vous savez comment venir..."

L'entretien ci-dessus s'est bien terminé pour notre candidate, mais supposons qu'elle reçoive la réponse suivante :

"Je ne pense vraiment pas pouvoir vous être utile. Comme je vous l'ai

dit, j'ai transmis votre C.V. au service des ressources humaines. S'ils sont intéressés, ils ne manqueront pas de vous contacter."

"Je comprends très bien qu'il n'y ait pas d'occasions pour le moment. Dans la mesure où ma famille et moi souhaitons vraiment nous installer au Québec, pourriez-vous m'indiquer quelques personnes que je pourrais rencontrer pendant mon séjour ? Il ne s'agit pas de vous demander un emploi, mais vos conseils me seraient certainement très précieux."

"Bon, dans ce cas, nous pouvons nous voir le..." ou bien "Encore une fois, je ne pense pas pouvoir vous être très utile d'autant plus qu'à cette période, je risque d'être très occupé."

Je regrette que cela ne soit pas une période très favorable. Pourriez-vous me suggérer quelqu'un, de votre société ou non, que je pourrais contacter pour un entretien ? J'aimerais réunir un maximum de renseignements sur le marché des transports en rapport avec ma spécialité en..."

A ce point de l'entretien, soit vous vous êtes fait un allié, soit vous devez passer à l'appel suivant. Le but du jeu est pour vous d'organiser un maximum de rendez-vous avant d'entreprendre votre voyage.

▶ Construire son réseau au Canada

Si vous ne connaissez personne au Québec, vous connaissez sans doute des sociétés et organismes dans votre ville qui ont une filiale ou un correspondant au Canada. Commencez votre réseau québécois là où vous habitez ! Vous pouvez contacter des banquiers, des experts comptables, des agences de publicité, des professionnels de la communication, des consultants, voire des associations susceptibles d'avoir des adhérents ou amis au Québec. Contactez la chambre de commerce, le consulat canadien, votre université, votre association d'anciens élèves. Tous ces contacts sont intéressants. N'oubliez pas : vous ne leur demandez pas un emploi, vous recherchez des contacts pour votre séjour au Québec. A partir de ces contacts de réseau, vous aurez à conduire des entretiens téléphoniques (du style de celui décrit ci-dessus), pour obtenir un maximum de rendez-vous lors de votre séjour. Plus vous appelez, plus vous obtenez de rendez-vous, mieux cela vaut pour vous.

Lorsque vous démarchez votre réseau local, réfléchissez à votre demande : "J'organise un voyage au Québec pour y explorer les possibilités d'emploi. Pourriez-vous me suggérer une ou deux personnes, de votre société ou d'une autre organisation, qui pourraient me fournir des renseignements sur ce sujet ? Bien entendu, je ne vous demande pas de me trouver du travail. Puis-je me présenter de votre part ? Merci beaucoup..." Un conseil : ne faites pas ces recherches par téléphone à moins que votre interlocuteur ne soit un de vos proches. Les gens attacheront bien plus d'importance à votre demande si vous leur rendez visite personnellement.

D'une manière générale, plus vos compétences sont spécifiques et rares, plus il vous sera facile d'établir de bons contacts.

Avant de partir, faites-vous faire des cartes de visite en français.

L'entretien

Tél : + 33 1 33 33 33 33
FAX + 33 1 44 44 44 44
e-mail : fmercier@xxx.com

Florence Mercier
39bis, rue de la Ceinture
78000 Versailles, France

En ce qui concerne la non-discrimination, le Québec applique exactement les mêmes règles que les U.S.A. En France, donner son âge et joindre une photo à son C.V. sont monnaie courante. Au Québec, les questions qui peuvent vous être posées lors d'un entretien préalable sont strictement délimitées. Ces règles, établies par la Commission des Droits de la Personne du Québec en 1985 couvrent la race, la couleur, le sexe, l'état civil, l'âge, l'origine ethnique ou nationale, la grossesse, la langue, la religion, les convictions politiques, la condition sociale et les handicaps. La plupart des employeurs et recruteurs savent parfaitement ce qu'ils peuvent ou ne peuvent pas vous demander et ils restent à l'intérieur des limites légales. Mais comme partout ailleurs, si quelqu'un veut, pour une raison quelconque, faire une discrimination, il trouvera moyen de la faire. Votre objectif doit toujours être de vous présenter comme quelqu'un capable de faire l'affaire, indépendamment de votre situation personnelle.

Pour votre entretien, vous pouvez suivre les modèles et exemples du chapitre 7.

SOURCES DOCUMENTAIRES

Internet : http://www.SuperJobSearch.com

Sur ce site Internet, vous trouverez des adresses d'agences de recrutement, les coordonnées d'autres sites proposant des possibilités de travail et de nombreux renseignements utiles pour votre recherche d'emploi.

Organismes à contacter :

The Directory of Canadian Associations
The Blue Book of Canadian Business
The Financial Post
Fraser's Canadian Trade Index
Canadian Key Business Directory
Community and Social Service Directory
Canadian Advertising Rates and Data
Writer's Market
Dun & Bradstreet

Principales publications

Il peut être très utile pour vous de souscrire un abonnement d'un mois aux journaux ou revues ci-dessous. Ils vous donneront un aperçu des événements politiques et économiques et vous fourniront des nouvelles du monde des affaires ainsi que des annonces.

Eluta
http://www.eluta.com
Téléphone : 00 1 880 361 25 81

La Presse (Français)
7, rue Saint-Jacques
Montréal, Québec H2Y 1K9
http://www.lapresse.ca
Renseignements : 00 1 514 285 7272

The Gazette (Anglais)
1010 Ste Catherine st. West, Suite 200
Montréal, Québec 3B 5L1
Téléphone : 00 1 514 987 2222
http://www.montrealgazette.com

Le Devoir (Français)
2050 Bleary, 9ème Etage
Montréal, Québec H3A 3M9
http://www.ledevoir.com
Téléphone : 00 1 514 985 3333
internet@ledevoir.com

The Globe & Mail (Anglais, national)
444 Front Street, West
Toronto, Ontario M5V 2S9
www.globalandmail.com
Renseignements :
00 1 880 387 5400

Les Affaires (Français)
Groupe Transcontinental G.T.C. Ltée
www.lesaffaires.com
1100 boulevard René Lavesque Ouest, 24ème Etage
Montréal, Québec H3B 4X9
Téléphone : 00 1 514 392 9000
FAX : 00 1 514 392 1586
aide. www.lesaffaires.com@transcontinental.ca

Aide au Chômage du Gouvernement Canadien

Une réorganisation de l'aide publique est en cours ; elle vise à transférer la gestion de l'aide du Gouvernement fédéral à celui des provinces. Cette réforme se met en place très rapidement si bien que l'ensemble des problèmes du chômage devrait prochainement se traiter au niveau provincial. A signaler que l'aide publique aux chômeurs canadiens est très significative en termes d'indemnités, de formation à la recherche d'emploi et d'aide à la création d'emploi.

Pour plus de renseignements sur l'aide publique à l'emploi, contactez : http://www.rhdsc.gc.ca/fr/accueil.shtml

Opportunités techniques

Ordre des Ingénieurs du Québec

www.oig.gc.ca
gare Windsor, bureau 350
1100, rue de la Gauchetière Ouest
Montréal, Québec H3B 252
00 1 514 845 6141

Assistance du Gouvernement à la création ou la reprise d'une entreprise

Il existe une série de programmes et services offerts par différents ministères à vocation économique ou par d'autres organismes. Voici quelques données utiles :

Communication Québec

Tout renseignement sur les programmes et services des Gouvernements du Québec et du Canada.

Téléphone: Montréal 00 1 514 873 2111

Info-Entrepreneurs

Collaboration de plusieurs ministères au niveau fédéral (Industrie, Science et Technologie Canada [ISTC]) et provincial (Ministère de l'Industrie, du Commerce, de la Science et des Technologies [MICT]) ainsi que des chambres de commerce.

Téléphone:	Montréal	00 1 514 496 4636
	Ailleurs au Québec	00 1 880 322-4636
Info-Fax:	Montréal	00 1 514 496 4010

Ministère de l'Industrie, du Commerce, de la Science et de la Technologie (MICST)

Aide aux entreprises commerciales et industrielles ainsi qu'aux industries (promotion des investissements, développement technologique des marchés et activités commerciales).

Téléphone:	Montréal	00 1 514 982 3000
Fax MICST:	Montréal	00 1 514 873 8335
	Ailleurs au Québec	00 1 880 565 6428

Société de Développement Industriel du Québec

Recherche et développement, aide aux entreprises des secteurs fabrication, tourisme et tertiaire. Prêts aux entreprises, programmes d'aide financière du Gouvernement du Québec en vue d'accélérer la création et l'expansion des entreprises ainsi que pour des activités de recherche et d'innovation.

Téléphone:	Montréal	00 1 514 873 4375

Centre de Recherche Industrielle du Québec

Services d'analyse et d'information à caractère technologique. Subventions aux entreprises.

Téléphone:	Montréal	00 1 514 383 1550
	Ailleurs au Québec	00 1 880 667 4570

Commission des Normes du Travail

Information sur les conditions d'emploi.

Téléphone:	Montréal	00 1 514 873 4947 ou 00 1 514 873 7061
	Ailleurs au Québec	00 1 880 265 1414

Bureau Fédéral de Développement Régional

Service CENTRACCÈS PME pour encourager l'initiative et la créativité dans les PME.

Téléphone:	Montréal	00 1 514 283 2500 ou 00 1 514 283 6412

CHAPITRE 10

Comment redynamiser une recherche d'emploi qui piétine

V i vous êtes en recherche d'emploi depuis plus d'un an ou si vous avez suivi le programme de ce guide sans résultats, ce chapitre est pour vous. Vous avez touché un peu à tout et sans doute passé quelques bons entretiens, mais vous manquez de nouveaux contacts. Quel que soit votre cas, il est temps de refaire un bilan de votre situation sur le marché du travail.

Vous consacrez-vous entièrement à votre recherche d'emploi ? Si vous avez suivi le programme Objectif Emploi sans avoir passé au moins six heures par jour à votre recherche, votre niveau d'activité est insuffisant. On ne répétera jamais assez que cette recherche équivaut à un emploi à temps complet.

Si vous travaillez un minimum de six heures par jour mais sans ligne directrice ou sans structure, la cause de votre infortune peut venir d'un manque de direction et d'organisation. Bien entendu, vos qualifications, votre âge, votre métier et le secteur d'activité dans lequel vous avez évolué sont autant de facteurs importants, mais la recherche d'emploi a ses règles strictes. Adopter une méthode cohérente augmente les chances de succès.

Pour le développement de votre réseau, après avoir atteint votre vitesse de croisière, vous devriez être en mesure de rencontrer des personnes chaque jour ; 70% des opportunités d'emploi sont créées par contacts personnels. L'usage approprié des techniques de prospection téléphonique vous permettra d'obtenir des rendez-vous plus facilement. Entraînez-vous davantage si vous avez des difficultés dans ce domaine.

Si toutefois vous suivez tous ces conseils à la lettre et ne parvenez toujours pas à découvrir des opportunités d'emploi, vous devez repenser votre projet professionnel en fonction du marché et trouver d'autres techniques de recherche d'emploi qui conviennent mieux à votre personnalité.

LES REMEDES POSSIBLES

Vous recherchez un emploi depuis longtemps et n'avez plus personne à appeler, vos contacts personnels n'ont pas vraiment pu vous aider, les cabinets de recrutement ne sont pas intéressés par vos qualités professionnelles, vos campagnes de mailing et vos réponses aux petites annonces n'ont rien produit de positif. Que faire ?

Si le rétrécissement du marché de l'emploi rend plus difficile la course à l'embauche, les sources d'emploi n'en sont pas pour autant taries. Aujourd'hui, pour décrocher un emploi, vous vous voyez contraint d'affiner vos méthodes de recherche.

Devant une démarche infructueuse, voici les facteurs à examiner :

Votre objectif d'emploi

Paradoxalement, il est parfois facile de perdre de vue l'emploi que l'on cherche. Si vous n'avez pas suivi le programme Objectif Emploi à la lettre, recommencez depuis le début sans sauter de chapitre et en suivant toutes les recommandations. Agissez comme si vous veniez juste d'être licencié. Accomplissez chaque phase avec soin. Avez-vous réfléchi à tous les emplois qui vous intéressent et les avez-vous classés par rapport à vos compétences et à vos préférences ? Etes-vous réaliste ? Cherchez-vous un emploi qui ne correspond pas à votre niveau ou qui est dans un secteur en crise ? C'est le moment pour vous de faire le point sur vos compétences. Correctement fait, cet exercice vous permettra de recentrer vos objectifs.

A présent, il ne s'agit plus d'expédier vos mailings comme autant de bouteilles jetées à la mer à des entreprises non ciblées et de répondre à des annonces éloignées de vos qualifications. L'idée est de vous transformer en véritable commercial et de pratiquer une prospection personnelle pour vendre votre propre projet professionnel. La première démarche consiste à construire un projet, ensuite à bien cibler le marché puis à foncer. Cette idée est valable aussi bien pour les chercheurs d'emploi en début de recherche que pour ceux de longue durée.

Votre projet professionnel n'est peut-être plus adapté au marché du travail actuel. Tout est relatif. Ce que l'on s'arrachait il y a cinq ans n'est plus demandé aujourd'hui.

Voici quelques cas de projets professionnels à revoir :

Vous étiez cadre dans une société immobilière et gagniez un salaire important. Soudain, en raison de la crise de l'immobilier, vous vous retrouvez sans emploi. Vos seules compétences sont dans ce domaine et la pénurie d'offres d'emploi dans ce secteur vous déroute totalement ! Que faire ?

Reportez-vous au marché horizontal de l'emploi, tel qu'il est décrit au chapitre 1, en recherchant des secteurs d'activité économiquement moins touchés où votre expérience pourra être appréciée. Par exemple, dans le secteur bancaire, pensez à la gestion du patrimoine immobilier.

Soyez réaliste et acceptez l'idée de gagner un salaire moins élevé pour redémarrer. Il faudra à nouveau faire vos preuves et grimper les échelons dans un nouvel environnement. Mais vous l'avez déjà accompli auparavant !

Un autre exemple :

Vous étiez Directeur de Marketing et avez recherché un emploi dans cette fonction de toutes les manières possibles. Vous avez 50 ans et sans vous l'avoir jamais dit, les entreprises préfèrent engager des personnes plus jeunes dont la rémunération sera plus faible que la vôtre. Vous vous trouvez dans une impasse.

Avant de remplir la fonction de cadre marketing, vous étiez un bon vendeur. Votre expérience de la vente ne s'est pas émoussée. Pourquoi ne pas envisager un retour à cette fonction ? Si par le passé, vous avez obtenu de bons résultats dans la vente, vous pouvez à nouveau réussir aujourd'hui. Il faut envisager un changement de carrière en vous disant que les bons vendeurs sont toujours très demandés !

Il est temps de repenser votre bilan professionnel et de rajuster vos objectifs

Emploi précédent	Nouvel objectif
Vente de matériel électrique	Vente de micro-ordinateurs
Gestion financière	Comptabilité
Etudes de marché	Vente directe
Construction d'ordinateurs	Service informatique, intelligence artificielle
Agent de voyages	Gestion d'hôtel, restauration collective
Vente d'immobilier	Gestion d'immobilier
Direction export	Achat
Production	Entretien
Entretien	Réparation

Comme dans tous les pays développés, la situation de l'emploi évolue en France. En période de crise, le secteur de la production a de moins en moins besoin de personnel. Importer des produits fabriqués revient moins cher que de les produire en France. En revanche, le secteur des services est en pleine expansion. Certains secteurs sont plus actifs que d'autres. Informez-vous sur l'état du marché actuel dans les magazines et journaux économiques.

Votre liste de sociétés-cibles

Avez-vous mis à jour votre liste de sociétés-cibles ? Modifiez-la au fur et à mesure que vous ajoutez d'autres entreprises dans le secteur qui vous intéresse.

Si vous cherchez un emploi dans des sociétés qui ne recrutent pas ou si vous envoyez votre C.V. à des entreprises dont l'annonce est sans grand rapport avec votre métier et vos qualifications, c'est un peu comme si vous cherchiez à changer le cours d'un fleuve.

Posez-vous les questions suivantes : Quels secteurs d'activité pourraient avoir besoin de mes compétences ? Quelles sociétés faisant partie de ces secteurs pourraient avoir besoin de mes connaissances ? Répondre à ces questions vous permettra de créer une nouvelle liste de sociétés-cibles qui pourra vous apporter de meilleurs résultats.

Il vous faut repérer des entreprises plus accessibles en phase de développement et vous informer sur leurs projets. Cette opération est rarement menée avec la minutie nécessaire par les chercheurs d'emploi de longue durée. Toutefois ne vous limitez pas aux considérations économiques qui mettent en avant la détérioration d'un secteur. Il ne faut pas restreindre votre champ d'action en vous orientant seulement vers des branches d'activité moins touchées par la crise. Dans certains secteurs en déclin (industrie mécanique, sidérurgie et textile), il existe des sociétés à l'appétit féroce qui recrutent. Il est prudent de suivre le développement des filières au sein d'un même secteur d'activité. La crise peut cacher un changement de spécialisations. Dans l'informatique, les logiciels et les services devanceront le matériel. Les créneaux porteurs seront l'intelligence artificielle et les systèmes d'exploitation. Le BTP (Bâtiments et Travaux Publics) est en difficulté mais on embauche des ingénieurs calcul pour le béton armé.

Dans votre nouvelle liste de sociétés-cibles, centrez vos recherches sur des entreprises désertées par les jeunes diplômés qui les jugent démodées et que les cadres dédaignent. Choisissez celles qui ont des difficultés de recrutement en raison de l'image du secteur : la sidérurgie, la chaudronnerie, le transport terrestre, la restauration collective, le retraitement des ordures ménagères. Votre candidature aura plus de chances d'être remarquée.

► Changer de région

Outre le check-up professionnel et l'identification du marché, la prospection personnelle implique aussi un balayage géographique. Ne vous cantonnez pas à votre environnement immédiat. Les cadres chercheurs d'emploi se concentrent en général en région parisienne alors que deux offres d'emploi sur trois viennent d'entreprises provinciales. La mobilité et la disponibilité paient. D'après une étude réalisée par l'ANPE, les chômeurs qui s'enlisent dans le chômage prolongé, sont ceux qui sont les moins disponibles et les moins aptes à s'investir à 100% dans la prospection.

Evitez de choisir une région où tout le monde voudrait travailler comme la région Provence-Côte d'Azur. Les bons emplois y sont plus difficiles à trouver et la compétition est d'autant plus féroce qu'il y a beaucoup de candidats pour un même poste. Vous devez envisager de déménager dans une région où vos compétences sont recherchées.

Renseignez-vous sur les industries et les sociétés de la région de votre choix. Lisez les journaux locaux, contactez la chambre de commerce et les associations professionnelles soit par lettre soit par téléphone. Renseignez-vous sur les foires et les salons de la région choisie, puis envisagez de vous y rendre pour rencontrer des personnes qui vous auront été recommandées par votre réseau.

Il est plus rapide et profitable de faire un voyage de recherche dans la région ciblée. Utilisez toutes les techniques du chapitre 4 pour obtenir des entretiens.

► Votre réseau de contacts

Tant qu'il y aura des habitants dans votre ville, vous ne manquerez jamais d'occasions de rencontrer des personnes pouvant faire partie de votre réseau relationnel. Après avoir ciblé votre marché différemment, redémarrez votre réseau par des entretiens de recherche. Les cadres de banque, les avocats et les comptables connaissent beaucoup de monde dans les entreprises. Les agents de change, les agents immobiliers et les commerçants ont également beaucoup de relations. Assistez à des réunions et à des colloques afin de rencontrer le plus grand nombre de personnes. Vous trouverez les dates et les adresses dans votre journal local ou les magazines spécialisés. Sortez de chez vous et fréquentez différents cercles de gens. C'est là que se trouve le marché caché de l'emploi !

Reprenez contact avec les personnes auxquelles vous n'avez pas parlé depuis plusieurs mois. Appelez-les pour les remercier à nouveau des introductions qu'elles vous ont données et tenez-les au courant de ce qui s'est passé. Il s'agit ici de leur parler du suivi de ces introductions et d'éventuels nouveaux contacts obtenus. Cette relance peut parfois apporter de nouvelles suggestions.

N'oubliez pas de rendre service à vos personnes-cibles. Si vous avez la possibilité de les aider à résoudre un problème grâce à l'intervention d'une personne de votre connaissance, ils se souviendront de vous et continueront à collaborer à votre recherche.

Montrez votre nouvelle liste de sociétés-cibles aux personnes qui ne peuvent pas vous suggérer de noms à contacter. Si vous leur parlez de votre carrière en termes généraux sans mentionner d'objectif précis, ils pourront certainement vous suggérer plus de noms.

Faites attention à ce que vous dites. Vous irez droit à l'échec si vos interlocuteurs pensent que vous leur demandez un emploi. Reportez-vous à la liste des sujets à éviter en entretien. Combien de fois les avez-vous mentionnés ? Rappelez-vous les points importants des trois derniers entretiens.

L'important est de rester détendu et ouvert. On aime en général aider les personnes que l'on apprécie.

► La formation continue

Pour lutter contre la menace d'un chômage prolongé, vous pouvez songer à une formation. C'est un moyen de rester dans le coup et peut-être une seconde chance face à un marché qui change constamment. Choisissez une formation porteuse d'emplois et améliorant votre C.V. Les employeurs s'intéressent aux objectifs. Pouvoir indiquer que sa prochaine étape (sous-entendu : en attendant de retrouver un travail) est d'approfondir tel aspect ou domaine (correspondant à l'un des besoins actuels du marché prospecté) est un "plus" très appréciable. Les employeurs recommencent à vous écouter quand ils découvrent que vous avez un projet et que vous n'attendez pas après eux. L'idée est de ne pas faire fuir l'employeur. Devant la dégradation de la situation économique, profitez de toutes les possibilités de formation qui s'offrent à vous. Si vous ne pouvez pas financer votre propre formation, renseignez-vous auprès de l'ANPE et de l'APEC. L'Allocation Formation Reclassement (AFR) est assurée aux chercheurs d'emploi bénéficiant des ASSEDIC ainsi qu'à certaines catégories de chômeurs.

Pouvoir se prévaloir d'une formation qualifiante sanctionnée par un diplôme est un atout dans la chasse à l'emploi. Une récente enquête de l'INSEE a montré que les salariés ayant bénéficié d'une formation continue se réinséraient plus vite dans la vie professionnelle.

► Se grouper avec d'autres chercheurs d'emploi

Réunissez-vous avec des amis, des membres de votre famille et d'autres chercheurs d'emploi pour trouver des idées nouvelles. Une démarche collective dans une dynamique de groupe est source de créativité, de solidarité et de flexibilité et peut parfois changer le cours des événements. N'ayez pas peur de personnaliser votre candidature et de vous montrer original. Agissez avant de laisser s'installer un esprit négatif. Pour trouver un emploi, il faut être créatif. Les entreprises submergées par les nombreuses candidatures ne peuvent pas faire face à toutes les demandes. L'important est de savoir communiquer avec elles en vous montrant original.

Vous devez pouvoir parler à quelqu'un de vos frustrations. Si vous vous réunissez avec d'autres chercheurs d'emploi, vous obtiendrez des réactions et des commentaires sur la manière dont vous conduisez votre démarche. L'APEC et l'ANPE vous fourniront les adresses des associations de chercheurs d'emploi qui se sont mises en place dans votre région. L'APEC organise également des rencontres de cadres au chômage.

Toute recherche d'emploi s'accompagne de refus. Certaines personnes n'auront pas le temps de vous aider mais d'autres vous tendront la main et vous avez besoin d'une seule offre d'emploi !

Vendre vos services sur un dépliant

Vous avez la possibilité de devenir consultant. Supposons que vous soyez un professionnel de l'informatique. Vous connaissiez la programmation sur le bout des doigts et avez encadré plusieurs programmeurs. A présent vous avez besoin d'un emploi. Essayez de vendre sur le marché votre savoir-faire de base. Présentez le détail de vos compétences en programmation sur un dépliant et envoyez un mailing à des cadres informatiques en leur offrant votre assistance (à l'heure, à la journée ou à la semaine). Et n'oubliez pas d'ajouter à votre C.V. les réalisations récentes qui prouvent que vous continuez d'être actif dans votre spécialité.

Utilisez les techniques de prospection téléphonique et d'entretien décrites dans ce livre pour obtenir des clients. Faites suivre chaque envoi d'un appel téléphonique afin d'obtenir un entretien.

N'utilisez pas de C.V. Faites un résumé de vos compétences et de ce que vous pouvez faire pour un employeur potentiel d'aujourd'hui ! Si vous avez un ami dans la publicité, demandez-lui de vous aider à créer une présentation d'une page pour accélérer votre recherche. Etudiez quelques exemples à la fin du chapitre 3.

Pour trouver la meilleure façon de vendre vos compétences, essayez de rencontrer des personnes qui proposent les mêmes services que vous. Vous apprendrez plus aisément la manière de vous promouvoir auprès de la bonne personne : réponse à des petites annonces, création d'une brochure pour mailings suivis de relance téléphonique, annonce personnelle dans des magazines spécialisés, contacts avec des personnes pouvant connaître un besoin pour vos compétences, rencontres avec des membres d'associations professionnelles.

La clé de cette recherche spécifique est de savoir isoler vos compétences pour qu'elles puissent être plus facilement identifiées par un employeur potentiel.

Le travail temporaire

Inscrivez-vous à toutes les agences d'emplois temporaires possibles. En effet, opter pour l'intérim dans le but de vous repositionner peut vous permettre de réintégrer une entreprise en particulier si vous avez plus de 45 ans ou moins de 30 ans (catégories d'âge les plus frappées par le chômage). Dans le travail temporaire l'âge n'a pas d'importance, c'est l'urgence du besoin qui prime. On y exige des compétences immédiatement opérationnelles. Les entreprises utilisent l'intérim pour faire face à un surcroît de travail ou pour remplacer une personne absente. Bien souvent l'intérim équivaut à un essai avant l'embauche définitive. A côté des agences généralistes et des agences "cadres" existent des agences spécialisées par secteur d'activité qui offrent des missions bien spécifiques. Après une mission temporaire, près de la moitié des cadres resteraient définitivement dans l'entreprise.

Il se peut que votre emploi précédent ne corresponde pas tout à fait au travail temporaire que vous avez trouvé. Si vous étiez directeur financier, vous avez sans doute des connaissances de base en comptabilité. Vous pouvez vendre ces compétences à des cabinets comptables qui ont besoin d'aide pendant une période de surcharge de travail. De la même façon, si vous êtes ingénieur ou technicien, ne mentionnez pas votre compétence en management et centrez-vous sur les compétences qui peuvent être immédiatement utilisées à court terme par l'entreprise. Vous pouvez assister des entreprises pendant des salons commerciaux ou pour des projets spéciaux.

Votre C.V.

Si votre C.V. n'a pas pu vous aider à obtenir des entretiens, il a sans doute besoin d'une remise en forme. Recommencez-le et donnez-lui un autre aspect. Si le format était celui d'un C.V. performance, changez-le en format fonctionnel et vice versa.

Orientez-le vers un nouvel objectif. Pouvoir actualiser son C.V. semble essentiel. Il est important de montrer dans votre C.V. que vous êtes toujours actif et que vous avez toujours gardé le contact avec l'entreprise, soit en suivant une formation, soit en réalisant de petites missions, soit en complétant une recherche, un projet ou une étude. Les chômeurs de longue durée sont ceux qui ont perdu très vite la mentalité "travail" et ont cessé d'être des "actifs".

Avec un nouveau C.V. et un nouvel objectif, vous pouvez envoyer votre candidature à de nouvelles et anciennes sociétés-cibles et répondre à nouveau à d'anciennes petites annonces pour des emplois qui n'ont peut-être pas été pourvus. Votre nouvelle lettre de motivation devra faire ressortir votre enthousiasme et votre ténacité. Vous n'obtiendrez pas beaucoup de réponses, mais une seule bonne réponse vaudra la peine de ce nouvel effort. Modifiez votre C.V. jusqu'à ce que vous trouviez le format qui produit des résultats.

Changer de carrière

Changer de carrière n'est pas à la portée de tout le monde. Nous nous classons souvent dans des catégories déterminées par notre première formation, sans penser à la façon dont nous avons évolué en termes de compétences, de connaissances, d'intérêts et de réalisations professionnelles. Est-ce votre cas ? Comment faire le point ?

Posez-vous cette question : “Suis-je heureux dans le métier que je connais, ou est-ce que je le fais parce que c'est la seule chose que je pense être capable d'accomplir ? Mon travail me plaît-il toujours ?” Il est temps de réexaminer vos objectifs. Faites une liste de vos compétences et de vos intérêts. Identifiez les types d'activités ayant besoin de ce genre de compétences. Vous pouvez songer à vous mettre à votre compte ou développer un projet avec un associé. Le Directeur des Ressources Humaines d'une grande société a fini par ouvrir son propre cabinet de conseil en gestion de carrière.

L'idée de changer de carrière commence par une prise de conscience de la réalité des faits, suivie d'une recherche d'information sur le domaine qui vous intéresse. L'entretien de recherche d'information vous permettra d'explorer d'autres idées.

Vous avez besoin de parler à des personnes spécialisées dans la branche que vous avez choisie. Questionnez-les sur leurs débuts, sur les compétences nécessaires à la profession, sur la formation exigée et les organismes de formation, sur les gains espérés dans l'immédiat et dans l'avenir et sur leur vrai sentiment quant à leur métier. Demandez-leur également si ils ont des conseils à vous donner, des sociétés à vous recommander et des points particuliers qu'ils vous suggèrent d'examiner. Essayez d'avoir une idée plus précise de ce qu'ils font et vérifiez si ce travail correspond à ce que vous souhaitez puis fixez-vous des objectifs. Vous pouvez penser à monter votre propre société en franchise. La franchise consiste à proposer à un candidat à la création d'entreprise un magasin ou une entreprise “clé en main” accompagné d'une formation et d'une assistance. Le tout, moyennant un droit d'entrée et des redevances plus ou moins élevées, calculées en pourcentage du chiffre d'affaires.

Les cadres et employés à la recherche d'une seconde vie professionnelle peuvent investir leurs indemnités dans ce genre de projet mais ils doivent comprendre que la franchise n'est pas sans danger. Le franchisé doit être un responsable très prudent qui sait comment mener une affaire.

La loi oblige les franchiseurs à délivrer aux intéressés un document d'information dans le but de protéger les candidats à la création d'entreprise contre les franchiseurs frauduleux et incapables. Tout candidat à la franchise doit réclamer ces informations avant de signer et avant de payer à quiconque le moindre centime. Demandez l'appui d'un juriste et consultez votre Chambre de Commerce.

Un franchiseur honnête triera sur le volet les candidats à la franchise et fixera de préférence son choix sur des gestionnaires et des commerciaux. Il vous signalera les difficultés de démarrage et se gardera de vous promettre la fortune. Un franchiseur valable vous mettra en garde contre un endettement trop élevé et proposera plutôt de vous aider efficacement. A vous d'être perspicace dans le choix du franchiseur. Allez au salon de la franchise et adressez-vous à la fédération des franchisés pour avoir des renseignements précis. Recherchez des informations complètes et persévérez dans vos efforts avant de commencer à dépenser le moindre centime.

Bilan professionnel

Vous pouvez vous faire aider par des professionnels de l'outplacement si leurs tarifs sont raisonnables. La plupart des cabinets d'outplacement ne travaillent que pour les entreprises, mais certains consultants en outplacement acceptent de travailler directement pour des particuliers.

Appelez quelques-uns de ces cabinets et demandez-leur s'ils peuvent vous recommander des consultants prêts à prendre des particuliers sur un tarif horaire. Ces tarifs varient selon l'expérience et la réputation du consultant.

En choisissant un consultant, n'oubliez pas de préciser que vous gardez la possibilité d'interrompre vos consultations à tout moment. Réclamez-lui des références de candidats qu'il a conseillés auparavant et téléphonez à quelques-uns. Assurez-vous que vous aurez une bonne relation de travail. Un consultant honnête sera heureux de vous aider sur la base de ces conditions. Après accord, voici les différents aspects de votre bilan professionnel à discuter :

Votre approche et votre attitude.
Vos objectifs.
Vos réalisations professionnelles.
Votre C.V. ou plusieurs versions de votre C.V.
Votre réseau.
Votre liste de sociétés-cibles et de personnes-cibles.
Les jeux de rôles pour les entretiens et la prospection téléphonique.
Votre souhait d'accroître vos options.

Posez-lui des questions simples et essentielles. Comment connaître et choisir les sociétés qui pourront être intéressées par vos compétences ? Quelles sont vos compétences les plus attirantes pour un employeur potentiel ? Selon vos goûts et vos possibilités quel genre d'emploi pouvez-vous espérer et dans quel environnement ? Pour répondre à ces questions, mieux vaut bénéficier de l'appui de conseillers professionnels.

Si le tarif est trop élevé pour vous, essayez de regrouper d'autres candidats dans la même situation que vous et choisissez un consultant qui acceptera de travailler avec un petit groupe.

Enfin, si dans vos indemnités de départ votre employeur vous offre la possibilité d'être assisté par un cabinet d'outplacement, acceptez tout de suite !

LES SECRETS DE LA REUSSITE : ce qui vous ralentit ce qui vous rapproche plus vite du but

En travaillant avec des milliers de candidats, il est facile de comprendre les raisons pour lesquelles certains trouvent un emploi rapidement alors que d'autres piétinent dans leur recherche. Examinez les deux démarches de recherche d'emploi présentées ci-dessous : le chemin le plus long ou le raccourci. Laquelle de ces deux voies allez-vous suivre ?

Le chemin le plus long...

1. Répondre seulement aux petites annonces.
2. Rencontrer seulement les décideurs.
3. Ne pas travailler en réseau ou ne rencontrer qu'une à trois personnes par semaine.
4. Ne pas avoir de liste de sociétés-cibles.
5. Essayer de passer des entretiens au téléphone.
6. Ne pas s'entraîner aux techniques d'entretien et aux techniques téléphoniques.
7. Penser que vous n'avez pas besoin de stratégie de recherche d'emploi.
8. Ne pas prendre de notes.
9. Ne pas envoyer de lettres de remerciement aux personnes rencontrées.
10. Se décourager si personne n'appelle ou ne répond à vos lettres.
11. Accepter des missions comme moyen de vous éloigner de votre recherche.
12. Chercher des emplois qui ne vous permettent pas d'avancer dans votre carrière.
13. Recevoir de bons conseils et les ignorer.
14. Ne pas participer aux réunions et ne pas aller aux salons de l'emploi.
15. Ne pas suivre le conseil que vous donneriez à quelqu'un dans la même situation que la vôtre.
16. Consacrer tout votre temps à effectuer des travaux devenus soudain essentiels.
17. Partir en vacances.
18. Vous appuyer seulement sur votre C.V. pour obtenir un emploi.
19. Ne pas prendre en compte toutes vos compétences.
20. Ne pas faire d'exercice physique pour diminuer le stress.

Le raccourci…

1. Maintenir et élargir votre liste de contacts.
2. Envoyer des lettres de remerciement à chaque personne que vous rencontrez.
3. Vous débrouiller pour avoir un minimum de 10 à 15 entretiens (conseils/ recherche) par semaine.
4. Vous entraîner aux méthodes d'entretien avec un autre candidat.
5. Préparer une liste de sociétés-cibles pour lesquelles vous désirez travailler et maintenir cette liste à jour.
6. Se renseigner de façon détaillée sur vos sociétés-cibles et vos personnes-cibles.
7. Participer à des rencontres et des salons de l'emploi.
8. Faire des recherches auprès de votre bibliothèque locale, de votre université ou d'un autre organisme.
9. Lire les journaux non seulement pour les petites annonces, mais aussi pour vous informer sur les entreprises de votre région.
10. Aider d'autres chercheurs d'emploi.
11. Prendre des notes sur chaque entretien et faire un suivi.
12. Vous renseigner sur les nouveaux métiers avant de changer d'orientation de carrière.
13. Obtenir de bons conseils et les suivre.
14. Rechercher les points de repère sur le marché de l'emploi et y ajuster votre stratégie de recherche.
15. Partager vos frustrations avec des amis ou d'autres candidats.
16. Vous joindre à un groupe de chercheurs d'emploi ou le former.
17. Garder tout le temps un état d'esprit positif.
18. Eviter le stress et faire du sport.
19. Apprendre comment transformer vos réalisations en bénéfices pour un futur employeur.

VOUS AVEZ RETROUVE UN EMPLOI

Maintenez votre réseau de contacts

Comment terminer votre recherche quand vous venez de trouver l'emploi souhaité ? La plupart des candidats abandonnent tout le travail de réseau qu'ils ont patiemment construit durant des mois. Quel gaspillage ! Vous avez consacré beaucoup de temps, d'énergie et d'argent à développer votre réseau de contacts. Il est important de préserver toutes ces relations pour les contacter si vous voulez progresser dans votre carrière ou si vous avez des problèmes dans votre nouvel emploi. Voici quelques suggestions :

1. N'arrêtez pas de rencontrer des personnes et n'informez pas vos autres employeurs potentiels de votre nouvelle situation avant d'avoir commencé effectivement à travailler. Indiquez seulement que vous êtes en période de négociations.

2. Une fois en poste, faites un mailing aux sociétés avec lesquelles vous étiez en pourparlers pour les informer que vous venez d'accepter un poste, mais que vous souhaitez rester en contact. Appelez vos correspondants une fois par trimestre juste pour leur dire bonjour. Tenez-les au courant de vos projets et demandez-leur des nouvelles de leur entreprise et de leur travail. Ces relations d'affaires seront inestimables si vous avez besoin un jour de recommencer une recherche d'emploi.

3. Envoyez une lettre personnalisée à chaque personne de votre liste pour leur signaler votre nouvel emploi et les remercier de vous avoir aidé.

4. Envoyez une lettre personnalisée aux conseils en recrutement et aux agences temporaires ; elles seront intéressées par le fait que vous occupez à nouveau un emploi. Cela fait partie de votre travail de relation publique de parler à ces professionnels de votre réussite. Vous figurez à présent dans leur fichier de personnes “ayant un emploi”. Si par la suite vous connaissez de nouveaux succès, informez-les afin de garder le contact. Ils vous utiliseront à leur tour comme source de leur réseau et mettront à jour régulièrement leur fichier.

5. Avec le temps, beaucoup de gens préoccupés par d'autres projets négligent de mettre à jour leur liste de contacts. Un candidat avisé triera sa liste en plusieurs catégories :

   Les personnes avec lesquelles il faut absolument rester en contact.

   Les entreprises avec lesquelles il faut entretenir des relations.

   Les conseils en recrutement qu'il faut tenir au courant.

   Une manière élégante de vous distinguer des autres chercheurs d'emploi est d'envoyer à toutes ces personnes vos vœux de fin d'année. On se souviendra plus facilement de vous.

6. En lisant des magazines spécialisés ou la presse locale, vous entendrez parler de certaines personnes de votre réseau. Envoyez-leur vos compliments, ce sera une excellente occasion pour consolider vos relations.

QUELQUES RECOMMANDATIONS SUR VOUS ET VOTRE NOUVEL EMPLOI

► Comment éviter d'être à nouveau licencié

Le check-up personnel et professionnel que vous avez réalisé au cours des dernières semaines vous a permis de mieux vous connaître et d'étudier la meilleure façon d'aborder le marché de l'emploi.

A présent, le démarrage d'un nouvel emploi est l'occasion pour vous de faire le point sur ces connaissances nouvelles afin de pouvoir les appliquer à une bonne gestion de carrière. La réussite professionnelle n'est pas le fruit du hasard. Dans une entreprise, il existe une série de règles non écrites que le salarié ambitieux se doit de connaître et d'appliquer s'il veut garder son poste ou prendre du galon. Beaucoup d'entreprises ont des règles non écrites qui permettent de débloquer certaines situations. Les cadres qui se voient accorder des augmentations de salaire malgré la rigueur budgétaire en sont la preuve. C'est à vous de savoir jouer.

Sur vous

1. Comprenez-vous à présent les raisons pour lesquelles vous avez perdu votre dernier emploi ?
2. Pouvez-vous améliorer certains aspects de votre personnalité afin d'être mieux apprécié comme collaborateur et comme collègue ?
3. Connaissez-vous tous vos atouts professionnels et savez-vous les utiliser de façon efficace ?
4. Suivez-vous une ligne de carrière bien définie fondée sur des objectifs à long terme ?
5. Pouvez-vous acquérir d'autres spécialités en formation continue afin d'être plus recherché et d'augmenter la sécurité de votre emploi par vos performances ?
6. Comment vous mettre au courant des changements survenus dans votre secteur d'activité et dans votre profession ?
7. Etes-vous prêt à consacrer un peu de temps pour vous faire connaître en rédigeant des articles, donnant des conférences, fréquentant les réunions des associations professionnelles et en devenant expert dans votre spécialité ?
8. Etes-vous un professionnel de la communication ? Si vous avez besoin d'améliorer vos facultés de communiquer, songez à des cours du soir et lisez quelques ouvrages sur le sujet.

Sur votre nouvel emploi

1. Ne vous mêlez pas de politique au sein de votre entreprise. Cela peut être dangereux et vous avez une chance sur deux de perdre !
2. Evitez de critiquer votre ancien employeur. Si vous n'avez rien de positif à raconter, restez silencieux.
3. Prenez le temps de comprendre et de clarifier ce que l'on attend de vous. Si un point particulier vous échappe, demandez des explications. Vos questions et commentaires doivent être discrets.
4. Ne vous précipitez pas pour tout changer. Prenez le temps de mieux connaître votre société et sa politique, vos collègues de travail et les règles du jeu. Cherchez à faire la connaissance des décideurs.
5. Ne faites aucune suggestion pour améliorer votre travail ou celui d'un collègue avant d'en avoir bien compris toutes les implications sur le coût, le personnel, la gestion et les objectifs de la société.
6. Participez avec vos collègues de travail à des réunions et à des comités. Vous savez à présent combien il est important d'avoir de bonnes relations de travail. Pour avoir des amis, devenez vous-même un ami.
7. Faites votre possible pour savoir ce que pense votre supérieur de votre travail. N'attendez pas que l'on vous critique. Essayez d'obtenir régulièrement une évaluation de vos performances.
8. Même si on vous a remis une description de poste, assurez-vous auprès de votre supérieur hiérarchique d'avoir bien compris le travail à accomplir. Découvrez ce qui est important pour lui et faites-en une priorité.
9. Faites preuve d'organisation. Pendant votre recherche d'emploi, le fait d'avoir su vous organiser a été payant. Suivez les mêmes règles dans votre nouvel emploi.
10. Demandez un rendez-vous à votre supérieur si vous avez besoin de discuter d'un point particulier et organisez à l'avance vos questions. Soyez au moins aussi préparé que vous l'étiez avant vos entretiens !
11. La plupart des responsables n'aiment pas les surprises car elles ne sont pas de bon augure. Faites part à votre supérieur des problèmes que vous rencontrez sans oublier de mentionner ce que vous pensez faire pour les résoudre. Il n'aura peut-être rien à ajouter mais il sera au moins au courant de ce qui se passe dans le service. Surtout, évitez qu'il apprenne vos problèmes par quelqu'un d'autre.
12. Soyez fidèle à votre entreprise et à votre supérieur hiérarchique.

13. Si les choses ne marchent pas comme vous le souhaitez, n'attendez pas qu'une catastrophe arrive. Faites tout ce que vous pouvez pour réussir votre travail, mais si vous pensez aller vers un échec, prenez l'initiative de changer votre fusil d'épaule. C'est à ce moment là que vous apprécierez d'avoir gardé le contact avec votre réseau !

14. Soyez à l'heure et de préférence en avance. Ne vous montrez pas contrarié si vous devez vous attarder à votre poste de travail.

15. Continuez à employer la formule AFFIRMATION-QUESTION pour vendre vos idées. C'est une des manières les plus faciles pour améliorer votre art de la communication.

ANNEXE A

Exemples de C.V.

DENISE MARCHAND
2, rue de Beauté
94130 Nogent-Sur-Marne
Tél. : 01.92.00.00.00

Plus de trois ans d'expérience dans un grand cabinet d'expertise-comptable. Acquisition d'une maîtrise parfaite des rouages économiques, juridiques, comptables et financiers des PME grâce à la responsabilité de dossiers d'audit.

Collaboratrice efficace possédant de bonnes facultés d'adaptation et d'évolution et privilégiant les relations humaines.

REALISATIONS PROFESSIONNELLES

Révision-Expertise

- Audit des comptes.
- Préparation et élaboration de situations et comptes annuels.
- Participation dans le développement des budgets prévisionnels d'exploitation.
- Création d'un plan de financement et de trésorerie de trois à cinq ans monté à l'aide de logiciels informatiques.
- Consolidation d'un groupe de dix sociétés dans le bâtiment (CA 30 M€, 150 personnes).
- Synthèse des missions auprès des associés.
- Rédaction de rapports de contrôle destinés aux clients.

Conseil

- Suivi juridique, social et fiscal de PME (CA 20 M€).
- Elaboration et présentation au client d'une analyse économique et financière du dossier.
- Mise en place de tableaux de bord et de documents de gestion sur tableurs pour une nouvelle société.
- Analyse de la rentabilité et du choix d'investissements d'une valeur de 14 M€
- Formation du personnel comptable en entreprise.

EXPERIENCE PROFESSIONNELLE

2001–2007 **Groupe Arco**, Paris

Expert-Comptable

Responsable d'un département comprenant cinq comptables pour un cabinet d'expertise-comptable possédant des bureaux à Paris, Lyon, Marseille, Bordeaux, Nice et Londres.

FORMATION

Ecole Nationale de Commerce Bessière

Diplôme d'Etudes Supérieures Comptables et Financières (DESCF) nouveau régime, 2000

Langues : Anglais (lu, parlé, écrit)

LOISIRS

Chant choral en ensemble vocal
Basket-ball en compétition

Née le 12 juillet 1968, célibataire

DENIS REVERE
13, rue de la Canebière
13000 MARSEILLE
Tél. : 04.90.00.00.00

Huit ans d'expérience dans le marketing et le management de produits agro-alimentaires. Ingénieur possédant une solide expérience dans le lancement, la gestion et la rentabilité de nouveaux produits.

- Développement d'une nouvelle gamme de produits laitiers pour la grande distribution.
- Démarrage de six nouveaux programmes nationaux de distribution, réalisant des ventes de 3 M€ avec une marge brute de 31%.
- Mise en place d'un système de maîtrise des coûts de production.

Un professionnel de l'agriculture remarqué pour son esprit d'analyse et sa créativité, recherchant un défi dans une entreprise agricole en expansion.

REALISATIONS

MARKETING

- Responsable du lancement d'un poulet "label" au niveau régional. Participation à l'étude de marché, la conception du produit et la promotion de la marque. Le chiffre d'affaires de l'aliment "poulet de chair" a augmenté de 30% en neuf mois.

VENTES

- Participation à la réalisation de l'emballage et du logo pour le compte d'une entreprise du secteur "fruits et légumes".

ACHATS

- Développement des ventes d'équipements (machine à traire Boumatic) chez les adhérents d'une coopérative laitière franchisée par Sodima. Le chiffre d'affaires réalisé a atteint 1 M€.

CONSEILLER TECHNICO-ECONOMIQUE

- Responsable des approvisionnements pour un budget de 1,5 M€. La négociation des prix et le choix d'investissement pour le parc transport ont permis une économie de plus de 0,8 M € par an.
- Amélioration des marges brutes de 20% sur l'ensemble des exploitations d'un groupe de 20 agriculteurs.
- Lancement d'un traitement mensuel des données en micro-informatique.

FORMATION

- Animation de journées d'études sur le thème de la rentabilité des exploitations agricoles :
  - Maîtrise des coûts de production.
  - Choix face au contingentement de la production.
  - Place des outils informatiques et télématiques.

DENIS REVERE **Page Deux**

EXPERIENCE PROFESSIONNELLE

2006–2007 **Union Coopérative Agricole** - Marseille (CA 18 M€, 115 personnes)

Ingénieur Technico-Commercial

Direction d'une équipe de cinq vendeurs régionaux pour une entreprise du secteur agro-alimentaire.

- Création d'un plan de marketing pour une nouvelle gamme de produits.
- Démarrage et développement d'un département export réalisant la première année un chiffre d'affaires de 4 M€.
- Adaptation des réseaux de distribution aux nouveaux marchés.

FORMATION

ESSEC

Promotion 2006

Institut Supérieur Agricole de Beauvais

Ingénieur en Agriculture, 2003

Langues : Allemand et Anglais (lus, parlés, écrits)

ASSOCIATIONS

Chambre de Commerce Franco-Américaine
Chambre de Commerce Franco-Allemande

LOISIRS

Moniteur pendant plusieurs années de planche à voile ; participation à des régates
Guitariste-jazz dans un orchestre amateur

Né le 2 février 1981, célibataire

GABRIEL MORIN

10, rue du 12 Août, 92300 AUBERVILLIERS **Tél. : 01.47.00.00.00**

Cadre dirigeant, hautement qualifié pour des entreprises de biens d'équipement et de biens de consommation courante dans un contexte international, s'est particulièrement distingué dans :

- Le redressement financier de la division fonderie d'une entreprise publique, contribuant à la réduction des pertes de 50%.
- La mise en place d'une équipe de direction efficace et d'un encadrement de qualité pour une société réalisant un chiffre d'affaires de 100 M€.
- La réorganisation des achats et de la gestion des stocks pour la filiale métal d'une entreprise publique.

Meneur d'hommes confirmé et pragmatique, capable de maximaliser les profits de différentes sociétés en mettant en place des équipes gagnantes et en améliorant leurs performances.

REALISATIONS

- Identification et résolution des besoins d'un client, permettant d'obtenir 35 contrats à l'étranger (Allemagne, Italie, Etats-Unis, Brésil, Inde).
- Mise en place d'un système informatique et d'un système de gestion décentralisés qui ont contribué à un accroissement de la rentabilité de 10%.
- Réorganisation de la fonction commerciale d'une entreprise publique, ce qui a diminué de moitié les coûts commerciaux.
- Participation au redressement financier de la division fonderie avec pour résultat un fort accroissement du chiffre d'affaires et un retour durable à un résultat largement positif.
- Diversification des sources de financement et d'approvisionnement.
- Proposition et développement d'une nouvelle stratégie marketing pour une division fonderie.
- Animation d'un département de conseil dans les domaines de la stratégie d'entreprise, de l'innovation, de la recherche et du développement (10 cadres, CA 150 M€).
- Création et gestion d'une procédure d'aide à la recherche et au développement dans les entreprises.

EXPERIENCE PROFESSIONNELLE

2004 à ce jour **Weber Metals**, Allemagne (CA 160 M€ - 130 personnes)

Administrateur-Directeur Général

Responsable de la vente d'usines, du négoce et de la transformation de produits sidérurgiques.

- Réorganisation et redressement des deux sociétés.
- Réduction de 25% des effectifs.
- Construction, ouverture et fermeture de dépôts.

GABRIEL MORIN **Page Deux**

2000–2006 **Pneus France**, Paris (CA 24 M€ - 242 personnes)

Directeur Général Adjoint

Responsable des fonctions commerciale, financière, industrielle, personnel et achats pour une société de fabrication et vente de pneus.

- Doublement et diversification du chiffre d'affaires.
- Développement des exportations.

1985–2000 **Métallurgie France**, Paris

Division Fonderie (CA 110 M€ - 1 100 personnes)

Adjoint au Directeur de la Division (1987–2000)

Responsable des fonctions commerciale et de gestion pour une division fabriquant des pièces de fonderie.

- Développement des exportations.

Ajax Service (CA 95 M€ - 600 personnes - 15 directions régionales)

Directeur Commercial (1985–1987)

Responsable des ventes d'usines et de négoce de produits sidérurgiques.

- Redressement financier de cette filiale et retour durable à un résultat largement positif.

1980–1985 **Tema International**, Paris (CA 20 M€ - 800 personnes)

Expert et Ingénieur en Chef

Responsable des études stratégiques et membre du comité de direction à partir de 1983.

- Marketing des activités de conseil, gestion des resssources humaines, suivi de l'activité de la filiale italienne.

1987–1989 **Délégation Générale à la Recherche Scientifique et Technique Services du Premier Ministre**

Chargé de mission

- Gestion d'une procédure d'aide à la Recherche et Développement dans les entreprises.

FORMATION

HEC, promotion 1987

Diplôme d'Etudes Supérieures de Sciences Economiques, Paris IV, 1986

Licence ès Sciences Economiques, 1985

Langues de travail : anglais (lu, écrit, parlé), allemand (courant)

Né le 2 janvier 1945, marié, un enfant

MARTIN LANDON
18, rue du Chêne Vert, 68800 ST. DIE
Tél. : 03.89.00.00.00

Plus de 20 ans d'expérience dans la direction technique, financière et sociale d'entreprises du secteur métallurgique, traitant des budgets, des prévisions et de la planification. Cadre performant qui s'est distingué dans la responsabilité complète d'un établissement en :

- Redressant le résultat financier avant impôts de -5.5% en 2004 à +4% en 2005 dans les huit premiers mois.
- Résolvant deux conflits sociaux majeurs avant la mise en place d'une politique sociale efficace.
- Automatisant la production, ce qui a contribué à des gains de productivité de 16%.

Directeur d'usine très organisé et dévoué à l'entreprise, possédant des compétences exceptionnelles de meneur d'hommes et de communicateur.

REALISATIONS MARQUANTES

Production - Technique

- Amélioration de la gestion de production ; réduction des stocks sur en-cours et stocks dormants avec un gain de 18% en un an.
- Démarrage de productions nouvelles (carnet renouvelé à 80% en quatre ans).
- Localisation et suppression des pôles de pertes.
- Définition et mise en oeuvre d'une politique de "qualité totale" dans l'optique du "Total Quality Control" (un million de serrures pour VW livrées "zéro défaut" en deux ans).

Gestion financière

- Mise en place et pratique de la gestion prévisionnelle.
- Réduction des coûts de production et des frais généraux de 150 K€ par an.
- Révision et contrôle des procédures comptables. Installation de procédures nouvelles.

Gestion sociale

- Transformation effective du climat social de l'établissement par la mise en place d'une politique sociale, basée sur la notion de mérite individuel étendue à tout le personnel : appréciation individuelle, délégation salariale à la hiérarchie, valorisation des tâches et des qualifications et expression des salariés.
- Elaboration et réalisation de plans sociaux.

MARTIN LANDON **Page Deux**

EXPERIENCE PROFESSIONNELLE

2001–2006 **Société Mécanique Industrielle** (div. Groupe Wells International, CA 150 M€ 1 500 personnes), Saint Dié

Directeur d'Usine

Responsable d'une filiale fabriquant des composants de carrosserie mécanique.

- Introduction et adaptation d'outils américains au matériel de production permettant d'économiser 27 M€.
- Accroissement de la productivité de 20%.

1996–2000 **Fonderies de Châteauroux** (CA 7 M€ - 427 personnes)

Adjoint du Directeur d'Usine - Chef de Fabrication

Responsable d'une fonderie d'aluminium (sable, coquille, basse pression).

- Introduction d'une nouvelle technique de moulage qui a réduit de 25% les articles rejetés.
- Conception, avec participation des clients, de produits contribuant à réduire les coûts de production de 15%.

1985–1995 **Société de Laminage**, Paris (CA 55 M€ - 615 personnes)

Chef de Service

Démarrage d'un atelier autonome livré clé en main. Montée en production de 5 000 à 10 000 tonnes par mois en deux ans.

- Création d'un système de contrôle de production contribuant à augmenter de 18% le rendement de la fabrication.
- Recrutement et formation d'une équipe d'encadrement.

FORMATION

Ingénieur de l'Ecole des Arts et Métiers - Promotion 1985

ASSOCIATIONS

Membre titulaire de la Chambre de Commerce de Saint Dié
Membre du conseil d'administration de la Chambre Syndicale de la Métallurgie des Vosges

LOISIRS

Ski de fond et tennis en compétition amateur

45 ans, marié, deux enfants

MARIE MAUROIS
13, rue Barque
75012 PARIS
Tél. : 01.48.00.00.00

Objectif : Volontaire civile internationale en entreprise

Départ souhaité : 1er Semestre 2008

FORMATION

2006 : DESS de Gestion Comptable et Financière (Paris II)
2004 : Maîtrise des Sciences et Techniques Comptables et Financières (Université de Bordeaux)
2000 : Baccalauréat Série ES, Mention assez bien, Paris

STAGES PROFESSIONNELS

2006 (trois mois) **Société Alias**, Paris (CA 10 M€ - 37 personnes)

Stagiaire

- Négoce international de vins.
- Etude des possibilités de rapprochement de plusieurs entreprises du secteur.

2005 (deux mois) **Papeteries de Gascogne**, Mimizan (CA 27 € - 28 personnes)

Attaché auprès de la Direction Comptable et Financière

- Analyse des données générales de l'entreprise.
- Simulation de l'exercice en tant que SARL et comparaison des charges fiscales.

2005 (un mois) **Cabinet d'Expertise-Comptable**, Bordeaux

Stagiaire auprès d'un expert-comptable

- Révision et rapprochement des comptes.
- Gestion des risques.
- Collaboration à des missions de commissariat aux comptes.

2004 (deux mois) **Cabinet d'Expertise-Comptable**, Bordeaux

Stagiaire auprès d'un comptable

- Tenue de dossiers de PME.
- Saisie comptable et élaboration d'un budget de trésorerie.

2003 (six mois) **Beaucanon Winery**, Napa Valley (Californie, USA)

Stagiaire

- Initiation aux métiers de la filière viti-vinicole (travaux de la vigne, vignification, suivi des vendanges).

COMPETENCES SPECIALES

Informatique : Excel, Word, ANAEL, 4D, Maestria, logiciels comptables et financiers CCMX

Langues : Anglais (lu, parlé, écrit) ; Espagnol (lu et parlé)

LOISIRS

Monitrice de voile (compétitions nationales et internationales), équitation
Rédaction et publication d'articles en anglais sur les travaux de la vigne

26 ans, célibataire

PATRICK BENAN
23, rue du Sourcier
75001 PARIS
Tél. : 01.46.00.00.00

Cadre expérimenté et polyvalent, spécialiste de la direction des ventes de produits de consommation courante, des études de marché, promotion et stratégie commerciale de nouveaux produits. Un expert en marketing dont l'action a permis de :

- Faire passer les revenus d'une fabrique de produits de consommation courante du sixième au deuxième rang national, par un accroissement des ventes de 5 M€.
- Créer et structurer la division marketing ainsi que recruter 22 professionnels de la vente, augmentant les ventes de 5,5 M€ sur trois ans.
- Lancer une campagne de publicité originale, se traduisant par une meilleure identification de la marque par le consommateur (63% d'accroissement de notoriété).

Cadre créatif et performant doué pour l'organisation et l'analyse, capable de motiver une équipe de vendeurs.

EXPERIENCE

1985 à ce jour **Groupe Recab**, Paris (CA 32 M€ - 87 personnes)

Directeur de Planification (2003 à ce jour)

La direction d'une équipe de 12 cadres, responsables des opérations à court terme et des stratégies à long terme d'un fabricant distributeur de conserves alimentaires, m'a permis de :

- Créer un modèle unique de gestion pour la mise au point des stratégies permettant une meilleure identification de nouveaux produits.
- Réduire annuellement le coût des opérations de 4 M€ par une meilleure organisation des entrepôts de marchandises.
- Remettre en état le système du reporting en fournissant à chaque directeur de groupe des moyens personnalisés de contrôle financier. Le temps passé par les cadres supérieurs de la maison-mère sur les analyses financières a été réduit de moitié.

Directeur de Marketing (2000–2003)

Grâce à la consolidation d'une division marketing de 22 cadres, j'ai pu :

- Diriger une division représentant 20 M€, responsable des études de marchés, de la promotion des ventes, des relations publiques, des ventes particulières et de la publicité.
- Créer et lancer une technologie informatique facilitant le travail des directeurs de vente.

PATRICK BENAN — **Page Deux**

Directeur de Marketing, division des produits de la marque d'Aucy (1988–2000)

Responsable du produit qui a le plus contribué au développement de la société avec des ventes de 95 M€, ma mission consistait à :

- Concevoir une nouvelle campagne de support promotionnel en utilisant des personnages animés. L'écoute publicitaire s'est accrue de 35%.
- Initialiser le développement d'une nouvelle technologie qui a accru l'intérêt du consommateur dans l'achat des produits de 20%.

Responsable de la Recherche Marketing (1985–1988)

Responsable du département de recherche en marketing, j'ai eu à :

- Mettre en place une nouvelle série de produits sur un segment du marché, ce qui a augmenté de 15% la part du marché.
- Identifier de nouveaux marchés qui ont contribué à une augmentation des ventes de 42%.

FORMATION

Diplôme de l'Ecole de Commerce de Dijon, promotion 1985

ASSOCIATIONS

Membre des Chambres de Commerce et d'Industrie de Dijon et de Paris

Membre de l'Association Nationale des Industries Agro-Alimentaires

LOISIRS

Tennis et randonnée en montagne

Trésorier et animateur d'un club de tennis

Né le 11 novembre 1963, célibataire

GUILLAUME GARNIER
1, rue de la Trésorerie
25 ans, célibataire
75003 PARIS
Tél. : 01.45.00.00.00

Jeune expert-comptable spécialisé dans les systèmes de gestion informatique à la recherche d'un défi dans une société lui permettant d'utiliser ses compétences dans les domaines de la finance, du reporting, de l'informatique et de la gestion des affaires.

FORMATION

Diplôme d'Etudes Supérieures Comptables et Financières, ICS Bégué PARIS - 2006

Baccalauréat (Economie), Mention Bien, Paris - 2000

EXPERIENCE PROFESSIONELLE

2006 **Société BAT**, La Défense (Aéronautique - CA 40 M€ - 400 personnes)

Stage Comptable - 1 mois

Réalisation d'une application informatique permettant la conversion d'une balance de comptes français en comptes anglais.

2006 **Société Dome**, Massy (Essonne) (Transport routier - 12 M€ - 70 personnes)

Stage Comptable - 3 mois

Réalisation d'une application informatique pour le contrôle de gestion, visant à comparer les coûts réels et les prévisions de différents projets.

2005 **Société FAY**, Paris (Informatique de gestion - 9 M€ - 170 personnes)

Stage Comptable - 1 mois

Saisie d'écritures ; établissement de comptes de résultat et bilans.

2004 **Société SRCC**, Paris (Electronique - CA 6 M€ - 300 personnes)

Stage Comptable - 1 mois

Traitement de la comptabilité courante ; rapprochements bancaires.

2003 **Société Cyntex**, Massy (Essonne) (Matériels électriques - CA 30€ - 500 personnes)

Stage Comptable - 1 mois

Participation à l'implantation d'un système UNIX sur un nouvel ordinateur.

COMPETENCES SPECIALES

Informatique : Programmation en langages BASIC, VISUAL BASIC, C++.

Utilisation des logiciels dBase, Omnis 5, Excel, Multiplan, Quattro Pro, Word, PageMaker, Designer, Access, PCShell, Free Compta Pro, comptabilité Saari et CCMC.

Langues : Anglais, Espagnol (lu, parlé, écrit)

LOISIRS

Création d'un club de cinémathèque ; pianiste dans un orchestre amateur

PATRICK DURAND 123 avenue de Breteuil, 75007 Paris, Tél. : 01.45.00.00.00

Directeur Financier ayant plus de 20 ans d'expérience dans la comptabilité, les finances et les relations bancaires pour de grandes sociétés de restauration.

EXPERIENCE PROFESSIONNELLE

2005–2006 **Groupe Marnier**, Paris (CA 230 M€ - 1 250 personnes)

Responsable des Services Comptables et Financiers

Animation, coordination, contrôle des services comptables et juridiques, de la paye et de la trésorerie (50 personnes) pour une chaîne de restaurants.

- Interlocuteur de la direction générale devant les banques, le trésor public et les fournisseurs.
- Travaux et missions :
  - Analyses, simulations comptables, fiscales et financières
  - Rédaction des procédures comptables et mise en place
  - Définition du cahier des charges, en relation avec le service informatique, installation d'un progiciel de comptabilité générale/analytique
  - Travaux de consolidation (jusqu'à 20 sociétés)
  - En charge des relations avec l'administration fiscale
  - Optimisation du résultat financier du Groupe
  - Définition des besoins, choix et installation du logiciel de trésorerie "CERG VALEUR" et de "BANK COMMUNICATION" intégré au précédent
  - Relations et négociations avec les organismes bancaires
  - Gestion de l'ensemble des placements

1988–2004 **ABCD Restauration**, Paris (CA 50 M€ - 200 personnes)

Cadre Comptable

Expert dans la gestion de comptes, la taxation, la négociation de crédits, le recrutement et la formation d'équipes d'une société possédant 37 restaurants en France.

- Participation à une équipe comptable qui a tenu les comptes de plusieurs sociétés du groupe.
- Préparation des déclarations fiscales.
- Etude des reporting et des tableaux de bord.
- Organisation des travaux de préparation à la consolidation de nouvelles filiales du groupe.

PATRICK DURAND **Page Deux**

1989–1986 **Editions Fintel** (CA 46 M€ - 125 personnes)

Comptable

Responsable de la tenue de la comptabilité générale pour une société d'édition.

- Analyse des comptes de tiers.
- Montage de documents comptables.
- Mise en place de procédures de contrôle interne.
- Identification et réalisation d'écritures d'un montant de 2 M€.

FORMATION

Diplôme d'Etudes Comptables Supérieures, Paris, 1989

Stages et séminaires de communication, gestion du temps, gestion de trésorerie francs (Groupe Opéra), gestion et qualité, informatique : MULTIPLAN et CERG Trésorerie.

LOISIRS

Basket-ball et plongée sous-marine
Auteur d'un livre de recettes de cuisine : « La cuisine en famille »
Membre d'un club culinaire

Né le 4 juin 1959, marié, un enfant

PIERRE MEYER
12, place du Marais
75012 Paris

Téléphone domicile : 01.45 00 00 00
Téléphone professionnel : 01.44 00 00 00

FORMATION

Ingénieur Arts et Métiers, 1980

LANGUES

Anglais : courant oral et écrit
Espagnol : à l'étranger (Honduras et Mexique)
Iranien : compréhension orale
Portugais : compréhension orale

INFORMATIQUE

Pratique courante de Microsoft Word, Microsoft Excel, Lotus 1-2-3

EXPERIENCE PROFESSIONNELLE

SEFI, Paris

2000 à ce jour **Directeur du département fondation**

CA de 8 à 12 M€ par an sur 50 à 60 contrats

Responsable du secteur pieux et soutènements et depuis 2004 également de celui des parois moulées.

- Supervision de deux ingénieurs d'affaires et de 30 à 50 personnes pour l'exécution des travaux.
- Coordination de la recherche et de l'acquisition des contrats ainsi que de la gestion des moyens mis en œuvre pour les réaliser.
- Participation dans le département marketing pour obtenir des contrats de 30 M€.
- Réalisation d'une économie de 2 M€ par l'amélioration des techniques de moulage.

2005–2000 **Directeur Export (Sahara)**

CA de 3 à 5 M€ par an sur 4 contrats

Responsable des contrats internationaux de forage d'eau.

- Prospection des marchés futurs et suivi des projets en cours avec l'aide de chefs de missions sur place.
- Apport de contrats d'exportation d'une valeur de 15 M€.

SOLETANCHE ENTREPRISE

2002–2005 **Directeur de l'antenne de Nice**

CA de 3 M€ par an sur 10 contrats

PIERRE MEYER **Page Deux**

Responsable de l'activité commerciale et de gestion pour Alpes Maritimes, Monaco et la Corse.

- Gestion des contrats et suivi de contentieux difficiles.

SOLETANCHE ENTREPRISE *(Suite)*

- Dépôt d'un brevet d'invention portant sur un système de soutènement de fouilles.

2000–2002 **Adjoint au directeur** de la filiale mexicaine basée à Mexico

CA de 60 M€ par an

Responsable de l'activité commerciale et du suivi des chantiers auprès de certains clients privés et publics.

- Direction d'un projet de construction d'un budget de 18 M€.

1988–1989 **Directeur de l'antenne Nord** basée à Dunkerque

CA de 1,5 M€ par an

Responsable de l'activité commerciale et du suivi des chantiers dans le Nord et le Pas-de-Calais (métro de Lille en particulier).

1985–1988 **Ingénieur d'affaire** au siège de la filiale iranienne basée à Téhéran.

- Recherche et suivi de projets de construction qui ont permis d'obtenir un contrat de 5 M€.
- Responsable des moyens en personnel et matériel de la filiale : dépôt et ateliers, importation et achats locaux de matériels, gestion du personnel détaché (30 expatriés) et local (250 personnes).

1982–1985 **Ingénieur** sur divers chantiers en région parisienne.

- Réalisation de trois projets de construction avec deux mois d'avance et un budget inférieur de 8,5% au budget initial.

1980–1981 UNDP (United Nations Development Program) Honduras

Coopération technique : projet de reconnaissance des ressources naturelles sur une zone de 12 500 km^2 au sein d'une équipe internationale.

- Participation à la création de projets de purification d'eau.
- Développement de nouvelles techniques pour tester des

Marcel Tinz
66, rue Desjardins
92400 COURBEVOIE
Tél. : 01.47.00.00.00

Né le 3 juillet 1978
Célibataire

FORMATION

1989–2002 Diplômé de l'ESSEC

Diplômé de la Chaire LVMH-ESSEC Prestige International

Langues : Anglais bilingue (langue maternelle) Japonais (3 ansd'études)
Allemand bilingue Russe (5 ans d'études)

EXPERIENCE PROFESSIONNELLE

2002–2007 **PARFUMS CHRISTIAN DIOR**

2004-2006 **Chargé d'Etudes**, département Marketing, France

- Analyse du processus de développement d'un nouveau produit et des flux d'informations entre le Marketing et le Marketing Opérationnel.

2002–2004 **Responsable Etudes et Statistiques**, département Marketing, **Volontaire du Service National en Entreprise**, Allemagne

- Réalisation d'études de marché.
- Elaboration des stratégies de lancements et des analyses post-lancements en collaboration avec le Marketing Opérationnel.
- Création, gestion et analyse de tableaux de bord de suivi de ventes.
- Mise en place à Paris d'un système international de statistiques.

2002 **Assistant Chef de Produits "Parfumants"** France

- Participation au relancement de Miss Dior.
- Etude sur l'opportunité de l'introduction d'une gamme de soins pour hommes.

2001 **SC JOHNSON**, France

Assistant Chef de Produit Pouss'Mousse

- Lancement de Pouss'Mousse Toilette—participation à la réalisation de la publicité TV et d'argumentaires, ainsi qu'aux prévisions de production.
- Suivi statistique de ce lancement (tournées de vente, stages chez NIELSEN et SECODIP).

2000 **THOMAS JAFFRE ASSOCIES**, France

Développement commercial d'une marque de prêt à porter féminin.

2000 **TOYOTA MOTOR CORPORATION**, Japon

Premier stagiaire ouvrier étranger autorisé.

CENTRES D'INTERET

Art, œnologie, tennis, ski

CLAUDE MARCEAU
26, rue Victor Hugo, 75016 PARIS
Tél. : 01.48.00.00.00

20 ans d'expérience en informatique et maîtrise complète des systèmes d'information, du temps réel, des réseaux et de la bureautique.

2003 à ce jour **SECAP** (Machines à affranchir)

Directeur Informatique

Rationalisation de l'exploitation et stabilisation des applications existantes qui ont permis un gain de rentabilité de 4MF par an.

- Mise en place du système d'information : informatique répartie de 24 machines, 110 terminaux, 50 micro-ordinateurs.

1989–2002 **THOMSON-SINTRA** (Industrie de défense—groupe Sonars)

Responsable informatique (1998–2002)

Responsable d'un budget de 5 M€ par an et de l'installation de 150 stations de travail, 660 terminaux et 200 micro-ordinateurs. Direction d'une équipe de 20 personnes.

- Elaboration et mise en place du schéma directeur de l'informatique de gestion touchant l'organisation de tous les secteurs de l'entreprise.

  – gain de rentabilité : 1,2 M€ par an.

- Constitution du service informatique commun : informatique de gestion, informatique temps réel, réseau et bureautique.

- Environnement technique

  – matériels VAX, SUN, HP, PC
  – réseau ETHERNET (TCP/IP, DECNET), PABX
  – langages : COBOL, FORTRAN, C, ADA, LISP
  – SGBD : DBMS, RDB, INFORMIX
  – méthodes SA/RT, MERISE

Responsable adjoint du groupe SONARS (1996–1997)

- Réponses aux appels d'offre, notamment élaboration du devis du plus important projet temps réel de France actuellement (utilisation des outils informatisés de devis).
- Etudes sur les bases de données temps réel et l'intelligence artificielle temps réel, concrétisées actuellement par des réalisations.
- Animation d'une équipe de 30 personnes dont 15 informaticiens.

CLAUDE MARCEAU **Page Deux**

THOMSON-SINTRA *(Suite)*

Responsable de projets informatiques (1989–1995)

Conduite de projets logiciels temps réel de plus en plus importants et direction d'une équipe de 25 informaticiens et de 60 personnes.

- Installation de 32 processeurs interconnectés dont le plus important système temps réel en France en 1995.

  – langages : assembleur, micro-assembleur et LTR2.
  – Machines de développement : VAX, MITRA, CDC.
  – Machines cibles : AMD, MOTOROLA.
  – Méthode : SADT.

1984–1988
BUREAU VERITAS (Bureau de classification)

Ingénieur de développements informatiques

- Développement et responsabilité d'une chaîne de programmes de calcul de résistance des matériaux pour les navires.
- Environnement technique : IBM, TEKTRONIX, langage FORTRAN.

FORMATION

1982
DEA de Physique Théorique : Mention AB - Université Paris 6

(Relativité générale et théorie quantique des champs)

1984
Maîtrise de mathématiques ; Mention Bien - Université Paris 7

10 UV + Certificat d'Informatique appliquée : Mention Très Bien

(Structure machines, langages : assembleur, micro-assembleur, FORTRAN, Algol, analyse numérique, matériels CII et CDC)

LOISIRS

Ski de fond, escrime
45 ans, marié

ELIANE MANGIN
1, avenue Berlioz
75200 PARIS
Tél. : 01.40.00.00.00

21 ans, célibataire

Etudiante "Math.spé.-bio." préparation des concours "Agro"
recherche un stage d'été en Biologie-Environnement

ETUDES ET FORMATION

Classes préparatoires aux concours de l'enseignement supérieur au Lycée Lakanal, Sceaux

Mathématiques spéciales - Biologie, 2006

Mathématiques supérieures - Biologie, 2005

Baccalauréat S, Paris - 2004

Langues : allemand (parlé, lu) ; anglais (niveau scolaire) : six séjours sportifs de deux à quatre semaines dans des centres de vacances pour adolescents allemands et anglais.

Informatique : option choisie pour le baccalauréat, programmation en turbo-pascal, notions de traitement de textes (Word 7.0 sous Windows XP)

EXPERIENCE

Expérience en entreprise (2003-2007)

2005-2007	Accueil, standard dans un foyer international d'étudiantes.
Eté 2006	Accueil, réception, standard dans une entreprise en cours de délocalisation.
2005	J'ai organisé la participation du lycée Marcel Roby de St. Germain-en-Laye au Trophée des Lycées.
2003-2004	Déléguée de classe titulaire et secrétaire du foyer socio-éducatif.
	Responsable pendant les vacances scolaires des envois de cadeaux de fin d'année : Préparation des listes informatique, expédition et vérification.
2004	Travaux de classement, de tirage et de reproduction.
2003	Vente hebdomadaire sur un marché pour le compte d'un volailler.

Animatrice en centre aéré et en centres de vacances (2002-2004)

Responsable de groupes d'enfants âgés de 2 à 15 ans. Proposition et mise en place des activités de loisirs.

- 3 séjours de 1 semaine en hiver : ski, jeux de neige et veillées.
- 3 séjours de 3 semaines en été, avec camping, piscine et excursions. Animation avec des moniteurs spécialisés en canoë, escalade, équitation, tennis

LOISIRS

Brevet d'Aptitude à la Fonction d'Animatrice (B.A.F.A.), Spécialité Sécurité-Montagne - 2002

Sports : natation (dauphin d'argent), water-polo, plongée, ski alpin (flèche de bronze), handball

CATHERINE LAVOISIER
16, avenue Paul Déroulède, 75016 PARIS
Tél.: 01 46 00.00.00
30 ans, célibataire*JURISTE*

Droit français—Communautaire—International

FORMATION

1998 Diplôme d'Etudes Supérieures de Droit des Affaires (DES), Paris

1996 Licence de Droit Privé, option Droit des Affaires (quatre ans), Paris

LANGUES

Anglais : courant (70% de l'activité est en langue anglaise)
Allemand et Espagnol : lu (bonnes notions scolaires)

EXPERIENCE PROFESSIONNELLE

2002–2006 **GROUPE SNB** (CA 120 M€, 1 500 personnes)

Juriste à la Direction Juridique du Groupe

Mission de conseil, négociation et rédaction de tous types de contrats nationaux et internationaux dans un département juridique de sept juristes employant 350 personnes.

Implantation Internationale

- Négociation et rédaction de tous contrats et transactions relevant du Droit International (licence de know-how, assistance technique, licence de marques, contrats de sous-traitance, d'études et de recherches, joint-ventures) avec des sociétés et des filiales étrangères (USA, Nigeria, Japon et Pays de l'Est).
- Contentieux International : rôle d'interface avec les avocats étrangers et suivi des affaires litigieuses.
- Etude du Droit national de différents pays dans le but de créer des entités juridiques à l'étranger : deux brasseries au Nigéria et une unité de fabrication de produits frais (yaourts, crèmes desserts) au Japon.

Distribution

- Négociation et établissement de tous types de contrats de concessions et prestations de services (sponsoring, logistique, baux commerciaux et fabrication à façon) pour toutes les filiales de SNB dont Gervais Danone, Kronenbourg, Evian, Amora et Panzani.
- Suivi permanent et analyse de la règlementation et de la jurisprudence en droit communautaire ; transmission des informations aux Directions des Départements Opérationnels intéressés (définition de l'étiquetage minimal européen pour les principales familles des produits du Groupe SNB - Produits Frais, Soupes et Condiments).

CATHERINE LAVOISIER Page Deux

Groupe SNB *(Suite)*

Concurrence

- Rôle de conseil permanent auprès des Directions Opérationnelles et appréciation de tout accord commercial aux plans de la distribution, des concentrations d'entreprises et de la recherche (problèmes d'ententes entre certaines sociétés du Groupe).
- Etude et appréciation des contrats de distribution et de partenariat au regard des lois Anti-Trust (USA-Japon).

Droit des Sociétés

- Rôle de Secrétaire Général pour une dizaine de sociétés françaises : organisation des AGO–AGE et conseils d'administration, rédaction des procès verbaux consécutifs et suivi des formalités administratives qui en découlent.

1998–2002
ANSA (Association Nationale des Sociétés par Actions)

Redactrice/Conseillère (Droit des Sociétés – Droit Social)

- Etude approfondie des textes de lois dès leur publication.
- Réponses aux consultations écrites et orales des sociétés adhérentes à l'ANSA.
- Présentation de sujets ponctuels et animation des débats qui s'ensuivaient dans le cadre de tables rondes des juristes des sociétés adhérentes.

FORMATIONS COMPLEMENTAIRES

2000
Droit Français et Communautaire de la Distribution

Journée sur la Pologne

1999
l'Entreprise mixte dans les pays socialistes

1998
l'Arbitrage

LOISIRS

Voile, bridge, escalade en montagne
Pianiste dans un orchestre amateur

RENEE MERCIER
17, rue d'Orgeval
75011 PARIS
Tél. : 01.47.00.00.00

28 ans, célibataire

● *Conseiller en Recrutement* ●
3 ans d'expérience

FORMATION

2002 Diplôme de Psychologue Practicien et spécialisation en Psychologie du travail. Ecole de Psychologues Practiciens, Institut Catholique, PARIS VI

1997 Baccalauréat Série A1 (Mathématiques et Philosophie), mention Bien

Langues : Anglais – courant (séjour de 3 mois en pays anglophones (Irlande, Angleterre, USA)

Espagnol – lu, écrit, parlé (séjour de 2 mois en Espagne)

EXPERIENCE PROFESSIONNELLE

2003–2006 **SOCIETE GENERALE – Direction des Marchés de Capitaux**, Paris

Conseiller en Recrutement

Responsable du recrutement de plus de 125 cadres et agents techniques.

- Définition des besoins avec la hiérarchie
- Choix des modes d'approche (chasse, annonce dans les universités et écoles)
- Appréciation et sélection des candidats sur entretien
- Implication dans la gestion des salaires
- Participation aux forums

2002-2003 **DEVELOPPEMENT**, Paris

Assistante de Recrutement

- Passation et analyse de tests psychologiques et d'efficience
- Entretiens de recrutement

2001–2002 **BNP**, Paris

Chargée de Recrutement

- Collectifs de tests
- Entretiens de recrutement et sélection de 48 cadres
- Présentation à la hiérarchie de candidats sélectionnés
- Rédaction d'un mémoire-thèse sur l'intégration des bac +2

2000–2001 **ORHUS**, Saint-Cloud

Assistante de Recherche : prise en charge complète d'une mission

- Spécifications de poste
- Identifications
- Chasses directes par téléphone
- Entretiens

1999–2000 **CNRS LABORATOIRE DE SOCIOLOGIE**, Paris

Participation à l'élaboration d'un livre : formulations d'hypothèses, entretiens guidés et analyse des résultats.

Traitement de Texte : MacWrite, Word 7, WordPerfect sous Windows XP

Activités extra-professionnelles : Volontariat dans les restaurants du Cœur ; aide auprès des enfants ayant des difficultés scolaires.

Jean-Paul MARIN
52, rue Lamartine
67000 Strasbourg
Tél. : 03.89 11 11 11
Fax : 03.89 22 22 22
25 ans, célibataire.

OBJECTIF: ASSISTANT CONTROLEUR DE GESTION OU AUDITEUR JUNIOR

Etudes — **Diplômé de l' INSTITUT SUPERIEUR DE GESTION** (I.S.G) - Paris 2006
Cycle européen. Spécialisation Finances - Comptabilité
Mémoire de fin d'études : «L'information de gestion dans la banque»

Langues — **Anglais :** Lu, écrit, parlé
Séjours linguistiques en Angleterre et aux Etats-Unis
Allemand : Lu, écrit, parlé
Cursus de 6 mois à l'université technique de Cologne (Finance/Marketing/Droit)

Informatique — Environnement IBM : Windows, Word, Excel 5, Access, Works

EXPERIENCE PROFESSIONNELLE

Sept 2005- Mars 2007 — **BANQUE WORMS (CA 180 M€ - 2 350 pers.) - Paris**

Assistant Contrôleur de Gestion - Direction du Contrôle de Gestion

Préparation des comités Actif-Passif de la banque comprenant

- Analyse mensuelle et trimestrielle des résultats (grandes masses, réseau, siège)
- Reporting sur Excel à l'aide de la liasse analytique
- Elaboration de ratios prudentiels (logiciels : Concept et Super Natural)

Juillet - Août 2005 — **ALLIANZ VIA ASSURANCES (CA 667 M€ - 1 500 pers.) - Paris**

Analyste Junior - Direction Centrale des Investissements

- Analyse financière de la holding Cie de Navigation Mixte et évaluation boursière du groupe.
- Etude comparative sur la composition des portefeuilles de produits d'assurance vie concurrents de « Gaipare » afin d'évaluer leurs performances futures.

ETUDES REALISEES (I.S.G.)

Avril - Juin 2005 — **CAPE FRANCE S.A. (CA 5 M€ - 11 pers.) - Nanterre**

- Diagnostic commercial, humain, technique et financier de la société (négoce de matériaux coupe-feu en milieu industriel) et amélioration des points faibles détectés par l'analyse des axes de développement.

Jean-Paul MARIN **Page Deux**

ETUDES REALISEES (I.S.G.) (Suite)

Déc. - Mars 2005 **Comité Départemental du Tourisme du Var (C.D.T.V.)**

- Etude d'impact sur les potentialités de développement de la région en Allemagne par mailing et documentations professionnelles (tour operator, organismes d'état).
- Rapport de conclusions après analyse des réponses.

Septembre 2004 **Séminaire d'étude dans les pays de l'Est : Roumanie, Hongrie, Russie**

- Conférences/débats sur les réformes économiques avec les chefs d'entreprises locaux.
- Analyse du climat économique et social et des perspectives d'investissement pour les entreprises occidentales (joint-venture, implantation de filiales).

LOISIRS

Musique : Guitare basse (8 ans de pratique) et piano. Création d'un groupe de rock.

Sports: Ski, tennis de table (classé 50)

ANNEXE B

Exemples de lettres

MAURICE HUGO
123 Avenue Kléber
75016 PARIS
Tèl.: 01.45.66.77.88

(DATE)

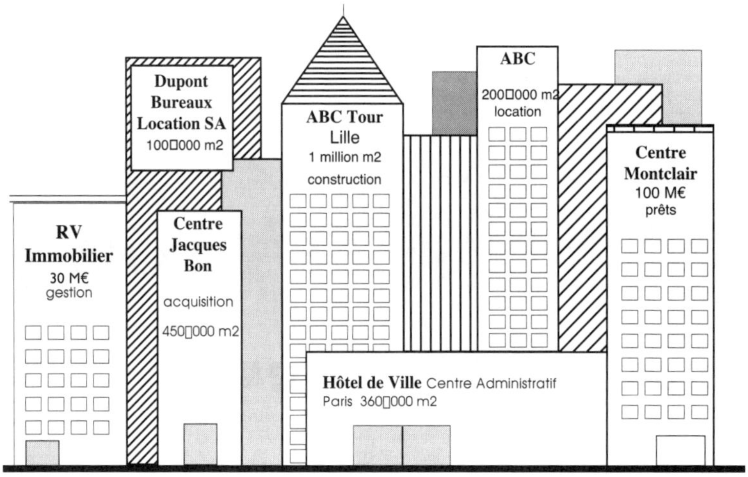

Monsieur Jacques Terrain
Immobilier Côte Est
2, rue du Maréchal Foch
68200 Mulhouse

Monsieur :

Je cherche un challenge nouveau dans l'immobilier et j'ai pensé à votre société.

Espérant pouvoir discuter avec vous d'une opportunité éventuelle, je vous téléphonerai dans quelques jours pour décider d'un rendez-vous à votre convenance.

Je vous prie d'agréer, Monsieur, l'expression de mes sentiments distingués.

Maurice Hugo

lettre manuscrite

JEAN RICARD
45, Villa Mercure
06000 NICE
Tél. : 04.91.00.00.00

M. Jean Luc PIERRE
25 rue Lepic
75018 PARIS

(Ville, Date)

Cher Jean-Luc,

Nous n'avons pas donné de nos nouvelles depuis un certain temps et j'espère que cette lettre te trouvera en bonne santé. Marie et moi parlons souvent du week-end très relaxant et si amusant que nous avons passé ensemble cet été avec ton épouse et tes enfants.

Comme tu le sais, je travaille à Radio Electronique S.A. depuis plus de cinq ans. En raison des mauvais résultats financiers, je viens d'apprendre qu'ils vont fermer l'usine de ma région. Après réflexion, je pense que c'est un moment opportun pour appliquer mes compétences en informatique à d'autres secteurs.

Je suis en train de préparer un nouveau C.V. dont je t'enverrai un exemplaire pour avoir tes commentaires. En attendant, je te serais très reconnaissant si tu pouvais me communiquer les coordonnées de personnes de ta connaissance, spécialisées en programmation.

Mon but est de trouver une petite ou moyenne entreprise ayant besoin d'un spécialiste pour démarrer une opération de traitement de données ou pour améliorer le rendement d'un système déjà en place. Je suis un expert en équipements IBM et j'ai une bonne connaissance des logiciels les plus connus du marché.

Je t'appellerai la semaine prochaine.

Marie se joint à moi pour t'envoyer nos amitiés.

Jean RICARD

P.S. Si tu as l'occasion de passer à Nice, nous serions ravis de te revoir.

Lettre de candidature spontanée avec C.V. à une société-cible (sans intermédiaire)

lettre manuscrite

Andrée ROLIN
4, place du Général de Lattre de Tassigny
13100 AIX-EN-PROVENCE
Tél. : 04.90.00.00.00

M. Pierre BRASSARD
Assureur-Conseil
8, place des Martyrs
13100 AIX-EN-PROVENCE

(Ville, Date)

Monsieur,

Votre entreprise, réputée pour son dynamisme et son succès, est sans doute en permanence à la recherche de collaborateurs à la fois motivés et efficaces. Je me permets donc de poser ma candidature à un poste de secrétaire car mon plus vif désir est de rejoindre une équipe solide dans un établissement de bonne réputation et en pleine expansion.

Mon C.V. vous montrera un bilan positif de mon parcours professionnel et sera, je l'espère, à l'origine d'un entretien.

Je vous appellerai la semaine prochaine pour que nous décidions d'un rendez-vous à votre convenance.

Dans l'attente de vous rencontrer, je vous prie d'agréer, Monsieur, l'expression de mes sentiments respectueux.

Andrée ROLIN

P.J. : C.V.

PAUL MAUROIS13, rue Barque
75012 PARIS
Tél. : 01.48.00.00.00

Société XYZ
Boîte Postale 32
75011 PARIS Cedex

(Ville, Date)

Messieurs,

Souhaitant vivement effectuer une mission en tant que Volontaire Civil International en Entreprise, je m'adresse à vous sur la recommandation du Conseil Supérieur de l'Ordre des Experts-Comptables et du Comité National du Commerce Extérieur qui parrainent mes recherches.

Disposant d'une formation comptable et financière de haut niveau, enrichie de nombreux stages tant en cabinet d'audit qu'en entreprise, ma candidature devrait être susceptible de vous intéresser.

Afin que vous m'aidiez à mettre en valeur ma formation, tout en disposant, en tant qu'entreprise française, de mes services, je vous prie de trouver ci-joint mon curriculum vitae.

Je vous appellerai dans quelques jours pour que nous décidions d'un rendez-vous à votre convenance.

Je vous prie d'agréer, Messieurs, mes sincères salutations.

Paul MAUROIS

P.J. : C.V.

N.B. : Le C.V. correspondant à cette lettre se trouve en annexe A.

Si vous connaissez le nom de la société, essayez toujours d'obtenir le

Lettre à un décideur suite au rejet de votre candidature

lettre manuscrite

RENE BARBOTTO
5, rue Pierre et Marie Curie, 21000 DIJON Tél. : 03.21.00.00.00 Télécopie : 03.22.0

Monsieur Daniel JOFFRE
Directeur Général
Texas Instruments France
3, rue du Colonel Fabien
21000 DIJON

(Ville, Date)

Cher Monsieur,

Comme vous pouvez l'imaginer, je suis déçu de ne pas avoir été sélectionné pour le poste de Directeur de Production. Ainsi que vous me l'avez expliqué aujourd'hui par téléphone, j'ai cru comprendre que le choix final n'avait pas été facile.

Votre usine ainsi que les cadres et employés que j'y ai rencontrés m'ont fait une bonne impression. Je continue ma recherche auprès d'autres sociétés similaires à la vôtre où je pourrais utiliser mes compétences en production et en management. Je vous serais très reconnaissant si vous pouviez m'aider en me communiquant les coordonnées de responsables d'entreprises du même secteur d'activité. Sait-on jamais, il me sera peut-être possible de découvrir ainsi d'autres opportunités d'emploi !

Je souhaiterais rester en relation avec vous et me permettrai de vous contacter la semaine prochaine au sujet de ma demande ci-dessus.

Je vous prie d'agréer, cher Monsieur, l'expression de ma haute considération.

René BARBOTTO

lettre manuscrite

RAYMOND POLIN
36, rue d'Antibes
56100 LORIENT
Tél. : 05.56.00.00.00

Monsieur Paul DUHAMEL
Cabinet Duhamel
9, rue Auguste Renoir
56100 LORIENT

(Ville, Date)

Cher Monsieur,

Je suis très content d'avoir eu l'occasion de vous rencontrer ainsi que Jacques Roux de la société Sandex.

J'ai eu un long entretien avec Monsieur Roux et, bien qu'il soit sur le point de me faire une proposition définitive pour le poste de Directeur-Export, je ne pense pas que ce poste me convienne pour plusieurs raisons :

1. *La société étant très petite, il ne me sera pas possible d'y développer toutes mes compétences.*

2. *La fourchette de salaire proposée par Monsieur Roux est trop faible par rapport à ma dernière rémunération et même avec les primes il me faudra plusieurs années avant de pouvoir rattraper mon salaire précédent.*

3. *En acceptant ce poste, je n'ai pas l'impression que j'aurai la possibilité de faire progresser ma carrière.*

Je voulais vous faire connaître les raisons de mon refus et j'espère que vous resterez en contact avec moi pour le cas où vous découvririez un poste qui correspondrait mieux à mon profil.

En vous remerciant encore de votre aide, je vous prie d'agréer, cher Monsieur, l'expression de mes sentiments les meilleurs.

Raymond POLIN

Lettre de remerciement après un entretien direct

lettre manuscrite

JEAN VALMAN
6, rue Fontvieille
06300 NICE
Tél. : 04.93.00.00.00

Monsieur Arnold KOCH
Président Directeur Général
M.R.V. Computer
9, rue du Congrès
06200 CANNES

(Ville, Date)

Cher Monsieur,

Je vous remercie de m'avoir reçu lundi dernier. J'ai eu beaucoup de plaisir à parler avec vous ainsi qu'avec votre associée, Madame Jeannette Manin.

Vos projets de vente pour les logiciels Windows me paraissent constituer un défi très intéressant. En plus des ventes auprès des distributeurs et des centres informatiques que vous avez mentionnés, je pense qu'il y a un marché à exploiter auprès des universités pour toutes les applications. J'ai introduit cette idée quand je travaillais chez Sanyo.

Nous pourrons en discuter mardi prochain lors de notre prochaine rencontre qui, j'en suis sûr, sera très positive.

Dans l'attente de vous revoir avec plaisir, je vous prie d'agréer, cher Monsieur, l'expression de ma haute considération.

Jean VALMAN

Mémo :

1. Remerciement et rappel du premier entretien.
2. Résumé de la discussion montrant que vous avez écouté.
3. Introduction d'une nouvelle idée ou d'un autre talent dont vous parlerez

VIVIANE AUBERTON
2, avenue Léopold II, 06100 NICE
Tél. : 04.93.00.00.00

Monsieur Jacques DEVRASSE
Directeur
Agence Inter Azur
22, rue de la République
06500 MENTON

(Ville, Date)

Cher Monsieur,

Je vous remercie du rendez-vous que vous avez bien voulu m'accorder malgré votre emploi du temps chargé.

Vos explications sur votre agence immobilière m'ont beaucoup intéressée, en particulier les remarques et les conseils judicieux sur la façon dont je pourrais me lancer dans cette profession. L'immobilier est un secteur qui me permettrait de parfaire mon expérience de la vente.

J'aime l'idée de pouvoir contrôler mon propre emploi du temps et de travailler à mon propre rythme. D'une part, il n'est pas réaliste de travailler à plein temps quand on doit élever quatre enfants, d'autre part je veux continuer à développer mes talents de vendeuse.

Je vous remercie de m'avoir proposé de vous accompagner à l'un de vos rendez-vous avec un client. Je serai enchantée de poursuivre notre conversation lors de notre prochaine rencontre, le lundi 18 mai à 10 heures.

En vous renouvelant mes remerciements, je vous prie d'agréer, cher Monsieur, l'assurance de mes sentiments distingués.

Viviane AUBERTON

Lettre de remerciement après un entretien de conseil

lettre manuscrite

JACQUES BONNOT
5, BOULEVARD MONTESQUIEU, 75009 PARIS
TÉL. : 01.46.00.00.00 FAX : 01.45.00.00.00

Monsieur Maurice BRAUN
Directeur Commercial
Business Management
18, rue de la Citerne
75010 PARIS

(Ville, Date)

Cher Monsieur,

Ce fut un réel plaisir de vous rencontrer et de parler des différents projets sur lesquels vous travaillez. Votre société s'est remarquablement développée en quatre ans et je vous en félicite.

Depuis notre dernière conversation, j'ai ajouté deux nouvelles sociétés à ma liste : Matrix Electronique et Honeywell. Si vous avez des relations dans ces deux entreprises, je vous serais reconnaissant de bien vouloir me mettre en contact avec elles.

Je vous remercie également de m'avoir proposé une rencontre avec l'un de vos associés pour discuter de mon cursus professionnel. Je vous appellerai la semaine prochaine pour savoir si vous pouvez me proposer d'autres personnes à contacter.

Dans cette attente, je vous prie d'agréer, cher Monsieur, l'expression de mes sentiments distingués.

Jacques BONNOT

CHRISTIAN LAFONT
3, impasse Montesquieu
33000 BORDEAUX
Tél.: 05.34.00.00.00

Monsieur Jacques DUPONT
Directeur des Ressources
Humaines
Jouets Nationaux
22, Chemin du Bois
33000 BORDEAUX

(Ville, Date)

Monsieur,

L'été approche et dans cinq mois je serai diplômé de l'Ecole de Commerce de Bordeaux. Trés intéressé par le marketing des produits de grande consommation destinés aux enfants, je suis à la recherche d'un travail saisonnier où je pourrais mettre en application mes connaissances en vente et marketing.

Voici mes notes du dernier semestre.

Techniques Avancées de Marketing :	18/20
Comptabilité :	17/20
Economie :	17/20
Anglais :	18/20

Pendant mes études, j'ai pris la responsabilité de plusieurs projets de publicité et de marketing et j'aimerais avoir vos commentaires sur le travail créatif que j'ai réalisé dans les ventes de produits de consommation pour les enfants.

Je vous appellerai la semaine prochaine pour que nous décidions d'un rendez-vous à votre convenance.

Je vous prie d'agréer, Monsieur, l'expression de mes sentiments distingués.

Christian LAFONT

Marie MONTAIGNE
46, place Faidherbe
59000 LILLE
Tél : 03.70.00.00.00

Monsieur Michel BOULANGER
Cabinet Boulanger
4, rue du Général Leclerc
59000 LILLE

(Ville, Date)

Monsieur,

Depuis plus de sept ans, je suis responsable d'un budget de publicité et de relations publiques. J'enregistre d'importants succès dans l'édition, les produits de beauté, les produits de nettoyage et la restauration rapide. Deux de mes plus récents clients sont classés parmi les 20 premières sociétés françaises.

A la recherche d'un nouveau défi professionnel, je vous envoie mon C.V. dans l'espoir que vous puissiez m'introduire auprès de sociétés susceptibles d'être intéressées par mes compétences dans le développement de nouveaux produits, le renforcement d'une marque ou les droits de propriété littéraire et artistique.

Je souhaiterais que vous me contactiez à ce sujet.

Dans l'attente de votre appel, je vous prie d'agréer, Monsieur, l'expression de mes sentiments distingués.

Marie MONTAIGNE

P.J. : C.V.

J R

Jacqueline RENARD
1, rue Lecœur
75012 PARIS
Tél. : 01.43.00.00.00

Monsieur Jean DUPONT
Directeur Général
Société Houdon
3, rue Poussin
75008 PARIS

(Ville, Date)

Monsieur,

Directrice pendant 15 ans d'une succursale de la cinquième banque de France, j'ai décidé de rechercher d'autres filières d'activités.

Mes réalisations les plus performantes ont été accomplies dans les domaines suivants :

Analyse et contrôle financier	– Responsable d'un budget de 3 M€
Sélection et formation du personnel	– Recrutement de plus de 700 employés
Analyse et solution des problèmes	– Développement d'un plan de marketing qui a permis d'accroître la clientèle de 12%
Développement de projets financiers	– Conseils pour le financement de projets de construction d'une valeur de 50 M€

Si vous êtes à la recherche d'une vraie professionnelle, spécialisée dans le domaine financier et dans celui des ressources humaines, j'aimerais que vous me contactiez pour que nous parlions de vos projets.

Dans cette attente, veuillez agréer, Monsieur, l'expression de mes salutations distinguées.

Jacqueline RENARD

P.J. : C.V.

Lettre à un ancien collègue de travail avec C.V.

lettre manuscrite

RENÉ BENOIT 4, place des Martyrs, 69000 LYON, Tél. : 04.42... 99

M. Philippe DEVORD
Directeur
Crédit Agricole
5, rue du Général de Gaulle
69000 LYON

(Ville, Date)

Cher Philippe,

Je n'ai pas eu de vos nouvelles depuis plusieurs mois et j'espère que cette lettre vous trouvera en bonne santé ainsi que votre famille.

Vous vous rappelez sans doute qu'après avoir quitté le Crédit Agricole, je suis entré à la Banque Nationale de Paris où j'ai géré un portefeuille de 40 M€.

Malgré d'excellentes performances, mon poste vient d'être supprimé dans le cadre de la restructuration des succursales. J'ai commencé à faire des recherches sur diverses sociétés d'investissements financiers et me suis souvenu de votre connaissance approfondie de ce secteur bancaire.

Je vous envoie un exemplaire de mon C.V. afin que vous soyez au courant de l'évolution de ma carrière. J'aimerais bien vous rencontrer et avoir vos conseils sur mes projets de changement professionnel.

Je vous appellerai la semaine prochaine pour que nous arrangions un rendez-vous à votre convenance. Je vous en remercie d'avance et vous envoie mes sincères amitiés.

René BENOIT

P.J. : C.V.

JACQUES BERENGER
3, impasse du Sentier, 68000 MULHOUSE
Tél. : 03.89.00.00.00

Mr. Guillaume FRANK
Directeur Général
Botard Industries
28, boulevard Carnot
92000 MONTREUIL

(Ville, Date)

Monsieur,

Je prends la liberté de vous écrire sur la recommandation de Monsieur Charles Binder de la société Binder, Thompson et Stern qui me suggère de vous contacter au sujet de la récente expansion de vos appareils ménagers en Europe.

Vous noterez, dans le C.V. que je vous transmets, mon expérience dans la fabrication en grande série d'appareils ménagers et électroménagers à bon marché ainsi que ma connaissance des composants informatiques.

Mon objectif est de revenir en région parisienne. Je suis à la recherche d'un poste dans la fabrication, la production ou la planification au sein d'une petite ou moyenne entreprise.

Je vous serais reconnaissant de me donner quelques conseils sur la direction à suivre ainsi que des personnes à contacter. Je pense venir à Paris dans le courant du mois prochain et aimerais avoir le privilège de vous rencontrer. Je vous appellerai la semaine prochaine pour savoir si nous pouvons arranger un rendez-vous à votre convenance.

Avec mes remerciements anticipés, je vous prie d'agréer, Monsieur, mes salutations distinguées.

Jacques BERENGER

P.J. : C.V.

Lettre avec C.V. et échantillons de travail utilisant le réseau de contacts

Jeanette Dillinger
3, boulevard St. Michel
75005 PARIS
Tél. : 01.40.00.00.00

Mr. Thierry JANSON
Jeunes Vêtements
8, rue de la Trémoille
75008 PARIS

(Ville, Date)

Monsieur,

Marie Moran me suggère d'entrer en contact avec vous et m'indique que votre société développe de nouveaux accessoires de mode.

Après mes études à l'Ecole de Mode de Paris, mon expérience dans le prêt-à-porter et les accessoires de mode a commencé en Italie chez Cerruti où j'ai été stagiaire pendant deux ans. Au bout de six mois, je suis devenue responsable de la création d'une nouvelle ligne de foulards.

Depuis mon retour en France, j'ai travaillé en intérimaire comme dessinatrice de mode pour différentes maisons de couture. Je suis à présent à la recherche d'une société qui aurait besoin d'une dessinatrice à temps complet.

Etant donné que les photos sont plus éloquentes que les mots, je vous envoie quelques modèles de mes dessins qui ont eu beaucoup de succès au Japon et aux U.S.A.

J'aimerais avoir l'opportunité de faire votre connaissance et de vous présenter d'autres échantillons de mon travail.

Je vous appellerai la semaine prochaine pour arranger un rendez-vous à votre convenance.

Dans cette attente, je vous prie d'agréer, Monsieur, l'expression de mes sentiments les meilleurs.

Jeannette DILLINGER

P.J. : C.V. et dessins

MICHELLE RICHARD
18, rue de Beauté
94130 NOGENT-SUR-MARNE
Tél. : 01.92.00.00.00

Mr. Norman WALTER
Directeur Général
Cabinet Audit International
23, rue de Lyon
75012 PARIS

(Ville, Date)

Monsieur le Directeur,

J'apprends que votre cabinet d'expertise-comptable vient de fusionner avec un cabinet d'audit américain et je serais très intéressée d'entrer en contact avec votre équipe dirigeante.

Expert-comptable depuis plus de quatre ans au cabinet Yyes, Sloan et Dupont, j'ai acquis, en tant que responsable des dossiers, la maîtrise des rouages économiques, juridiques, comptables et financiers de PME. Entraînée au travail d'équipe, avec encadrement d'assistants, j'ai toujours privilégié la qualité des relations humaines.

Responsable des plans de financement et de trésorerie sur trois et cinq ans, j'ai supervisé leur montage informatique. Mes fonctions couvraient la consolidation d'un groupe de 10 sociétés du bâtiment d'un chiffre d'affaires de 60 M€. J'étais également chargée de la formation du personnel comptable en entreprise.

Je souhaite désormais m'orienter vers l'audit de sociétés plus importantes et mettre en oeuvre ma capacité d'évolution, d'adaptation au sein d'un grand cabinet de dimension internationale. Résolue à lui apporter ma collaboration active et efficace, je souhaiterais que le Cabinet Audit International m'offre l'opportunité de rencontrer les membres de son équipe.

J'aimerais vous rencontrer pour vous expliquer comment j'ai réussi à améliorer le rendement de certaines missions en installant et maximalisant des logiciels.

Dans cette perspective, je vous appellerai sous huitaine pour que nous arrangions un rendez-vous à votre convenance.

Je vous prie d'agréer, Monsieur le Directeur, l'expression de mes sentiments les meilleurs.

Michelle RICHARD

1. Présentez-vous et indiquez le motif de votre lettre.
2. Indiquez une ou plusieurs réalisations représentant le mieux vos compétences.

Demande d'un entretien de conseils à un cadre que vous ne connaissez pas et auprès duquel vous n'avez eu aucune introduction. Pas de C.V.

Robert TREBER
3, rue de l'Impasse
69000 LYON
Tél. : 04.42.00.00.00

Mr. François XAVIER
Directeur Commercial International
Xavier Distribution
23 rue de la Faisanderie
59000 LYON

(Ville, Date)

Monsieur,

J'ai relevé dans Le Figaro daté du 8 avril que votre société venait de recevoir l'oscar de l'exportation du Ministère du Commerce et de l'Artisanat et je tiens à vous en féliciter.

Ces dernières années, peu d'entreprises ont réussi, comme la vôtre, à vendre des composants électroniques sur les marchés asiatiques. Impressionné par vos performances en matière d'exportation, je me permets de solliciter vos conseils.

Je possède plus de 15 ans d'expérience dans la vente à l'exportation de matériels électroniques, informatiques et militaires et souhaite démarrer un nouveau projet professionnel. Mes réalisations professionnelles les plus marquantes ont consisté à :

- Implanter de nouvelles lignes de produits en les commercialisant à l'étranger.

- Sélectionner et diriger un réseau de distributeurs dans le monde entier.

- Augmenter le chiffre d'affaires à l'exportation de 26% par an au moment où le taux de change du franc était à son niveau le plus haut.

Je ne vous demande pas un emploi mais recherche plutôt vos conseils et vos suggestions qui, j'en suis sûr, me seront utiles pour la poursuite de ma carrière.

Je vous serais très reconnaissant de m'accorder un bref entretien. Je vous appellerai dans une semaine pour décider d'un rendez-vous à votre convenance.

Je vous remercie par avance et vous prie d'agréer, Monsieur, l'assurance de ma haute considération.

Robert TREBER

ANNEXE C

Les références

ADRESSE DE L'AUTEUR

PIERRE STUDNER
P.O. Box 241957, Los Angeles, California 90024-9757, U.S.A.
e-mail: **< studner@pobox.com >**
Internet: **< http://www.SuperJobSearch.com >**

Avant d'entreprendre votre recherche d'emploi, vérifiez auprès des organismes ci-après vos droits, vos obligations et les moyens dont vous pouvez disposer. Tous ces organismes sont en mesure de vous renseigner sur vos démarches. N'oubliez pas non plus : le service social de la mairie de votre domicile, l'association des anciens élèves de l'école ou de l'université dont vous êtes diplômé.

ORGANISMES POUR LES CHERCHEURS D'EMPLOI

ANPE - Agence Nationale Pour l'Emploi (www.anpe.fr)

S'adresser à l'agence de votre domicile. Son adresse peut vous être communiquée par les services sociaux de la mairie.

Attention : votre inscription à l'ANPE conditionne vos droits à l'indemnisation, la formation, et autres droits. Respectez soigneusement le calendrier et la procédure qui vous sont indiqués.

Vous trouverez à l'ANPE des informations et des adresses sur :

- les aides financières auxquelles vous pouvez prétendre,
- les organismes professionnels (fédérations, chambres de métier),
- les formations : dans chaque agence locale, un chargé d'information fournit des renseignements sur les métiers, les formations, les organismes de formation, la nature des stages et le statut de stagiaire de formation professionnelle,
- l'expatriation,
- les supports d'information sur les entreprises et leurs dirigeants ainsi que les annuaires professionnels.

L'ANPE dispose de 18 Points-Cadres si vous êtes dans une des villes suivantes : Bordeaux, Clermont-Ferrand, Lille, Lyon, Marseille, Metz, Nancy, Nantes, Nice, Paris, Rennes, Rouen, Strasbourg, Toulouse.

APEC - Association pour l'Emploi des Cadres (www.apec.fr)

51, boulevard Brune, 75689 Paris Cedex 14. Tél. : 01.40.52.20.00 Télécopie : 01.40.44.40.94

Les jeunes diplômés de l'enseignement supérieur et toute personne ayant cotisé au moins un mois à une caisse de retraite cadre peuvent s'inscrire à l'APEC. Contrairement à l'ANPE, l'APEC n'est pas réservée aux seuls demandeurs d'emploi. Sur votre carte APEC figurent le nom et le numéro de téléphone de votre conseiller. Sur simple rendez-vous il vous fournira tous les renseignements actualisés dont vous pouvez avoir besoin dans vos démarches.

Pour les cadres et les jeunes diplômés (bac+3), l'APEC informe sur les formations et propose des sessions de bilan “perspectives” ainsi que des entretiens avec ses conseillers. Elle fournit un grand nombre de documents et de fiches sur les stages, droits et démarches destinés aux chercheurs d'emploi.

L'APEC dispose d'un centre dans les villes suivantes : Amiens, Avignon, Besançon, Bordeaux, Brest, Caen, Cergy, Clermont-Ferrand, Dijon, Evry, Grenoble, Le Havre, Le Mans, Lille, Lyon, Marne-la-Vallée, Marseille, Metz, Montpellier, Mulhouse, Nancy, Nantes, Nice, Orléans, Paris, Perpignan, Poitiers, Reims, Rennes, Rouen, Strasbourg, Toulon, Toulouse, Tours.

CIDJ - Centre d'Information et de Documentation pour la Jeunesse (www.cidj.com)
101, quai Branly, 75740 Paris Cedex 15. Tél. : 01.44.49.12.00 Télécopie : 01.40.65.02.61

Il existe des centres d'information de la jeunesse (CIJ) dans la plupart des régions. Pour se procurer l'adresse, s'adresser au CIDJ à Paris. Les CIJ disposent d'une documentation très détaillée sur tous les sujets qui peuvent intéresser un chercheur d'emploi, en particulier de nombreuses informations sur la formation, la création d'entreprise, le travail ou les stages à l'étranger. Cette documentation est présentée sous forme de fiche fournie sur demande.

ORGANISMES PROFESSIONNELS

CCI - Chambre de Commerce et d'Industrie de Paris
27, avenue de Friedland, 75382 Paris Cedex 08. Tél. : 01.42.89.78.36

Il existe une CCI dans la plupart des villes ainsi qu'une CRCI (Chambre régionale du commerce et de l'industrie) par région. La CCI de votre ville vous fournira de précieux renseignements sur la vie économique locale ou régionale ainsi que sur les formations offertes aux jeunes et aux adultes et la formation continue dans les entreprises (délégation à la formation continue). Son aide vous sera indispensable en cas de création/reprise d'entreprise.

Chambre de Commerce Internationale
38, cours Albert 1er, 75008 Paris. Tél. : 01.49.53.28.28 Télécopie : 01.49.53.28.59

Comité National Français de la Chambre de Commerce Internationale
9, boulevard Malesherbes, 75008 Paris. Tél. : 01.42.65.12.66 Télécopie : 01.49.24.06.39

La CCI vous indiquera les coordonnées de son correspondant pour le pays qui vous concerne.

Chambre des Métiers

Il existe une chambre des métiers dans chaque département, le cas échéant se renseigner auprès de l'ANPE ou de votre conseiller APEC. La Chambre des Métiers dispose de nombreuses informations sectorielles. Elle fournit des informations sur la formation et l'apprentissage dans les entreprises artisanales. Elle renseigne au niveau départemental sur les possibilités de formation et de perfectionnement professionnel dans certains métiers.

Fédérations et Organismes Professionnels

Ce sont des associations représentant des secteurs d'industrie. Pour l'adresse de la fédération qui vous intéresse, s'adresser à la Chambre de Commerce et d'Industrie ou à la Chambre des Métiers de votre région.

Chambres Régionales d'Agriculture

Toutes les chambres d'agriculture remplissent des missions de formation, avec trois principaux domaines d'intervention : enseignement agricole, formation professionnelle et insertion professionnelle des jeunes. Il est possible d'obtenir les coordonnées d'une chambre départementale d'agriculture en contactant la chambre régionale ou en consultant les « pages jaunes » de l'annuaire de France Telecom (Chambres d'agriculture).

Permanence d'Accueil d'Information et d'Orientation (PAIO)

Se renseigner dans votre mairie ou auprès du CIDJ de votre région. Ils informent les personnes sans diplôme de 16 à 25 ans sur les possibilités de formation dans le cadre du Crédit-Formation. Leurs conseillers animent des sessions collectives et des entretiens individuels sur l'aide à l'orientation.

Centres d'Information et de Documentation des Femmes et des Familles (CNIDFF), Centre d'Information Féminin et Familial (CIFF)

Une liste de ces centres est publiée par le CIDJ de votre région. Ils informent les femmes sur les métiers, les formations initiales et continues. Ils contribuent à l'élaboration d'un projet professionnel et à la recherche d'une formation.

Délégations Académiques à la Formation Continue (DAFCO)

Les délégations académiques à la formation continue coordonnent et assurent les actions de formation continue menées dans les établissements scolaires. Une délégation académique est implantée dans chaque rectorat. Se renseigner au rectorat de votre académie pour la liste des groupes d'établissements scolaires de l'éducation nationale (GRETA) de votre région. Le CIDJ fournit une liste des DAFCO.

ORGANISMES SPECIALISES POUR L'EXPATRIATION

Organismes disposant d'une importante documentation

Les chambres de commerce étrangères

Les services de l'immigration des ambassades : Vous trouverez auprès de la plupart des ambassades un service économique qui vous fournira les adresses des organismes auxquels vous adresser dans le pays qui vous intéresse.

Bibliothèque de la documentation française
29, quai Voltaire, 75340 Paris Cedex 07. Tél. : 01.40.15.72.72

L'OMI, l'APEC, l'APECITA, le CIDJ, le BDPA et le CFCE disposent d'une importante documentation sur l'environnement économique des pays , les démarches à suivre et la façon d'aborder le marché étranger.

L'Etudiant : 27, rue du Chemin-Vert, 75011 Paris. Tél. : 01.48.07.41.41

Ministères

Ministère des Affaires Etrangères
Direction du personnel et de l'administration : Bureau des concours, 23, rue La Pérouse, 75775 Paris Cedex 16. Tél. : 01.43.17.66.99

Service des fonctionnaires internationaux : 244, boulevard Saint-Germain, 75007 Paris. Tél. : 01.43.17.90.00

Le Ministère des Affaires Etrangères dispose d'une documentation très riche et actualisée sur les conditions d'emploi dans un très grand nombre de pays étrangers.

Ministère de la Coopération et du Développement: standard pour connaître les bureaux d'information par pays et corps de métier : 01.53.69.30.00

Ministère de l'Economie, Ministère du Budget - Direction des Relations Economiques Extérieures (DREE)
Bureau des ressources humaines, 139, rue de Bercy, 75572 Paris Cedex 12. Tél. :01.40.04.04.04

Ministère de l'Industrie et de l'Aménagement du Territoire (chargé du tourisme)
Maison de la France, Bureau de la gestion des représentations, 8, avenue de l'Opéra, 75001 Paris. Tél. : 01.42.96.10.23

Volontaire National Civil International

CIVI
77, boulevard Saint Jacques
75998 Paris CEDEX 04
0810 10 18 28

Confédération National des Juniors-Entreprises (CNJE)
www.pier-esiea.fr
9, rue François Vesale
75005 Paris
01 56 20 10 00

Communautés européennes

Vous trouverez des fiches fournies sur demande, sur l'emploi et la formation dans les pays européens, auprès du CIDJ.

Documentation utile

Les annuaires internationaux - Editions spéciales annuelles publiées par Le Moniteur du Commerce International (MOCI), 24, boulevard de l'Hôpital, 75005 Paris. Tél. : 01.40.73.30.00

Carnet d'Adresses Export
Les Leaders de l'Exportation Française
Les PMI Vedettes à L'Export
Les Leaders de l'Exportation Française

La plupart des **répertoires** ci-dessous peuvent être consultés à l'APEC, au CIDJ et aux CIJ, au CFCE et dans les Chambres de Commerce et d'Industrie. Certains peuvent aussi être consultés sur Minitel.

Thomas Register of American Manufacturers
Répertoire des Organisations non Gouvernementales de Développement dans les Pays Membres de l'OCDE
Kompass Européens et Kompass Contact Europe
Europages- L'Annuaire Européen des Affaires

Dun & Bradstreet Europe
Carnet du Nouvel Economiste International (2000 Top Companies, 16 000 Leaders)
Annuaire des Sources d'Information Communautaires
Annuaire des Sociétés et Fournisseurs France-Afrique
Annuaire des Entreprises et Organismes d'Outre Mer
Associations de Solidarité Internationale et du Développement
American Chamber of Commerce in France Directory
Le Répertoire Français du Commerce Extérieur
France Export
Dic-Agri 1993
Qui Représente Qui en France
Répertoire des Sociétés de Commerce Extérieur Françaises

Les publications d'offres d'emploi à l'étranger

L'ANPE, l'APEC et le CIDJ mettent à la disposition de leurs adhérents des publications étrangères et des périodiques proposant une rubrique "offres d'emploi".

COMMENT S'INFORMER SUR LES ENTREPRISES ET LEURS DIRIGEANTS

Supports d'information

Une documentation sur les entreprises et leurs dirigeants peut être demandée dans la plupart des centres APEC, ANPE et dans les Chambres de Commerce et d'Industrie.

Kompass France : 66, quai du Maréchal Joffre, 92400 Courbevoie. Tél. : 01.41.16.51.00
Télécopie : 01.41.16.51.18

France 30 000 : Dun et Bradstreet

Annuaire des Sociétés et des Administrateurs : Groupe Dafsa Kompass

Bottin Entreprises : Edition Didot-Bottin

L'Essor : Edition UFAP

L'Atlas des 10 000 Entreprises : L'Entreprise

L'Atlas des Usines : L'Usine Nouvelle

Le Carnet d'Adresses du Nouvel Economiste : Le Nouvel Economiste

Les Groupes. Les 500 Premiers : Les Echos

Les Rapports Annuels des Entreprises : publiés par les services de communication ou les services financiers des grandes entreprises

Le Bulletin des Annonces Légales Obligatoires (BALO) : diffuse les chiffres d'affaire, les résultats et les bilans des sociétés côtées en bourse.

Le Bulletin Officiel des Annonces Civiles et Commerciales (BODACC) : fait régulièrement le point sur les créations d'entreprises, les cessions et les changements de statuts.

Le BALO et le BODACC peuvent s'acheter ou se consulter au Journal Officiel : 26, rue Desaix, 75015 Paris. Tél : 01.40.58.75.00

Le Guide des Entreprises Qui Recrutent : Edition L'Etudiant, 27, rue du Chemin Vert, 75011 Paris. Tél. : 01.48.07.41.41

Le Carnet d'Adresses des Opportunités de Carrière : Editions Idecom, 9 bis, rue Vézelay, 75008 Paris. Tél. : 01.53.83.02.89/90 et Editions Bordas, 5, rue Mabillon, 75006 Paris. Tél. : 01.46.34.11.90

Les Organismes d'information

Certains organismes peuvent fournir des renseignements plus détaillés sur les entreprises publiques et privées.

Les Greffes des Tribunaux de Commerce
Ils communiquent des éléments de base sur l'ensemble des entreprises commerciales ; statuts, effectifs, nom des responsables, bilan social, compte de résultats, états des faits de nature à fragiliser une créance, décisions dans les procédures judiciaires.

Les Bourses de Commerce

Chambre de Commerce et d'Industrie de Paris et des Hauts de Seine-Centre de documentation : 6, rue des 3 Fontanots, 92000 Nanterre. Tél. : 01.46.14.26.28

INSEE Infos Services : 195, rue de Bercy, Tour Gamma A, 75582 Paris Cedex 12. Tél. : 01.41.17.66.11. Horaires consultation des documents : lundi : 14h à 17h ; du mardi au vendredi ; 10h à 17h.

INSEE-Bibliothèque : 18, boulevard A. Pinard, 75014 Paris. Tél. : 01.41.17.50.50

Centre de Documentation Economique : 10, avenue d'Iéna, 75016 Paris. Tél. : 01.40.73.30.23

Institut National de la Propriété Industrielle (INPI) : 26 bis, rue de Saint Petersbourg, 75008 Paris. Tél. : 01.53.04.53.04

Société des Bourses Françaises : 39, rue Cambon, 75001 Paris. Tél. : 01.49.27.10.00
Télécopie : 01.49.27.14.33

Bibliothèque Publique d'Information (BPI) : Centre Georges Pompidou, 19, rue Beaubourg, 75004 Paris Cedex 04. Tél. : 01.44.78.12.33

Médiathèque - Cité des Sciences et de l'Industrie : 30, avenue Corentin-Cariou, 75019 Paris. Tél. : 01.40.05.76.76

ASSOCIATIONS DE CADRES EN RECHERCHE D'EMPLOI

La richesse du statut associatif ne permet pas d'indiquer toutes les adresses des groupements de chercheurs d'emploi qui se sont formés les dernières années. Il faut vous adresser aux organisations ci-dessous.

APEC (Association Pour l'Emploi des Cadres)
51, boulevard Brune, 75689 Paris Cedex 14. Tél. : 01.40.52.20.00

Club Accueil ESV pour cadres en recherche d'emploi
26, rue Cassette, 75006 Paris. Tél. : 01.42.22.35.92

Action Emploi Cadres
55, rue Saint Anne, 75002 Paris. Tél. : 01.42.44.15.19

Espace Emploi Cadres
29, rue Ledru Rollin, 75012 Paris. Tél. : 01.43.44.29.60

SALONS NATIONAUX ET INTERNATIONAUX

La Lettre de l'Etudiant (publie une liste de tous les salons en Europe)
27, rue du Chemin-Vert, 75543 Paris Cedex 11. Tél. : 01.48.07.41.41

Fédération Française des Salons Spécialisés
4, place Valois, 75001 Paris. Tél. : 01.42.86.82.99 Télécopie : 01.42.86.82.97

Promosalons (Comité pour la Promotion à l'Etranger des Salons Français)
45, avenue George V, 75008 Paris. Tél. : 01.53.23.92.22 Télécopie : 01.53.23.92.29

Le Moniteur Officiel du Commerce International (MOCI) publie dans un numéro spécial annuel la liste des salons spécialisés et des foires à l'étranger.
10 avenue d'Iena, 75016 Paris. Tél. : 01.40.73.30.00

CREATION ET REPRISE D'ENTREPRISES

Les organismes consulaires, les notaires ou les cabinets d'expertise-comptable traitent de petites transactions (PME, artisans et fonds de commerce).

Le Club des Cédants et Repreneurs d'Affaires (CRA)
18, rue de Turbigo, 75002 Paris. Tél. : 01.40.26.74.16

Association Française des Investisseurs en Capital (AFIC)
76, avenue Marceau, 75008 Paris. Tél. : 01.47.20.99.09 Télécopie : 01.47.20.97.48

Agence pour la Création et le Développement des Nouvelles Entreprises (ANCE)
14, rue Delambre, 75014 Paris. Tél. : 01.42.18.58.58

L'Indicateur de l'Entreprise (ICF) édite un journal bimestriel, « Repreneurs », qui diffuse 200 dossiers d'entreprises à céder. S'adresser à l'APEC.

Le Club entreprises des Arts et Métiers édite un bulletin d'opportunités.

Les Chambres de Commerce et d'Industrie

Unité « Création d'entreprise » de L' APEC
51, boulevard Brune, 75689 Paris Cedex 14. Tél. : 01.40.52.22.93

INTERIM

UNETT (Union Nationale des Entreprises de Travail Temporaire)
22, rue de l'Arcade, 75008 Paris. Tél. : 01.42.68.06.44 Télécopie : 01.42.65.90.31

ASCOBATT (Association pour le Cautionnement par les Banques et les Assurances, des Entreprises de Travail Temporaire)
48, rue de la Chaussée d'Antin, 75009 Paris. Tél. : 01.42.81.08.48

PROMATT (Syndicat national des sociétés d'entreprise de travail temporaire)
94, rue Saint Lazare, 75009 Paris. Tél. : 01.48.78.11.21 Télécopie : 01.48.78.11.25

CABINETS DE RECRUTEMENT

APROCERD (Association Professionnelle des Conseils d'Entreprises pour la Recherche de Dirigeants)
64, rue La Boétie, 75008 Paris. Tél. : 01.42.68.04.80

LA FRANCHISE

Fédération Française de la Franchise
60, rue la Boëtie, 75008 Paris. Tél. : 01.53.75.22.25 Télécopie : 01.53.75.22.20

LES SUPPORTS DE PRESSE

Tarif Média publie une liste de magazines et journaux avec téléphone et adresse.
150, rue Gallieni, 92100 Boulogne Billancourt. Tél. : 01.41.86.18.60

GUIDES ET OUVRAGES PRATIQUES

« Vendez-vous ! Le marketing appliqué à la recherche d'emploi » de D. Defendi, Editions Presses du Management

« Garder un moral d'acier pendant la recherche d'emploi » de Gilles Payet, Editions Presses du Management

« Repartir-Les solutions sont en vous » de Sarah Faniery, Challenges d'Aujourd'hui, Diffusion Hatier

« Les techniques de recherche d'emploi » de Bernard Gangloff, ESF éditeur

Guide APEC « Où et comment s'informer »

« Réussir votre parcours professionnel en temps de crise » de Willet Weeks, Editions Dunod

« Guide de la formation » : APEC collection Guides pratiques (Catalogue de stages inter-entreprises classés par fonctions et domaines d'activité et publié par la Cegos)

« Savoir communiquer avec les autres » de Yolande Burchardt, Editions de Vecchi, collection « Objectifs Succès »

« Faire son bilan pour la valorisation et l'insertion professionnelle » de Brigitte Legrand et Christine Rubert, Editions Insep

« Comprendre et déjouer les tests d'embauche » de Jean Paulhac, Editions Mentha

« Devenir consultant » de Jean-François Decker, Editions First

« 700 Métiers, mieux s'informer pour mieux trouver » de Yves Renaud, Editions Stock/Laurence Pernoud

« Guide pratique pour trouver un emploi sans diplôme » d'Alain Cliquet, Top Editions

« Chronique d'une recherche d'emploi exemplaire » de Thierry Gascheau, Denis Riols, Philippe Ruaz, Diffusion Hatier, Challenges d'aujourd'hui

« La méthode Jouve - Décrochez un emploi avec un grand chasseur de têtes » de Daniel Jouve, Christian de Bartillat Editeur

« Le guide des conseils en recrutement » sous la direction de Robert Ulman, publié par CERCOMM

« Le guide des conseils en carrière et en outplacement » sous la direction de Frédéric Adida-Marrel, avec le parrainage de l'ASCOREP, publié par Septentrion

GLOSSAIRE

C.V. chronologique : C'est l'un des formats traditionnels du curriculum vitæ. Il établit la liste des postes occupés, généralement du plus récent au plus ancien, et indique pour chacun le nom de l'employeur, la ville ou le pays d'implantation, la période de temps couverte par la fonction, son titre, les responsabilités assumées et les réalisations-clés.

C.V. fonctionnel : Ce curriculum vitæ focalise l'attention sur les aptitudes et réalisations professionnelles plutôt que sur les différents postes occupés. Il est particulièrement efficace pour un candidat qui a changé fréquemment d'emploi ou qui veut mettre en valeur des compétences utilisées non seulement durant son dernier emploi mais tout au long de sa carrière professionnelle.

C.V. performance : Ce curriculum vitæ est un assemblage modifié des C.V. chronologique et fonctionnel. Il met en évidence les points forts du candidat avec des remarques sur sa direction de carrière et sur son savoir-faire. Ce C.V. a les avantages des C.V. chronologique et fonctionnel. Son style est original, intéressant et clair.

C.V. 20-secondes : C'est l'introduction du C.V. performance, c'est-à-dire la partie du C.V. qui accroche l'attention du lecteur. Ce que vous mettez dans cette partie de votre C.V. est essentiel, et les réalisations et compétences que vous citez doivent être soigneusement sélectionnées en fonction de votre objectif. Le C.V. 20-secondes a un tel impact qu'il peut, par nature, servir de base à une lettre de motivation.

Check-list : Cette liste montre les points les plus importants qu'un chercheur d'emploi doit vérifier et suivre.

Check-up : Bilan personnel ou professionnel. Le plus souvent, ce contrôle s'effectue à partir d'une liste détaillée des points à vérifier.

Chercheur d'emploi : C'est volontairement que l'auteur a retenu ce terme, qui correspond mieux que le terme usuel de “demandeur d'emploi” à la démarche dynamique proposée dans cet ouvrage.

Convention de conversion : La convention est conclue entre l'employeur qui envisage un licenciement économique et l'ASSEDIC. Destinée à faciliter la réinsertion du salarié, elle lui confère pendant six mois un statut particulier, comprenant le versement d'une allocation de conversion et la mise en œuvre d'actions personnalisées destinées à favoriser son reclassement.

Entretien conseil : Moyen d'obtenir les références professionnelles de personnes (introductions) qui peuvent vous aider à entrer en relation avec vos sociétés-cibles, vous signaler une opportunité d'emploi, vous suggérer une nouvelle société-cible et/ou vous communiquer d'autres contacts qui agrandiront votre réseau. La sphère de l'entretien conseil commence avec les amis et les relations de travail avant de s'étendre dans d'autres directions. Ce type d'entretien élargit votre "équipe de soutien" et souligne le pouvoir réel du réseau.

Entretien d'embauche : C'est l'instant auquel aspire tout chercheur d'emploi : l'entretien face à face avec quelqu'un qui peut avoir besoin de vos services et vous proposer un poste rémunérateur. L'entretien d'embauche peut avoir différentes sources. Comme pour l'entretien de recherche d'information et l'entretien conseil, le candidat doit s'entraîner à passer un entretien d'embauche.

Entretien de recherche d'information : Cet entretien dit bien ce qu'il est : vous recherchez une information. Cela peut concerner une nouvelle carrière, une entreprise, une personne, un métier ou une prestation. Les gens approchés dans cet entretien sont généralement des experts dans leur domaine ; ils sont en mesure de fournir des renseignements qui vous aideront à rencontrer d'autres personnes ou à prendre une décision. Bien entendu, comme l'entretien conseil, l'entretien de recherche d'information peut déboucher sur une offre d'emploi et vous devez vous y préparer.

Enveloppe de salaire : L'enveloppe de salaire ne comprend pas seulement le salaire net, mais aussi tous les compléments et avantages provenant de l'exercice d'une fonction. Par exemple, elle peut comprendre aussi bien la mise à disposition d'une voiture d'entreprise que des options d'achat d'actions. Voir chapitre 7.

Indemnité de licenciement : Quand un salarié quitte une entreprise, il reçoit un "solde de tout compte" qui comprend les salaires et primes dus jusqu'à la date convenue de fin de contrat, l'indemnité compensatrice de congés payés et éventuellement de préavis non exécuté, ainsi que l'indemnité de licenciement légale (telle qu'elle résulte du Code du Travail), conventionnelle (définie par la convention collective applicable à l'entreprise) ou contractuelle (résultant du contrat de travail). En cas de licenciement économique collectif, le montant de ces indemnités peut être majoré des dispositions financières du plan social. Le solde de tout compte vient en complément des mesures d'aide au reclassement prévues dans le plan social ou convenues par transaction entre le salarié et l'employeur. En règle générale, le salarié bénéficie d'heures de recherche ou est "libéré" avant la date de fin de contrat. Les mesures d'aide au reclassement peuvent inclure l'accès à une cellule de reclassement ou aux prestations d'un cabinet d'outplacement ou d'aide à la réinsertion. Même lorsqu'elles relèvent d'un plan social ayant fait l'objet d'un accord avec le Comité d'Entreprise, ces mesures comportent fréquemment une marge de négociation individuelle. L'indemnité de licenciement n'est pas due en cas de démission.

Introduction : Intermédiaire qui vous introduit auprès d'autres gens et vous aide à établir un nouveau contact. Sans une "introduction", beaucoup moins de choses se feraient dans le domaine des relations humaines et aussi de la recherche d'emploi.

Lettre de motivation : Cette lettre sert à provoquer l'entretien. Quand elle n'est pas accompagnée d'un C.V., elle reprend des éléments du C.V., en particulier du C.V. 20-secondes. Lorsqu'un candidat fait un courrier avec C.V., il arrive que le destinataire ne voie ni la lettre, ni le C.V. Une secrétaire zélée dirige le courrier, suivant les instructions reçues, vers le service du personnel. Cependant, si une lettre sans C.V. reprend certaines informations du C.V. susceptibles d'intéresser le lecteur, les chances qu'elle soit lue par son destinataire d'origine augmentent considérablement. Si l'enveloppe porte la mention “personnel”, elle a plus de chance d'être ouverte par son destinataire.

Mailing : Publipostage (technique publicitaire). A partir d'un fichier informatisé d'adresses, un courrier plus ou moins personnalisé est envoyé systématiquement aux destinataires sélectionnés. Tous les logiciels récents de traitement de textes sur micro-ordinateur comportent une procédure de fusion qui facilite le mailing.

Marché horizontal de l'emploi : Secteurs d'activité parallèles à celui dans lequel le candidat travaille actuellement. Ce marché renvoie à des possibilités extérieures au champ d'action proprement dit d'une industrie. Par exemple, de nombreuses banques ont dû réduire leurs effectifs dans le cadre de fusions suivies de mesures de réduction des coûts. Les domaines n'appartenant pas au secteur bancaire, qui pourraient embaucher du personnel venant des institutions bancaires, font partie du marché horizontal de l'emploi. Par exemple, un cadre bancaire spécialisé en questions boursières peut chercher un poste de directeur financier dans une société non-bancaire. En changeant de secteur d'activité, un candidat peut monter (ou descendre) dans la hiérarchie selon l'importance de l'entreprise, son expérience professionnelle et les niveaux de responsabilités qui lui sont confiés.

Marché vertical de l'emploi : Ensemble des possibilités d'emploi de votre secteur d'activités, dans lesquelles vos compétences peuvent trouver leur application. Un vendeur peut devenir chef des ventes dans une autre entreprise plus petite du même secteur. Un chef de production dans une grande société peut accéder à un poste de directeur de fabrication dans une petite société. Le marché vertical de l'emploi est important pour un candidat qui souhaite passer d'une petite ou moyenne entreprise à une grande entreprise et vice versa. Le titre du nouveau poste dépendra de la taille de la société et des responsabilités attribuées à ce poste.

Marketing : (ou mercatique) ensemble des techniques d'étude et de développement des marchés. Il englobe toutes les étapes nécessaires à franchir avant de vendre le produit.

Méthode AFFIRMATION-QUESTION : Vous énoncez une affirmation qui introduit une question en rapport avec votre objectif.

Supposons qu'au beau milieu d'un entretien, votre interlocuteur vous informe d'un problème rencontré par son entreprise, analogue à une situation que vous avez dénouée dans un précédent poste. Au moment opportun, vous pouvez présenter votre réalisation (AFFIRMATION) et faire suivre cet exposé d'une QUESTION : “Est-ce qu'une telle solution résoudrait votre problème ?" ou "Voulez-vous savoir comment je suis parvenu à ce résultat ?" ou encore "Est-ce ce genre de compétences que vous recherchez ?"

La méthode AFFIRMATION-QUESTION trouve une autre application lorsque vous ne souhaitez pas répondre immédiatement à une question, telle que "Quel salaire demandez-vous ?" Dans ce cas, le candidat peut répondre : "Comme vous l'avez noté, j'apporte à cette fonction une expérience de plus de huit ans et je suis ouvert à toutes propositions. (AFFIRMATION). Quelle fourchette de salaire proposez-vous ? (QUESTION)"

Au téléphone, le candidat cherche à obtenir un rendez-vous. Il vient juste d'apprendre que l'entreprise n'embauchait pas. Il répond : "Je comprends que vous n'embauchiez pas. (AFFIRMATION). Cependant, pensez-vous que vous avez assez de commerciaux avec plus de dix ans d'expérience en vente d'espace radio ? (QUESTION)" ou "Je comprends que votre équipe est au complet. Cela concerne-t-il également les programmeurs expérimentés en Pascal ?" La méthode AFFIRMATION-QUESTION est expliquée en détail dans les chapitres 6 et 7.

Outplacement : Le terme n'a pas de réel équivalent en français. Relativement récent, l'outplacement est une méthode d'aide au reclassement qui fait du cadre en recherche d'emploi l'acteur principal de sa réinsertion. Le plus souvent, l'outplacement est financé par l'entreprise qui se sépare de certains de ses salariés. Fondé sur le principe que les plus doués ne décrochent pas nécessairement les meilleurs postes, mais que ce sont les meilleurs candidats qui obtiennent les meilleures offres d'emploi, l'outplacement concerne les personnes qui sont sur le point de changer d'emploi et vise à compléter leurs talents professionnels en faisant d'eux d'excellents candidats.

Principe ABC : Le candidat détient un des facteurs clés d'un entretien lorsqu'il identifie le besoin de son interlocuteur et le rapproche d'une de ses actions passées. Celle-ci devient alors un bénéfice pour l'interlocuteur et lui démontre comment les aptitudes du candidat peuvent résoudre un des ses problèmes particuliers.

Action réalisée = **B**énéfice **C**onverti par le candidat selon les besoins de l'entreprise.

Réseau : Le réseau est un des moyens les plus anciens et les plus sûrs pour trouver un emploi. Il implique que le candidat rencontre des gens sur une base individuelle et fasse appel à leur assistance pour l'introduire ou le recommander auprès d'une entreprise-cible ou encore pour augmenter son champ de relations. Tout individu vit en réseau à tout moment de sa vie — pas seulement pour trouver un emploi, mais aussi pour se faire des amis et élargir son cadre de vie.

Télémarketing : Vente par téléphone, appelée également "marketing téléphonique" et, depuis la Loi Toubon, "télémercatique". Nous avons tous été un jour ou l'autre sollicités par le démarchage téléphonique, dont le rôle a sensiblement changé depuis plusieurs années. Les grandes sociétés de distribution utilisent désormais des systèmes téléinformatiques pour faire connaître leurs produits, signaler une promotion ou proposer leur catalogue. Comprenant le pouvoir de ces ventes par téléphone, les compagnies téléphoniques du monde entier ont accru leurs prestations et proposent aux entreprises de les aider à développer leur service de télémarketing. Les chercheurs d'emploi peuvent adapter ces techniques pour améliorer leur travail en réseau et obtenir des entretiens.

Index

A

ABC, formule 117, 136, 238, 241, 250
AFFIRMATION-QUESTION 232, 236, 238, 239, 246, 261
Agenda 12
ANPE xviii, 3, 13, 38, 39, 42, 46, 47, 48, 104, 147, 322, 378
  18 points cadres 154
  fonction et rôle 153–154
APEC xviii, 3, 5, 12, 13, 38, 39, 42, 46, 47, 48, 104, 131, 152, 157, 322, 378
  fonction et rôle 154–155
APECITA 155
ASSEDIC 3
Associations de Cadres en Recherche d'Emploi 383
Associations professionnelles 42, 185, 186
Attitude xv–xvii

B

Bénévolat 42
Bilan de carrière 156
Bilan professionnel 324
BIOP 156
Budget 4–11
  coût de la recherche d'emploi 5, 9
  dépenses 4
    du ménage 10
    prioritaires 6
  état financier 6
  revenus 4
    du ménage 6, 8
    supplémentaires 6
  solde mensuel 11

C

C.V.
  20-Secondes 93, 96, 136, 137, 146
  Canada 294–295
  chronologique 91–93
    modèles 92
  débutant 116–128
    modèle à éviter 118
    modèle à suivre 119–120
  en réponse à une annonce 136–147
  expérience antérieure 98–99
  fonctionnel 40, 89–91
    modèles 90
  histoire de Jacques le Bon 107–112
  liste des fonctions 97–98
  loisirs 99–100, 117
  objectif du 81
  organisation 89
  parcours professionnel 98
    exercice 82–88
  performance 93–96
    modèles 102–103, 108, 143
    premier essai 113–116
  photo 43
  phrases à éviter 104
  présélection 134
  règles de fond 104
  règles de forme 100–101
  remise en forme 323
Cabinet de recrutement 133, 147–151, 385
Canada. *voir* Québec
Candidature spontanée 132, 135, 147, 177. *voir aussi* Lettre: de candidature spontanée
  risques 169
  se présenter spontanément 158–173
Carrière
  bilan de. *voir* Bilan de carrière
  changement de xi, 17, 36–38, 323–324
  consultant xviii
Carte de crédit 4
Carte de visite 242
CCI 379

Chambre de Commerce Internationale 379
Chambre des Métiers 379
Chambres de Commerce et d'Industrie 156
Chambres Régionales d'Agriculture 380
Changer de métier. *voir* Carrière: changement de
"chasseurs de têtes" 235. *voir aussi* Cabinet de recrutement
Chercheur d'emploi xi
  groupes xvi
Chômage 3
CIDJ 46, 379
CIJ 46
Compétences 17, 28, 70–78
Consultant. *voir aussi* Outplacement: consultant
  devenir un consultant 41
Contrat de travail 267–276
  à durée déterminée (CDD) 40, 151, 268
  à durée indéterminée (CDI) 152, 268
  à l'étranger 48
  d'apprentissage 154
  de qualification 154
Convention
  collective 3, 268
  de conversion 3, 5
Courrier 158, 162, 169, 191, 282, 283

D

DAFCO 380
Dépliant
  vos offres de service sur 121–122, 322
Documentation utile 381

E

E-mail 172
Emploi
  à l'étranger 47–52
  approches 131
  après 50 ans 39–43
  emplois préférés 15–32
    tableau 18
  entre 16 et 25 ans 46
  saisonnier 51, 117
  sécurité 15
Entreprise
  création 43–46, 154, 384
    causes d'échec 43
  grande 23–24
  PME-PMI 23–24, 39, 42, 46, 150, 158
  reprise 45–46, 384
Entretien
  au cours d'un voyage 262
  au restaurant 261
  avant la rencontre 242–243
  avec le conjoint 262
  Canada 310–313
  causes d'échec 262–264
  dans la salle d'attente 243
  de conseil 225–276, 233
    points importants 225
    problèmes 230
    tableau récapitulatif 227
  de groupe 260
  de recherche 19, 37, 41, 42, 232–235
  de recherche d'information
    tableau récapitulatif 234
  de sélection 261
  d'embauche 55, 230, 235–241
    approche 236
    avant votre départ 239–241
    conclusion 238–239
    enquête 237
    préparation 235–236
    présentation 238
    questions à poser 255–259
  discussion 244–245
  minute et demie de publicité personnelle 226, 228, 235
  pendant l'entretien 243–244
  questions difficiles 245
  second entretien 261
  stress 257
  sujets à éviter 258
  troisième entretien 261
Etranger
  ministères 49
  organisations internationales 49
  travail à l' 47–52

F

Fichier 146
Foires et salons 185
Fonctions
  liste 97–98
Formation
  professionnelle 38
Forums 156
Franchise 324, 385

G

Graphologie 106–107, 107–128, 144, 148
Groupe de chercheurs d'emploi xvi, 13, 40, 321–322
  groupe APEC 155
Guides et ouvrages pratiques 385

I

Indemnités de licenciement 3, 4, 268
Intérêts professionnels 18, 167
Intermédiaire 225
Internet 170–173
  E-mail 172
  modem 171

J

Jeune
  diplômé 3, 46, 99, 132, 155
Job-Conventions 157
Journées de rencontre 157

L

Lettre
  de candidature spontanée 134, 162–173
    modèles 151, 165, 168
    règles générales 167
  de motivation 106, 107, 136, 136–147
    Canada 305–307
    du "bon ami" 145
    modèles 111, 138, 142
  de remerciement 13, 230, 231, 241
Loisirs 99–100, 117

M

Marché caché 132, 177, 182–185, 193
Marché de l'emploi xi, xviii
  à l'étranger 47
  marché horizontal 35–36
Métiers
  réels xviii
Ministères 49, 381
Minute et demie de publicité personnelle 226, 228, 235
Mobilité géographique 33–34, 131, 151, 320
  carte 34
Modem 171

N

Négociation
  actionnariat 265
  ajustement au coût de la vie 267
  assurances 266
  avant votre décision 275
  conclusion 276
  éléments essentiels 276
  entraînement 276
  fin des négociations 274
  formation 267
  indemnité de déménagement 267
  participation aux bénéfices 266
  primes 265
  remboursements de frais 267
  révision du salaire 266
  si vous avez plusieurs offres d'emploi 274–275
  tableau – négociation gagnante 277
  voiture 266

O

Objectifs 28–32
  de carrière xvii
Offres d'emploi. *voir* Petites annonces: offres d'emploi
OMI 51
Ordinateur 13, 101, 181
Organismes d'Information 383
Organismes Spécialisés pour L'Expatriation 380
Outplacement xii–xiii, 324–326
  cabinets xii, 104, 324
  consultant xii, xvi, 42, 324
  contrat xii
  programs 398, 399

P

PAIO 380
Petites annonces
  demandes d'emploi 153
  offres d'emploi 12–13, 39, 131, 132–147
    anonymes 133, 144
    la presse 12
    signées 134
Plan d'action xvi, xvii
  éviter la déprime des lundis matins 284–286

récapitulatif 285
recherche d'emploi à l'extérieur de votre ville 283–284
travail quotidien 282–283
trouver votre rythme 284
Plan de carrière 4, 15, 28, 28–32
Points forts et points faibles 25–32, 247
Programme
tableau xxi
Projet professionnel. *voir* Plan de carrière
Prospection téléphonique 134, 181, 191–221
boîte vocale 194
Canada 308
diriger une conversation 216–221
AFFIRMATION-QUESTION 216–217
questions permettant une ouverture 217, 219, 220
objectifs 212, 213–214, 214–216, 216–217
personne-cible 203
appel téléphonique avec relation 203
appel téléphonique sans relation 206, 209
informations sur 213
obtenir la 194
préparation 212
recevoir des appels 219
règles générales 220
secrétaire 197
conseils à suivre 198
exemples de dialogue 197, 198, 201
standardiste 194–196
entraînement 195
variables de l'appel 214–216
Publipostage xi

Q

Québec 291–313
C.V. 294–295
entretien 310–313
lettre de motivation 305–307
Montréal 293–294
prospection téléphonique 308
références 305
réseau 309
sources documentaires 310–313

R

Réalisations professionnelles 55–78, 96
exemples de
administration - comptabilité 62
approvisionnements 59
audit juridique et fiscal 60–61
direction générale 62–63
fabrication et production 61–62
finance et gestion 61
informatique 60
marketing, publicité 59
méthode et planification 64–65
personnel, formation, communication 63–64
recherche et développement, bureau d'études 64
ventes, commmercial 57
Recherche d'emploi
après avoir retrouvé un emploi 328
éviter d'être à nouveau licencié 329
votre nouvel emploi 330
redynamiser 317–325
bilan professionnel 324
C.V. 323
changer de carrière 323–324
changer de région 320
formation continue 321
liste de sociétés-cibles 319–320, 320, 320–321, 321, 321–322, 322, 322–323, 323, 323–324, 324–326
objectif d'emploi 318
réseau de contacts 320–321
se grouper avec d'autres chercheurs d'emploi 321–322
travail temporaire 322–323
vos services sur un dépliant 322
secrets de la réussite 326
chemin long 326
raccourci 327
Références
Canada 305
personnelles et professionnelles 3, 126–128, 252
Réinsérer
le marché de l'emploi xii
Réintégration 48
Relation. *voir* Intermédiaire
Réseau xvii, 17, 39, 42, 45, 46, 112, 131, 132, 134, 177–187, 230
associations et organisations professionnelles 185, 186
avantages 178

avertissement 182
Canada 309–310
comment pénétrer une société-cible 188
fiche de contact 183, 184
liste de contacts 180
marché caché 177, 182
objectifs 178
ordinateur 181
réaction en chaîne 185–187
téléphone 181
Réussite
histoire d'une xviii–xx

S

Salaire
fourchette de 105, 150, 246, 252, 269. *voir aussi* Négociation: fourchette de salaire
montant-plancher 269
prétentions de 112, 136, 150
révision du 266
Salons 48, 384
Se mettre à son compte 43–46, 254
dépliant 121
SEDOC 48
Services de Placement 156
Situation financière 4
Sociétés-cibles 39, 158–161, 162–173
comment pénétrer une société-cible 188
fiche d'information 160–161
tableau 163
Stage 38
à l'étranger 51, 116
de formation 46, 155
de reconversion 41
en entreprise 116
Fonds National de l'Emploi 154
Supports de Presse 385
Supports d'Information 382

T

Téléphone 11–12, 181
répondeur téléphonique 11
télécarte 11
Tests psychologiques 253
Travail
à l'étranger 47
à son compte 17, 43–46
dépliant 121
intérimaire 5, 40, 322–323, 384
agences 151–153

V

Verbes d'action 67–70, 96, 105
VIE 47, 50, 381

Achevé d'imprimer sur rotative
par l'Imprimerie Darantiere
à Dijon-Quetigny

Dépôt légal
N° d'impression : 27-0023

Imprimé en France

Peter K. Studner Associates

Programs for Corporate Sponsored Outplacement

Executive/Black Belt Candidate$_{SM}$ Program

This program is for senior management and special problem cases. We meet with the candidate individually and provide unlimited counseling, mailings, secretarial support, a phone card, stationery, business cards, customized databases, job leads and network contacts all the way through to *lifetime support*. It is the most advanced and effective program in the industry.

Entrepreneurial Counseling

Candidates wishing to organize their own business instead of searching for another job will have competent help with financial planning, funding, product/service design, business plans, budgeting, action plans, marketing and actual startup. Entrepreneurial counseling is tailored to the candidate's needs. This is offered as an additional option with the Black Belt program.

Modified Executive Program

This program includes unlimited counseling until the candidate has completed his/her search, a recruiter mailing, unlimited resumes and stationery, business cards, customized databases, and training in every aspect of job search with *lifetime support* (limited secretarial support is furnished).

Accelerated Program

This program is the equivalent of either a one-day or two-day workshop broken into multiple sessions for a single individual. We provide a complete overview of the job-search process. The candidate receives starter stationery, business cards, customized databases and resumes. This program is recommended for a limited outplacement budget. The one-day version is for non-exempt people and the two-day version for exempt and special cases. Follow-up is provided beyond formal training to assure that candidate questions are answered. We provide all materials needed for the program. Note: This program is not recommended for VIP or problem candidates.

Mid-Career Check-Up Program

While we have built our reputation on successfully helping thousands of people through job and career changes, we provide a less publicized, but equally important service in salvaging executives and key employees who have veered off of their career paths for any number of reasons. A Mid-Career Check-Up can often times prevent outplacement. This program includes meetings with the employee, recommendations to the employee, review of issues, and the establishment of a plan of action to solve problems and/or create change.

Two-day workshop

This is directed at exempt employees – supervisors and administrative staff. We cover all the essentials of job-search, beginning with assessment, goal setting, resumes, market review – finding the jobs, networking, using the telephone, writing letters, answering advertisements, interviewing, salary negotiations and setting an action plan. We provide customized databases of companies and recruiters as well as model resumes and letters to match the needs of the group. Emphasis is on completing a resume. We like to limit the number of participants to 20 with an ideal group of about 12. Follow-up is provided beyond formal training to assure that candidates' questions are answered.

One-day workshop

We provide all the techniques and materials needed for a complete job search. The workshop is geared to the needs of the audience. We include manuals and reference materials. Emphasis is also placed on completing a resume and model application blank and on how to interview, network and reply to advertised opportunities. We show candidates how to use their own networks to generate leads. We provide customized databases of companies and recruiters as well as model resumes and letters to match the needs of the group. Follow-up is provided beyond formal training to assure that candidates' questions are answered. This workshop is geared mostly for non-exempt personnel.

A plan for every need. We invite your inquiry. Telephone: (800) 581-5953